抗裂耐久半刚性基层沥青路面关键技术及工程示范

蒋应军 乔怀玉 著

人民交通出版社股份有限公司
China Communications Press Co.,Ltd.

内 容 提 要

提高公路基础设施的耐久性是交通行业面临的重大战略需求。聚焦半刚性基层沥青路面抗裂耐久性研究的热点与难点问题，作者进行了长达15年的科技攻关与工程实践，创新了半刚性基层沥青路面抗裂耐久设计理念与抗裂耐久结构，发明了路面材料垂直振动试验方法（VVTM），创建了耐久性沥青混合料与控制开裂破坏半刚性基层材料VVTM设计技术。目前，成果已在陕西、河南、河北、四川和浙江等省公路建设中得到应用，建成了一批示范工程，最长通车12年无大中修，显著提高了沥青路面的耐久性。

本书理论联系实际，具有较强的操作性，可供从事公路、城市道路和机场工程的有关设计、施工、养护、管理和研究人员及大专院校的教师和研究生等参考使用。

图书在版编目(CIP)数据

抗裂耐久半刚性基层沥青路面关键技术及工程示范 / 蒋应军，乔怀玉著. — 北京：人民交通出版社股份有限公司, 2019.6
ISBN 978-7-114-15645-8

Ⅰ.①抗… Ⅱ.①蒋… ②乔… Ⅲ.①半刚性基层—沥青路面—道路工程 Ⅳ.①U416.217

中国版本图书馆CIP数据核字(2019)第122088号

书　　名：	抗裂耐久半刚性基层沥青路面关键技术及工程示范
著 作 者：	蒋应军　乔怀玉
责任编辑：	赵瑞琴
责任校对：	张　贺　宋佳时
责任印制：	张　凯
出版发行：	人民交通出版社股份有限公司
地　　址：	(100011)北京市朝阳区安定门外外馆斜街3号
网　　址：	http://www.ccpress.com.cn
销售电话：	(010)59757973
总 经 销：	人民交通出版社股份有限公司发行部
经　　销：	各地新华书店
印　　刷：	北京鑫正大印刷有限公司
开　　本：	787×1092　1/16
印　　张：	18.5
字　　数：	445千
版　　次：	2019年6月　第1版
印　　次：	2019年6月　第1次印刷
书　　号：	ISBN 978-7-114-15645-8
定　　价：	58.00元

(有印刷、装订质量问题的图书由本公司负责调换)

前　言

自 1984 年京津塘高速公路修建以来，我国高速公路、一级公路几乎都采用半刚性基层沥青路面，这种路面结构无疑为减薄沥青面层、节省投资、加快建设速度起到了重大的作用。并经过"六五""七五"和"八五"国家重点科技攻关项目的研究，逐渐形成半刚性基层沥青路面结构设计施工成套技术，支撑了我国近 40 多年来高等级公路建设。进入 21 世纪，交通量和轴载的剧增，路面上越来越频繁地出现了耐久性不足问题和早期损坏现象，道路工作者努力探索材料改性、结构与厚度优化、施工工艺等方法而成效甚微后，半刚性基层曾受到许多质疑并认为其开裂是不可避免的，许多学者因此转而研究柔性基层。

为了解决半刚性基层沥青路面实践中遇到的耐久性不足问题，作者开展了长达 15 年的研究工作与工程实践，分析了传统半刚性基层路面结构组合理念、压实标准、规范试验方法和材料设计方法滞后于交通现状和生产实际，开发了力学性能测试准确度可达 90% 以上的沥青路面材料垂直振动试验方法（VVTM），基于 VVTM 研究揭示了材料组成结构对性能影响规律，提出了控制开裂破坏的半刚性基层材料 VVTM 设计技术和耐久性沥青路面 VVTM 设计技术。2006 年，G65 包茂高速公路柞水至小河段首次应用 VVTM 技术，通车 12 年后路面未出现反射裂缝，也未进行大中修，颠覆了业界认为的"半刚性基层开裂是不可避免的"观点。而路面反射裂缝的解决，避免开膛破肚维修，使得半刚性基层沥青路面也可实现仅需更换路面表层，而无需进行结构性修复或重建的长寿命路面。截至目前，本书主要成果已在陕西、河南、河北和浙江等地公路建设中推广应用，累计里程高速公路达 3000km 以上、干线公路 1200km 以上，基本上解决了半刚性基层开裂问题和极大程度上延缓了沥青路面车辙问题。

多年不懈的研究已经初步形成了较为完整的框架体系，尽管微不足道，但或许对道路工作者有所启发、对在建路面工程质量提升有所帮助、对完善我国相关规范或规程有所参考。于是，我们将初步成果系统化并汇集成书，目的是便于广大同行参考，也便于广泛倾听改进意见和建议。

本书是科研合作单位及科研参与者共同努力所取得的成果结晶，在此谨向所有参加项目研究的单位和研究人员表示衷心的感谢！同时,感谢天津东正测控技术发展有限公司为垂直振动压实仪(VVTE)选型标准优化、VVTE样机加工等方面提供的大力支持和无私帮助。

本书引用了不限于本书已列出参考文献中有关内容,对被引用文献的原作者表示感谢。

道路建设者若采用本书相关成果进行工程实践,作者深表感激。同时,推广应用过程中,若有疑问或意见,请反馈至长安大学(地址:西安市南二环中段长安大学,联系方式:029-62630078,13636709568,电子邮箱:jyj@chd.edu.cn)。

限于作者水平,书中不当之处在所难免,敬请同行专家不吝赐教,不胜感激。

蒋应军　乔怀玉
2019年6月

目 录

第1章 半刚性基层沥青路面抗裂耐久设计理念 1
1.1 传统半刚性基层沥青路面典型结构与早期损坏特征 1
1.2 设计理念与方法对半刚性基层沥青路面早期损坏的影响 4
1.3 半刚性基层沥青路面抗裂耐久设计理念 19

第2章 半刚性基层沥青路面抗裂耐久结构及示范工程 22
2.1 沥青路面结构力学行为与层位功能 22
2.2 基于层位功能路面材料设计原则及耐久结构组合理念 35
2.3 面层倒装式半刚性基层沥青路面抗裂耐久结构 48
2.4 示范工程及长期性能 59

第3章 现代路面压实标准及垂直振动试验方法 64
3.1 现代路面压实标准 64
3.2 垂直振动压实仪工作原理及选型标准 70
3.3 沥青混合料垂直振动压实试验方法 91
3.4 半刚性基层材料垂直振动压实试验方法 95

第4章 耐久性沥青混合料VVTM设计技术及示范工程 115
4.1 成型方法对沥青混合料物理力学特性的影响 115
4.2 沥青混合料VVTM体积设计标准 130
4.3 耐久性沥青混合料VVTM设计方法 152
4.4 VVTM沥青混合料路用性能 165
4.5 示范工程及长期性能 171

第5章 控制开裂破坏水泥稳定碎石VVTM设计技术及示范工程 177
5.1 控制收缩开裂水泥稳定碎石强嵌挤骨架密实级配 177
5.2 VVTM水泥稳定碎石力学及疲劳耐久特性 187
5.3 控制疲劳开裂的水泥稳定碎石VVTM强度设计标准 226
5.4 控制开裂破坏水泥稳定碎石VVTM设计方法 235
5.5 示范工程及长期性能 238

第6章 控制开裂破坏二灰稳定碎石VVTM设计技术及示范工程 244
6.1 控制收缩开裂二灰稳定碎石配合比优化 244

6.2 VVTM 二灰稳定碎石力学及疲劳耐久特性 ·· 255
6.3 控制疲劳开裂二灰稳定碎石 VVTM 强度设计标准 ···································· 271
6.4 控制开裂破坏二灰稳定碎石 VVTM 设计方法 ··· 277
6.5 示范工程及长期性能 ··· 282
参考文献 ·· 285

第1章 半刚性基层沥青路面抗裂耐久设计理念

半刚性基层沥青路面是我国主要路面结构形式之一[1-6]。进入21世纪,我国交通量剧增及极端气候频现,半刚性基层沥青路面早期损坏问题逐渐暴露出来并有严重化趋势,表明传统路面结构组合理念、路面材料设计方法难以胜任当前重交通状况。本章分析了半刚性基层沥青路面早期损坏特征、设计理念与方法对半刚性基层沥青路面早期损坏的影响,提出了半刚性基层沥青路面抗裂耐久设计理念。

1.1 传统半刚性基层沥青路面典型结构与早期损坏特征

1.1.1 传统半刚性基层沥青路面典型结构

近年来,我国高等级公路建设中最常见的半刚性基层沥青路面典型结构如图1-1所示。

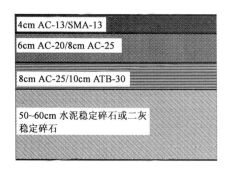
a) 高速公路、一级公路常见路面结构

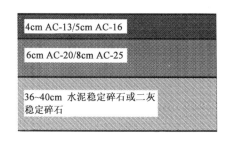
b) 二级公路常见路面结构

图1-1 半刚性基层沥青路面典型结构

最常用的半刚性基层主要有二灰稳定碎石和水泥稳定碎石。二灰稳定碎石由于早期强度低、施工相对繁杂,以及石灰、粉煤灰价格不断上涨和环保问题,近年来在高等级公路建设中的应用逐年减少,水泥稳定碎石成为最常用基层材料之一。

1.1.2 传统半刚性基层沥青路面早期损坏特征

1.1.2.1 早期损坏特征

半刚性基层沥青路面早期损坏问题在时间特征方面有以下两类表现形式[12]:

第一类早期损坏是指沥青路面建成通车不久,短期内发生不同程度的早期损坏,如水损坏、车辙、开裂等,短的通车半年就发生了损坏,长一点的可使用1~2年,且在经历一场雨后早期损坏就会明显暴露出来。这些病害一般与施工质量不好有很大关系,可通过局部性的维修和铣刨予以缓解。

第二类早期损坏是指沥青路面耐久性差,一般在开放交通3~5年后就出现严重损坏,使用寿命远达不到12~15年的设计年限,与国际上30~40年的设计年限,甚至50年的"永久性路面"更不能相比。我国除了早期修建的京津塘、广深珠等几条高速公路只需要进行表面层的再生或加铺罩面外,大多数高速公路在使用了不到8~10年,甚至更短的年限内就发生结构性损坏,进而需要进行大修。这种情况带有普遍性、全局性,对社会和交通的影响较大。

1.1.2.2 早期损坏类型及成因

1) 裂缝

沥青路面裂缝是世界各国普遍存在的技术难题[13-16]。其中,我国的半刚性基层沥青路面裂缝问题尤为严重,通常沥青路面通车2~3年内会出现大量横向裂缝,裂缝横向间距一般为10~15m,严重时3~5m,如图1-2所示。

a)　　　　　　　　　　　　　　　　b)

图1-2 半刚性基层沥青路面裂缝

裂缝类型及其原因是多种多样的,但就主要原因而言可分为:荷载型裂缝和非荷载型裂缝两大类。荷载型裂缝主要是指行车荷载作用下产生的疲劳裂缝,我国通过路面厚度设计控制这类损坏出现[1-3]。非荷载型裂缝主要指温度收缩裂缝,对半刚性基层而言还存在干燥收缩裂缝。沥青面层材料设计时考虑了材料低温抗裂性能,但半刚性基层材料设计中只考虑强度指标,尽管控制了荷载型裂缝,但无相应控制温度裂缝和干燥收缩裂缝的设计指标及标准,致使我国半刚性基层沥青路面开裂严重且出现时间也很早。现场钻芯取样观测也表明,相当数量的裂缝为半刚性基层先裂而导致沥青面层开裂的反射裂缝,这一比例常超过65%[16]。

由此可见,传统半刚性基层沥青路面早期裂缝问题主要是由半刚性基层收缩开裂造成的。解决了半刚性基层收缩开裂问题,路面才能进入正常损坏模式,路面设计才能发挥作用。

2) 车辙

随着交通量增长、车辆渠化行驶,车辙已成为世界各国现代交通沥青路面主要损坏类型之一。车辙直接影响路面平整度、行车安全与舒适。20世纪70年代美国州际和主要公路上车辙所致的路面损坏约占 40%,20 世纪 80 年代日本车辙引起的路面损坏高达 80%[17]。近年来,车辙在我国高等级公路上已普遍存在,很多高速公路在通车 3~4 年,甚至 1~2 年后,路面车辙深度即达到 1~5cm,甚至 10cm 以上,如图 1-3 所示。

a)　　　　　　　　　　　　　　　　　　b)

图 1-3　半刚性基层沥青路面车辙

高温和荷载反复作用会形成车辙,究其原因为沥青层混合料黏滞流动、土基与基层变形及一定程度压实作用和材料磨耗。即:①路基路面材料的后继压实;②路表面的磨耗;③路面材料的塑性流动;④路基沉陷。一般划分为磨耗型或压密型、结构型和失稳型车辙,如图 1-4 所示。

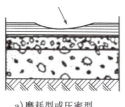
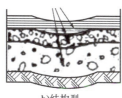
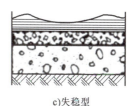

a)磨耗型或压密型　　　　b)结构型　　　　c)失稳型

图 1-4　车辙类型

压密失稳型车辙的形成不仅是混合料压密的过程,而且也伴随着侧向推挤流动,使轮迹带下的混合料向两侧不断扩张,这样必然导致轮迹带两侧出现隆起。目前,对沥青路面车辙发生的位置和机理较为统一的看法是:车辙变形发生在路表附近,沥青混凝土的流动变形是车辙发生的机理。AASHTO 试验路结果表明,路面车辙局限于沥青混合料层[18];NCAT 研究表明,路面永久变形主要发生在路面结构中的沥青层,并多集中在路表附近 7~10cm;丹麦 Nielsen 采用一种足尺轮辙测试仪 DART(Danish Asphalt Rutting Tester)研究磨耗层的永久变形特性,认为车辙主要由沥青混凝土的横向流动引起[19]。

近十几年来,随着我国压实施工技术的提高、施工质量的控制和管理的完善以及半刚性基层和耐磨面层的广泛使用,我国半刚性基层永久变形小到可忽略不计,且在厚半刚性层(我国高速公路半刚性基层厚度一般在 36~56cm)下的土基顶面的压应力很小(0.01~0.02MPa),土基实际上处于弹性工作阶段,也不会产生永久变形[20-21],而路表层采用优质抗滑石料和优质沥青,磨耗很小。因此,可认为半刚性基层沥青路面车辙主要来源于面层在高温和车辆荷载反复作用下的流动变形,即以压密型和失稳型车辙为主。多数情况下,路面现场永久变形是两种机理的组合——空隙减少和剪切变形。

为了解决半刚性基层沥青路面早期车辙问题,有两种有效途径:一是提高沥青混合料设计密度,解决压密型车辙,同时研究表明,提高沥青混合料设计密度,还可提高混合料抗剪强度,也可减少失稳型车辙;二是优化结构组合,降低沥青路面结构层剪应力以减少失稳型车辙。

3) 水损坏

所谓水损坏是指降水透入路面结构层后使路面产生早期损坏的现象,主要表现为网裂、坑洞、唧浆、辙槽等。水损坏是结构性损坏,不仅难以修复,而且对交通影响最大,是目前沥青路面早期损坏中最常见也是破坏力最大的一种病害[12]。

水损坏产生原因,除了设计上沥青混合料密实性差、空隙率大及压实不足,施工过程中粗细集料离析、温度离析导致局部空隙大以及油污染导致沥青脱落之外,还与路面出现早期裂缝有关。路面早期裂缝出现后,水沿裂缝渗入路基,易导致路基软化、路面剥落、坑槽等早期损坏。

为了解决沥青路面早期水损坏问题,一是应优化沥青混合料矿料级配及提高设计密度,并解决施工离析问题;二是应解决半刚性基层早期裂缝问题。

1.2 设计理念与方法对半刚性基层沥青路面早期损坏的影响

沥青路面早期损坏通常是指在施工完成并通车后 2～5 年内即发生功能性损坏或结构性损坏,导致大、中修提前,远未达到设计使用年限[22]。路面设计方法假设损坏模型与当前沥青路面实际产生早期损坏不符,只有解决沥青路面早期损坏,路面才能进入正常设计方法所控制的损坏模式,在这种情况下才可以认为沥青路面结构设计是最关键的问题[1-3,23]。可以这么说,半刚性基层沥青路面早期损坏的发生更多与沥青路面结构组合理念、路面材料设计方法有着直接关系。

1.2.1 传统路面结构组合理念的影响[1-3,24]

1964 年后,随着弯沉仪的全面推广,弯沉不仅是重要的设计指标,也成为非常重要的质量控制指标,这也就是人们逐渐形成弯沉越小路面越好这一不合理观念的直接原因。同时,随着以"因地制宜、就地取材、降低成本"为宗旨的半刚性基层的快速发展和应用,又恰好满足了人们追求减小弯沉的目标,人们无形中就将"弯沉小"与"路面好"联系在一起。在这种背景下,传统路面结构组合理论根据作用在路面上的行车荷载产生的压应力和压应变随深度向下逐渐递减规律,要求路面结构组合设计时按强度和刚度自上而下递减的规律安排路面各结构层,以使各结构层材料的效能得到充分发挥。压应变随路面深度递减规律是传统路面结构组合的理论基础,显然这种组合理念对有较大弯沉的柔性路面来说具有有效性,可以有效控制路面损坏的发生。在"七五"之后,以沈大高速公路为代表的高等级公路建设进入快速发展阶段,而半刚性基层沥青路面结构也由"路拌平地机摊铺"逐渐向"集中厂拌摊铺机摊铺"发展,基层材料、配合比与强度要求越来越高,沥青路面不再表现柔性,尽管路面弯沉实测值非常小,但路面早期损坏时有发生。工程实际情况表明,弯沉指标无法与半刚性基层沥青路面多种损坏类型和损坏标准相统一、协调。现代交通作用下路面荷载响应较为复杂,作用在半刚性基层沥青路面荷载产生的压应力和压应变随深度递减,剪应力随深度先增大后减小,路表和半刚性基层层底都承受拉应力作用,简单采用压应力/压应变指标已无法解释沥青路面损坏模式及机理。路面结构组合目的是充分发挥各结构层材料的效能,降低路面结构层内部各种荷载应力,然而传统路面结构组合理论所考虑的力学指标主要为压应力/压应变指标,相对于目前复杂的路面损坏状况而言过于简单,而交通荷载响应对沥青路面影响的重要性和复杂性越来越明显,传统路面结构组合理论的局限性也越发突出,或者说不适用于半刚性基层沥青路面。

近30年来,由于高等级公路建设快速发展,我们还来不及分析思考以压应变随路面深度递减规律为原则的传统路面结构组合理论是否适用于半刚性基层沥青路面,以至于长期以来工程实践中不自觉地遵循传统路面结构组合理论,表面层、中面层、下面层组合通常采用细粒式、中粒式、粗粒式沥青混合料,且各结构层沥青混合料基本上按全功能要求设计,忽略了各结构层层位功能及其对材料的特殊要求,难以从真正意义上实现"充分发挥各结构层材料的效能"这一目标。如图1-3所示,中面层车辙较为严重,而沥青路面早期裂缝问题,更多始于半刚性基层Down-Top裂缝,部分始于表面层Top-Down裂缝,因而中面层在材料组成设计时首要考虑的应是高温性能,其次才是低温性能。

1.2.2 沥青混合料马歇尔设计方法的影响

马歇尔设计方法是当今世界最盛行的热拌沥青混合料设计方法,由美国密西西比州公路局Bruce Marshall于1939年首次提出,1958年列入ASTMD1559。我国自20世纪70年代以来开始应用马歇尔设计方法,并纳入了规范[1-11,25-27],迄今已有近50年的应用历史,为我国沥青路面的发展起了重要的推动作用。

1.2.2.1 马歇尔击实标准明显滞后于交通现状

马歇尔设计方法的理论精髓是室内采用某一击实功得到试件密度与多年实际交通作用下路面最终密度相等[25,60]。在20世纪60年代小交通量的条件下,当时的马歇尔试验采用双面锤击50次的击实标准。到了20世纪70~80年代,随着交通量迅猛增长,马歇尔击实标准提高到了双面击实75次,并一直沿用至今[1-11]。进入21世纪,我国交通状况发生了巨大变化,大流量、重轴载和高胎压成为现代交通特点,但马歇尔击实标准仍旧沿用了20世纪70~80年代的标准,并未随实际交通状况变化而调整,明显滞后于当前交通现状。

杜群乐曾对华北地区通车几年以上且交通量比较大的三条高速公路(表1-1)沥青路面车辙与密度进行了调查[27]。A高速公路交通量较大,但重载车辆相对较少,通车4年后,于2002年测定的路面密度情况见表1-2。B高速公路交通量较大,但重载车辆相对较少,1998年罩面后,2001年车辙已经很严重,罩面层芯样密度见表1-3。C高速公路为晋煤外运通道之一,重车多、车速慢,尚未修补过的路段芯样密度见表1-4,调查时该公路通车7年,其中5、6断面为GTM设计,其余为马歇尔法设计。调查时芯样均取自轮迹带和路肩上,轮迹带基本上都是以压密型车辙为主的变形,深度为1~3cm;路肩上芯样密度基本上代表路面竣工时密度。三条高速公路施工资料均表明,沥青混合料马歇尔指标均符合技术规范,动稳定度也达到了2500次/mm以上,压实度也都在97%以上。

三条高速公路的基本情况[27]

表1-1

公路编号	路面结构	通车时间	日均标准交通量
A	面层:4cm AC16 + 5cm AC25 Ⅰ + 6cm AC30 基层:20cm 水泥稳定碎石 + 20cm 石灰土	1997年11月	15304
B	面层:3cm LH15 + 4cm LH25 Ⅱ + 5cm LH35 Ⅱ 基层:15cm 二灰碎石 + 40cm 石灰土	1992年11月 1998年表层罩面	30250
C	面层:5cm LH20 Ⅰ + 7cm LS30 基层:18cm 水泥稳定碎石 + 29~38cm 石灰土	1995年11月	26530

A 高速公路路面体积参数演变规律[27]

表1-2

断面编号	结构层	理论密度 (g/cm³)	马歇尔密度 (g/cm³)	行车道 芯样密度 (g/cm³)	行车道 VV (%)	路肩 芯样密度 (g/cm³)	路肩 VV (%)
1	上面层	2.607	2.497	2.537	2.7	2.350	9.9
1	中面层	2.548	2.392	2.430	4.6	2.326	8.7
1	下面层	2.546	2.406	2.407	5.5	2.315	9.1
2	上面层	2.601	2.480	2.516	3.3	2.403	7.6
2	中面层	2.551	2.457	2.461	3.5	2.350	7.9
2	下面层	2.547	2.378	2.419	5.0	2.293	10.0
3	上面层	2.605	2.515	2.573	1.2	2.379	8.7
3	中面层	2.526	2.440	2.442	3.3	2.377	5.9
3	下面层	2.542	2.414	2.397	5.7	2.371	6.7

B 高速公路路面体积参数演变规律[27]

表1-3

断面编号	马歇尔密度 (g/cm³)	行车道内侧 理论密度 (g/cm³)	行车道内侧 芯样密度 (g/cm³)	行车道内侧 VV (%)	行车道外侧 理论密度 (g/cm³)	行车道外侧 芯样密度 (g/cm³)	行车道外侧 VV (%)	路肩 理论密度 (g/cm³)	路肩 芯样密度 (g/cm³)	路肩 VV (%)
1	2.553	2.628	2.555	2.8	2.614	2.556	2.2	2.629	2.467	6.2
2	2.497	2.592	2.511	3.1	2.587	2.502	3.3	2.596	2.430	6.4
3	2.556	2.631	2.602	1.1	2.623	2.569	2.0	2.624	2.482	5.4
4	2.565	2.621	2.549	2.7	2.540	2.608	2.6	2.622	2.492	5.0
5	2.554	2.617	2.554	2.4	—	—	—	2.628	2.486	5.4
6	2.524	2.605	2.515	3.4	2.627	2.552	2.9	2.619	2.461	6.0
7	2.518	2.597	2.524	2.8	—	—	—	2.606	2.428	6.8
8	2.516	2.520	2.617	3.7	2.632	2.525	4.0	2.628	2.457	6.5
9	2.562	2.634	2.560	2.8	2.629	2.564	2.5	—	—	—
10	2.571	2.584	2.639	2.1	2.631	2.568	2.4	2.635	2.518	4.4

C 高速公路路面体积参数演变规律[27]　　　　表 1-4

断面编号	结构层	行车道			路肩		
		理论密度 (g/cm³)	芯样密度 (g/cm³)	VV (%)	理论密度 (g/cm³)	芯样密度 (g/cm³)	VV (%)
1	上面层	2.599	2.548	2.0	2.592	2.461	5.1
	下面层	2.589	2.412	6.8	2.536	2.310	8.9
2	上面层	2.607	2.549	2.2	2.610	2.486	4.8
	下面层	2.598	2.441	6.0	2.583	2.354	8.9
3	上面层	2.586	2.551	1.4	2.652	2.462	7.2
	下面层	2.564	2.509	2.1	2.548	2.336	8.3
4	上面层	2.615	2.571	1.7	2.632	2.481	5.7
	下面层	2.590	2.501	3.4	2.549	2.410	5.5
5	上面层	2.632	2.525	4.1	2.613	2.504	4.2
6	上面层	2.619	2.511	4.1	2.627	2.507	4.6

从表 1-2 ~ 表 1-4 可以看出：

(1)行车道路面现场密度大于马歇尔密度，说明在行车荷载作用下沥青混合料再压密是形成车辙的主要原因之一。随着混合料进一步压密，轮迹带处 VV 逐渐下降，ΔVV = 2.1% ~ 7.5%，平均 ΔVV = 3.72%，导致 VMA 降低、VFA 增大，间接说明了马歇尔混合料沥青用量偏大、高温性能差，易出现流动性车辙。这进一步证明了路面在竣工后初始阶段以压密变形为主，然后以剪切变形为主，实际上压密失稳型车辙多是先后为主因而连续发生的，如图 1-5 所示，车辙发展过程归于：开始压密阶段、混合料压密剪切流动和剪切损坏三个阶段[17]。

(2)上面层、中面层密度和空隙率变化最大，其次是下面层。这表明中、上面层(表面 4cm 以下)是产生车辙的主要层位，且基本上以压密、失稳车辙为主。

(3)对比表 1-2、表 1-3 中马歇尔设计路段和表 1-4 中 5、6 断面 GTM 设计路段，虽然路面施工的压实度当初满足了规范要求，但由于马歇尔标准控制密度过低，仍然难以适应目前大交通量、重载交通的水平，而导致通车 3 ~ 4 年出现车辙；而 GTM 设计沥青混合料通车使用 5 年后现场密度达到 GTM 密度的 99.5%，几乎没有车辙，轮迹带与路肩处 VV 相差不大，这说明 GTM 沥青混合料基本达到实际交通荷载作用多年后的"最终密度"。

已有研究表明[28-29]，车辙变形小的轮迹处对应的现场密度普遍高于马歇尔密度，如图 1-6 所示；轮迹带芯样车辙深度与芯样空隙率变化量存在直线关系，即空隙率变化越大，沥青路面车辙深度就越大，如图 1-7a)所示；随着路面车辙深度的增加，芯样密度变大，在行车荷载的反复作用下，轮迹带下的沥青混合料逐步被压密，而侧向流动沥青混合料相对较少，如图 1-7b)所示。

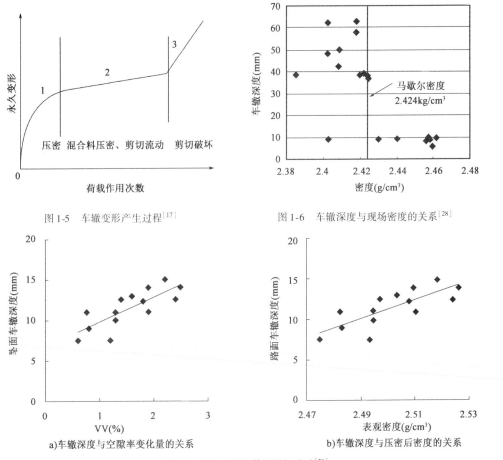

图 1-5 车辙变形产生过程[17]

图 1-6 车辙深度与现场密度的关系[28]

a) 车辙深度与空隙率变化量的关系

b) 车辙深度与压密后密度的关系

图 1-7 车辙深度与体积指标关系[29]

综上所述,马歇尔设计沥青混合料经多年行车碾压,行车道轮迹带处密度和空隙率与通车前相比,通常会出现很大的变化。现场芯样密度高于马歇尔密度,这或许是发生车辙的根源之一,这说明马歇尔密度不能代表现代交通作用下的现场密度,马歇尔击实功小了,不能满足现代交通发展需要。也就是说,击实 75 次试件密度与当时交通状况下使用多年道路上沥青混凝土的最终密度吻合,但现代交通的重轴载、大流量特点要求试件有更高密度与之相适应,否则会进一步压密而出现早期车辙。由此也不难解释,由于击实标准滞后于交通现状,导致室内混合料密度偏低,同时为了满足 VMA、VFA、VV 的要求,又使得沥青用量偏高,在大流量、重轴载作用下路面易出现车辙及由此引起的 Top-Down 裂缝等早期损坏。

1.2.2.2 马歇尔试件与现场性能相关性差

马歇尔方法在设计沥青混合料时,除了要求设计的沥青混合料密度与多年实际交通作用下路面最终密度相等之外,还期望得出一个合理的设计密度与合理密度下的沥青用量,并对路用性能做出合理预测[27]。而室内试件性能能否准确与现场性能吻合,直接影响沥青混合料设计结果。

1) 马歇尔稳定度

沥青混合料马歇尔试件和路面芯样的马歇尔稳定度见表 1-5。马歇尔稳定度按照《公路工程沥青及沥青混合料试验规程》(JTG E20—2011)中 T0709—2011 试验步骤进行测试。

路面芯样、马歇尔试件的稳定度及对比   表1-5

混合料类型	依托项目	路面芯样 $MS_{(X)}$ (kN)	马歇尔试件 $MS_{(M)}$ (kN)	$MS_{(M)}/MS_{(X)}$ (%)
AC-13	榆绥高速公路	19.0	13.0	68.4
AC-20	内威荣高速公路	31.5	19.0	60.3
AC-20	榆绥高速公路	27.2	18.2	66.9
ATB-30	榆绥高速公路	29.2	19.5	66.8

由表1-5中数据可知，AC-13、AC-20、ATB-30沥青混合料马歇尔试件的稳定度分别为路面芯样的68.4%、63.6%和66.8%。

2）抗压强度

沥青混合料马歇尔试件和路面芯样的抗压强度见表1-6。按照《公路工程沥青及沥青混合料试验规程》(JTG E20—2011)中 T0713—2000 沥青混合料单轴压缩试验进行，试验加载速度为2mm/min。

路面芯样、马歇尔试件的抗压强度及对比   表1-6

混合料类型	依托项目	试验温度 (℃)	路面芯样 $R_{c(X)}$ (MPa)	马歇尔试件 $R_{c(M)}$ (MPa)	$R_{c(M)}/R_{c(X)}$ (%)
AC-13	榆绥高速公路	20	8.95	6.22	69.5
		40	4.17	2.80	67.1
		60	3.27	2.24	68.5
AC-20	内威荣高速公路	20	8.01	5.51	68.8
		40	3.57	2.34	65.5
		60	2.64	1.78	67.4
	榆绥高速公路	20	9.93	6.91	69.6
		40	5.38	3.58	66.5
		60	3.93	2.72	69.2
ATB-30	榆绥高速公路	20	7.24	5.01	69.2
		40	4.24	2.81	66.3
		60	2.94	2.01	68.4

由表1-6中数据可知，AC-13、AC-20、ATB-30沥青混合料马歇尔试件的抗压强度分别为路面芯样的68.4%、67.8%和67.9%。

3）劈裂强度

沥青混合料马歇尔试件和路面芯样的劈裂强度见表1-7。按照《公路工程沥青及沥青混合料试验规程》(JTG E20—2011)中 T0715—2011 沥青混合料劈裂试验进行，采用宽度为19mm、内侧曲率半径75mm的压条。试验温度为25℃、15℃、-20℃时，加载速率分别为50mm/min、50mm/min、1mm/min。

路面芯样、马歇尔试件的劈裂强度及对比　　　　表1-7

混合料类型	依托项目	试验温度(℃)	路面芯样 $R_{T(X)}$(MPa)	马歇尔试件 $R_{T(M)}$(MPa)	$R_{T(M)}/R_{T(X)}$(%)
AC-13	榆绥高速公路	-20	3.1	2.17	70.0
		15	1.12	0.75	67.0
		25	0.93	0.64	68.8
AC-20	内威荣高速公路	-20	2.57	1.76	68.5
		15	1.15	0.8	69.6
		25	0.83	0.57	68.7
	榆绥高速公路	-20	3.25	2.27	69.8
		15	1.37	0.94	68.6
		25	1.25	0.81	64.8
ATB-30	榆绥高速公路	-20	3.36	2.19	65.2
		15	1.9	1.31	68.9
		25	1.82	1.29	70.9

由表1-7中数据可知,AC-13、AC-20、ATB-30沥青混合料马歇尔试件的劈裂强度分别为路面芯样的68.6%、68.3%和68.3%。

4)半圆弯曲试验(SCB)抗拉强度[30-32]

半圆弯曲试验(SCB)是评价沥青混合料抗拉性能的一种试验方法,是在规定尺寸的简支半圆形试件跨中施加集中荷载至试件断裂破坏,根据破坏时最大荷载计算抗拉强度。SCB中出现的破坏形式以拉伸破坏为主,避免了其他破坏类型对试验结果的影响,可更好地测试沥青混合料断裂时的真实拉力值,预测裂缝的发生和发展。半圆弯曲试验示意图及试验过程如图1-8所示。

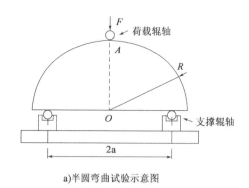
a)半圆弯曲试验示意图

b)试件断裂破坏

图1-8　SCB模型及试验方法

沥青混合料试件抗拉强度按式(1-1)计算。

$$\sigma = \frac{12Pa}{t\varphi^2} \tag{1-1}$$

式中:P——极限荷载,N;

a——支座间距,mm,一般 $a = 0.4\varphi$;

t——试件厚度,mm,一般选为50mm。

沥青混合料马歇尔试件和路面芯样的SCB抗拉强度见表1-8。试验时采用直径1.2cm的圆条作为支座及压条。试验温度为 $-20℃$、$15℃$、$25℃$,对应的加载速率分别为5mm/min、50mm/min、50mm/min。

路面芯样、马歇尔试件的抗拉强度及对比   表1-8

混合料类型	依托项目	试验温度(℃)	路面芯样 $\sigma_{(X)}$(MPa)	马歇尔试件 $\sigma_{(M)}$(MPa)	$\sigma_{(M)}/\sigma_{(X)}$(%)
AC-13	榆绥高速公路	-20	15.1	9.3	61.9
		15	9.4	6.0	64.0
		25	7.9	4.5	57.0
AC-20	内威荣高速公路	-20	16	11.1	69.5
		15	11.1	7.6	68.5
		25	7	4.9	69.8
	榆绥高速公路	-20	15.7	9.7	61.5
		15	11.0	6.3	57.7
		25	7.3	4.8	64.8
ATB-30	榆绥高速公路	-20	6.1	4.2	69.4
		15	5.4	3.5	64.7
		25	3.4	2.0	60.2

由表1-8中数据可知,AC-13、AC-20、ATB-30沥青混合料马歇尔试件的SCB强度分别为路面芯样的61%、65.3%和64.8%。

5) 抗剪强度[33-35]

单轴贯入试验测定的贯入强度是反映沥青混合料高温抗剪强度的指标,主要有两个特点:①在单轴贯入试验中,试件内部产生的剪应力分布与实际路面在车轮荷载作用下产生的剪应力分布相似,甚至重合;②由于压头直径小于试件直径,周围材料在加载过程中将形成对压头下圆柱体的侧向约束,侧向约束的大小与沥青和混合料的性能密切相关。在此过程中,竖向压力是主动的,侧向压力是被动的,竖向压力不同并且侧向约束也不同,这个过程与实际路面相同。单轴贯入试验模型及试验过程如图1-9所示。

沥青混合料试件抗剪度按式(1-2)计算。

$$\tau_d = 0.339 \times R_g \tag{1-2}$$

式中:τ_d——抗剪强度,MPa;

R_g——试件贯入强度,MPa,$R_g = \dfrac{4P}{\pi\varphi^2}$;

P——试件破坏时最大荷载,N。

沥青混合料马歇尔试件和路面芯样的60℃抗剪强度见表1-9。试验采用电子万能试验机,使用直径为42mm的压头,试验温度60℃,加载速率为1mm/min。

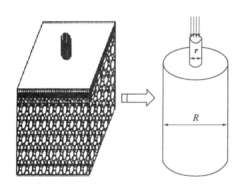
a) 单轴贯入试验模拟

b) 压头未接触试件

c) 压头接触试件

d) 贯入试验结束后试件外观

图 1-9　单轴贯入试验模型及试验过程

路面芯样、马歇尔试件的 60℃抗剪强度及对比　　　　表 1-9

混合料类型	依托项目	路面芯样 $\tau_{d(X)}$ (MPa)	马歇尔试件 $\tau_{d(M)}$ (MPa)	$\tau_{d(M)}/\tau_{d(X)}$ (%)
AC-13	榆绥高速公路	1.58	1.11	70.3
AC-20	内威荣高速公路	1.5	1.1	70.0
AC-20	榆绥高速公路	1.54	1.06	68.8
ATB-30	榆绥高速公路	4.72	3.15	66.7

由表 1-9 中数据可知：AC-13、AC-20、ATB-30 沥青混合料马歇尔试件的 60℃抗剪强度分别为路面芯样的 70.3%、70.0%和 66.7%。

由此可见，马歇尔试件准确度为不足 70%。这表明马歇尔锤击方式与实际碾压方式相差甚远，成型的试件无法较好地模拟现场实际碾压效果及通车多年后车辆荷载对路面的压实效果，导致不能准确预测路面的长期性能。

综上所述，马歇尔设计方法对于中、轻交通条件下的低等级公路不失为一种较好的设计方法，但已经跟不上现代交通发展和高等级公路建设的需要。随着经济的发展，重交通运输已占主导地位，适应中、轻交通的技术标准已经不能满足现代交通条件，这就要求沥青路面的技术标准、压实标准进行适当的调整。而当今压实技术突飞猛进的发展，已具备提高压实标准的条件。压实标准的提高,必将对室内试件压实成型方法提出更高的要求,比如,如何在压实成型过程中减少集料破碎、如何使集料排列更接近于实际路面的情况等。因此,确定适用现代交通的沥青混合料试件压实成型方法及相应的体积设计标准迫在眉睫。

1.2.3 半刚性基层材料设计方法的影响[5,36]

半刚性基层材料设计目的是确定矿料级配、结合料剂量、最大干密度和最佳含水率,使得半刚性基层具有抵抗荷载和环境破坏的能力。目前,我国的半刚性基层材料设计方法是采用重型击实试验方法确定最大干密度 ρ_{dmax} 和最佳含水率 w_0,采用静力压实法按重型击实法确定 ρ_{dmax}、w_0 和规定压实度制备 $\phi15cm \times h15cm$ 圆柱体试件,评价试件在规定温度条件下保湿养护 6d、浸水 1d 后无侧限抗压强度是否满足强度标准,在此基础上进行材料组成设计。

1.2.3.1 重型击实试验方法滞后于生产实际

最大干密度 ρ_{dmax} 和最佳含水率 w_0 是半刚性基层材料配合比设计基本参数,也是施工质量控制的重要参数,目前广泛采用《公路工程无机结合料稳定材料试验规程》(JTG E51—2009)中 T0804—1994 重型击实试验方法(Heavy Compaction Test Method,HCM)。重型击实试验法建立于 20 世纪 80 年代后期,与当时的压实机械(12~15t)相适应,也满足当时交通的需要,在我国已有近 40 年应用历史,也取得了相当成功的应用经验,具有广泛的应用基础和适用性[5]。近年来,随着施工机械水平提高和现代交通发展,重型击实试验方法显示出诸多不适应性。

1)重型击实功滞后于生产实际

重型击实方法确定最大干密度 $\rho_{dmax(H)}$ 与现有碾压设备下基层现场碾压所能达到的最大干密度 $\rho_{dmax(X)}$ 见表1-10。$\rho_{dmax(X)}$ 是指在现有施工机械水平和施工工艺下,静压 1~2 遍、振碾 6~8 遍、静压 1~2 遍后基层达到的干密度。

HCM最大干密度和现场所能达到的最大干密度　　表1-10

依托项目	标　段	现场实测值 $\rho_{dmax(X)}$ (g/cm³)	HCM $\rho_{dmax(H)}$ (g/cm³)	压　实　度 $K(\%)$	$\overline{K}$
柞小高速公路	32	2.406	2.331	103.2	103.1
	33	2.419	2.338	103.5	
	34	2.437	2.369	102.9	
	35	2.441	2.378	102.6	
宛坪高速公路	2	2.454	2.421	101.4	
	3	2.510	2.432	103.2	
	4	2.470	2.422	102.0	
	5	2.497	2.403	103.9	
	6	2.519	2.414	104.3	
	7	2.566	2.461	104.3	
	8	2.541	2.452	103.6	
	9	2.557	2.454	104.2	
	10	2.424	2.383	101.7	
	11	2.523	2.442	103.3	

表1-10中数据表明,重型击实试验法得出的最大干密度较现场实际能达到的干密度要小,工程实践中出现压实度易超百现象,压实度平均可达103.1%。但正是压实度容易达到要求,反而忽视对基层的充分碾压。这表明,近20年来半刚性基层施工普遍采用20t及以上可调频调幅振动压路机,而重型击实功是根据20世纪80年代末普遍使用的12~15t压路机提出的,已滞后于生产实际。

2)含水率确定依据与实际施工不符

重型击实试验结果见表1-11。表中P_s指水泥剂量,$w_{拌}$、$w_{测}$分别指拌和含水率、击实后测试含水率,$\Delta w = w_{拌} - w_{测}$。试验时,采用柞水石灰岩碎石,矿料级配见表1-12。

重型击实试验结果　　　　表1-11

P_s (%)	$w_{拌}$ (%)	XM			GM		
		$w_{测}$ (%)	Δw (%)	干密度 (g/cm³)	$w_{测}$ (%)	Δw (%)	干密度 (g/cm³)
3.0	4.5	4.3	0.2	2.33	4.3	0.2	2.35
	5.0	4.6	0.4	2.35	4.7	0.3	2.37
	5.5	5.0	0.5	2.37	4.9	0.6	2.38
	6.0	5.3	0.7	2.36	5.2	0.8	2.37
	6.5	5.6	0.9	2.34	5.4	1.1	2.36
4.0	4.5	4.3	0.2	2.33	4.4	0.1	2.35
	5.0	4.8	0.2	2.36	4.7	0.3	2.37
	5.5	5.1	0.4	2.37	5.0	0.5	2.38
	6.0	5.3	0.7	2.36	5.4	0.6	2.37
	6.5	5.6	0.9	2.35	5.7	0.8	2.36
5.0	4.5	4.4	0.1	2.34	4.3	0.2	2.35
	5.0	4.9	0.2	2.36	4.7	0.3	2.38
	5.5	5.2	0.3	2.38	5.0	0.5	2.39
	6.0	5.4	0.6	2.37	5.4	0.6	2.38
	6.5	5.7	0.8	2.35	5.7	0.8	2.36

矿料级配　　　　表1-12

级配类型	通过下列筛孔(mm)的质量百分率(%)						
	31.5	19.0	9.5	4.75	2.36	0.6	0.075
悬浮密实型(XM)	100	93.5	67.0	39.0	26.0	15.0	3.5
骨架密实型(GM)	100	67.0	47.0	33.0	23.0	14.0	3.0

由表 1-12 和图 1-10 可知，骨架密实型水泥稳定碎石干密度普遍大于悬浮密实型水泥稳定碎石，这间接体现出骨架密实级配的优越性；不论是骨架密实型还是悬浮密实型水泥稳定碎石，随着水泥剂量的增大，水泥稳定碎石干密度都有所增大，显示出水泥具有填充空隙的作用。

如图 1-11 所示，$w_{测} < w_{拌}$，且随 $w_{拌}$ 增大，Δw 随之增大；骨架密实型级配水泥稳定碎石由于粗集料用量较多、细集料用量较少，总体比表面相对较小，润滑作用所需含水率也小，所以最佳含水率相对也小，并表现出 Δw 大于悬浮密实型级配。根据图 1-11 中 $w_{测}$ 和 $w_{拌}$ 之间的回归关系，可得 Δw 与 $w_{拌}$ 之间的关系：

骨架密实型水泥稳定碎石：
$$\Delta w = 0.3667 \times w_{拌} - 1.50 \tag{1-3}$$

悬浮密实型水泥稳定碎石：
$$\Delta w = 0.3667 \times w_{拌} - 1.55 \tag{1-4}$$

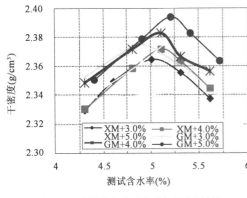
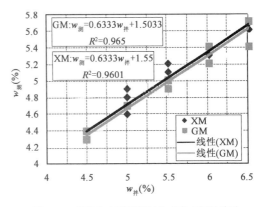

图 1-10　水泥稳定碎石重型击实试验结果　　图 1-11　拌和含水率和测试含水率之间的关系

首先，在不断击实作用下击实筒内颗粒逐渐靠拢，颗粒孔隙间水分随着颗粒靠拢而逐渐被挤出，这样击实完毕后试料含水率比击实开始时拌和含水率要小；其次，击实完毕后，混合料烘干 8~12h 测试含水率过程中水化反应又消耗试样中部分水分，使得烘干后含水率又比击实后含水率要小。即重型击实试验开始时拌和含水率比试验结束烘干法测试含水率大，且拌和含水率越大，试验前后试样含水率变化幅度也越大，例如试验时水泥稳定碎石拌和含水率为 6.0%，而烘干后含水率为 5.3% 左右。而工程实际施工过程中，基层材料从碾压开始到碾压结束过程中，基层材料含水率是基本不变的，当含水率过大时，由于水分无处可挤而通常出现"弹簧土"现象，反而影响压实效果。

3）模拟效果差、试验重现性差和操作繁杂

首先，重型击实试验分三层装试样击实，这与实际现场生产过程中不吻合，模拟施工效果差；其次，分层装料及分层击实厚度、击实后拉毛处理以及击实后对试样表面整平处理会因试验人员的不同而影响击实效果，甚至同一试验员不同时间所做试验结果也存在较大差异，试验重现性差、试验结果离散性较大。此外，重型击实方式不能模拟现场振碾机理，室内击实法是通过施加冲击荷载对被压材料进行压实的，而现场振动压实是通过高频振动作用使材料液化压密的，致使试件矿料颗粒排列方式与实际碾压成型基层矿料排列方式有差异。

1.2.3.2 静压法成型试件与现场性能相关性差

供分析测试用的样品,通常称试件或试样,其制作或成型是半刚性基层材料设计中的关键环节,制作的试件是否具有真实性、可靠性和代表性,直接关系到半刚性基层材料性能分析结果和由此得出设计结论是否合理的一个先决条件。目前,供物理力学测试用试件广泛采用《公路工程无机结合料稳定材料试验规程》(JTG E51—2009)中的静力压实法(Static Pressure Producing Specimen Method,SPSM)。随着压实机械水平提高,静力压实制备试件方法已显示出不适应性。

1)SPSM 试件无法准确预测实际性能

现场芯样、SPSM 试件 7d 无侧限抗压强度试验结果见表 1-13。

SPSM 试件试验结果准确性　　　　表 1-13

依托项目	标　段	现场芯样测试值 $\overline{R}_{c0.95(X)}$(MPa)	SPSM 试件测试值 $\overline{R}_{c0.95(S)}$	准确度 $\delta_R = \overline{R}_{c0.95(S)}/\overline{R}_{c0.95(X)} \times 100$		
				δ_R(%)	$\overline{\delta}_R$(%)	S(%)
柞小高速公路	32	6.1	1.7	27.8		
	33	7.6	2.1	27.6		
	34	7.9	1.7	21.4		
	35	9.9	2.0	20.2		
宛坪高速公路	2	9.0	3.8	42.3	35.6	8.2
	3	9.2	3.3	35.9		
	4	9.1	3.3	36.4		
	5	8.5	3.4	39.9		
	6	8.7	4.0	46.1		
	7	8.4	3.4	40.3		
	8	8.5	3.6	42.3		
	9	8.7	3.6	41.3		
	10	8.8	3.7	42.2		
	11	8.8	3.1	35.2		

表 1-13 中数据表明,SPSM 试件工程性质与现场钻芯试件的相关性较差,平均不足 36%,不能准确预测水泥稳定碎石力学性能。

2)SPSM 试件成型前后含水率变化规律

重型击实试验方法确定的最大干密度和最佳含水率见表 1-14。SPSM 试件成型前后含水率变化规律见表 1-15。

重型击实试验法确定的最大干密度和最佳含水率　　　　表 1-14

级配类型	GM			XM		
P_s(%)	3	4	5	3	4	5
w_0(%)	4.9	5.0	5.0	5.0	5.1	5.2
ρ_{dmax}(g/cm³)	2.38	2.38	2.39	2.37	2.37	2.38

静压法成型前后含水率变化规律　　　　　　　　　表1-15

P_s (%)	GM				XM			
	最佳含水率 (%)	成型后含水率 (%)	含水率差值 (%)	含水率损失率 (%)	最佳含水率 (%)	成型后含水率 (%)	含水率差值 (%)	含水率损失率 (%)
3	4.9	4.1	0.8	16.3	5.0	4.4	0.6	12.0
4	5.0	4.3	0.7	14.0	5.1	4.3	0.8	15.7
5	5.0	4.4	0.6	12.0	5.2	4.3	0.9	17.3

表1-15数据表明,SPSM试件成型后实际含水率比成型前拌和含水率小,含水率损失率12%~16%。拌和含水率采用重型击实法确定的最佳含水率,这说明静压成型试件方法和重型击实方法不匹配,重型击实试验方法确定最佳含水率偏大;而成型后含水率的损失也必将导致试件内部实际水泥剂量变小,最终影响试件力学强度。

3) SPSM试件成型前后矿料级配变化规律

SPSM试件成型前后级配变化规律分别见表1-16。重型击实试验方法确定的最大干密度和最佳含水率见表1-14。

SPSM试件成型前后级配变化规律　　　　　　　　　表1-16

级配类型	P_s (%)	通过下列筛孔(mm)的质量百分率(%)						
		31.5	19.0	9.5	4.75	2.36	0.6	0.075
GM	3	100	83.5	55.7	40.1	28	18.1	7.2
	4	100	83.5	56.1	39.7	28.3	17.3	7.0
	5	100	84.2	56.0	39.8	29.0	17.6	7.6
	原级配	100	74	47	33	23	14	3.0
XM	3	100	96.0	72.3	49.1	34.8	19.2	7.0
	4	100	94.9	73.4	51.2	33.8	19.2	7.3
	5	100	94.8	72.2	50.0	34.0	18.0	5.8
	原级配	100	93.5	67	39	26	15	3.5

由表1-15和图1-12可以看出,SPSM试件成型过程对混合料级配影响较为显著,如骨架密实级配在19mm和9.5mm两个粒径上的通过率都有较大的增加,表明有粗集料被压碎,从而影响骨架结构的形成和导致力学强度的下降。

综上,重型击实方式与静力压实制备方式不相匹配,试件制备过程中含水率损失情况较为严重,含水率损失导致试件实际水泥剂量降低,这与现场实际碾压成型的(底)基层含水率和水泥剂量不符;试件制备过程中粗集料压碎情况较为严重,制备的试件级配与实际碾压成型的(底)基层级配不符;此外,静力压实法制备试件与实际振动碾压成型(底)基层不符、制备的试件组成结构与实际碾压成型的(底)基层结构不符等等。这些致使静压法成型试件无法准确预测实际性能。

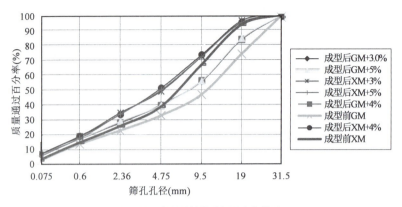

图 1-12 成型试件前后级配变化情况

1.2.3.3 传统材料设计方法对路面早期损坏的影响

1）试验方法的影响

试验方法直接影响到半刚性基层材料试件结构（包括最大干密度、最佳含水率和矿料排列方式），进而影响试件力学强度室内测试结果和材料组成设计结果。材料组成设计中，应采用能模拟现场实际效果的室内试验方法。然而，实际采用重型击实方法与静压成型试件方法，与工程实际相关性较差，致使无法精准掌握材料组成结构与性能之间客观规律，而影响材料设计。工程实践表明，采用重型击实试验方法确定最大干密度作为标准干密度，20t 以上振动压路机振碾 2~3 遍，即可满足压实度要求，甚至出现超百现象，实际上 20t 以上振动压路机振碾 6 遍以上，基层现场密实度才能达到最大；与振碾 2~3 遍相比，压实度能提高 3%~5%。而已有研究表明，压实度提高 1%，基层材料力学强度可提高约 11%。静压法成型试件因含水率损失率 12%~16%，而导致试件内部实际水泥剂量比拌和加入时水泥剂量至少降低了 10%以上，且试件内部粗集料被压碎、排列方式不同实际等，导致设计水泥剂量偏高（实际采用水泥剂量普遍在 5%~6%），而影响半刚性基层材料抗裂性能，使得不少工程水泥稳定碎石基层在面层铺筑前出现较多裂缝现象。更为糟糕的是，工程技术人员对此现象司空见惯，因试验方法问题也无法从根源上去寻找问题所在以及解决措施。

2）设计指标的影响

设计指标选取应能控制半刚性基层荷载型裂缝和环境型裂缝。受材料抗裂性能测试手段制约，目前我国半刚性基层材料采用抗压强度为设计指标，并没有考虑抗裂性能要求。实际上，路面力学分析表明，运营期间路面结构在荷载作用下基层底部拉应力为 0.2~0.4MPa，而半刚性基层弯拉强度普遍在 1.0MPa 以上，运营期荷载作用不足以引起路面基层产生疲劳断裂，大量工程也实践证明了这一点。但施工期间路面尚未完全成型且强度也未完全形成，较薄路面结构层和较低强度使得基层在施工车辆反复作用下容易产生疲劳断裂。因此，确保碾压成型基层有足够养护时间和环境，使其具有足够早期强度以抵抗施工车辆荷载反复作用，是防止基层疲劳断裂关键。通常，基层养护 7~10d 以上，即可防止施工车辆产生疲劳断裂。也就是说，基层承载能力不是问题，而更多的是收缩裂缝问题。另外，强度标准制定依据是确保基层有足够力学强度抵抗交通荷载反复作用而不产生疲劳断裂，显然与路面结构厚度有关，而目前强度标准并没有考虑到这一点。

在室内试验方法确定情况下，半刚性基层材料力学强度和抗裂性能受水泥剂量影响显著，力学强度随水泥剂量增大而增大，而抗裂性能却随水泥剂量增大而降低。以力学强度为指标的水泥稳定碎石设计方法，水泥剂量选取以力学强度为依据，而忽略对抗裂性能的考虑，使得设计的水泥剂量普遍较高，结果是尽管控制住荷载型疲劳裂缝的发生，但无法控制温度裂缝的发生，并且更为严重。

综上所述，尽管我国公路路面基层施工机械水平和性能有了大幅度提升，但目前我国的半刚性基层材料设计与施工技术基本上停留20世纪80年代末水平，机械优异性能并没能得到充分发挥。同时，现有试验方法和设计与施工技术制约研究深度和广度，无法有效揭示材料组成结构与性能之间客观规律，也误导工程技术人员对水泥稳定碎石的认识，如对水泥稳定碎石基层在沥青面层铺筑前大量出现裂缝现象司空见惯；水泥剂量应达到5%～6%以上几乎成为共识；施工后的水泥碎石基层表观密实，特别是光滑（级配不良）事实上已成为水泥稳定碎石基层质量控制的重要标准；工程中为达到设计强度指标及保证路面芯样完整，提高水泥剂量几乎成为最有效的手段；现场芯样强度远大于室内静压法成型试件强度的原因很少被考虑；现有压实设备下，无需对施工工艺严格控制也能达到较高的压实度（压实度超百现象普遍存在，其实质是重型击实法确定的压实度标准偏低）已被接受，但正是在压实度容易达到的情况下，基层的压实反而被忽视等。因此，基于重型击实试验法和静压成型试件方法的半刚性基层材料设计与施工技术已滞后于生产实际，跟不上交通发展与公路建设的需要。

1.3 半刚性基层沥青路面抗裂耐久设计理念

传统半刚性基层沥青路面设计年限为12～15年，一般在建成通车3～5年发生损坏，与国际上的30～40年设计年限，甚至50年的"永久性路面"更不能相比。结合工程实践及成果应用效果，提出抗裂耐久半刚性基层沥青路面，其设计理念为控制路面早期损坏、确保设计的半刚性基层沥青路面可使用15～20年以上，采用VVTM半刚性材料解决基层早期收缩裂缝、较厚基层解决疲劳裂缝，采用VVTM面层材料及抗裂耐久路面结构减少车辙，将路面损坏控制在路面顶部（25～100mm），这样只需定期进行表面铣刨、罩面修复，无需在沥青路面使用年限内进行结构性维修或重建，从而实现半刚性基层沥青路面长寿命化。

沥青路面早期损坏的发生，意味着路面耐久性不足。半刚性基层沥青路面设计中所考虑的路面损坏类型，如疲劳开裂、车辙等都可以归结为"疲劳"损坏，即路面结构的弯曲疲劳和变形累积（疲劳），都与荷载长期反复作用有关。控制了这些损坏的出现，也就等于保证了路面的寿命。然而，工程实践表明，目前大部分半刚性基层沥青路面早期损坏现象都是局部的损坏，与路面结构整体强度之间的关系不大。这些损坏出现在路面使用初期，更多地体现为材料的损坏，譬如半刚性基层收缩裂缝、材料设计不当造成施工离析坑槽等，并逐渐使路面结构失去了作为一个整体的功能。当控制了路面早期损坏后，路面将自然地进入正常损坏阶段，即目前路面设计方法所控制的损坏阶段。因此，实现半刚性基层沥青路面抗裂耐久的具体技术方案如下。

1.3.1 裂缝

裂缝属于结构性损坏。裂缝出现后，若水沿裂缝渗入路面，不仅使路面产生坑槽、剥落等水损坏,而且还会进一步导致路基软化、路面工作状况继续恶化,致使路面远未达到设计年限而需"开膛破肚"式维修。因此,裂缝是抗裂耐久半刚性基层沥青路面首要解决的关键问题。

半刚性基层沥青路面裂缝主要由早期半刚性基层收缩裂缝产生的路面反射裂缝和运营期间荷载反复作用下产生的路面疲劳裂缝。

半刚性基层早期收缩裂缝始终困扰着我国道路工作者。收缩裂缝主要取决于半刚性基层材料抗裂性能,与矿料级配、结合料剂量和压实状况及施工技术有着密切关系,而这些施工参数主要取决于半刚性基层材料设计方法。围绕这些问题,作者开展了大量理论研究与工程实践,提出了控制开裂破坏的半刚性基层材料 VVTM 设计方法,攻克了公路界一直期待解决的半刚性基层开裂难题。

半刚性基层沥青路面后期疲劳裂缝与路面结构及厚度有关,荷载作用下路面应力水平对疲劳寿命影响显著。增加半刚性基层厚度,可显著降低路面结构层应力水平,提高路面结构抗疲劳开裂能力,达到耐久目的。本书分析了半刚性基层沥青路面荷载响应及损坏机理,提出了半刚性基层沥青路面抗裂耐久结构,显著提高了路面承载能力和耐久性能。

1.3.2 车辙

车辙属于功能性损害,可通过定期铣刨罩面修复予以恢复表面功能。

半刚性基层沥青路面主要来源于面层在高温和车辆荷载反复作用下流动变形,以压密型和失稳型车辙为主。

压密型车辙与沥青路面压实标准有关,马歇尔击实标准明显滞后于交通现状,难以适应目前大交通量、重载交通的水平,导致通车 3~4 年出现明显车辙。本书分析了现代交通对沥青路面压实要求以及现代施工技术所能达到最大可压实水平,提出了现代路面压实标准,可有效解决沥青路面压密型车辙。

失稳型车辙与沥青混合料高温稳定性有关。沥青混合料高温稳定性是材料组成与混合料结构的函数,材料组成包括原材料性质、矿料级配和油石比,混合料结构包括材料排列方式、体积参数(VV、VMA 和 VFA)。材料排列方式取决于压实方式,体积参数取决于材料组成和压实功。其中,成型方法对沥青混合料试件结构包括集料排列、成型过程中对集料压碎以及成型后体积参数有显著影响,进而影响混合料路用性能及最佳油石比的确定。本书系统研究了垂直振动压实仪振动参数对沥青混合料压实效果的影响规律,结合现代路面压实标准提出沥青混合料试件垂直振动试验方法(VVTM),并开发了耐久性沥青混合料 VVTM 设计技术,可有效提升沥青混合料耐久性能,尤其是高温稳定性能。

1.3.3 水损害

水损害是结构性损坏,主要与路面裂缝、密实性差及压实标准不足、局部空隙率大等有关。水通过裂缝或路面空隙渗入,导致路基软化、路面剥落、坑槽等水损坏。裂缝及压实标准问题可通过前述方案予以解决。路面密实性差与沥青混合料矿料级配与压实标准有关,局部空隙率大主要与施工过程中粗细集料离析、温度离析有关。开发的耐久性沥青混合料 VVTM 设计技术,可有效提升沥青混合料密实性及抗水损害能力。

传统半刚性基层沥青路面设计理念如图 1-13 所示。抗裂耐久半刚性基层沥青路面设计理念如图 1-14 所示。

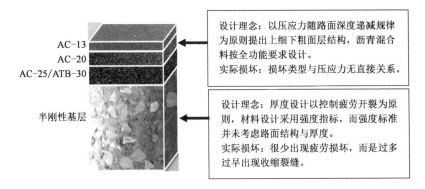

图 1-13　传统半刚性基层沥青路面

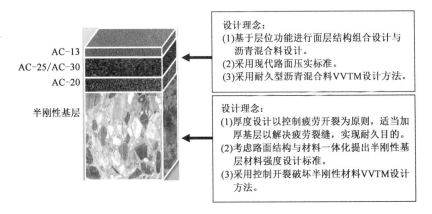

图 1-14　抗裂耐久半刚性基层沥青路面

第2章 半刚性基层沥青路面抗裂耐久结构及示范工程

传统半刚性基层沥青路面结构与材料设计方法是在中、轻交通低等级公路上发展起来的,现代交通荷载响应对沥青路面影响的重要性和复杂性方面缺乏系统研究和充分考虑,也没有针对现代交通荷载响应进行有效的改进和完善,其局限性也越发突出,表现为路面结构设计与材料设计相脱节,结构组合设计时并没考虑结构层位功能要求和材料特性,而在材料设计时并没考虑结构组合时应达到的性能水平,难以充分发挥各结构层材料的效能,使得在车速不断提高、交通量增长、轴载加重的今天,沥青路面损坏的出现速度和程度大大超出了人们预期。科学合理的沥青路面结构设计应是结构—材料—工艺一体化设计,结构设计应能考虑层位功能、材料特性及组成要求与工艺要求,材料设计的结果应能体现结构组合所能达到的性能水平,施工工艺应能保证路面结构组合与材料设计所达到的性能水平[23]。本章分析了沥青路面结构力学行为与层位功能,提出了基于层位功能的沥青路面材料设计原则及面层倒装式半刚性基层沥青路面抗裂耐久结构,通过理论与试验验证抗裂耐久半刚性基层沥青路面结构具有优秀的耐久性能,并修建了示范工程。

2.1 沥青路面结构力学行为与层位功能

2.1.1 沥青路面各结构层力学行为

2.1.1.1 沥青路面力学行为分析模型

1)路面结构及参数

半刚性基层沥青路面(SBAP)和级配碎石半刚性基层沥青路面(GSAP)结构类型及其相应参数、破坏类型和力学指标见表2-1,表中括号内为计算拉应力用模量;土基泊松比取0.35,路面材料泊松比取0.25。

2)层间接触状态

路面应力计算时,层间未标注接触状态时均为完全连续状态。

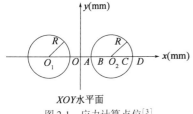

图2-1 应力计算点位[3]

3)计算荷载

计算荷载采用双圆均布竖向荷载,如图2-1所示。图中O_1、O和O_2点坐标不随荷载变化而变化,分别为($-159.75,0$)、($0,0$)和($159.75,0$)。A、B、C和D点的坐标随荷载的变化而变化,不同荷载作用下计算圆半径和计算点坐标见表2-2。

沥青路面结构及参数选取   表2-1

路面类型	SBAP	GSAP
结构层材料与厚度	上面层4cm,1400MPa(2500MPa)	上面层4cm,1400MPa(2500MPa)
	中面层6cm,1200MPa	中面层6cm,1200MPa
	下面层8cm,1000MPa(2500MPa)	下面层8cm,1000MPa(2500MPa)
		级配碎石200cm,450MPa
	半刚性基层54cm,1500MPa(4000MPa)	半刚性基层34cm,1500MPa(4000MPa)
	土基,60MPa	土基,60MPa
破坏类型	面层裂缝、车辙 半刚性基层荷载型裂缝	面层裂缝、车辙 级配碎石基层车辙 半刚性基层疲劳裂缝
应力指标选取	面层剪应力 面层拉应力 半刚性基层拉应力	面层剪应力及拉应力 级配碎石基层剪应力 半刚性基层拉应力

不同荷载作用下各计算点坐标   表2-2

荷载(MPa)	0.7	0.9	1.1	1.3
半径(mm)	(106.5,0)	(114.1,0)	(120.4,0)	(126.0,0)
A点坐标(mm)	(53.25,0)	(45.65,0)	(39.35,0)	(33.75,0)
B点坐标(mm)	(106.7,0)	(102.7,0)	(99.55,0)	(96.75,0)
C点坐标(mm)	(213.0,0)	(216.8,0)	(213.0,0)	(222.8,0)
D点坐标(mm)	(266.3,0)	(273.4,0)	(280.2,0)	(285.6,0)

2.1.1.2 半刚性基层沥青路面力学行为

1) 沥青面层剪应力

0.7MPa荷载作用下沥青面层剪应力分布规律如图2-2所示。不同荷载作用下C点和D点沥青面层剪应力分布规律如图2-3所示。

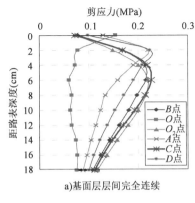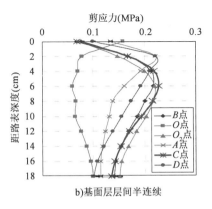

图 2-2

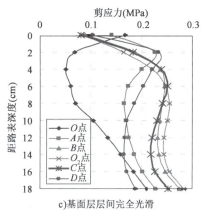

c) 基面层层间完全光滑

图 2-2 沥青面层剪应力分布规律(0.7MPa)

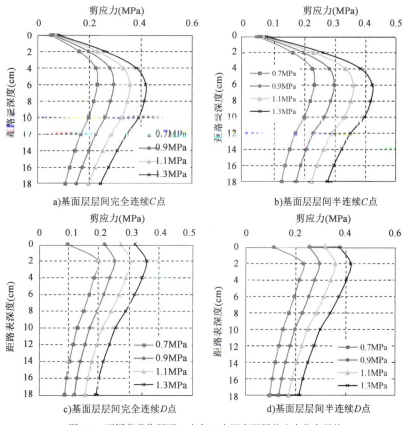

图 2-3 不同荷载作用下 C 点和 D 点沥青面层剪应力分布规律

图 2-2 表明,沥青面层在距路表以下 2~10cm 出现较大剪应力;基面层完全连续或半连续接触状态下,沥青表面层最大剪应力出现在 D 点距路表 2cm 处,中面层剪应力最大值出现在 C 点距路表 6cm 处;确定沥青面层剪应力计算点位为 C 点和 D 点;基面层层间接触状态由连续转变为光滑时沥青面层最大剪应力增大了 30%。因此,加强基面层层间结合,可以有效降低沥青面层剪应力。

由图 2-3 可知,C 点和 D 点剪应力均随着荷载增加而增大,且剪应力最大值位置有所下移,但最大值始终处于表面层和中面层内。

2)沥青面层拉应力

0.7MPa荷载作用下沥青面层拉应力分布规律如图2-4所示。不同荷载作用下O点和O_2点沥青面层拉应力分布规律如图2-5所示。图中应力值为正时表示拉应力,为负时表示压应力,后同。

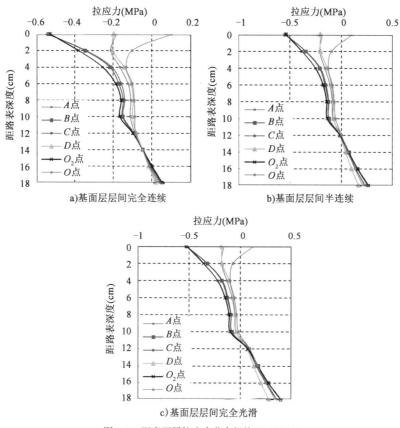

图2-4 沥青面层拉应力分布规律(0.7MPa)

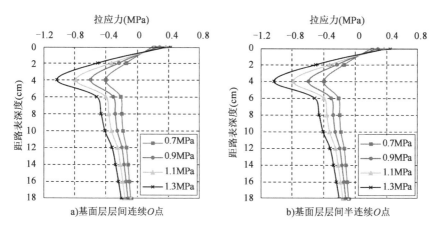

图 2-5

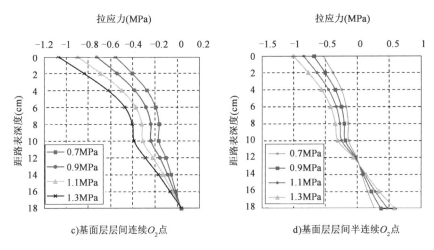

图 2-5 不同荷载作用下 O 点和 O_2 点沥青面层拉应力分布规律

图 2-4 表明,沥青路表面轮隙中心 O 点处出现拉应力,沥青层底最大拉应力出现在 O_2 点,分别确定 O 点和 O_2 点作为研究沥青路表和沥青层底拉应力的计算点;基面层层间接触状态由连续转变为光滑时路表拉应力增大 20.7%,层底拉应力增大 569%。因此,加强基面层层间结合,可以显著降低沥青面层拉应力。

图 2-5 表明,基面层层间完全连续时荷载对沥青层底拉应力没有影响,而半连续状态时层底最大拉应力随着荷载的增加线性增大;沥青路表最大拉应力随着荷载线性增大。

3) 半刚性基层拉应力

0.7MPa 荷载作用下基层拉应力分布规律如图 2-6 所示。不同荷载作用下 O 点基层拉应力分布规律如图 2-7 所示。

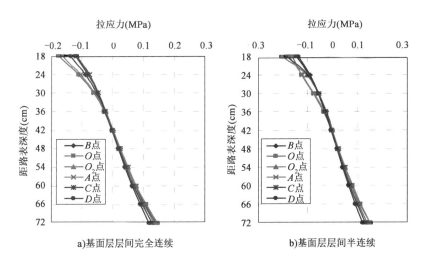

图 2-6

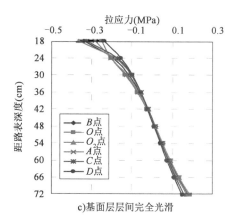

c) 基面层层间完全光滑

图 2-6　半刚性基层拉应力分布规律(0.7MPa)

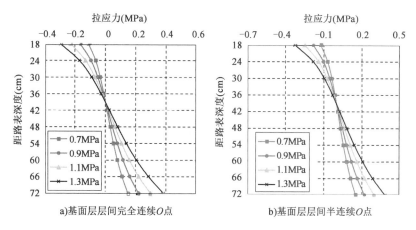

a) 基面层层间完全连续 O 点　　　　b) 基面层层间半连续 O 点

图 2-7　不同荷载作用下 O 点基层拉应力分布规律

图 2-6 表明,半刚性基层拉应力最大值出现在基层底部 O 点,选取 O 点作为半刚性基层拉应力研究点位;基面层层间接触状态由连续转变为光滑时基层拉应力最大值增大了 36%。因此,加强基面层层间结合,可以有效降低半刚性基层层底拉应力。

图 2-7 表明,随着荷载增大,半刚性基层层底最大拉应力呈线性增大。

2.1.1.3　设过渡层半刚性基层沥青路面力学行为

1) 沥青面层剪应力

0.7MPa 荷载作用下沥青面层剪应力分布规律如图 2-8 所示。不同荷载作用下 C 点和 D 点沥青面层剪应力布规律如图 2-9 所示。级配碎石层和半刚性基层层间接触状态为半连续。

图 2-8 表明,距路表 2~10cm 范围内剪应力较大,表面层和中面层最大剪应力出现在计算点 C 点和 D 点处;过渡层面层接触关系由连续转变为光滑时沥青层底剪应力有增大趋势,且最大值出现在 O_2 点,但实际路面中沥青层和级配碎石过渡层层间接触为连续状态,且表面层和中面层温度相对于下面层较高,容易先发生剪切破坏,综合考虑,确定 C 点和 D 点为沥青面层剪应力研究点。

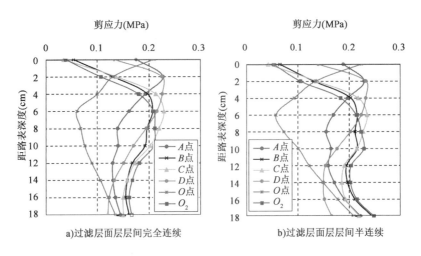

图 2-8 沥青面层剪应力分布规律(0.7MPa)

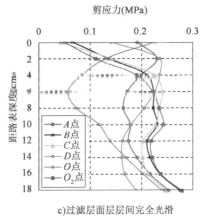

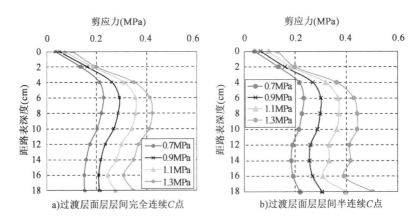

图 2-9

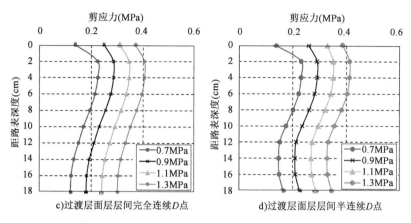

c) 过渡层面层层间完全连续 D 点

d) 过渡层面层层间半连续 D 点

图 2-9　不同荷载作用下 C 点和 D 点沥青面层剪应力布规律

图 2-9 表明,随着荷载的增加表面层和中面层中最大剪应力不断增大,且最大值位置有下移,但始终处于表面层和中面层内。

2) 沥青面层拉应力

0.7MPa 荷载作用下沥青面层拉应力分布规律如图 2-10 所示。不同荷载作用下 O 点和 O_2 点沥青面层拉应力布规律如图 2-11 所示。级配碎石层和半刚性基层层间接触状态为半连续。

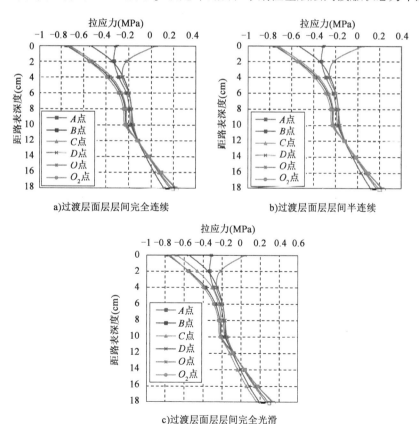

a) 过渡层面层层间完全连续

b) 过渡层面层层间半连续

c) 过渡层面层层间完全光滑

图 2-10　沥青面层拉应力分布规律(0.7MPa)

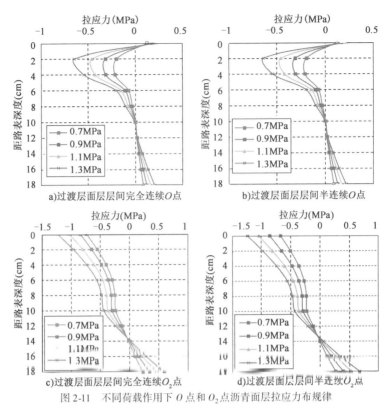

图 2-11　不同荷载作用下 O 点和 O_2 点沥青面层拉应力布规律

图 2-10 表明,沥青路表面轮隙中心 O 点处出现拉应力,沥青层底最大拉应力出现在 O_2 点,分别确定 O 点和 O_2 点作为研究沥青路表和沥青层底拉应力的计算点;过渡层面层接触关系由连续转变为光滑时路表拉应力有略微减小,沥青层底拉应力增加了 39%,因此,加强层间黏结可有效降低沥青层底拉应力。

图 2-11 表明,随着荷载的增加路表拉应力增加幅度较小,沥青层底最大拉应力线性增加。

3) 级配碎石层剪应力

0.7MPa 荷载作用下级配碎石层剪应力分布规律如图 2-12 所示。不同荷载作用下 O_2 点级配碎石层剪应力分布规律如图 2-13 所示。

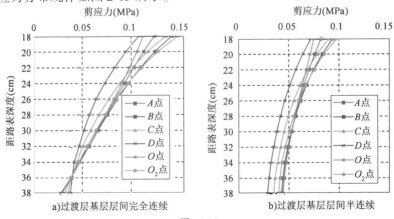

图　2-12

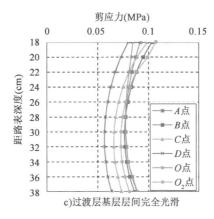

图 2-12 级配碎石层剪应力分布规律(0.7MPa)

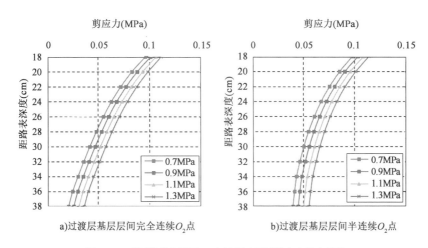

图 2-13 不同荷载作用下 O_2 点级配碎石层剪应力分布规律

图 2-12 表明,在不同层间接触状态下级配碎石过渡层剪应力最大值均出现在碎石层顶部 O_2 点,确定 O_2 点为级配碎石过渡层剪应力研究点;过渡层基层接触关系由连续转变为光滑时剪应力最大值提升 12%。因此,加强基层层间黏结有利于降低级配碎石层剪应力。

图 2-13 表明,随着荷载增加,级配碎石层最大剪应力呈线性增加。

4) 半刚性基层拉应力

0.7MPa 荷载作用下半刚性基层拉应力分布规律如图 2-14 所示。不同荷载作用下半刚性基层 O 点拉应力分布规律如图 2-15 所示。

图 2-14 表明,半刚性基层层底处于受拉状态,且在 O 点处出现最大拉应力,确定 O 点为半刚性基层拉应力研究点;过渡碎石层与半刚性基层层间接触状态由连续转变为光滑时基层拉应力增大 56%。因此,加强碎石过渡层基层层间结合,可以有效降低半刚性基层层底拉应力。

图 2-15 表明,随着荷载的增加,半刚性基层层底最大拉应力呈线性增大。

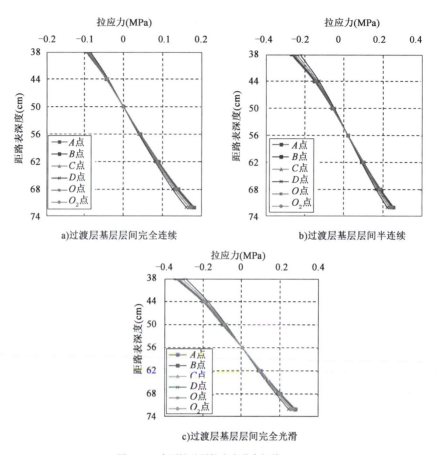

图 2-14 半刚性基层拉应力分布规律(0.7MPa)

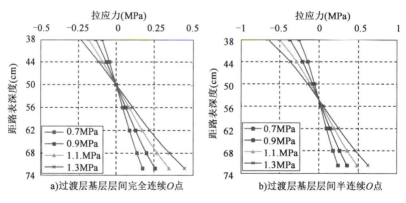

图 2-15 不同荷载作用下 O 点半刚性基层拉应力分布规律

2.1.2 沥青路面结构损坏的力学解释

造成沥青路面发生结构损坏的原因非常复杂,涉及建设管理、结构设计、材料设计、施工质量、养护、交通荷载以及自然环境的作用等方面。面对复杂多样的早期损坏形式,要概括出沥青路面发生早期损坏的原因是比较困难的,要全面解决沥青路面的早期损坏问题也就成了一个难题。针对沥青路面结构损坏的情况,路面损坏原因可归纳为图 2-16 所示。

引起路面损坏的外因如交通组成、气候环境和排水条件等本就应该是设计中考虑的问题,作为研究者应该考虑在这些外部因素综合作用下,如何从路面结构、材料、工艺与施工质量控制等方面来提高沥青路面耐久性。

从沥青路面损坏发生的形式上看,可分为功能性损坏和结构性损坏。功能性损坏主要表现为沥青路面泛油和磨光,主要与原材料选择、材料设计不当和车辆荷载反复作用有关,是可预防的;结构性损坏则表现为路面的永久变形、裂缝、水损坏。因此,重点从路面结构、材料与施工工艺等方面主要对车辙、裂缝和水损害展开讨论。

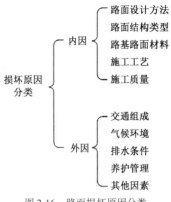

图2-16 路面损坏原因分类

2.1.2.1 路面水损坏

水损害是指水通过路表面空隙进入路面结构内部,在冻融循环和汽车车轮荷载的共同作用下,使进入空隙中的水渗入到沥青和集料的接触界面,降低了两者之间的黏结力甚至使集料脱落而造成的路面损坏。

静载作用下路表轮隙中心处承受一定的拉应力,当作用在路面车辆荷载离开时拉应力消散、应变逐渐恢复。路表层这样的受力特点,车轮荷载引起的动水压力作用使路面孔隙结构进一步蓄水,增强了沥青路面的渗水性。当路面水分较快渗入沥青混凝土表层孔隙后,还没有来得及向下渗透,在波动较强的应力作用下就开始在路面表层冲刷、剥蚀,加速了路面表层破坏。

2.1.2.2 车辙

路面永久变形的产生主要是因为车轮荷载产生的剪应力对路面造成的剪切破坏。研究表明[37],通常改性沥青混合料60℃的抗剪强度大约为0.6MPa,基质沥青混合料的抗剪强度为0.4MPa,如果级配或原材料不理想,该值可能低于0.3MPa。

距路表2~10cm的区域均承受较高剪应力和竖向压应力,且随着作用在路面车辆荷载增大而增大,同时,剪应力最大值对应的位置逐渐下移。因此,该区域是产生车辙主要区域。

2.1.2.3 开裂

开裂是沥青路面早期损坏的主要形式之一。路面开裂可分为TOP-DOWN裂缝、DOWN-TOP裂缝,而DOWN-TOP裂缝又可分为半刚性基层引起的反射裂缝和面层层底产生疲劳裂缝。

沥青路表轮隙中心处承受一定的拉应力,与路面温度变化耦合作用下,路表面容易产生TOP-DOWN疲劳裂缝。同时,沥青面层层底承受较大的拉应力,在车辆荷载反复作用下容易出现DOWN-TOP疲劳裂缝。此外,半刚性基层容易产生收缩裂缝,并在荷载作用下极易反射到沥青面层上来。

2.1.3 沥青路面结构层位功能

2.1.3.1 表面层

车辆荷载作用下距路表约2cm处表面层承受剪应力较大,并随荷载增大,最大剪应力位置略有所下移。同时,表面层直接与大气接触,其高温抗车辙性能受气温影响显著,当路面剪应力大于沥青混合料抗剪强度或者荷载反复作用下产生剪应力超过疲劳强度时,沥青路面产生剪切破坏,即表面层产生流动性车辙(图2-17)。因而,表面层应具有足够的高温抗车辙能力。

车辆荷载作用下轮隙中心处承受一定拉应力,并随荷载而增大。同时,表面层直接与大气接触,表面层脆性随气温降低而增大,当路面上荷载产生的拉应力与温度变化产生的温缩应力超过表面层抗拉强度时,或者荷载反复作用下产生的拉应力与温度反复变化作用下产生的温缩应力之和超过表面层抗拉强度时,表面层便出现TOP-DOWN裂缝。因此,表面层应具

图2-17 车辙处路面结构断面

有足够的抗低温缩裂和抗疲劳开裂能力。

车辆荷载作用下路表轮隙中心处承受拉应力,当作用在路面车辆荷载离开时拉应力消散、应变逐渐恢复。表面层在这种应力状态下易使路面孔隙结构进一步蓄水,增强了沥青路面的渗水性。当路面水分较快渗入沥青表层孔隙后,还没有来得及向下渗透,在波动较强的应力作用下就开始在路面表层冲刷、剥蚀,加速了路面表层破坏。因此,要求表面层具有较好的水稳定性和密水功能。

此外,为保证行车的安全、舒适,表面层还应有良好的抗滑、耐磨、平整度功能。

2.1.3.2 中面层

车辆荷载作用下距路表6cm处沥青路面剪应力最大,随荷载增大而增大,且最大剪应力位置会随之下移,并正好处于中面层。尽管中面层不直接与大气接触,但夏季高温作用下中面层混合料抗剪强度明显降低,当路面剪应力大于沥青混合料抗剪强度或者荷载反复作用下产生剪应力超过疲劳强度时,沥青路面产生剪切破坏,即中面层产生流动性车辙(图2-17)。因此,中面层应具有足够的高温抗车辙能力。

2.1.3.3 下面层

车辆荷载作用下沥青面层层底产生较大拉应力,当拉应力超过下面层材料抗弯拉强度时,或者车辆荷载反复作用下产生的拉应力超过下面层材料疲劳强度时,下面层便出现开裂。因此,下面层应有足够抗疲劳能力。

车辆荷载作用沥青面层层底承受一定剪应力作用,但在中、上面层隔温作用下夏季高温时下面层温度通常不会高于40℃,下面层车辙问题并不突出,如图2-17所示。因此,下面层在具有足够抗疲劳能力的同时,应适当兼顾一定的抗车辙能力。

2.1.3.4 基层

车辆荷载作用下半刚性基层产生弯拉应力,当拉应力超过基层材料抗拉强度时,或荷载反复作用下产生拉应力超过疲劳强度时,半刚性基层便出现荷载型裂缝。在温度和湿度等环境因素作用下半刚性基层产生拉应力超过基层材料抗拉强度时,或环境因素反复作用下产生的

拉应力超过疲劳强度时,半刚性基层便出现荷载型裂缝。理论上讲,只要路面或半刚性基层有足够厚度,那么荷载型裂缝完全可以避免。工程实践也证明,半刚性基层裂缝主要为环境因素造成的收缩裂缝。因此,半刚性基层应具有足够抗裂性能。

荷载作用下级配碎石过渡层产生剪应力且处于三向压缩状态,易产生塑性变形。故级配碎石层应具有足够的抗塑性变形能力。

2.1.3.5 沥青路面结构层位功能

综上所述,沥青路面各结构层层位功能,见表2-3。

沥青路面的层位功能　　　　　　表2-3

层 位	受 力 状 态	层 位 功 能
表面层	承受压应力和较大剪应力; 轮隙中心处承受一定拉应力	抗滑、抗荷载和温度开裂、抗车辙、抗水损害
中面层	承受压应力和较大剪应力	主抗车辙
下面层	承受压应力和一定的剪应力; 层底承受一定拉应力	主抗荷载疲劳开裂
半刚性基层	层底承受较大拉应力	主抗收缩裂缝和抗荷载疲劳裂缝

2.2 基于层位功能路面材料设计原则及耐久结构组合理念

结构设计应能考虑到材料组成与施工上的基本要求,材料设计的结果应能体现结构组合所能达到的性能水平,而二者应能充分体现对使用性能的要求,结构设计主要反映结构性能(结构损坏和结构承载力),而材料设计则主要体现功能性能(如耐久、平整、抗滑、美观等);结构设计是材料设计的基础和前提,而材料设计是结构设计的保障和体现[23]。

为了防止结构性损坏,一是应结合现代交通作用下沥青路面结构与材料特性对路面结构荷载响应影响规律,并基于层位功能优化结构组合,设法最大限度降低沥青路面结构层中的荷载应力,提高沥青路面结构承载能力;二是应结合沥青路面结构组合对材料特性的要求,根据层位功能优化路面材料设计,提高路面材料力学强度。遵循以上思路,分析了现代交通作用下沥青路面结构层荷载响应规律,结合层位功能提出了沥青路面材料设计原则及耐久结构组合理念。

2.2.1 各结构层荷载响应及在结构组合设计中的考虑

2.2.1.1 表面层

表面层模量 E_1 和厚度 h_1 对路表最大拉应力、面层最大剪应力、面层层底拉应力、基层层底拉应力的影响规律如图2-18所示。

由图2-18可知:①表面层模量由1000MPa增大到4000MPa时,路表拉应力至少增加了1.6倍,而对面层最大剪应力、面层层底拉应力、基层层底拉应力无显著影响;②表面层厚度由3cm增大到6cm时,路表拉应力减小17%,沥青面层最大剪应力、基层层底拉应力变化不超过4%,面层层底拉应力变化不超过10%;③最大剪应力位于路表面下2cm或6cm处,考虑到层间结合处时路面结构相对薄弱环节。因此,表面层厚度不宜接近于6cm,同样也不宜接近于2cm,建议表面层厚度为4cm。

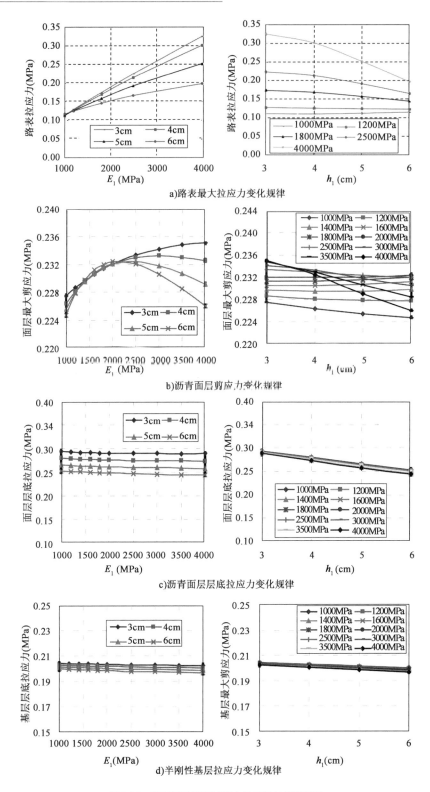

图 2-18 表面层对路面结构力学行为的影响规律

综上,增加表面层模量对提高路表拉应力有显著不利影响,增加表面层厚度对降低沥青面层层底拉应力及路表拉应力有一定效果,但不明显也不经济。因此,为了防止路表裂缝产生,表面层不得采用高模量沥青混合料,厚度宜为4cm。

2.2.1.2 中面层

中面层模量 E_2 和厚度 h_2 对路表最大拉应力、路面最大剪应力、面层层底拉应力、基层层底拉应力的影响规律如图 2-19 所示。

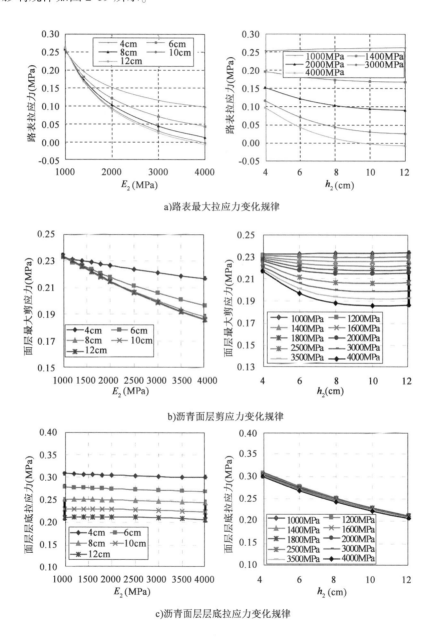

a) 路表最大拉应力变化规律

b) 沥青面层剪应力变化规律

c) 沥青面层层底拉应力变化规律

图 2-19

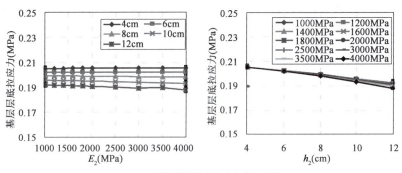

d) 半刚性基层层底拉应力变化规律

图 2-19 中面层对路面结构力学行为的影响规律

由图 2-19 可知：①中面层模量由 1000MPa 增大到 4000MPa 时，当面层厚度超过 6cm 时面层最大剪应力可降低 20%、路表拉应力可降低约 95%，面层层底拉应力、基层层底拉应力变化不超过 6%；②中面层厚度由 4cm 增大到 12cm 时，路表及面层层底拉应力随之降低，且随中面层模量增大，厚度对路表拉应力影响越显著，当模量大于 4000MPa 时，中面层厚度超过 10cm 时路表不再出现拉应力；基层层底拉应力变化不超过 6%，普通沥青混合料面层最大剪应力不超过 10%，高模量沥青混合料面层最大剪应力可降低约 16%；③不管是普通混合料还是高模量混合料，中面层厚度超过 10cm 之后对面层最大剪应力、路表拉应力已无明显影响。

综上所述，提高中面层模量可有效降低车辆荷载作用下路面最大剪应力和路表拉应力。中面层厚度超过 10cm 之后对面层最大剪应力、路表拉应力已无明显影响，当模量大于 4000MPa 时，中面层厚度超过 10cm 时路表不再出现拉应力。因此，为了减少路表裂缝、提高路面抗车辙性能，中面层宜采用高模量沥青混合料；考虑经济性，建议中面层厚度宜为 10cm、不低于 8cm。

2.2.1.3 下面层

下面层模量 E_3 和厚度 h_3 对路表最大拉应力、面层最大剪应力、面层层底拉应力、基层层底拉应力的影响规律如图 2-20 所示。

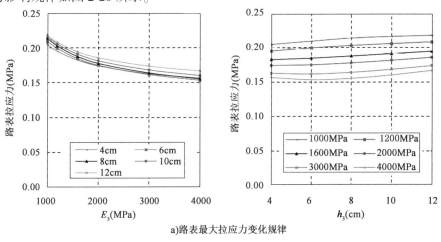

a) 路表最大拉应力变化规律

图 2-20

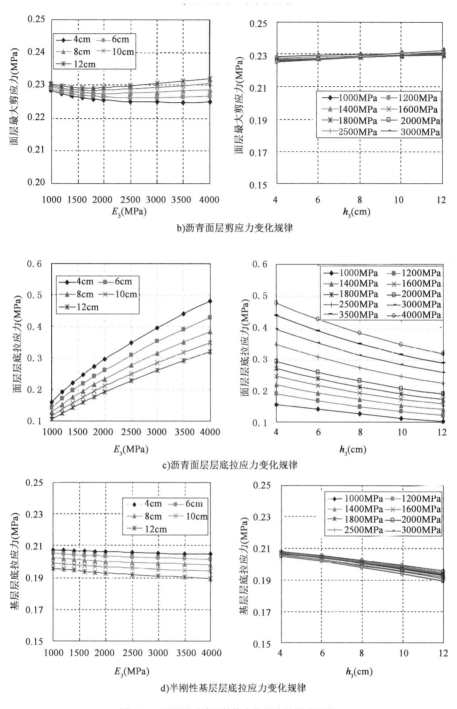

图 2-20 下面层对路面结构力学行为的影响规律

由图 2-20 可知：①下面层模量由 4000MPa 降低到 1000MPa 时，沥青面层层底拉应力可降低约 67%、路表拉应力增加 29%，面层剪应力、基层层底拉应力变化不超过 2%；②下面层厚度由 4cm 增加到 12cm 时，面层层底拉应力可降低约 35%，面层最大剪应力、基层层底拉应力变化分别不超过6%。

综上所述,降低下面层模量可显著降低沥青面层层底拉应力,路表拉应力略有所增加,而对沥青面层剪应力、基层层底拉应力无显著。因此,下面层不宜采用高模量沥青混合料,且有可能还应采取措施降低下面层模量。而增加下面层厚度对沥青面层剪应力、路表拉应力、基层层底拉应力无显著影响,对高模量面层层底拉应力降低效果显著,但普通沥青下面层拉应力本身很小。从结构组合角度考虑,下面层不宜采用高模量沥青混合料,当采用普通混合料时,则下面层厚度对于各结构层应力基本上无显著影响,即下面层厚度从力学角度考虑无特殊要求。因此,下面层采用普通沥青混合料,厚度宜为6cm。

2.2.1.4 半刚性基层

半刚性基层模量 E_4 和厚度 h_4 对路表拉应力、沥青面层最大剪应力、面层层底拉应力、基层层底拉应力的影响规律如图 2-21 所示。

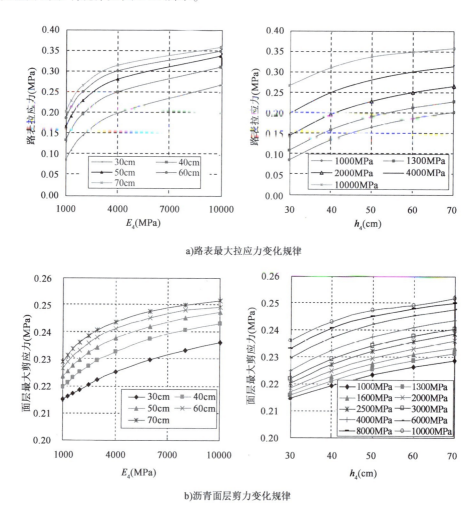

a) 路表最大拉应力变化规律

b) 沥青面层剪力变化规律

图 2-21

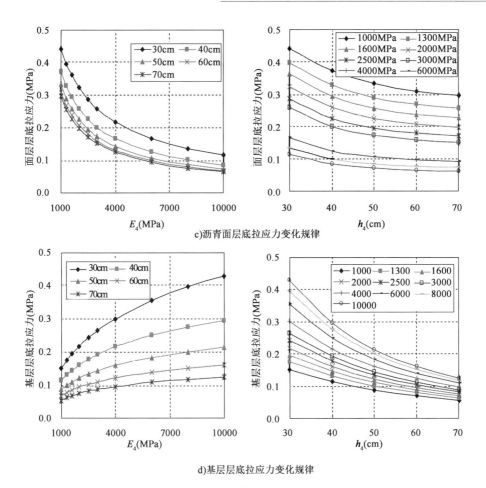

图 2-21 基层对路面结构力学行为的影响规律

图 2-21 表明：①半刚性基层模量由 1000MPa 增大到 10000MPa 时，面层层底拉应力可降低约 73%，基层层底拉应力增大 180%，路表拉应力增大 105%，面层最大剪应力提高不超 9%；②半刚性基层厚度由 30cm 增大到 50cm 时，沥青面层、基层层底拉应力可分别降低约 35%、48%，路表拉应力约增加 59%；厚度由 50cm 增加到 70cm 时，沥青面层、基层层底拉应力分别可降低约 14%、38%，路表拉应力增加约 15%，而沥青面层最大剪应力提高不超过 6%。

综上所述，半刚性基层模量、厚度对路面抗车辙性能无显著影响。降低半刚性基层模量会增加面层层底拉应力，但也会显著降低路表拉应力、基层层底拉应力，且对后者的影响效果远大于前者。而增加半刚性基层厚度可有效降低沥青面层、基层层底拉应力，但也会显著提高路表拉应力，尤其是其厚度小于 50cm 后者的影响效果远大于前两者。因此，半刚性基层应设法降低模量，厚度不宜超过 50cm。

2.2.1.5 级配碎石过渡层

级配碎石层模量 E_4 和厚度 h_4 对路表拉应力、面层最大剪应力、面层层底拉应力、级配碎石层剪应力、半刚性基层层底拉应力的影响规律如图 2-22 所示。

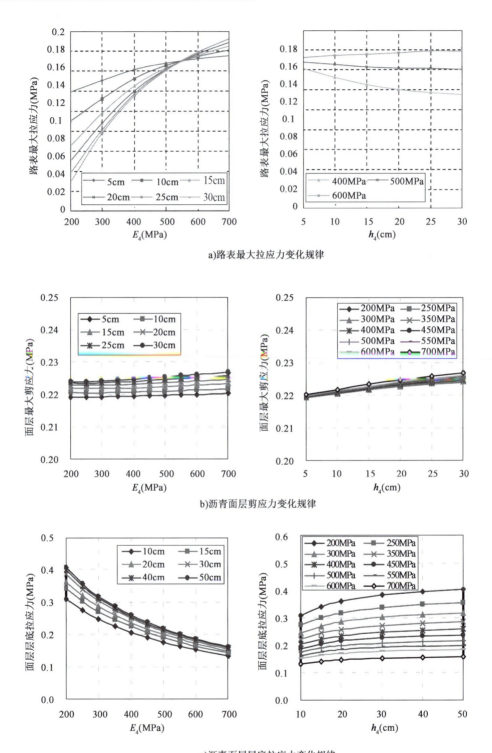

a) 路表最大拉应力变化规律

b) 沥青面层剪应力变化规律

c) 沥青面层层底拉应力变化规律

图 2-22

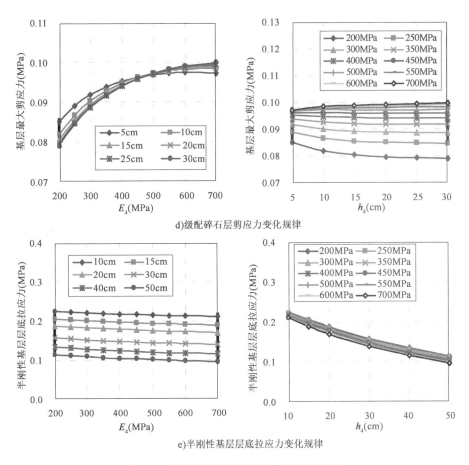

图 2-22 级配碎石层对路面结构力学行为的影响

图 2-22 表明：①级配碎石层模量对沥青面层最大剪应力、半刚性基层层底拉应力无显著影响，级配碎石模量由 200MPa 增大到 700MPa 时，可降低面层层底拉应力 50% 以上，级配碎石层剪应力、路表拉应力分别增大约 25%、105%；②级配碎石层厚度对沥青面层和级配碎石层剪应力影响不显著，厚度由 5cm 增大到 15cm 时，可显著提高面层层底拉应力、降低半刚性基层层底拉应力，且级配碎石模量大时会增加路表拉应力，模量小时会降低路表拉应力。

综上所述，增加级配碎石模量，路表拉应力有所增大，但绝对值较小，可显著降低面层层底拉应力，对结构层其他应力无显著影响，因此，应设法提高级配碎石层模量。而增加级配碎石层厚度，尽管可降低半刚性基层层底和路表拉应力，但也会增加面层剪应力和显著提高面层层底拉应力。综合考虑，建议适当设法增加级配碎石层模量，而厚度不宜过厚，建议为 12~15cm。

2.2.2 基于层位功能各结构层材料设计原则

2.2.2.1 表面层

增加表面层模量对荷载作用下路表拉应力有显著不利影响。且表面层模量越大，低温作用下路表产生拉应力越大，越容易开裂。因此，表面层尽量不采用高模量沥青混合料。

为了避免上、中面层层间处出现较大剪应力，表面层厚度宜为 4cm。考虑集料公称最大粒径与层厚关系,那么表面层混合料宜选择 AC-13 或 AC-16。从层位功能考虑,表面层应具有良好的抗滑性能、抗水损害、低温抗裂能力及一定的抗车辙能力。因而,建议采用改性沥青和高质量集料。有条件时,表面层宜采用 SMA。

2.2.2.2 中面层

由层位功能可知,中面层是主抗车辙区。当中面层荷载作用下产生剪应力超过材料容许抗剪强度时,则路面出现车辙。因此,为了提高路面抗车辙能力,材料组成设计时,一方面提高中面层混合料抗剪强度,另一方面设法降低车辆荷载作用下中面层剪应力,而提高中面层模量是降低路面剪应力最有效措施。

1)沥青混合料模量和抗剪强度的影响因素

(1)集料粒径的影响。

集料对沥青混合料模量和抗剪强度影响见表 2-4。

不同粒径沥青混合料的模量与抗剪强度　　　　表 2-4

级配类型	15℃回弹模量(MPa)	20℃回弹模量(MPa)	抗剪强度(MPa)
AC-13	1605	1220	1.266
AC-16	—	—	1.239
SMA-16	—	—	1.537
AC-20	1827	1308	2.054
AC-30	2000	1400	—

表 2-4 表明,随粒径增大,沥青混合料模量和抗剪强度都有所提高。因而,中面层可选用较大公称粒径沥青混合料。

(2)矿料级配的影响。

矿料级配对沥青混合料模量和抗剪强度的影响见表 2-5。

不同矿料级配沥青混合料的模量和抗剪强度　　　　表 2-5

力学指标		悬浮密实级配 AC-20	骨架密实级配 SMA-20	悬浮密实级配 AC-16	骨架密实级配 SMA-16
回弹模量(MPa)	15℃	1827	2136	—	—
	20℃	1308	1425	—	—
抗剪强度(MPa)		—	—	1.239	1.537

表 2-5 表明,相对于悬浮密实级配,骨架密实级配沥青混合料模量和抗剪强度都有所提高。因而,中面层可选用骨架密实级配沥青混合料。

(3)沥青标号的影响。

沥青标号对沥青混合料抗剪强度和模量的影响分别见表 2-6 和表 2-7。

不同类型沥青混合料剪切强度　　　　表 2-6

沥青类型	C(MPa)	φ(°)	抗剪切强度(MPa)
70 号	0.146	47.50	1.021
50 号	0.153	48.02	1.113
SBS	0.168	48.38	1.252

不同类型沥青混合料模量 表2-7

沥青类型	温度55℃,不同频率(Hz)下动态模量(MPa)										静态模量(MPa)	
	25	20	10	5	2	1	0.5	0.2	0.1	0.01	15℃	20℃
90号	770	690	457	304	176	—	—	—	—	—	1627	1165
70号	867	743	568	399	224	199	168	135	—	—	1614	1358
50号	1098	921	775	504	298	267	230	196	168	142	1847	1558
30号	1276	1189	930	610	408	354	312	267	231	163	2078	1835
SBS	1255	1156	849	624	414	346	298	252	232	160	1790	1566

表2-6、表2-7表明,随沥青标号减小,沥青混合料抗剪强度和模量随之增大。考虑到中面层荷载作用下不产生拉应力,且表面层隔温作用下中面层温度应力相对较小,因而,中面层宜选用较低标号的沥青,建议采用30~50号沥青,有条件时还可进一步对其进行SBS改性。

(4)外掺剂的影响。

外掺剂对沥青混合料模量和抗剪强度的影响见表2-8和表2-9。

外掺剂对沥青混合料模量的影响 表2-8

外掺剂掺量(%)	温度55℃,不同频率(Hz)下动态模量(MPa)										静态模量(MPa)	
	25	20	10	5	2	1	0.5	0.2	0.1	0.01	15℃	20℃
0.2	1406	1275	934	673	432	326	253	192	162	110	2916	2097
0.4	2939	2727	2124	1656	1181	925	735	551	448	258	3172	2278
0.8	3029	2811	2216	1752	1279	1028	843	660	564	358	3467	2764

沥青混合料剪切强度 表2-9

不同沥青混合料	C(MPa)	φ(°)	剪切强度(MPa)
基质沥青	0.136	42.50	0.962
添加抗车辙剂	0.263	43.1	1.286

表2-8、表2-9表明,外掺剂可显著提高沥青混合料模量和抗剪强度。建议中面层可掺高模量剂或车辙剂等外掺剂。

(5)油石比的影响。

油石比对沥青混合料抗剪强度的影响见表2-10。表中,油石比4.34%是马歇尔法设计AC-20最佳油石比,油石比3.88%是VVTM设计AC-20最佳油石比,且两者VV相同,测试抗剪强度试件均采用VVTM试件。

沥青混合料在不同油石比下剪切强度试验结果 表2-10

油石比(%)	4.34	3.88
抗剪强度(MPa)	1.23	1.46

由表2-10表明,在马歇尔设计最佳油石比基础上减少油石比0.54%,可提高沥青混合料抗剪切强度约19%。可见,中面层采用马歇尔混合料时,可适当降低油石比0.3%~0.5%,但应确保压实后VV保持不变,或直接采用VVTM设计。

2)中面层沥青混合料设计原则

中面层材料设计原则如下:

(1)矿料级配:采用骨架密实型 AC-25 或 AC-30。

(2)沥青标号:建议采用 30~50 号沥青,有条件时可采用 SBS 改性。

(3)外掺剂:掺高模量剂或抗车辙剂。

(4)沥青用量:采用 VVTM 方法设计。

2.2.2.3 下面层

由层位功能可知,下面层是主抗疲劳区。当下面层荷载作用下产生拉应力超过材料容许抗拉强度时,则路面出现疲劳开裂。而力学分析表明,降低下面层模量,可有效降低下面层在荷载作用下产生的层底拉应力。因此,为了提高下面层抗疲劳开裂能力,材料组成设计时,一方面提高下面层混合料抗拉强度或抗疲劳开裂能力,另一方面设法降低车辆荷载作用下面层层底拉应力,而降低下面层模量是降低面层层底拉应力的有效措施。

1)沥青混合料模量和抗疲劳开裂能力的影响因素

(1)集料粒径的影响。

表 2-4 表明,集料粒径对沥青混合料模量有较大的影响。沥青混合料模量随粒径增大而提高。此外,集料公称最大粒径越小,混合料中集料分布越均匀,混合料内部空隙也越均匀,在荷载作用下不易产生应力集中现象,对抗疲劳开裂性能越有利。因而,下面层可选用公称粒径较小的沥青混合料,建议采用 AC-20。

(2)矿料级配的影响。

表 2-5 表明,骨架密实级配沥青混合料模量大于悬浮密实级配沥青混合料,从降低层底拉应力角度考虑,宜选用悬浮密实级配沥青混合料,以降低下面层模量。然而,车辆荷载作用下,骨架密实级配抗拉强度大于悬浮密实级配,可以降低荷载作用下面层层底拉应力水平,从而提高抗疲劳性能。综合考虑,下面层级配类型宜介于骨架密实级配和悬浮密实级配之间。

(3)沥青标号的影响。

表 2-7 表明,随沥青标号增加,沥青混合料模量随之减小,层底拉应力随之降低,有利于增强路面疲劳开裂能力。然而,沥青标号增加,沥青混合料强度降低,荷载作用下层底拉应力水平增加,会降低路面抗疲劳开裂能力。综合考虑,下面层采用沥青标号宜采用基质沥青 70~90 号。

(4)设计方法的影响。

不同方法设计的沥青混合料疲劳性能见表 2-11。表中,S 为应力水平,是指荷载作用下应力 σ 与材料极限强度之比;ρ 为疲劳失效概率。

VVTM 沥青混合料和马歇尔沥青混合料疲劳寿命对比 表 2-11

设计方法	$S=0.45$ 时,下列 $\rho(\%)$ 对应疲劳寿命		$\sigma=1.775\mathrm{MPa}$ 时,下列 $\rho(\%)$ 对应疲劳寿命	
	5	50	5	50
VVTM	1780	3114	5107	8812
马歇尔	900	1931	900	1931

由表 2-11 可知,两种材料应力水平均为 0.45 时,与马歇尔沥青混合料相比,VVTM 沥青混合料疲劳寿命可提高 61%;两种材料承受相同荷载应力 $\sigma=1.775\mathrm{MPa}$ 时,与马歇尔沥青混

合料($S=0.45$)相比,VVTM 沥青混合料($S=0.359091$)疲劳寿命可提高 356%。

2)下面层沥青混合料设计原则

下面层材料设计原则如下:

(1)矿料级配:采用介于骨架密实型与悬浮密实级配之间的 AC-20。

(2)沥青标号:采用 70~90 号基质沥青,不得采用抗车辙剂或高模量剂。

(3)沥青用量:采用 VVTM 方法设计。

2.2.2.4 水泥稳定碎石基层

裂缝是水泥稳定碎石基层主要病害,包括荷载作用下产生疲劳开裂和环境因素作用下产生收缩裂缝。为了防止或减少水泥稳定碎石基层开裂,一方面设法降低基层模量,以降低基层层底荷载产生拉应力及环境因素产生收缩应力;另一方面,应设法提高水泥稳定碎石力学强度,以降低荷载作用下基层层底应力水平。

1)水泥稳定碎石模量和强度影响因素

结合相关研究成果,水泥稳定碎石模量和强度影响因素如下。

(1)水泥剂量的影响。

当水泥剂量≤3.0%时,水泥剂量增大1%,水泥稳定碎石抗压强度、抗压回弹模量分别提高 19%、13%以上;当水泥剂量≥4.0%时,水泥剂量增大1%,抗压强度、抗压回弹模量提高不超过 13%、7%,此时继续增加水泥剂量对于提高水泥稳定碎石劈裂强度效果逐渐弱化,表明技术经济性也逐渐变差。且水泥剂量越小,水泥稳定碎石抗干缩、温缩能力越好。因而,在确保水泥稳定碎石基层不出现疲劳开裂的基础上,水泥剂量越低越好。

(2)矿料级配的影响。

与悬浮密实水泥稳定碎石相比,骨架密实水泥稳定碎石极限抗压强度、极限劈裂强度和极限抗压回弹模量平均提高 8.0%、10%和 6.0%。且骨架密实型半刚性基层材料抗温缩开裂能力优于悬浮密实级配。

(3)压实度的影响。

压实度每提高1%,水泥稳定碎石力学强度至少可提高 11%。VVTM 设计水泥稳定碎石最大干密度提升了 1.028 倍,且 VVTM 材料具有更好的抗裂性。

2)水泥稳定碎石设计原则

水泥稳定碎石设计原则如下:

(1)矿料级配:采用强嵌挤骨架密实级配。

(2)设计方法:采用控制开裂破坏的水泥稳定碎石 VVTM 设计方法。

2.2.3 基于层位功能沥青路面耐久结构组合理念

1)表面层

表面层厚度宜为4cm,优先推荐 SMA-13 或 SMA-16,也可采用骨架密实型 AC-13 或 AC-16 和 SBS 改性沥青,并采用 VVTM 方法设计。不得采用高模量沥青混合料。

2)中面层

中面层厚度宜为8~10cm,采用骨架密实型 AC-25 或 AC-30 高模量沥青混合料,亦可掺抗车辙剂,沥青采用 30~50 号,并采用 VVTM 方法设计。

3）下面层

下面层厚度宜为6cm，采用介于骨架密实型与悬浮密实级配之间普通沥青混合料AC-20，沥青采用基质70号，并采用VVTM方法设计。不宜采用抗车辙剂或高模量剂。

4）级配碎石层

级配碎石层厚度宜为12~15cm，采用控制开裂塑性变形破坏VVTM方法设计级配碎石，公称最大粒径宜为37.5mm。

5）水泥稳定碎石基层

半刚性基层厚度根据不出现疲劳开裂为原则进行设计，采用控制开裂破坏VVTM方法设计水泥稳定碎石。

2.3 面层倒装式半刚性基层沥青路面抗裂耐久结构

沥青路面结构组合目的是最大限度降低沥青路面结构层中的荷载应力，提高路面结构承载能力。本节基于层位功能沥青路面耐久结构组合理论，提出了面层倒装式半刚性基层沥青路面抗裂耐久结构，并通过理论与试验对其耐久性进行了验证。

2.3.1 抗裂耐久沥青路面结构

面层倒装式半刚性基层沥青路面抗裂耐久结构见表2-12。表中，各结构层材料宜采用VVTM方法进行设计。

抗裂耐久半刚性基层沥青路面结构　　　　　　　　　　　　　　　表2-12

结构层	DSBAP	DFSAP
表面层	4cm SMA-13/16 或 AC-13/16	4cm SMA-13/16 或 AC-13/16
中面层	8~10cm AC-25/30 高模量沥青混合料	8~10cm AC-25/30 高模量沥青混合料
下面层	6~8cm AC-20	6~8cm AC-20
基层	18cm 水泥稳定碎石	12~15cm 级配碎石层
	20~38cm 水泥稳定碎石（厚度以不出现疲劳开裂为原则进行设计）	20~38cm 水泥稳定碎石（厚度以不出现疲劳开裂为原则进行设计）

2.3.2 抗裂耐久路面结构耐久性的理论验证

传统半刚性基层沥青路面与抗裂耐久半刚性基层沥青路面的荷载响应比较结果见表2-13。

传统与抗裂耐久半刚性基层沥青路面的荷载响应比较　　　　　　　表2-13

应力指标	路面结构应力计算值（MPa）		
	SBAP	DSBAP	DGSAP
面层剪应力	0.248	0.225~0.227 （8.5~9.3%）	0.220~0.221 （10.9~11.3%）
面层层底拉应力	0.269	0.123~0.164 （39~54.3%）	0.130~0.175 （35~51.7%）
级配碎石层剪应力	—	—	0.073~0.091
半刚性基层层底拉应力	0.18	0.154~0.160 （11~14.4%）	0.131~0.144 （20~27.2%）

由表2-13可知,抗裂耐久路面结构的应力水平明显小于传统路面结构,与传统路面结构力学行为相比:

(1)半刚性基层沥青路面抗裂耐久结构面层最大剪应力降低了8.5%~9.3%,面层层底拉应力降低了39.0%~54.3%,半刚性基层层底拉应力降低了11%~14.4%。

(2)设过渡层半刚性基层沥青路面抗裂耐久结构面层最大剪应力降低了10.9%~11.3%,面层底拉应力降低了34.9%~51.7%,半刚性基层层底拉应力降低了20%~27.2%。

2.3.3 倒装式面层结构耐久性的试验验证

为了验证倒装式面层结构的耐久性,试验研究了18cm倒装式面层结构车辙板的抗车辙性能与抗疲劳性能。

2.3.3.1 试验方案与试验方法

1)试验方案

试验研究时,拟定的两种路面结构为传统路面结构和面层倒装结构;拟定的两种路面材料为Marshall材料和VVTM材料,路面结构厚度拟采用18cm。具体方案见表2-14,试验用原材料及级配见第4章。

路面结构试验方案　　表2-14

路面结构		传统结构+马歇尔材料	面层倒装结构+马歇尔材料	传统结构+VVTM材料	面层倒装结构+VVTM材料
代号		TM	DM	TV	DV
路面结构与材料	表面层	4cm AC-13	4cm AC-13	4cm AC-13	4cm AC-13
	中面层	6cm AC-20	8cm AC-25	6cm AC-20	8cm AC-25
	下面层	8cm AC-25	6cm AC-20	8cm AC-25	6cm AC-20
压实标准		马歇尔标准		现代压实标准	
材料设计方法		马歇尔设计法		VVTM设计法	

2)18cm厚度车辙板试件制作

采用自行研制的厚度可调车辙板成型仪制作18cm车辙板。为了模拟上、中、下面层实际现场工况,试件制作方法如下:

(1)制作下面层车辙板:成型长×宽=300mm×300mm、厚度符合表2-14要求的下面层车辙板(图2-23),并在室温下冷却24h后喷洒0.4L/m²SBS热沥青黏层油。

(2)制作中面层车辙板:在喷洒黏层油的下面层车辙板上制作中面层车辙板,厚度符合表2-14要求,并在室温下冷却24h后喷洒0.4L/m²SBS热沥青黏层油。

(3)制作上面层车辙板:在喷洒黏层油的中面层车辙板上制作上面层车辙板,厚度符合表2-14要求,并在室温下冷却48h备用。18cm车辙板上面层制作过程如图2-24所示。

3)大厚度车辙试验

现行试验规程规定,试验前需将车辙板置于与车辙试验温度相同的恒温箱中保温一定的时间,通常4~10cm车辙板厚度保温时间为5~12h,以确保车辙板内部温度达到车辙试验温度要求。而针对18cm车辙板保温时间需要多长方可达到车辙试验温度要求,尚无经验可借鉴。因此,研究了保温时间与车辙板内部温度之间关系,结果如图2-25所示。试验时恒温箱温度为60℃,测试车辙板上中面层层间处、中下面层层间处的温度(如图2-26所示)。

图2-23 制作好的下面层车辙板

图2-24 上面层车辙板制作

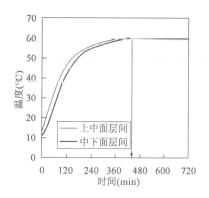

图2-25 车辙板内部温度与保温时间之间关系

图2-26 车辙板内部温度测试

由图2-25可知,当保温时间低于4h时,大厚度车辙板内部温度随保温时间的增加而急剧升高,保温4h时车辙板内部温度可达55℃;当保温时间超过8h后,随保温时间增长,车辙板内部温度达到60℃。考虑到保温时间过长,会引起沥青混合料老化,为了使试验结果具有可比性,18cm厚车辙板保温时间为8h。

大厚度车辙试验过程如图2-27所示。采用自行研制的适用于不同大厚度车辙板加速加载试验仪进行车辙试验。试验时,轮载拟采用0.7MPa、1.2MPa,试验温度为60℃,加载时间为10h。

4)大厚度疲劳试验

此次试验采用弯曲疲劳试验,疲劳试件采用18cm厚度车辙板试件(图2-28)切割而成,试件尺寸为300mm×180mm×180mm(图2-29)。

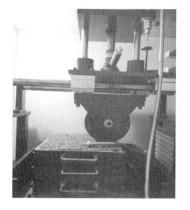

图2-27 大厚度车辙试验

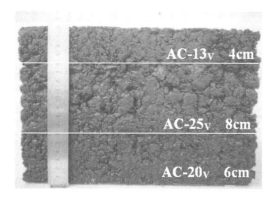
图 2-28　大厚度车辙板

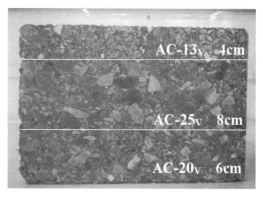
图 2-29　疲劳试验用梁式试件

加载方式采用试件跨中施加集中荷载,如图 2-30 所示。试验时,支座间距为 200mm,加载速度 50mm/min,荷载作用频率选取 10Hz,试验温度为 10℃。

图 2-30　疲劳试验加载

为了模拟路面承受荷载反复加载、卸载作用,施加正弦波荷载。施加正弦波荷载之前,先对试件预压,预压荷载取最大荷载和最小荷载的平均值,预压时间为 20s,以减少压条与试件的不良接触,减少试验误差。施加正弦波荷载之后,随时观察疲劳裂缝发生、发展直至破坏的全过程。

荷载最大值 P_{max} 拟采用三种:30kN、50kN、70kN。循环特征值 $R=0.1$,即荷载最小值为 $0.1P_{max}$。

试验采用 MTS485.10 材料疲劳试验机,该 MTS 系统主要由四部分组成:控制系统、加载系统、应力应变量测系统和数据采集处理系统。通过加载控制程序设置各种参数,如加载频率、荷载波形以及疲劳荷载上、下限加载速率等。且 MTS 系统有自动保护装置,当荷载或位移到达某一设定值时,系统自动停止工作。

2.3.3.2　抗车辙性能

1)试验结果

不同路面结构车辙试验结果见表 2-15。

不同路面结构车辙试验结果 表2-15

荷载(MPa)	路面结构	试件编号	下列荷载作用次数路面车辙深度(mm)									
			2550	5100	7650	10200	12750	15300	17850	20400	22950	25500
0.7	TM	试件1	1.772	2.109	2.291	2.45	2.572	2.646	2.687	2.72	2.76	2.793
		试件2	1.98	2.182	2.34	2.486	2.638	2.76	2.87	2.943	2.984	3.001
		试件3	2.031	2.324	2.455	2.557	2.632	2.732	2.784	2.815	2.861	2.922
	DM	试件1	1.507	1.81	1.967	2.085	2.178	2.244	2.287	2.321	2.348	2.396
		试件2	1.449	1.714	1.861	1.972	2.054	2.118	2.184	2.251	2.32	2.378
		试件3	1.607	1.88	2.041	2.143	2.249	2.32	2.38	2.432	2.47	2.512
	TV	试件1	1.131	1.46	1.616	1.731	1.837	1.928	1.996	2.043	2.062	2.102
		试件2	1.241	1.522	1.65	1.756	1.829	1.887	1.936	1.971	1.998	2.032
		试件3	1.181	1.4	1.546	1.651	1.737	1.795	1.846	1.878	1.928	1.949
	DV	试件1	0.949	1.19	1.32	1.437	1.52	1.579	1.622	1.653	1.673	1.713
		试件2	0.927	1.144	1.271	1.381	1.461	1.525	1.575	1.623	1.643	1.673
		试件3	1.041	1.254	1.394	1.479	1.549	1.607	1.647	1.698	1.728	1.758
1.2	TM	试件1	2.791	3.268	3.537	3.792	3.972	4.109	4.235	4.377	4.485	4.575
		试件2	2.863	3.363	3.674	3.903	4.07	4.244	4.359	4.46	4.601	4.717
		试件3	2.859	3.374	3.732	3.968	4.149	4.305	4.449	4.591	4.724	4.849
	DM	试件1	2.35	2.795	3.068	3.268	3.443	3.56	3.664	3.774	3.86	3.949
		试件2	2.485	2.908	3.27	3.476	3.641	3.792	3.914	4.015	4.114	4.203
		试件3	2.387	2.855	3.151	3.379	3.568	3.71	3.869	4.006	4.112	4.205
	TV	试件1	2.103	2.546	2.802	2.98	3.125	3.276	3.405	3.485	3.57	3.63
		试件2	2.024	2.379	2.59	2.773	2.9	3.047	3.15	3.243	3.326	3.424
		试件3	2.211	2.538	2.743	2.897	3.018	3.127	3.224	3.334	3.42	3.503
	DV	试件1	1.299	1.546	1.747	1.91	2.061	2.188	2.319	2.394	2.465	2.534
		试件2	1.434	1.801	2.015	2.178	2.313	2.411	2.521	2.591	2.666	2.736
		试件3	1.354	1.659	1.86	2.045	2.192	2.309	2.417	2.511	2.607	2.687

2)车辙预估方程

不同路面结构车辙深度随荷载作用次数发展趋势如图2-31所示。

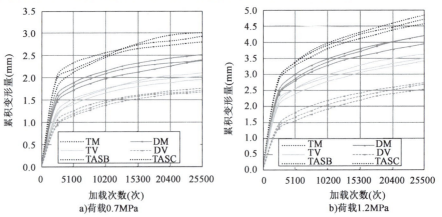

图2-31 路面车辙深度随荷载作用次数的发展趋势

由图 2-28 可知,随荷载作用次数增加,不同路面车辙发展曲线的形状极其相似:加载次数 2550 次之前,随加载次数增加,路面结构车辙深度急剧增大;当加载次数超过 2550 次之后,随加载次数增加,路面结构车辙深度增加幅度逐渐减小,直至趋于稳定。从路面车辙深度随荷载作用次数的发展趋势可以看出,沥青路面结构符合安定性理论。

假设车辙发展曲线存在一条水平渐近线,该渐近线对应数值即为极限车辙深度 RD_∞,则车辙预估方程应满足下列两个边界条件:

$N = 0$ 时, $RD(0) = RD_0 = 0mm$
$N = \infty$ 时, $RD(\infty) = RD_\infty$

式中: N——荷载作用次数,次;

$RD(0)$、$RD(\infty)$——荷载作用次数为 0、∞ 时对应路面车辙深度,mm。

根据上述边界条件,并经过分析建立车辙预估方程,见式(2-1):

$$RD(N) = \frac{RD_\infty \times N}{N + \xi} \quad (2-1)$$

式中:RD_∞、ξ——回归系数。

根据式(2-1)、表 2-15 数据回归分析可得路面车辙预估方程,见表 2-16。

车辙预估方程   表 2-16

荷载 (MPa)	TM			DM			TV			DV		
	RD_∞	ξ	R^2	RD_∞	ξ	R^2	RD_∞	ξ	R^2	RD_∞	ξ	R^2
0.7	3.025	1730	0.993	2.537	1965	0.995	2.176	2415	0.996	1.854	2670	0.996
1.2	4.924	2271	0.990	4.355	2482	0.991	3.683	2313	0.989	2.921	3714	0.988

由表 2-16 可知,车辙预估方程相关系数 $R^2 > 0.98$,说明预估方程式(2-1)能准确预测路面结构车辙发展规律。

3)荷载的影响

根据表 2-16 可得,荷载大小对路面结构极限车辙深度的影响,见表 2-17。表中 R_p 是指荷载 1.2MPa 时极限车辙深度与荷载 0.7MPa 时极限车辙深度的比值。

不同轮载作用下极限车辙深度比值   表 2-17

路面结构	TM	DM	TV	DV
R_p	1.63	1.72	1.69	1.58

由表 2-17 可知,荷载由 0.7MPa 增大到 1.2MPa 时,不同路面结构极限车辙深度增大了 58%~72%。即荷载增大 1%,车辙深度增大 0.81%~1.0%。

4)路面结构的影响

根据表 2-16 可得,相同荷载相同材料不同路面结构对极限车辙深度的影响,见表 2-18。

相同荷载相同材料不同路面结构极限车辙深度比值   表 2-18

荷载(MPa)	DM 与 TM 的 RD_∞ 比值	DV 与 TV 的 RD_∞ 比值
0.7	0.839	0.852
1.2	0.884	0.793

由表 2-18 可知,与传统路面结构相比:

(1)0.7MPa 和 1.2MPa 荷载作用下面层倒装结构(马歇尔材料)抗车辙性能可分别提升 16% 和 12%。

(2)0.7MPa 和 1.2MPa 荷载作用下面层倒装结构(VVTM 材料)抗车辙性能可分别提升 15% 和 21%。

5)路面材料的影响

根据表 2-16 可得,相同荷载相同路面结构不同材料对极限车辙深度的影响,见表 2-19。

相同荷载相同路面结构不同材料极限车辙深度比值 表 2-19

荷载(MPa)	TV 与 TM 的 RD_∞ 比值	DV 与 DM 的 RD_∞ 比值
0.7	0.719	0.731
1.2	0.748	0.671

由表 2-19 可知,与马歇尔材料相比:

(1)0.7MPa 和 1.2MPa 荷载作用下采用 VVTM 材料的传统路面结构抗车辙性能可分别提升 28% 和 25%。

(2)0.7MPa 和 1.2MPa 荷载作用下采用 VVTM 材料面层倒装结构抗车辙性能可分别提升 27% 和 33%。

6)路面结构与材料耦合的影响

根据表 2-16 可得,相同荷载抗裂耐久性沥青路面结构(面层倒装结构 + VVTM 材料)与传统路面结构(马歇尔材料)对车辙深度的影响,见表 2-20。

相同荷载不同材料不同路面结构极限车辙深度比值 表 2-20

荷载(MPa)	下列材料与结构极限车辙深度比值	
	TM	DV
0.7	1.0	0.613
1.2	1.0	0.593

由表 2-20 可知,相比于传统路面结构与马歇尔材料,采用 VVTM 材料的耐久性沥青路面结构抗车辙性能至少可提升 40%。

2.3.3.3 抗疲劳性能

1)试验结果及数据处理

不同路面结构疲劳试验数据见表 2-21。

疲 劳 试 验 数 据 表 2-21

路 面 结 构	下列荷载 $P(kN)$ 作用下对应的疲劳次数 N(次)		
	30	50	70
TM	24641	8038	3841
	25949	9044	4635
	26639	9725	4869
	27564	10535	5491

续上表

路面结构	下列荷载 P(kN)作用下对应的疲劳次数 N(次)		
	30	50	70
DM	33076	11766	5274
	34284	12563	6349
	36421	13175	6988
	37046	13892	7428
TV	40312	13851	6915
	40991	15092	7319
	42975	17035	8025
	44375	18441	9347
DV	48315	16841	8362
	48873	18022	8985
	51482	19663	9146
	52925	20536	11744

由表 2-21 可以看出,无论哪种路面结构,疲劳次数随着荷载大小的提高而减少。此外,疲劳试验数据离散性较大。

由于材料的微观力学性能具有统计特征,加之试验条件、材料的不均匀性等诸多因素的差异,即使在同一应力的作用下,疲劳试验所得的数据也会有一定的离散型性。Weibull 分布由瑞典物理学家 Weibull 于 1939 年引进,是可靠性分析及寿命检验的理论基础,由于该分布理论与疲劳的物理概念相符合,属于极小值的不对称分布,能够反映出所选取设计参数的分布规律,因此,目前双参数 Weibull 分布统计模型广泛应用于工程结构设计和疲劳寿命分析中。一般通过平均数获得的疲劳方程,在数理统计上就是 50% 左右的安全概率,故通过双参数 Weibull 分布来分析试验疲劳数据有很大的必要性。

假设疲劳寿命 N 和等效疲劳寿命 $\overline{N}(\overline{N}=N^{1-R})$ 均服从两参数威布尔分布[40-42],则失效概率 ρ 应满足:

$$\rho = F(\overline{N}) = 1 - \exp\left(-\frac{\overline{N}^m}{t_0}\right) \quad \overline{N} \geqslant 1, m、t_0 > 0 \quad (2-2)$$

变形为:

$$\ln\ln\frac{1}{1-\rho} = m\ln\overline{N} - \ln t_0 \quad (2-3)$$

式中:m——形状参数;
t_0——尺度参数。

Weibull 拟合分析的具体步骤如下:

第一步:将不同应力水平下试验所得的疲劳寿命按从小到大的顺序排列,并编序号为 1,2,…,n。

第二步:对失效概率 $\rho = \dfrac{i}{1+n}$ 或保证率 $\rho = 1 - \dfrac{i}{1+n}$ 排序。

第三步：对疲劳次数 N 取对数，以 $\ln N$ 为横坐标，以 $\ln\ln\dfrac{1}{1-\rho}$ 为纵坐标，绘制散点图，然后进行回归拟合。

第四步：根据拟合程度判断数据是否符合 Weibull 分布。

第五步：根据 Weibull 分布及回归方程求出任意保证率下的疲劳寿命。

表 2-21 中疲劳试验数据 Weibull 拟合 $\ln\ln 1/(1-\rho) \sim \ln N$ 关系见表 2-22。

疲劳试验数据 Weibull 分布检验结果 表 2-22

路面结构	回归系数	下列荷载 P(kN)作用下对应 N 的 Weibull 分布模型回归系数		
		30	50	70
TM	m	17.834	7.350	5.617
	$\ln t_0$	181.869	67.604	47.903
	R^2	1.000	1.000	0.980
DM	m	15.692	11.949	5.582
	$\ln t_0$	164.713	113.474	49.412
	R^2	0.960	1.000	0.980
TV	m	18.605	6.595	2.128
	$\ln t_0$	198.561		33.402
	R^2	0.940	0.980	0.910
DV	M	18.698	9.443	5.001
	$\ln t_0$	202.893	93.335	46.238
	R^2	0.910	0.980	0.770

从表 2-22 可以看出，$\ln\ln 1/(1-\rho) \sim \ln N$ 线性相关系数 R^2 达到 0.90 以上，表明用 Weibull 分布处理沥青混合料疲劳寿命是可行的。

2）疲劳方程

将 Weibull 分布检验所得的 m、$\ln t_0$ 代入式(2-3)，得到不同失效概率 ρ 下不同荷载大小 P 作用下的四种路面结构疲劳寿命，见表 2-23。

不同失效概率下不同荷载作用的疲劳寿命 表 2-23

路面结构	荷载 P (kN)	下列失效概率 ρ(%)对应的疲劳寿命 N(次)					
		50	40	30	20	10	5
TM	30	22722	23657	24674	25332	25847	26293
	50	7268	8049	8579	9009	9391	7268
	70	2980	3387	3872	4209	4487	4737
DM	30	29944	31350	32885	33883	34667	35348
	50	10383	11027	11742	12212	12585	12910
	70	4108	4673	5346	5814	6201	6549
TV	30	36787	38238	39812	40828	41624	42313

续上表

路面结构	荷载 P (kN)	下列失效概率 ρ(%) 对应的疲劳寿命 N(次)					
		50	40	30	20	10	5
TV	50	10917	12176	13643	14649	15469	16202
	70	5199	5847	6609	7135	7565	7952
DV	30	44003	45730	47603	48812	49759	50578
	50	14321	15456	16734	17586	18268	18868
	70	5721	6607	7677	8432	9059	9630

假设疲劳寿命 N 与荷载 P 在双对数坐标上呈线性关系，即：

$$\lg N = a - b\lg p \tag{2-4}$$

式中：p——疲劳试验施加小梁的荷载；

a、b——回归系数。

按式(3-4)对表 2-23 中数据进行回归分析，得不同结构沥青混合料疲劳方程回归参数，见表 2-24。$P-N$ 双对数曲线图如图 2-32 所示。

不同失效概率下疲劳方程回归系数　　表 2-24

路面结构	方程系数	下列失效概率(%)下不同路面结构的疲劳方程的回归系数					
		50	40	30	20	10	5
TM	a	7.407	7.465	7.533	7.621	7.601	7.899
	b	2.022	2.066	2.118	2.186	2.295	2.400
	R^2	1.000	1.000	1.000	1.000	1.000	1.000
DM	a	7.486	7.537	7.598	7.676	8.043	7.922
	b	1.988	2.027	2.074	2.134	2.230	2.322
	R^2	1.000	1.000	1.000	0.999	0.998	0.997
TV	a	7.535	7.587	7.649	7.729	7.795	7.981
	b	1.965	2.006	2.055	2.118	2.218	2.315
	R^2	0.999	1.000	1.000	1.000	1.000	1.000
DV	a	7.594	7.663	7.745	7.852	8.158	8.187
	b	1.955	2.006	2.066	2.145	2.270	2.391
	R^2	1.000	1.000	1.000	0.999	0.999	0.998

系数 a 代表疲劳方程曲线在纵坐标轴上的截距，其值越大，材料抗疲劳性能越好；系数 b 代表方程曲线斜率，其值越小，材料抗疲劳性能越好。从表 2-24 及图 2-32 可以看出：耐久路面结构 + VVTM 材料的抗疲劳破坏能力最佳，传统结构 + 马歇尔材料抗疲劳破坏能力最差。

按表 2-24 得到的回归方程，计算不同路面结构、不同荷载下失效概率 50% 时的疲劳寿命，见表 2-25。

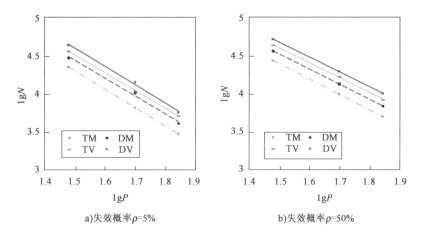

图 2-32 不同失效概率下 $\lg p \sim \lg N$ 曲线图

不同荷载作用下不同路面结构的疲劳寿命 表 2-25

路面结构	下列荷载作用下不同路面结构的疲劳寿命 N(次)		
	30kN	50kN	70kN
TM	26319	9568	4744
DM	35433	12933	6573
TV	42844	15699	8104
DV	50762	18696	9683

3）荷载的影响

根据表 2-25 可得,荷载大小对路面结构抗疲劳特性影响,见表 2-26。表中 N_{50}/N_{30} 是指荷载 50kN 时疲劳寿命与荷载 30kN 时的疲劳寿命的比值,N_{70}/N_{50} 是指荷载 70kN 时疲劳寿命与荷载 50kN 时的疲劳寿命的比值。

不同荷载作用下疲劳寿命的比值 表 2-26

路面结构	TM	DM	TV	DV
N_{50}/N_{30}	0.356	0.362	0.366	0.368
N_{70}/N_{50}	0.506	0.512	0.516	0.518

由表 2-26 可知,荷载由 30kN 增大到 50kN 及由 50kN 增大到 70kN 时,不同路面结构的疲劳寿命约减少了 63.7% 和 48.7%。

4）路面结构的影响

根据表 2-25 可得,相同荷载相同材料不同路面结构对抗疲劳性能的影响,见表 2-27。N_{DM}/N_{TM} 是指 DM 路面结构与 TM 结构疲劳寿命比值,其他类似。

相同荷载相同材料不同路面结构疲劳寿命比值 表 2-27

荷载(kN)	30	50	70
N_{DM}/N_{TM}	1.346	1.370	1.386
N_{DV}/N_{TV}	1.185	1.191	1.195

由表 2-27 可知,与传统路面结构相比:

(1) 30kN、50kN 和 70kN 荷载作用下面层倒装结构(马歇尔混合料)抗疲劳性能可分别提升 34.6%、37.0% 和 38.6%。

(2) 30kN、50kN 和 70kN 荷载作用下面层倒装结构(VVTM 混合料)抗疲劳性能可分别提升 18.5%、19.1% 和 19.5%。

(3) 随作用荷载增大,面层倒装结构比传统路面结构抗疲劳性能的提升更显著。荷载由 30kN 增加到 70kN 时,面层倒装结构疲劳寿命比传统路面结构提升幅度增加约 4%(马歇尔混合料)或 1%(VVTM 混合料)。

5) 路面材料的影响

根据表 2-25 可得,相同荷载相同路面结构不同材料对疲劳寿命的影响,见表 2-28。

相同荷载相同路面结构不同材料疲劳寿命比值　　　表 2-28

荷载(kN)	30	50	70
N_{TV}/N_{TM}	1.628	1.676	1.708
N_{DV}/N_{DM}	1.433	1.457	1.473

由表 2-28 可知,与 Marshall 材料相比:

(1) 30kN、50kN 和 70kN 荷载作用下采用 VVTM 材料的传统路面结构抗疲劳性能可分别提升 62.8%、67.6% 和 70.8%。

(2) 30kN、50kN 和 70kN 荷载作用下采用 VVTM 材料面层倒装结构抗疲劳性能可分别提升 43.3%、45.7% 和 47.3%。

(3) 荷载由 30kN 增加到 70kN 时,VVTM 材料的抗疲劳寿命比马歇尔材料提升幅度增加约 8%(面层倒装结构)或 4%(传统路面结构)。

6) 路面结构与材料耦合的影响

根据表 2-25 可得,相同荷载不同材料不同路面结构对疲劳寿命的影响,见表 2-29。

相同荷载不同材料不同路面结构疲劳寿命的比值　　　表 2-29

荷载(kN)	30	50	70
N_{DV}/N_{TM}	1.929	1.996	2.041

由表 2-29 可知:

① 相比于传统路面结构与马歇尔材料,采用 VVTM 材料的面层倒装结构的抗疲劳性能,在荷载为 30kN、50kN 和 70kN 时分别可提升 92.9%、99.6% 和 104.1%;

② 荷载由 30kN 增加到 70kN 时,采用 VVTM 材料的面层倒装结构的抗疲劳性能,相对于采用马歇尔材料的传统路面结构提升幅度增加了 11.2%。

2.4　示范工程及长期性能

为验证理论分析及室内试验研究成果,依托河南 S59 三门峡至淅川高速公路和浙江 G330 永康段大中修工程,开展了面层倒装式抗裂耐久结构的实体工程应用研究,并评价了应用效果。

2.4.1 S59 高速公路应用情况及效果

2.4.1.1 工程概况

三门峡至淅川高速公路是河南省三门峡到南阳淅川的高速公路（S59），也是国家规划呼和浩特至北海高速公路的重要组成部分，是河南省高速公路规划中的西部重要大通道和伏牛山旅游高速公路。路线总长188.105km。该项目于2011年12月开工，2015年12月通车。

2.4.1.2 工程应用方案

原设计及试验段路面结构方案见表2-30。马歇尔方法设计AC-13、AC-20及ATB-25矿料级配、物理力学指标及路用性能见表2-31～表2-33。试验路段位于K26+109～K28+913左幅，S59全线采用VVTM水泥稳定碎石。

试验段路面结构方案　　　　　　　　　　　　　　　　表2-30

正常路段（传统路面结构）	面层倒装结构试验路段
4cm AC-13	4cm AC-13
6cm AC-20	8cm ATB-25
8cm ATB-25	6cm AC-20
56cm VVTM 水泥稳定碎石基层	56cm VVTM 水泥稳定碎石基层

沥青混合料矿料级配　　　　　　　　　　　　　　　　表2-31

混合料类型	通过下列筛孔(mm)尺寸质量百分率(%)											
	31.5	26.5	19.0	16.0	13.2	9.5	4.75	2.36	1.18	0.6	0.3	0.15	0.075
AC-13	100	100	100	100	98	71	40	28	21	16	11	8	5
AC-20	100	100	91	84	75	53	40	30	24	18	13	9	6
ATB-25	100	98	65	60	54	40	30	22	18	14	10	7	5

沥青混合料设计结果　　　　　　　　　　　　　　　　表2-32

混合料类型	油石比（%）	密度（g/cm³）	VV（%）	VMA（%）	VFA（%）	稳定度（kN）	流值（0.1mm）
AC-13	4.9	2.52	4.0	14.7	72.8	19.4	3.6
AC-20	4.2	2.56	3.8	13.3	71.8	12.8	3.54
ATB-25	3.6	2.56	4.2	12.9	62.6	14.0	3.25

沥青混合料的路用性能　　　　　　　　　　　　　　　表2-33

混合料类型	动稳定度（次/mm）	低温弯曲应变（με）	冻融劈裂强度比（%）	浸水残留稳定度（%）	渗水系数（mL/min）
AC-13	8440	3058	86.8	91.2	30
AC-20	2016	2917	86.6	95.2	52
ATB-25	2697	2554	76.4	91.5	—

2.4.1.3 路面承载能力

生产路段与试验路段回弹弯沉检测结果见表2-34。生产路段弯沉测试位置选取K26+109～K28+913右幅。

试验路回弹弯沉 表2-34

路面结构方案	测点个数（个）	平均值（0.01mm）	代表值（0.01mm）	设计弯沉值(0.01mm)
传统路面结构	266	4.7	9.4	19.9
面层倒装式结构	280	4.2	7.9	

由表2-34可知,两种路面结构实测弯沉值均满足设计弯沉值要求;与传统路面结构相比,倒装式面层结构路表回弹弯沉值降低了16%。

2.4.1.4 长期性能

试验路段于K26+109～K28+913左幅,于2015年8月底施工完毕。S59高速公路于2015年12月通车。通车至今已近4年,调查发现试验段路面未出现裂缝、车辙、水损坏等早期损坏,路况良好,证明成果初步达到了预期目标。

2.4.2 G330永康段应用情况及效果

2.4.2.1 工程概况

G330永康段是连接金华、温州等地的一条重要国道,按一级公路设计,全长34.334km。2015年年均日交通量达43956辆/日,其中大型车及汽车列车比例超过了11%,该路段车流量较大且重车比例较高。2017年5月对G330路面实施了大中修养护,工程起止点桩号为K174+741～K209+075,2017年9月完工。

2.4.2.2 工程应用方案

为了验证面层倒装结构及VVTM沥青混合料的工程应用效果,以生产路段(传统路面结构,马歇尔沥青混合料)为参照,分别铺筑段三种试验路:采用VVTM沥青混合料铺筑传统路面结构(TV)、采用马歇尔沥青混合料铺筑倒装面层结构(DM)、采用VVTM沥青混合料铺筑倒装面层结构(DV)。考虑到施工方便性,以两构造物间距为一种路面结构试验段长度,试验段总长840m。具体试验段路面结构方案见表2-35。矿料级配、配合比设计结果及路用性能分别见表2-36～表2-38。表中$S_{(V)}$、$S_{(M)}$分别是指VVTM试件和马歇尔试件力学测试值,VAC和MAC分别指采用VVTM方法和马歇尔法设计的AC混合料。

路面结构方案 表2-35

段落名称		生产路段	试验路段		
路面结构代号		TM	TV	DM	DV
路面结构		传统结构+马歇尔材料	传统结构+VVTM材料	面层倒装结构+马歇尔材料	面层倒装结构+VVTM材料
路面结构与材料	表面层	4cm MAC-13	4cm VAC-13	4cm MAC-13	4cm VAC-13
	中面层	5cm MAC-20	5cm VAC-20	7cm MAC-25	7cm VAC-25
	下面层	7cm MAC-25	7cm VAC-25	5cm MAC-20	5cm VAC-20
桩号范围		K207+700～K208+000	K208+000～K208+250	K208+310～K208+600	K208+600～K209+000

沥青混合料矿料级配 表2-36

混合料类型	通过下列筛孔(mm)尺寸质量百分率(%)											
	31.5	26.5	19.0	16.0	13.2	9.5	4.75	2.36	1.18	0.6	0.3	0.15	0.075
AC-13	100	100	100	100	91.7	76.9	46.5	33.9	22.3	16.4	11.9	10.0	6.8
AC-20	100	100	89.9	78.8	60.2	45.6	33.4	25.7	18.3	13.7	10.7	7.6	6.4
AC-25	100	95.0	80.3	70.7	62.3	51.2	38.1	24.6	17.2	10.6	7.4	6.0	5.0

沥青混合料配合比设计结果 表2-37

混合料类型	设计方法	油石比(%)	密度(g/cm³)	VV(%)	VMA(%)	VFA(%)
AC-13	马歇尔	5.81	2.496	4.3	70.9	17.4
	VVTM	5.34	2.536	3.5	75.8	15.1
AC-20	马歇尔	4.34	2.437	4.2	69.3	14.1
	VVTM	3.88	2.478	2.8	75.7	11.9
AC-25	马歇尔	3.34	2.447	4.3	65.4	12.5
	VVTM	3.07	2.486	3.3	70.2	10.7

不同方法设计沥青混合料路用性能 表2-38

路用性能 S	AC-25			AC-20			AC-13		
	$S_{(V)}$	$S_{(M)}$	$S_{(V)}/S_{(M)}$	$S_{(V)}$	$S_{(M)}$	$S_{(V)}/S_{(M)}$	$S_{(V)}$	$S_{(M)}$	$S_{(V)}/S_{(M)}$
MS(kN)	18.6	14.0	1.33	16.9	12.7	1.33	18.8	13.1	1.44
DS(次/mm)	3589	2697	1.33	2686	2041	1.32	5342	3970	1.35
TSR(%)	82.1	76.3	1.08	86.5	81.5	1.06	88.5	83.4	1.06

表2-37、表2-38表明,与马歇尔设计方法相比,VVTM设计沥青混合料油石比降低了8%~11%、密度提高了1.6%~1.7%,VVTM设计的沥青混合料稳定度、动稳定度可分别提高33%、32%,水稳定性有一定提高。

2.4.2.3 芯样及其力学强度

中面层完工后对中下路面进行钻芯取样,各路段芯样力学强度见表2-39。试验时,芯样直径为10cm、高度切割成各结构层厚。钻芯现场及部分芯样如图2-33所示。

芯样力学性能检测结果 表2-39

路用性能 S	AC-25			AC-20			AC-13		
	$S_{(V)}$	$S_{(M)}$	$S_{(V)}/S_{(M)}$	$S_{(V)}$	$S_{(M)}$	$S_{(V)}/S_{(M)}$	$S_{(V)}$	$S_{(M)}$	$S_{(V)}/S_{(M)}$
60℃ MS(kN)	29.0	22.7	1.28	27.2	20.0	1.36	18.9	14.0	1.36
20℃ R_c(MPa)	7.7	6.27	1.23	9.9	7.8	1.27	8.95	7.32	1.22
15℃ R_i(MPa)	1.87	1.60	1.17	1.37	1.07	1.28	1.12	0.99	1.13

表2-39表明,与马歇尔混合料芯样相比,VVTM混合料AC-13、AC-20和AC-25芯样稳定度、抗压强度、劈裂强度至少可提升28%、22%、13%。

a) 路面钻取芯样　　　b) 传统结构　　　c) 倒装结构

图 2-33　传统路面结构与倒装面层结构芯样

2.4.2.4　路面承载力

各路段路表弯沉测试结果见表 2-40。弯沉测定现场如图 2-34 所示，采用 5.4m 贝克曼梁测定，温度修正系数为 1.2。

各路段路表弯沉测定结果　　　表 2-40

项　目	下列路段路表弯沉结果			
段落名称	生产路段	试验路段		
路面结构	TM	TV	DM	DV
测点数(个)	36	28	32	36
代表值(0.01mm)	12.6	10.1	11.1	9.0
相对弯沉	1.0	0.802	0.881	0.714

表 2-40 表明，与生产路段 TM 相比：①采用 VVTM 混合料的传统路面结构 TV 路表弯沉降低 19.8%；②采用马歇尔沥青混合料的倒装式面层结构路表 DM 弯沉降低 11.9%；③耐久路面结构 DV 路表弯沉降低了 28.6%。

图 2-34　弯沉测定现场

2.4.2.5　长期性能

该项目于 2017 年 9 月通车至今已近两年，试验段路面使用状况调查未发现有裂缝、车辙和水损坏等早期损坏问题，初步体现成果的先进性。

第3章　现代路面压实标准及垂直振动试验方法

压实是保证路面工程质量最重要也是最有效的措施之一。压实标准直接影响沥青路面材料设计与施工质量控制,其取值与交通状况和压实机械有关。近20年来,我国交通状况发生了巨大变化,大流量、重轴载和高胎压成为现代交通特点,路面施工机械尤其是压实设备的性能也有了大幅度提升。传统路面压实标准与材料设计试验方法(沥青混合料马歇尔方法、半刚性基层材料重型击实方法和试件静压成型方法)明显滞后于生产实际,影响路面压实质量及材料性能。本章分析了现代交通对沥青路面压实要求以及现代施工技术所能达到最大可压实水平,提出了现代路面压实标准,开发了路面材料垂直振动试验方法(Vibrocompression Testing Method,VVTM),并通过实体工程进行了验证。

3.1　现代路面压实标准

当前,我国沥青混合料压实标准采用马歇尔密度、压实度不低于97%。该标准建立于20世纪80年代初,满足了当时中、轻交通的发展需要,也与当时压实机械相适应[1-3,10,11]。本节通过分析现代交通对沥青路面压实要求以及现代施工机械所能达到最大可压实水平,提出现代路面压实标准,并评价其对沥青混合料性能提升效果。

3.1.1　现代交通对沥青路面压实要求

车辙处路面压实度统计情况见表3-1和表3-2。表3-1数据是根据表1-2和表1-3整理而成。表3-2为连徐高速公路调查结果[42],该公路于2001年底建成通车,2003年底轮迹带处出现车辙,2005年产生比较严重的车辙。芯样均取自轮迹带,轮迹带基本上都出现压密性车辙,车辙深度为1~3cm。

高速公路路面车辙处压实度情况　　表3-1

公路	通车时间（年）	结构层	断面编号	马歇尔密度 ρ_M（g/cm³）	轮迹带处密度 ρ_L（g/cm³）	$K=\rho_L/\rho_M \times 100$	
						K_i	K
A公路	4	上面层	1	2.497	2.537	101.6	101.8
			2	2.480	2.516	101.5	
			3	2.515	2.573	102.3	
		中面层	1	2.392	2.430	101.6	100.6
			2	2.457	2.461	100.2	
			3	2.440	2.442	100.1	
		下面层	1	2.406	2.407	100.0	100.4
			2	2.378	2.419	101.7	
			3	2.414	2.397	99.3	

续上表

公 路	通车时间(年)	结 构 层	断面编号	马歇尔密度 ρ_M (g/cm³)	轮迹带处密度 ρ_L (g/cm³)	$K = \rho_L/\rho_M \times 100$	
						K_i	$\overline{K}$
B 公路	3	罩面层行车道内侧	1	2.553	2.555	100.1	100.8
			2	2.497	2.511	100.6	
			3	2.556	2.602	101.8	
			4	2.565	2.549	99.4	
			5	2.554	2.554	100	
			6	2.524	2.515	99.6	
			7	2.518	2.524	100.2	
			8	2.516	2.617	104	
			9	2.562	2.560	99.9	
			10	2.571	2.639	102.6	
		罩面层行车道外侧	1	2.553	2.556	100.1	100.5
			2	2.497	2.502	100.2	
			3	2.556	2.569	100.5	
			4	2.565	2.608	101.7	
			5	2.524	2.552	101.1	
			6	2.516	2.525	100.4	
			7	2.562	2.564	100.1	
			8	2.571	2.568	99.9	

连徐高速公路路面车辙处压实度情况 表3-2

桩 号	结 构 层	马歇尔密度 ρ_M (g/cm³)	轮迹带处密度 ρ_L (g/cm³)	$K = \rho_L/\rho_M \times 100$
K182+300	上面层	2.548	2.580	101.3
	中面层	2.451	2.502	102.1
	下面层	2.451	2.481	101.2
K187+000	上面层	2.494	2.553	102.4
	中面层	2.464	2.466	100.2
	下面层	2.487	2.493	100.2
K216+100	上面层	2.512	2.573	102.4
	中面层	2.468	2.517	102.0
	下面层	2.458	2.502	101.8
K70+800	上面层	2.544	2.55	100.2
	中面层	2.499	2.503	100.2
	下面层	2.500	2.530	101.2

《公路工程质量检验评定标准》中压实度代表值计算方法[43]：

$$K_a = \overline{K} - \frac{t_a}{\sqrt{n}} S$$

式中：K_a——压实度代表值，%；

$\overline{K}$——各测点压实度平均值，%；

t_a——t 分布随测点数和保证率（或置信度 α）而变的系数；

S——检测值标准差，%；

n——检测点数。

表 3-1、表 3-2 统计结果见表 3-3。

车辙处追密后路面密度统计结果　　　　　　　　　　　　　　表 3-3

统计指标	n	K	$\overline{K}$	S	$t_{0.95}/\sqrt{n}$	$K_{0.95}$
统计结果	39	99.3～104.0	100.92	1.062	0.27	100.6

表 3-3 中数据表明，20 世纪 90 年代后期、21 世纪初期修建的三条公路在通车 3～4 年后行车道轮迹带处车辙深度基本上为 1～3cm，轮迹带处路面密度为马歇尔密度×(0.993～1.04)，95% 保证率下轮迹带处路面密度 = 1.006×马歇尔密度，轮迹带处路面密度极值 = 0.993×马歇尔密度。而此时路面远未达到设计年限，随后公路还将会出现更大交通量、更重轴载，轮迹带处路面密度远未达到"最终密度"。显然，马歇尔密度偏小，难以胜任现代交通发展需要。

若压实度最小要求为 97%，路面最终密度 = (0.993～1.006)×马歇尔密度，则现代交通要求标准密度 ≥ (1.024～1.037)×马歇尔密度。

3.1.2　现代施工机械最大可压实水平

表 3-4 列出榆绥高速公路和省道 237 线以及国内其他工程路面所能达到最大压实度 K 统计分析结果。路面芯样密度是指实体工程路面压实到前后两遍之间密度无明显变化状态时密度，K 为路面芯样密度与马歇尔密度的百分比。

现场所能达到最大压实度统计结果　　　　　　　　　　　　　表 3-4

统计指标	榆绥高速公路（ATB-30）			榆绥高速公路（AC-20）	省道 237 线（AC-20）	其他工程
	LM-1	LM-2	LM-4			
n	29	6	10	10	12	11
K	100.2～103.5	100.9～102.7	101.5～102.6	100.9～103.0	101.7～102.4	100.8～103.7
$\overline{K}$	102.1	101.8	102.0	101.92	101.94	102.3
S	0.88	0.66	0.36	0.20	0.57	0.88
$t_{0.95}/\sqrt{n}$	0.316	0.793	0.573	0.494	0.546	0.518
$K_{0.95}$	101.8	101.3	101.8	101.8	101.6	101.8

表 3-4 表明，95% 保证率下沥青混合料现场压实密度可达 (1.013～1.018)×马歇尔密度，极值可达马歇尔密度×1.037。这表明随着施工技术（沥青混合料普遍采用摊铺机摊铺、11～13t 振动压路机、26～30t 胶轮压路机施工）发展，路面压实效能有了很大的提高，马歇尔压实标准已滞后于生产实际。马歇尔设计密度偏小，施工碾压过程无需严密监控、精心管理，现场

施工也易达到技术要求。

若压实度最小要求为97%,现场压实所能达到最大密度极小值为1.002×马歇尔密度,则现场所能达到最小标准密度=1.03×马歇尔密度。

3.1.3 现代路面压实标准及评价

3.1.3.1 现代路面压实标准

现场调查表明,现代交通作用下路面最终密度高于马歇尔密度,违背马歇尔方法的初衷,致使现代交通路面出现严重早期损坏。而当前工程实践中不自觉地仍在坚持最终密度这一基本概念,但马歇尔压实标准却没有随着交通和施工机械发展而做相应调整,已严重影响着我国路面工程质量。因此,结合现代交通现状和现代施工机械水平,重新确定压实标准已成为工程实践中关键技术问题。

现代交通发展对沥青混合料设计标准密度的要求:
$$标准密度 \geq (1.024 \sim 1.037) \times 马歇尔密度$$
现代施工机械水平可使现场所能达到最小标准密度:
$$最小标准密度 = 1.03 \times 马歇尔密度$$
考虑到成果推广需要有一被大家认识、接受的过程。因此,建议:
$$现代路面压实标准密度 = 1.02 \times 马歇尔密度$$

3.1.3.2 与GTM压实标准比较

GTM在国外得到了成功推广应用,国内也有不少工程取得了较好应用效果。国内11个实体工程调查结果表明[44],GTM试件密度大于马歇尔密度,比值平均为1.024、最大为1.037、最小为1.008,处于1.02~1.03的工程占总数的64%。可见,现代路面压实标准与GTM标准密度不谋而合,间接证明了现代路面压实标准可行性和有效性。

3.1.3.3 对性能提升效果

1)路面压密性车辙

根据现代路面压实标准检验(表3-1、表3-2),结果见表3-5、表3-6。

现代路面压实标准下部分高速公路路面压实度　　表3-5

公路	结构层	断面编号	路面密度 ρ_L (g/cm³)	马歇尔密度 ρ_M (g/cm³)	$k_i = \rho_L/(\rho_M \times 1.02) \times 100$ (%)
A公路	上面层	1	2.537	2.497	99.6
		2	2.516	2.480	99.4
		3	2.573	2.515	100.3
	中面层	1	2.430	2.392	99.6
		2	2.461	2.457	98.2
		3	2.442	2.440	98.1
	下面层	1	2.407	2.406	98.1
		2	2.419	2.378	99.7
		3	2.397	2.414	97.4

续上表

公 路	结 构 层	断面编号	路面密度 ρ_L (g/cm³)	马歇尔密度 ρ_M (g/cm³)	$k_i = \rho_L/(\rho_M \times 1.02) \times 100$ (%)
B公路	罩面层 行车道外侧	1	2.555	2.553	98.1
		2	2.511	2.497	98.6
		3	2.602	2.556	99.8
		4	2.549	2.565	97.4
		5	2.554	2.554	98.0
		6	2.515	2.524	97.7
		7	2.524	2.518	98.3
		8	2.617	2.516	102.0
		9	2.560	2.562	98.0
		10	2.639	2.571	100.6
	罩面层 行车道外侧	1	2.556	2.553	98.2
		2	2.502	2.497	98.2
		3	2.569	2.556	98.5
		4	2.608	2.565	99.7
		6	2.552	2.524	99.1
		8	2.525	2.516	98.4
		9	2.564	2.562	98.1
		10	2.568	2.571	97.9

现代压实标准下连徐高速公路路面压实度　　　　　表3-6

桩 号	结 构 层	马歇尔密度 ρ_M (g/cm³)	轮迹带处密度 ρ_L (g/cm³)	$k = \rho_L/(\rho_M \times 1.02) \times 100$ (%)
K182+300	上面层	2.548	2.580	99.3
	中面层	2.451	2.502	100.1
	下面层	2.451	2.481	99.2
K187+000	上面层	2.474	2.553	100.4
	中面层	2.464	2.466	98.1
	下面层	2.487	2.493	98.3
K216+100	上面层	2.502	2.573	100.4
	中面层	2.458	2.527	100.0
	下面层	2.408	2.512	99.8
K70+800	上面层	2.544	2.550	98.3
	中面层	2.499	2.503	98.2
	下面层	2.500	2.530	99.2

从表 3-5 和表 3-6 可以看出,若采用 1.02×马歇尔密度作为现代路面压实标准密度,则通车 3~4 年后路面密度大部分低于现代路面压实标准密度,也就是说采用现代路面压实标准可以减缓沥青路面早期压密性车辙。

2）抗车辙性能

压实度对沥青混合料抗车辙性能影响如图 3-1 所示。K 是指不同压实功成型试件密度与马歇尔密度的百分比。由图可知,随压实度增加,动稳定度增大、车辙变形量减小。压实度在 99%~102% 时,压实度提高 1%,ATB-30 动稳定度平均提高 25%、车辙变形量平均降低 9%；AC-20 动稳定度平均提高 17%、车辙变形量平均降低 11%。说明采用现代路面压实标准,至少可提高混合料动稳定度 34%、降低车辙变形量 18%。

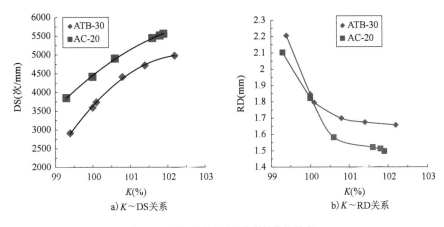

图 3-1　不同压实度对抗车辙性能的影响

3）力学性能

压实度对沥青混合料力学性能影响如图 3-2 所示。沥青混合料力学性能随压实度增加呈线性增强。压实度在 99%~102% 时,压实度增加 1%,ATB-30 稳定度、抗压强度、抗拉强度、抗剪强度分别提高 28.6%、25.9%、24.0%、40.2%；AC-20 稳定度、抗压强度、抗拉强度、抗剪强度分别提高 11%、10%、17%、10%。这说明采用现代交通压实标准,至少可提高沥青混合料力学强度 20% 以上,极大地提升了沥青路面工程质量。

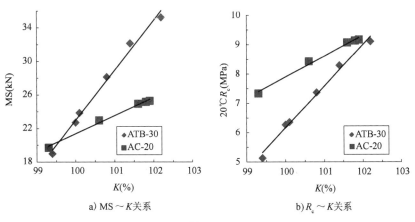

图　3-2

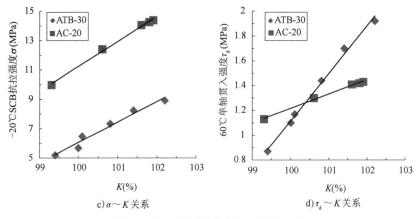

c) $\sigma \sim K$ 关系   d) $\tau_d \sim K$ 关系

图 3-2 压实度对沥青混合料力学性能影响

3.2 垂直振动压实仪工作原理及选型标准

振动压实仪工作原理以及选型标准是振动压实试验方法的关键[6,36,45-47]。结合室内试验对仪器构造要求，采用仿照定向振动压路机原理开发了垂直振动压实仪(Vertical Vibro-compression Testing Equipment，VVTE)。通过理论分析和室内试验，研究 3 VVTE 振动参数对路面材料压实效果的影响规律，提出 3 VVTE 选型标准。

3.2.1 VVTE 构造及工作原理[46-58]

3.2.1.1 VVTE 构造

VVTE 结构及原理如图 3-3 所示。

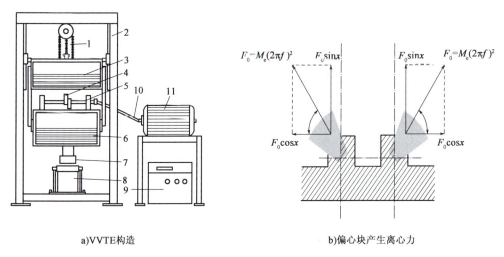

a) VVTE构造   b) 偏心块产生离心力

图 3-3 VVTE 构造及原理

1-升降系统；2-机架；3-上车系统；4-偏心块；5-转动轴；6-下车系统；7-振动锤；8-试模；9-控制系统；10-转动轴；11-电机

VVTE 主要由振动系统和控制系统、动力装置三部分构成。振动系统是 VVTE 核心结构，主要由激振器、上车系统和下车系统组成。激振器由对称于垂直平面的两个转速相等、方向相反的偏心块构成。当电机工作时,转动轴带动两偏心块转动产生离心力,两偏心块产生的离心力水平分量相互抵消、垂直分量相互叠加,形成垂直方向的正弦激振力,使 VVTE 在理论上产生垂直振动,并减少横向力的剪切作用,确保 VVTE 的稳定性和垂直振动压实效果。上、下车系统通过减振器链接,且通过上车的束缚作用使下车得到有规律的振动。控制系统用于调节电机工作频率、振动时间和振动系统的自动升降。动力装置主要由电机和分动箱组成,电机动力通过分动箱使两转动轴转速相等、方向相反旋转,并各自带动两偏心块高速反向旋转产生离心力。

3.2.1.2 VVTE 振动模型

VVTE 振动压实过程是一个较复杂的随机过程。为了便于数学处理,将"VVTE—被压材料"的系统简化为两个自由度的数学模型,并做如下假设:

①VVTE 上、下车的质量简化为具有一定质量的集中质量块,上车质量为 m_1、下车质量为 m_2。

②VVTE 振动工作时,振动锤始终保持与被压材料紧密接触。

如图 3-4 所示,振动模型的运动方程为:

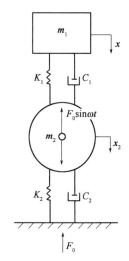

图 3-4　振动模型

$$F_0 = M_e \omega^2 \quad (3\text{-}1)$$

$$\begin{bmatrix} m_1 & 0 \\ 0 & m_2 \end{bmatrix} \begin{Bmatrix} \ddot{x}_1 \\ \ddot{x}_2 \end{Bmatrix} + \begin{bmatrix} C_1 & -C_1 \\ -C_1 & C_1+C_2 \end{bmatrix} \begin{Bmatrix} \dot{x}_1 \\ \dot{x}_2 \end{Bmatrix} + \begin{bmatrix} K_1 & -K_1 \\ -K_1 & K_1+K_2 \end{bmatrix} \begin{Bmatrix} x_1 \\ x_2 \end{Bmatrix} = \begin{Bmatrix} 0 \\ F_0 \sin\omega t \end{Bmatrix} \quad (3\text{-}2)$$

式中:F_0——激振力;
　　　M_e——偏心块静偏心矩;
　　　ω——偏心块角速度;
　　　K_1——减振器刚度;
　　　K_2——被压材料刚度;
　　　C_1——减振器阻尼;
　　　C_2——被压材料阻尼;
　　　x_1——上车瞬时位移;
　　　x_2——下车瞬时位移。

求解微分方程(3-1)可得:

$$x_1 = F_0 \left[\frac{A_2^2 + B_2^2}{C^2 + D^2} \right]^{\frac{1}{2}} \cdot \sin(\omega t - \varphi_1) \quad (3\text{-}3)$$

$$x_2 = F_0 \left[\frac{A_1^2 + B_1^2}{C^2 + D^2} \right]^{\frac{1}{2}} \cdot \sin(\omega t - \varphi_2) \quad (3\text{-}4)$$

式中:φ_1、φ_2——F_0 与上车位移、下车位移之间的相位角;

$$\varphi_1 = \tan^{-1}\frac{B_1}{A_1} - \tan^{-1}\frac{D}{C}; \quad \phi_2 = \tan^{-1}\frac{B_2}{A_2} - \tan^{-1}\frac{D}{C}$$

$$A_1 = K_1 - m_1\omega^2 ; B_1 = C_1\omega$$
$$A_2 = K_1 ; B_2 = C_2\omega$$
$$C = m_2 m_1 \omega^4 - m_2 K_1 \omega^2 - m_1 K_2 \omega^2 - C_1 C_2 \omega^2 + K_1 K_2 - m_1 K_1 \omega^2$$
$$D = K_2 C_1 \omega - C_2 K_1 \omega^2 - m_2 C_1 \omega^3 - m_1 C_2 \omega^3 - m_1 C_1 \omega^3$$

无阻尼状态下,振动系统一阶、二阶固有频率 ω_1、ω_2 分别为:

$$\begin{matrix}\omega_1\\\omega_2\end{matrix} = \{[(m_2 K_1 + m_1 K_2 + m_1 K_1) \mp \sqrt{(m_2 K_1 + m_1 K_2 + m_1 K_1)^2 - 4 m_1 m_2 K_1 K_2}]/2 m_1 m_2\}^{\frac{1}{2}}$$

VVTE 对被压材料的作用力 F_s 为:

$$F_s = [(K_2 x_2)^2 + (C_2 \dot{x}_2)^2]^{\frac{1}{2}} \qquad (3-5)$$

从式(3-5)可以看出,VVTE 对被压材料的作用力 F_s 是被压材料的弹性变形量 $K_2 x_2$ 和阻尼力 $C_2 \dot{x}_2$ 的矢量和。前者与 VVTE 的瞬时振幅和被压材料的刚度有关,后者与 VVTE 振动速度和被压材料的阻尼有关。由于被压材料的物理特性的随机性,因而 F_s 也同样具有随机性。

3.2.1.3 VVTE 动态响应

绘制各种动态响应曲线进行模型参数影响分析,揭示 VVTE 工作频率、上下车质量等模型参数对上下车振幅、振动加速度、激振力和被压材料作用力的变化规律,为振动参数优化和 VVTE 选型标准提供理论依据。动态响应曲线分析所用"VVTE—被压材料"系统的基本参数见表3-7。

"VVTE—被压材料"的模型参数　　　　　　表3-7

模型参数	m_1(kg)	m_2(kg)	K_1(kN/cm)	K_2(kN/cm)	C_1(N·s/cm)	C_2(N·s/cm)
参数取值	1814	2903	52.5	140.1	52.5	700.5

1)工作频率的影响

工作频率 ω 对 VVTE 上、下车振幅和振动加速度影响规律如图 3-5 所示。ω 对 F_0 和 F_s 的影响规律如图 3-6 所示。由于 $F_0 = m_e \omega^2$,所以 ω—F_0 曲线呈抛物线形状。

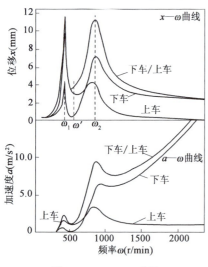

图 3-5　ω—x、ω—a 曲线

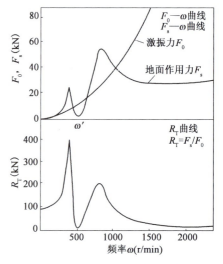

图 3-6　ω—F_0、ω—F_s 和 R_T 曲线

如图 3-5 所示,"VVTE—被压材料"的振动系统有两个固有频率,分别为 ω_1 和 ω_2。当 $\omega = \omega_1$ 或 ω_2 时,振动系统处于共振状态。工作频率为 ω_1 时称为一阶共振,工作频率为 ω_2 时称为二阶共振。在共振状态下工作的"VVTE—被压材料"的振动系统的 ω—x 曲线出现有两个峰值,称为共振峰。图中左侧的峰值对应于 ω_1 而产生,称一阶共振峰,其形状又尖又细,它的形状主要受上车参数 K_1、C_1、m_1 的影响。图中右侧的峰值对应于 ω_2 而产生,称为二阶共振峰。它的形状高而平缓,与下车参数 K_2、C_2、m_2 有关。当 $\omega \geq \omega_2$ 时,上、下车振幅都将急剧下降,下车振动加速度却急剧增大。

如图 3-6 所示,ω 对 F_0 和 F_s 的影响规律完全不同,表明 F_0 和 F_s 是性质不同的两种力;F_s 和 x 与 VVTE 的振动参数、被压材料的参数与物理性能有关,VVTE 的振幅是重要影响参数;当 $\omega \geq \omega_2$ 时,F_s 随之下降,这时 F_s/F_0 将急剧下降,因此,为充分发挥 F_0 的效率,希望 VVTE 的 ω 尽量接近于 ω_2。当 $\omega_2 \geq \omega \geq \omega_1$ 时,F_s 出现波谷,VVTE 几乎丧失了对被压材料的动态作用力,振动压实效果很差。

2)下车质量的影响

以表 3-7 中所给参数为基准,上、下车系统总工作质量不变,下车质量变化为 $0.8m_2$、m_2 和 $1.2m_2$,绘制 ω—x 曲线、ω—F_0 曲线、ω—F_s 曲线,如图 3-7 所示。

图 3-7 中曲线表明,m_2 的变化对振动系统的一阶固有频率影响很小,甚至可以忽略不计;其他条件保持不变时,降低 m_2,可以增大 F_s,从而增加 VVTE 对被压材料的动作用力 F_s。但下车质量过小,会降低 VVTE 对被压材料的冲击能力,对压实不利。

3)减振器刚度的影响

减振器刚度 K_1 对 ω—x 曲线的影响如图 3-8 所示,K_1 增加,振动系统一阶固有频率变化不大,而二阶固有频率有所提高,上车振幅明显增大,VVTE 对被压材料的作用力 F_s 有所增加。

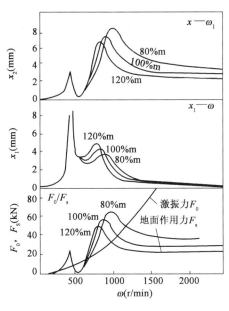

图 3-7 下车质量 m_2 的影响

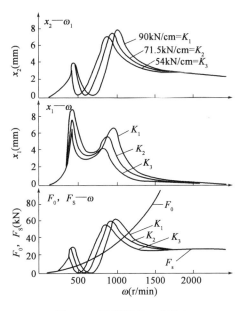

图 3-8 减振器刚度 K_1 的影响

4)被压材料刚度和阻尼的影响

被压材料刚度和阻尼对 ω—x 曲线的影响如图3-9所示,当 VVTE 的 $\omega \geqslant \omega_2$ 时,被压材料的阻尼对 F_s 影响较大。这时,被压材料的阻尼 C_2 增大,F_s 也随之增大。

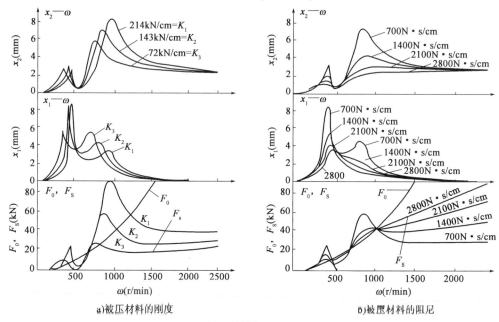

图3-9 被压材料刚度和阻尼的影响

3.2.1.4 描述 VVTE 结构性能的振动参数

由式(3-5)可知,振动作用力 F_s 与 VVTE 瞬时振幅 x_2、振动速度有关。VVTE 瞬时振幅是上下车质量 m_1 和 m_2、静偏心力矩 M_e、偏心块转速 ω 的函数。振动速度与偏心块转速 ω 有关。因此,描述 VVTE 工作性能基本振动参数主要有工作频率、静偏心矩、上车质量和下车质量。

1)工作频率

振动频率 f_0 是指振动系统在激振力的作用下产生受迫振动,振动锤对被压材料施加周期性变化的力的频率,与被压材料刚度有关,不是一个直接可控的设备参数。

工作频率 f 或 ω 是指偏心块转轴的转动频率,按式(3-6)和式(3-7)计算:

$$f = \frac{1}{T} = \frac{n}{60} \tag{3-6}$$

$$\omega = 2\pi f \tag{3-7}$$

式中:T——振动周期,s;

n——激振器的转速,r/min。

f 和 f_0 并不一致,且 $f \geqslant f_0$。f 是可调的,f_0 是不可调的。假设 $f = f_0$,如图3-5所示,当 $\omega < \omega_2$ 时,曲线呈大起大落的状态。这说明在这一频段中,ω 每一个微小变化,都将引起 VVTE 工作振幅的大幅度变化,因而 VVTE 工作频率的非稳定区也随之增大。因此,在讨论 VVTE 工作频率 ω 的选择时,规定了这个工作频率是以 VVTE 在压实接近终了时的"VVTE—被压材料"的振动系统的特性为依据。只有这样才能保证在任何情况下 VVTE 的工作频率都不可能进入

非稳定频率区。且非稳定频率区内存在两个共振峰值,即一阶共振峰和二阶共振峰。在这两个共振峰之间还存在一个波谷。当 $\omega \approx \omega'$ 时,VVTE 下车振幅几乎为零,而上车的振幅反而很大,这时不仅不能起到振动压实的作用,反而会使上车产生剧烈振动,造成整机寿命下降。所以,频率的非稳定区是 VVTE 工作的"禁区"。合理的工作频率应略高于"VVTE—被压材料"的振动系统的二阶固有频率 ω_2。

2)名义振幅

VVTE 在振动压实作业时,振动系统的实际振幅 A 称为工作振幅。如图 3-5 所示,VVTE 的工作振幅是一个随机参数,并不是一个直接可控的设备参数。

为了便于评价和比较不同型号振动压实仪的振动性能,引入"名义振幅"的概念。名义振幅的大小只与参振质量及激振器的静偏心矩有关,而不受外部工况条件的约束。名义振幅 A_0 计算式为:

$$A_0 = \frac{M_e}{m_d} \tag{3-8}$$

式中:M_e——激振器的静偏心矩,$M_e = m_0 r_0$;

m_d——振动压实仪的参振质量(或下车系统质量)。

通常,工作振幅比名义振幅大,两者的差值与被压材料的刚度有关。一般名义振幅增大时,工作振幅也增大。研究表明,振幅增大,压实效果明显提高。为了取得更好的压实效果,需要提高 VVTE 的振幅。

3)关于激振力和振动作用力的讨论

激振力 F_0 是由偏心块高速旋转时的离心力形成的,它仅和偏心块的静偏心矩 M_e 及角频率 ω 有关。将式(3-7)和式(3-8)代入式(3-1),可得:

$$F_0 = M_e \omega^2 = m_d A_0 (2\pi f)^2 \tag{3-9}$$

由式(3-9)可知,激振力随频率的平方成正比增长,但过高的频率将导致振动轮跳离地面而"失偶",从而降低了 VVTE 对被压实材料的"振动作用力"。尽管 VVTE 的参振质量 m_d、名义振幅 A_0 完全不同,但激振力 F_0 可能相同,然而 VVTE 动态响应表明,振动压实效果却相差很大。也就是说,激振力 F_0 不同于对被压材料的作用力 F_s,当激振力 F_0 很大,但它并没有完全作用在被压材料上,因而其压实效果并不一定好,只有对被压材料作用力 F_s 时,才能获得较好的压实效果。因此激振力越大,动作用力就越大,压实效果会更好,是一种误解。

3.2.1.5 VVTE 振动参数可调的实现

VVTE 工作频率通过电机输出频率实现可调,可调范围在 0~50Hz。

VVTE 偏心矩通过改变固定偏心块和活动偏心块夹角实现有级可调,如图 3-10 所示。VVTE 静偏心力矩和名义振幅与偏心块夹角的关系见表 3-8。

VVTE 的静偏心力矩和名义振幅 表 3-8

振动参数	下列偏心块夹角(°)对应的静偏心力矩和名义振幅						
	0	30	60	90	120	150	180
M_e(kg·m)	0.215	0.207	0.186	0.153	0.109	0.045	0.025
A_0(mm)	$215/m_d$	$208/m_d$	$186/m_d$	$153/m_d$	$109/m_d$	$60/m_d$	$25/m_d$

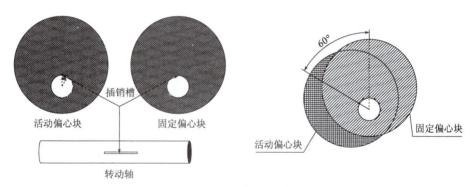

图 3-10 固定和活动偏心块构造

VVTE 上、下车系统质量通过改变配重块数实现名义振幅和静面压力可调,见表 3-9。用"上车配重块数 S、下车配重块数 X"区分工作质量的大小。结合振动压路机设计原理,兼顾 VVTE 对被压实材料的动作用力和冲击能量,上、下车质量之比值取为 0.6~1.0。

VVTE 上下车质量　　　　　表 3-9

下车系统		上车系统		上下车总质量(kg)
配重块数	质量(kg)	配重块数	质量(kg)	
0	140.5	0	80.8	221.3
1	144.9	1	87.7	232.6
2	149.3	2	94.6	243.9
⋮	⋮	⋮	⋮	⋮
S	$140.5+4.4S$	X	$80.8+6.9X$	$221.3+4.4S+6.9X$

3.2.2 路面基层材料 VVTE 选型标准

3.2.2.1 振动参数优化原则

1)振动参数优化指标选取

图 3-11 为根据水泥稳定碎石振动试验数据绘制出的 ρ_d—f 与 F_0—f 关系图,图 3-12 为根据振动模型动态响应绘制出的 F_s—ω 和 F_0—ω 响应曲线。

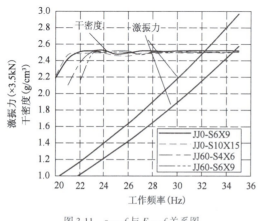

图 3-11 ρ_d—f 与 F_0—f 关系图

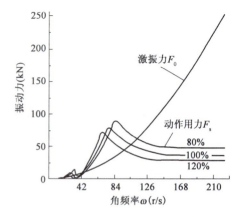

图 3-12 F_s—ω 和 F_0—ω 响应曲线

图 3-11 中压实效果理解成振动作用力 F_s,则与图 3-12 中 VVTE 振动作用力 F_s 变化规律比较吻合,即振动压实效果或振动作用力 F_s 随工作频率增大都存在峰值,继续增大工作频率,则振动压实效果或振动作用力 F_s 基本不再随之变化,而激振力 F_0 却成二次抛物线不断增大。图 3-12 中 F_s 存在明显峰值,随后随着频率增大 F_s 明显减少,当频率超过一定值时,F_s 基本稳定;而图 3-11 中当干密度达到峰值后,随着频率增大,干密度没有明显变化,这表明动态响应分析中振动模型有关假设与实际有出入,实际振动压实试验过程中振动锤无法保持与被压材料紧密接触。同时,考虑到振动模型参数 K_1、K_2、C_1 和 C_2 较难获取,尤其是 K_2 和 C_2 随着被压材料密度变化而变化。因此,采用干密度比振动作用力 F_s 评价振动压实效果,更具有实际可操作性。

为确保优化得到振动参数在振动压实过程中对混合料级配影响最小,振动参数优化过程中还考察振动前后混合料级配变化情况。

2) 振动参数优化原则

(1) 尽量接近于振动压路机技术参数工作范围,并对 VVTE 使用寿命影响最小,确保 VVTE 经久耐用。压实基层时,振动压路机名义振幅、工作频率取值范围分别为 0.8~2.0mm、25~40Hz。

(2) 尽量使混合料在最短振动时间作用下达到最大干密度,且对混合料级配影响最小,确保试验方法操作简便快速以及与现场碾压对级配影响规律基本一致。

3.2.2.2 振动参数对水泥稳定碎石密度的影响

1) 工作频率 f 的影响

变化工作频率对采用相同含水率的水泥稳定碎石进行振动试验,结果见表 3-10 和图 3-13、图 3-14,振动时间 2min。

工作频率、名义振幅和静压力对压实效果影响　　　　表 3-10

工作频率 (Hz)	JJ0 – S6X9 $A_0 = 1.19$mm $p_0 = 171.2$kPa	JJ0 – S10X15 $A_0 = 1.04$ mm $p_0 = 202$ kPa	JJ60 – S4X6 $A_0 = 1.29$ mm $p_0 = 155.9$ kPa	JJ60 – S6X9 $A_0 = 1.19$mm $p_0 = 171.2$kPa
20	2.191	2.215	—	—
21	2.421	2.47	2.102	—
22	2.51	2.486	2.378	2.162
23	2.521	2.494	2.506	2.481
24	2.527	2.491	2.509	2.499
25	2.481	2.461	2.521	2.506
26	2.495	2.457	2.518	2.503
27	2.52	2.491	2.473	2.479
28	2.52	2.488	2.508	2.499
29	2.514	2.495	2.509	2.503
30	2.52	2.497	2.514	2.499
31	2.523	2.494	2.509	2.506
32	2.523	2.493	2.5	2.508
33	2.522	2.501	2.507	2.501
34	2.524	2.494	2.502	2.504
35	2.521	2.521	2.506	2.509

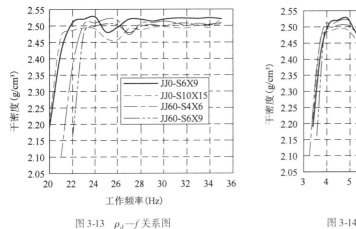

图 3-13 ρ_d—f 关系图

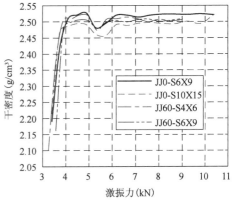

图 3-14 ρ_d—F_0 关系图

由表 3-10 和图 3-13 可知,偏心块夹角为 0 时,f 从 20Hz 变化到 22Hz 时,水泥稳定碎石干密度急剧增大,增大了 13%~15%。从试验过程来看,$f=20$Hz 时,激振力较小,不足以使振动锤起跳,振动锤贴着试件表面振动,振实效果较差;$f=21$Hz 时,振动一段时间后伴有间歇式起跳现象;$f=22$Hz 时,振动一开始就有起跳现象。从试件外观来看,$f=20$Hz 时试件较松散,$f=21$Hz 时试件上半部分干密度为 2.46g/cm³、下半部分为 2.38g/cm³,$f=22$Hz 时试件外观整体均匀密实,试件上半部分干密度为 2.514g/cm³、试件下半部分干密度为 2.509g/cm³。为便于述说,针对此条件下,称引起振动系统起跳的 $f=22$Hz 为"起跳频率",f 从 22Hz 继续增大到 24Hz,水泥稳定碎石干密度有所增大,但增大幅度非常有限(0.2%~0.7%)。$f=24~27$Hz 时,出现了"波谷频率"(约 25Hz),在"波谷频率"作用下水泥稳定碎石干密度最小。当 $f>27$Hz 后,水泥稳定碎石干密度不再变化,该阶段频率称为"稳态频率"。小于"稳态频率"的工作频率区域统称为工作频率非稳定区,大于"稳态频率"的工作频率区域统称为工作频率稳定区。偏心块夹角为 60°时,水泥稳定碎石干密度随 f 变化规律与偏心块夹角为 0°时的规律基本相似,只是"起跳频率""波谷频率"和"稳态频率"不同而已,相应于偏心块夹角为 60°时增大 1~2Hz,这表明工作频率非稳定区并不是固定的,当 VVTE 的其他振动参数变化时,非稳定区也随之发生变化。从图 3-14 可看出,水泥稳定碎石干密度随激振力变化规律与随工作频率变化规律相似,当 $F_0<3$kN 时,VVTE 对水泥稳定碎石振动压实效果随激振力增大而增大;当 $F_0>6.5$kN 之后,VVTE 对水泥稳定碎石振动压实效果不再随激振力增大而继续增大。

试验和已有研究表明,当 $f>28$Hz 时,VVTE 对水泥稳定碎石压实效果已处于稳定状态。继续增大工作频率,会引起机身上的紧固螺栓和减振器共振,而影响 VVTE 使用寿命。因此,建议 $f=(30\pm1)$Hz。

2)激振力 F_0 的影响

VVTE 在不同静偏心矩(偏心块夹角)、不同工作频率和不同配重时对相同含水率的水泥稳定碎石振动压实 2min,结果见表 3-11 和图 3-15。将不同静偏心矩(偏心块夹角)、不同工作频率换算成激振力,则表 3-2 可以转化成不同激振力、不同配重时 VVTE 对水泥稳定碎石压实效果,见表 3-12。

不同振动参数对压实效果的影响

表 3-11

偏心块夹角(°)	工作频率(Hz)	下列配重块时水泥稳定碎石干密度(g/cm^3)			
		S3X5	S4X6	S6X9	S8X12
0	25	2.508	2.513	2.506	2.509
	30	2.506	2.519	2.509	2.513
	35	2.503	2.514	2.501	2.509
60	25	2.508	2.502	2.482	2.509
	30	2.499	2.502	2.499	2.509
	35	2.504	2.507	2.501	2.506
120	25	2.367	2.338	—	—
	30	2.450	2.437	2.420	2.398
	35	2.470	2.463	2.458	2.456

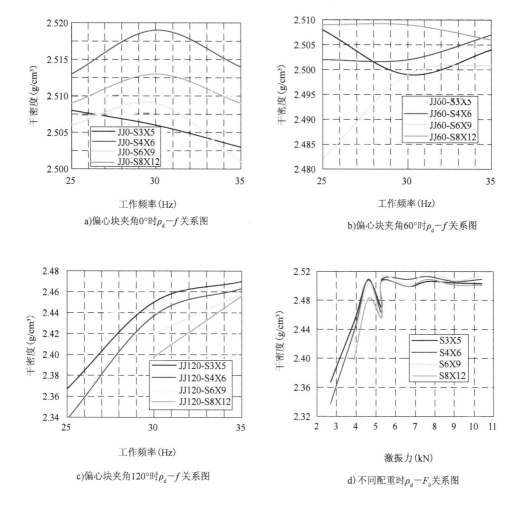

图 3-15 VVTE 的不同振动参数配置对压实效果的影响

不同激振力对压实效果的影响　　　表 3-12

激振力(kN)	下列配重块时水泥稳定碎石干密度(g/cm^3)			
	S3X5	S4X6	S6X9	S8X12
2.7	2.367	2.338	—	—
3.888	2.45	2.437	2.42	2.398
4.6	2.508	2.509	2.502	2.482
5.292	2.470	2.463	2.458	2.456
5.3	2.508	2.509	2.513	2.506
6.624	2.499	2.509	2.502	2.499
7.632	2.506	2.513	2.519	2.509
9.016	2.504	2.506	2.507	2.501
10.388	2.503	2.509	2.514	2.501

从图 3-15 可看出，$f = 25 \sim 35Hz$，偏心块夹角为 0（激振力 $8.48f^2$）时，总体上表现出工作频率在 30Hz 作用时 VVTE 对水泥稳定碎石压实效果较好；偏心块夹角为 60°（激振力 $7.36f^2$）时，图 3-15b）规律性似乎不强；偏心块夹角为 120°（激振力 $4.32f^2$）时，图 3-15c）表明随 f 增大，干密度继续增大。从图 3-15a）~ 图 3-15c）还可看出，在相同工作频率下，随偏心块夹角增大，偏心矩减小，VVTE 对水泥稳定碎石压实效果减弱。

从图 3-15d）可看出，不同配重下，$F_0 < 4.5kN$ 时，VVTE 对水泥稳定碎石压实效果随 F_0 增大而急剧增大；$F_0 = 4.5 \sim 5.3kN$ 时，VVTE 对水泥稳定碎石压实效果随着 F_0 增大而急剧减小，并在 $F_0 = 5.3kN$ 附近达到最低；F_0 略大于 5.3kN 时，压实效果又急剧恢复到 4.5kN 时的水平；再继续增大 F_0，VVTE 对水泥稳定碎石的压实效果不再提高，处于相对稳定区。这说明 F_0 不是影响压实效果的唯一因素，F_0 大并不表示压实效果一定好。综上所述，结合图 3-14 和图 3-15d），拟选取 VVTE 的 $F_0 = 7kN$。

3）静偏心矩的影响

在 $f = 25 \sim 35Hz$、不同配重条件下，改变 VVTE 静偏心矩对水泥稳定碎石振动压实 2min，结果见图 3-16。由图可知，偏心块夹角在 0° ~ 60°（偏心矩为 0.215 ~ 0.186kg·m）时 VVTE 对水泥稳定碎石压实效果较好，且其他振动参数对压实效果影响不显著；偏心块夹角在 60° ~ 120°（偏心矩为 0.186 ~ 0.109kg·m）时，VVTE 对水泥稳定碎石压实效果逐渐变差，且在其他振动参数配置不同时，压实效果出现较为明显差异。因此，拟选取偏心块夹角范围在 0° ~ 60°（偏心矩为 0.215 ~ 0.186kg·m）。

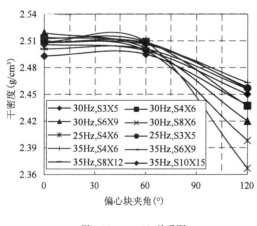

图 3-16　$\rho_d - M_e$ 关系图

4) 名义振幅、工作质量的影响

不同振动参数对 VVTE 对水泥稳定碎石振动效果影响见表3-13～表3-16。试验采用3种工作频率分别为25Hz、30Hz和35Hz，三种偏心块夹角（偏心矩）分别为0°、60°和120°，上下车配重按重量比0.6～1原则逐级加载。

不同振动参数下水泥稳定碎石压实特性　　　　表3-13

偏心块夹角	工作频率（Hz）	振动时间（min）	下列配重块时水泥稳定碎石干密度 ρ_d（g/cm³）										
			S0X0	S1X1	S2X3	S3X5	S4X6	S5X8	S6X9	S7X11	S8X12	S9X14	S10X15
0°	25	2	—	—	—	2.508	2.509	2.518	2.513	2.505	2.506	2.496	2.491
		3	—	—	2.527	2.528	2.537	2.529	2.526	2.514	2.510	2.506	
		4	—	—	2.539	2.537	2.548	2.539	2.540	2.524	2.521	2.515	
		5	—	—	2.546	2.544	2.552	2.546	2.550	2.532	2.527	2.522	
		6	—	—	2.551	2.549	2.556	2.550	2.552	2.535	2.530	2.525	
	30	2	—	—	—	2.506	2.513	2.514	2.519	2.515	2.509	2.503	2.496
		3	—	—	2.523	2.531	2.533	2.538	2.532	2.523	2.516	2.512	
		4	—	—	2.533	2.542	2.543	2.549	2.541	2.533	2.527	2.523	
		5	—	—	2.542	2.55	2.55	2.556	2.547	2.538	2.532	2.53	
		6	—	—	2.546	2.555	2.552	2.56	2.551	2.54	2.535	2.532	
	35	2	—	—	—	2.503	2.509	2.503	2.514	2.506	2.501	2.503	2.493
		3	—	—	2.521	2.524	2.520	2.529	2.521	2.517	2.515	2.510	
		4	—	—	2.531	2.533	2.530	2.537	2.529	2.525	2.521	2.519	
		5	—	—	2.535	2.537	2.536	2.543	2.536	2.530	2.527	2.523	
		6	—	—	2.538	2.540	2.540	2.547	2.540	2.532	2.529	2.525	
60°	25	2	—	—	2.502	2.508	2.509	2.504	2.502	—	2.482	—	2.473
		3	—	—	2.519	2.525	2.524	2.521	2.518	—	2.498	—	2.493
		4	—	—	2.53	2.533	2.533	2.53	2.53	—	2.51	—	2.506
		5	—	—	2.539	2.542	2.544	2.537	2.541	—	2.518	—	2.514
		6	—	—	2.544	2.551	2.551	2.542	2.547	—	2.525	—	2.522
	30	2	—	—	2.495	2.499	2.509	2.495	2.502	—	2.499	—	2.490
		3	—	—	2.512	2.516	2.522	2.509	2.517	—	2.511	—	2.504
		4	—	—	2.523	2.524	2.532	2.521	2.530	—	2.522	—	2.514
		5	—	—	2.531	2.535	2.541	2.529	2.538	—	2.530	—	2.521
		6	—	—	2.537	2.541	2.547	2.534	2.542	—	2.535	—	2.527
	35	2	—	—	2.496	—	2.506	2.511	2.507	—	2.501	—	2.495
		3	—	—	2.509	—	2.520	2.523	2.522	—	2.511	—	2.508
		4	—	—	2.517	—	2.530	2.533	2.531	—	2.521	—	2.519
		5	—	—	2.529	—	2.536	2.539	2.538	—	2.528	—	2.527
		6	—	—	2.535	—	2.541	2.545	2.543	—	2.533	—	2.534

续上表

偏心块夹角	工作频率（Hz）	振动时间（min）	下列配重块时水泥稳定碎石干密度 ρ_d (g/cm³)										
			S0X0	S1X1	S2X3	S3X5	S4X6	S5X8	S6X9	S7X11	S8X12	S9X14	S10X15
120°	25	2	2.501	—	2.457	2.367	2.138	—	—	—	—	—	—
		3	2.519	—	2.480	2.401	2.164	—	—	—	—	—	—
		4	2.529	—	2.497	2.422	2.194	—	—	—	—	—	—
		5	2.537	—	2.512	2.439	2.265	—	—	—	—	—	—
		6	2.543	—	2.525	2.456	2.333	—	—	—	—	—	—
	30	2	2.459	2.475	2.468	2.450	2.437	—	2.420	—	2.398	—	—
		3	2.479	2.495	2.487	2.471	2.469	—	2.450	—	2.429	—	—
		4	2.490	2.507	2.498	2.481	2.487	—	2.470	—	2.454	—	—
		5	2.506	2.515	2.511	2.501	2.496	—	2.485	—	2.469	—	—
		6	2.515	2.528	2.521	2.511	2.502	—	2.493	—	2.484	—	—
	35	2	2.469	2.478	2.485	2.470	2.463	—	2.458	—	2.456	—	—
		3	2.488	2.499	2.507	2.491	2.482	—	2.487	—	2.476	—	—
		4	2.507	2.511	2.520	2.509	2.495	—	2.503	—	2.490	—	—
		5	2.517	2.523	2.529	2.521	2.504	—	2.514	—	2.504	—	—
		6	2.525	2.533	2.537	2.530	2.512	—	2.520	—	2.512	—	—

由图3-17可知，偏心块夹角为0°，即偏心矩最大时，$f=25$Hz时，配重S5X8对应压实效果最佳，工作频率30Hz、35Hz时，配重S6X9对应压实效果最佳，且不同配重下表现出30Hz时压实效果最佳。

由图3-18可知，在偏心块夹角为60°，即偏心矩大小居三组中值时，工作频率25Hz、30Hz和35Hz时，分别对应配重S4X6、S4X6和S5X8对应压实效果最佳，且不同配重下表现出25Hz时压实效果最佳。

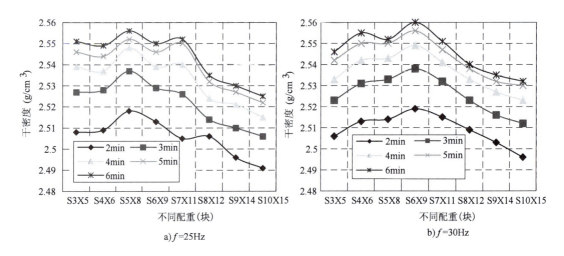

图 3-17

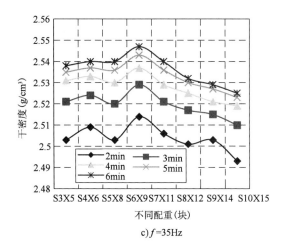

c) $f=35Hz$

图 3-17 偏心块夹角 0°时工作质量对压实的影响

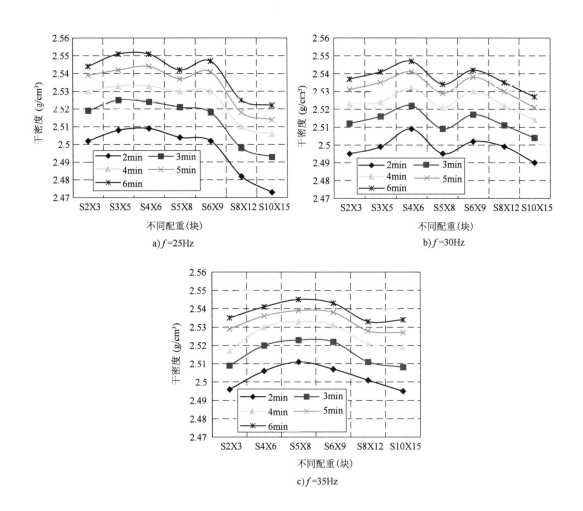

图 3-18 偏心块夹角 60°时工作重量对压实的影响

由图 3-19 可知,在偏心块夹角为 120°,即偏心矩大小居三组中最小时,工作频率 25Hz、30Hz 和 35Hz 时,分别对应配重 S0X0、S1X1 和 S2X3 对应压实效果最佳,且不同配重下表现出 25Hz 时压实效果最佳。

结合表 3-13 和图 3-17～图 3-19 整理出不同偏心矩、不同频率下压实效果最优的工作质量(上、下车系统配重),见表 3-14。

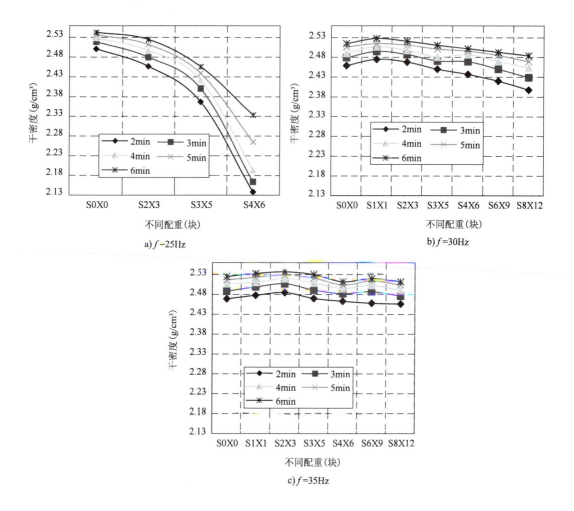

图 3-19 偏心块夹角 120°时工作重量对压实的影响

不同偏心矩、不同频率下压实效果最优的工作重量　　表 3-14

偏心块夹角(°)	0			60			120		
频率(Hz)	25	30	35	25	30	35	25	30	35
配重	S5X8	S6X9	S6X9	S4X6	S4X6	S5X8	S0X0	S1X1	S2X3
激振力 F_0(kN)	5.3	7.632	10.388	4.6	6.624	9.016	2.7	3.888	5.292
工作重量(kN)	2.912	3.026	3.026	2.755	2.755	2.912	2.213	2.326	2.484
名义振幅 A_0(mm)	1.365	1.194	1.194	1.114	1.114	1.059	0.776	0.752	0.709

续上表

偏心块夹角(°)		0			60			120		
不同振动时间(s) 干密度(g/cm³)	2	2.518	2.519	2.514	2.509	2.509	2.511	2.501	2.475	2.485
	3	2.537	2.538	2.529	2.524	2.522	2.523	2.519	2.495	2.507
	4	2.548	2.549	2.537	2.533	2.532	2.533	2.529	2.507	2.520
	5	2.552	2.556	2.543	2.544	2.541	2.539	2.537	2.515	2.529
	6	2.556	2.560	2.547	2.551	2.547	2.545	2.543	2.528	2.537

由表3-15可知,随偏心矩减小,名义振幅也随之减小,对应压实效果最优的工作频率、工作重量也相应要求减轻。这是因为在偏心矩一定情况下,激振力随频率的平方成正比增长,过高的频率将导致振动锤将跳离被压实试件表面而"失偶",从而降低了对被压实材料的"动作用力",反而影响压实效果。而在激振力一定情况下,工作重量过大,则工作振幅变小,VVTE对被压材料作用的冲击能量减小,压实效果变差。试验过程中,曾因工作频率和配重配置不当,多次出现"失偶"现象,振动锤跳离试件表面最大距离曾达到10cm左右。

根据表3-15中数据,不同偏心矩、不同频率下压实效果最优的工作重量、名义振幅与压实效果关系,如图3-20所示。

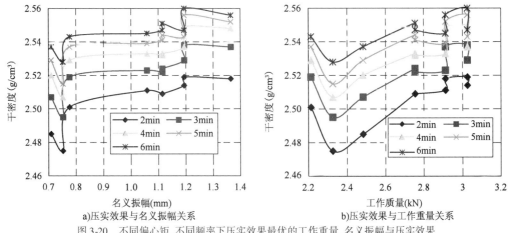

a)压实效果与名义振幅关系　　b)压实效果与工作重量关系

图3-20　不同偏心矩、不同频率下压实效果最优的工作重量、名义振幅与压实效果

由图3-20a)可知,在一定名义振幅下,增大名义振幅可提高振动压实效果,名义振幅为1.2mm时压实效果达到最大,继续增大名义振幅,压实效果反而下降。因此,本着振动稳定、对设备的损伤小,能较好模拟现场实际效果为原则,结合振动压路机名义振幅,建议VVTE名义振幅为(1.3 ± 1)mm。

由图3-20b)可知,在不同偏心矩、不同频率下压实效果最优的工作重量中,在工作重量小于2.3kN时,压实效果随着工作重量增大反而急剧减小;当工作重量大于2.3kN时,增大工作重量可显著提高压实效果;在工作重量在2.7~2.9kN附近压实效果不稳定,在工作重量在2.9~3.0kN,压实效果达到最佳。因此,VVTE工作重量可以选取在3.0kN左右。

3.2.2.3　振动参数对水泥稳定碎石级配的影响

变化不同振动参数对含水率相同水泥稳定碎石进行振动,振动前后级配变化规律结果见表3-15。将表3-17中振动1min后级配及原级配绘制成图3-21。

振动参数对级配衰退的影响 表3-15

振动参数	工作频率（Hz）	振动时间（min）	通过下列筛孔尺寸(mm)质量百分率(%)					
			31.5	26.5	19	9.5	4.75	2.36	0.6

振动参数	工作频率（Hz）	振动时间（min）	31.5	26.5	19	9.5	4.75	2.36	0.6
JJ0-S5X8	25	1	100	96.9	82.78	55.78	39.64	29.46	18.64
		2	100	97.68	84.02	57.02	40.62	30.08	19.78
		3	100	98.12	84.88	57.5	41.04	30.52	20.04
	30	1	100	96.82	84.56	57.66	40.14	29.32	17.58
		2	100	96.9	85.28	58.82	41.58	31.06	19.46
		3	100	97.24	85.87	59.42	42.66	32.46	20.8
	35	1	100	95.26	84.68	59.06	40.98	30.06	18.68
		2	100	96.86	85.84	59.56	43.06	32.28	21.3
		3	100	97.36	86.18	60.54	43.24	32.36	21.48
JJ0-S6X9	25	1	100	96.48	83.12	57.02	39.96	28.64	18.46
		2	100	97.94	83.24	57.98	41.02	29.9	19.18
		3	100	98.36	85.34	58.56	40.98	30.2	19.66
	30	1	100	95.86	83.32	57.90	40.50	29.63	18.68
		2	100	97.52	85.12	58.98	42.4	30.6	19.24
		3	100	97.86	86.08	59.86	41.72	31.18	20.02
	35	1	100	95.52	83.66	58.54	41.50	30.50	19.30
		2	100	96.84	84.46	58.38	41.38	30.88	19.82
		3	100	97.90	85.56	60.68	42.88	32.10	21.82
JJ0-S8X12	25	1	100	95.52	83.1	56.68	39.9	28.82	18.3
		2	100	96.12	83.64	57.3	40.36	29.04	18.94
		3	100	97.58	84.98	58.02	41.26	30.18	20.32
	30	1	100	96.02	83.94	58.34	40.82	29.22	18.52
		2	100	97.56	84.12	58.96	40.94	29.84	19.42
		3	100	97.98	85.56	59.04	42.14	31.26	20.94
	35	1	100	97.1	83.36	58.06	40.64	29.44	19.1
		2	100	96.42	84.76	59.28	41.68	30.26	17.96
		3	100	97.34	84.96	61.42	42.84	32.34	21.86
JJ0-S10X15	25	1	100	95.42	79.3	54.78	38.04	27.6	17.4
		2	100	96.02	81.82	54.44	37.7	27.18	17.54
		3	100	96.3	82.9	57.22	41.22	30.06	19.58
	30	1	100	95.52	82.06	55.64	38.34	27.8	18.26
		2	100	96.98	81.76	56.72	39.16	27.78	17.66
		3	100	97.06	81.8	57.46	40.24	28.92	18.38

续上表

振动参数	工作频率（Hz）	振动时间（min）	通过下列筛孔尺寸(mm)质量百分率(%)						
			31.5	26.5	19	9.5	4.75	2.36	0.6
JJ0-S10X15	35	1	100	96.84	83.96	57.94	39.98	28.82	18.26
		2	100	97.2	83.98	58.08	40.76	30.3	18.86
		3	100	97.3	83.96	58.16	41.06	30.6	19.62
原级配			100	95	78.5	49	33	23	14

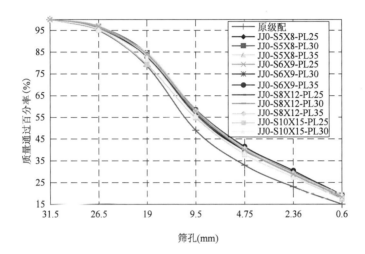

图 3-21 原级配及振动 1min 后级配对比图

由图 3-21 可看出，不同振动参数配置下 VVTE 振动对水泥稳定碎石级配影响，表现最为显著的是筛孔 4.75mm 和 9.5mm 通过率变大，通过率增大最小在 6%，最大近 10%。但不同振动参数之间表现出对级配变化影响不大，一般不超过 4%，这表明应该以振动压实效果作为选取振动参数原则。

3.2.2.4 VVTE 选型标准

结合振动参数对水泥稳定碎石压实效果和振动成型前后级配变化规律，推荐 VVTE 振动参数配置标准见表 3-16。

振动参数配置标准 表 3-16

技术参数	工作频率(Hz)	静偏心力矩（kg·m）	工作质量(kg)	
			上车系统	下车系统
技术要求	30±1	0.215±0.001	180±2	120±2

3.2.3 沥青混合料 VVTE 选型标准

工作频率对沥青混合料密度的影响规律如图 3-22、图 3-23 所示。

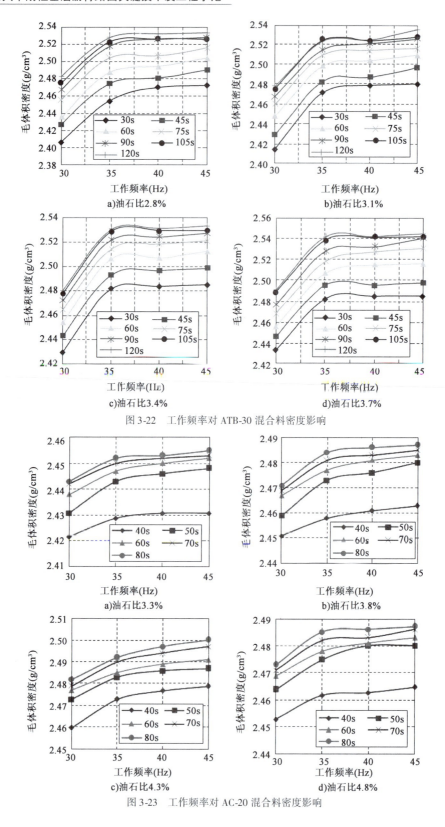

图 3-22 工作频率对 ATB-30 混合料密度影响

图 3-23 工作频率对 AC-20 混合料密度影响

由图 3-22、图 3-23 可以看出，不同振动时间、不同油石比、不同类型沥青混合料密度随工作频率变化规律类似：$f<35\text{Hz}$ 时，随着 f 增大，沥青混合料密度急剧增大，当 f 由 30Hz 增大到 35Hz 时，振幅急剧增大，从试验现象来看，当 $f=30\text{Hz}$ 时激振力较小，振动锤贴着试件表面振动，没有起跳，振实效果较差，且引起机身上紧固螺栓和减振器达到共振；当 $f>35\text{Hz}$ 后，沥青混合料密度随 f 变化不明显，该阶段频率称为"稳态频率"。这与《公路沥青路面施工技术规范》(JTG F40—2004) 建议振动压路机碾压沥青路面实际工作频率为 33 ~ 46Hz 一致。考虑到试验结果稳定性以及 VVTE 使用寿命越短，建议 $f=(38\pm1)\text{Hz}$。

1）上、下车质量

上、下车质量对 AC-20 混合料的密度的影响如图 3-24 所示。

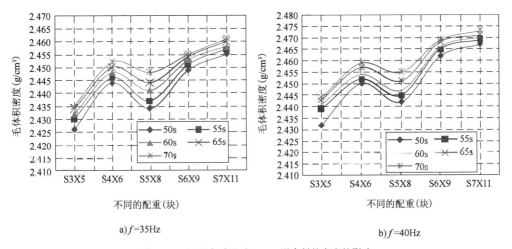

a) $f=35\text{Hz}$　　　　　　　　b) $f=40\text{Hz}$

图 3-24　上、下车质量对 AC-20 混合料的密度的影响

从图 3-24 可看出，与频率 35Hz 相比，相同振动时间下频率 40Hz 时 AC-20 密度随配重块增加幅度较大；当频率 40Hz 时，随配重块的增加，AC-20 密度增加趋于平缓。在不同的频率、时间作用下，当配重块调至 S4X6、S6X9、S7X11 时，成型试件获得的密度相对较大。

上、下车质量对 AC-20 混合料矿料级配的影响见表 3-17，振动时间为 60s。

上下车质量对 AC-20 混合料矿料级配的影响　　　　表 3-17

级配类型		通过下列筛孔孔径(mm)抽提前后质量百分率(%)				
		19.0	16.0	13.2	9.5	4.75
原级配		97.6	89.5	75.7	54.9	38.1
马歇尔成型试件级配		99.6	93.5	79.4	56.5	40.6
30Hz	S4X6	97.9	91.5	77.3	55.3	39.2
	S6X9	99.5	93.9	79.7	56.9	41.0
	S7X11	99.8	93.9	79.8	57.0	41.5
35Hz	S4X6	98.0	91.8	77.4	55.5	39.6
	S6X9	99.7	94.0	80.2	57.3	41.4
	S7X11	99.7	95.2	81.0	57.5	42.2

续上表

级配类型		通过下列筛孔孔径(mm)抽提前后质量百分率(%)				
		19.0	16.0	13.2	9.5	4.75
40Hz	S4X6	99.0	92.7	78.9	56.2	40.3
	S6X9	99.8	94.1	80.5	57.5	41.7
	S7X11	99.8	94.8	81.0	57.9	42.9

从表3-17可看出,不同振动参数VVTE振动对AC-20沥青混合料级配影响,表现最为显著的筛孔是13.2mm和16mm,13.2mm通过率变化为2.1%~5.5%和16mm通过率变化为2.2%~5.9%。与原级配相比,随振动频率的增加和配重的增加,各筛孔的通过率都逐渐增大,当配重块采用S7X11、S6X9时,级配的变化较大,最小是S4X6。当频率为40Hz时,S4X6的级配变化与马歇尔击实后级配相近,这说明频率过大会破坏级配的完整性。综上所述,综合压实效果和对矿料级配的影响,上、下车质量取为S4X6,即上车质量为108kg、下车质量为167kg。

2)名义振幅与静偏心力矩

偏心块夹角对AC-20混合料密度的影响见图3-25,偏心块夹角对压实AC-20混合料矿料的影响见表3-18。试验时,下车质量为167kg,振动时间为60s。

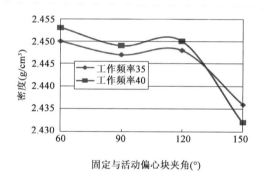

图3-25 偏心块夹角对AC-20混合料密度的影响

从图3-25可看出,偏心块夹角为60°~120°时,偏心块夹角对AC-20混合料密度影响并不显著;偏心块夹角从120°增加至150°时,AC-20混合料密度急剧下降。

偏心块夹角对对压实AC-20混合料矿料的影响 表3-18

级配类型		通过下列筛孔孔径(mm)抽提前后质量百分率(%)				
		19.0	16.0	13.2	9.5	4.75
原级配		97.8	89.9	75.9	54.9	38.6
马歇尔试件级配		99.7	93.9	79.8	56.8	40.9
35Hz	60°	99.8	95.8	83.0	53.9	43.9
	90°	99.6	94.9	79.9	58.4	43.5
	120°	98.2	91.1	76.7	56.0	39.3
	150°	97.9	90.1	76.3	55.3	38.9

续上表

级配类型		通过下列筛孔孔径(mm)抽提前后质量百分率(%)				
		19.0	16.0	13.2	9.5	4.75
40Hz	60°	99.6	95.3	82.2	58.3	43.4
	90°	98.7	94.2	81.7	57.8	42.9
	120°	98.6	91.8	77.5	56.5	40.7
	150°	97.9	90.7	76.9	55.2	39.3

由表3-18可知,随着偏心块夹角增大,振动压实对AC-20混合料矿料级配的影响逐渐变弱。综合压实效果和对矿料级配的影响,建议偏心块夹角为120°,即静偏心力矩为0.109kg·m,名义振幅为0.66mm。这与《公路沥青路面施工技术规范》(JTG F40—2004)建议振动压路机振幅宜为0.3~0.8mm吻合。

3) VVTE选型标准

综上所述,建议VVTE工作参数标准配置见表3-19。

VVTE工作参数　　　　表3-19

技术参数	工作频率(Hz)	静偏心力矩(kg·m)	上车质量(kg)	下车质量(kg)
技术要求	38±1	0.11±0.001	110±2	170±2

3.3 沥青混合料垂直振动压实试验方法

压实沥青混合料物理常数主要有密度、空隙率(VV)、矿料间隙率(VMA)和沥青饱和度(VFA),这些常数在一定程度上表征压实混合料的内部组成结构,可以间接地预测压实混合料性能。在材料组成特定条件下,压实混合料VV、VMA和VFA都是密度的函数,而压实功直接决定了混合料密度,压实方式决定了混合料颗粒排列方式。本节通过研究沥青混合料室内外压实特性,以密度(压实功)等效为原则,基于现代路面压实标准提出沥青混合料垂直振动压实试验方法。

3.3.1 垂直振动压实试验方法

3.3.1.1 现场压实特性

影响沥青路面压实的因素较多,在保证碾压温度的情况下,影响压实的最主要因素是压实设备和碾压遍数。不同压实设备的工作原理不同,压实机理和压实效果也有所差异。轻型压实设备得到较小的密实度,重型压实设备得到较大的密实度。如质量相同的振动压路机比普通光面钢轮静碾压路机的压实效果好得多,不但密实度大,且有效压实深度也大。而在一定压实机械组合下,沥青路面密度随着碾压遍数增加而提高,刚开始碾压时密度增加较快,随后密度增加逐渐缓慢,碾压遍数超过一定值后,密度不再增加。在这称特定机械压实下路面密度不再随压实遍数而增加的临界遍数为压实阈值。如图3-26所示,采用戴纳派克CC522初压1遍,采用戴纳派克CC522终压2遍,复压采用戴纳派克CC522振动碾压和徐工XP260胶轮压路机搓揉碾压至表面高程不再变化。可见,戴纳派克CC522和徐工XP260胶轮压路机的压实阈值为7遍。

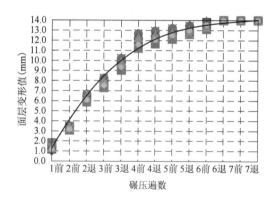

图 3-26 碾压遍数与 AC-20 混合料表面变形的关系

3.3.1.2 VVTM 振动压实特性

振动压实混合料体积参数—振动时间关系如图 3-27 所示。VVTE 参数见表 3-19。

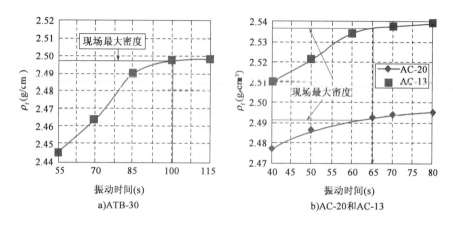

a) ATB-30　　　　　　　b) AC-20 和 AC-13

图 3-27 沥青混合料体积参数—振动时间关系

由图 3-27 可知,沥青混合料室内振动压实密度随振动时间变化规律同现场压实特性类似:沥青混合料密度随振动时间增加先急剧增大,随后逐渐趋于稳定,也存在振动压实阈值:ATB-30、AC-20 和 AC-13 分别为 100s、70s 和 80s。

3.3.1.3 基于现代压实标准的振动压实时间

现场压实功主要取决于振动压路机吨位和碾压遍数。VVTM 振动压实功主要取决于 VVTE 振动参数和振动时间。为了模拟现场压实效果,结合当前压实机械的压实功阈值,采用现代路面压实标准,结合图 3-27 室内振动压实特性,确定 ATB-30、AC-20 和 AC-13 振动压实时间分别为 100s、65s 和 65s。

3.3.1.4 沥青混合料 VVTM

1) 仪器设备

(1) VVTE:工作频率 $(38±1)$ Hz,静偏心力矩 $(0.11±0.001)$ kg·m,上车质量 $(110±2)$ kg,下车质量 $(170±2)$ kg,如图 3-3 所示。

(2)拌合锅:能保证拌和温度并充分拌和均匀,可控制拌和时间,容量不小于10L,搅拌叶自转速度70~80r/min、公转速度40~50r/min。

(3)试模尺寸:大试件为内径×高度=150mm×150mm,小试件为内径×高度=100mm×100mm。

(4)其他:脱模器、具有调温功能的烘箱、天平或电子秤、温度计、电炉、游标卡尺、插刀或螺丝刀等其他用具。

2)试验准备

(1)将各种规格集料置(105±5)℃的烘箱中烘干至恒重,时间不少于4~6h。

(2)测定不同粒径规格粗、细集料及填料(矿粉)的各密度及沥青的密度。

(3)将烘干分级的粗、细集料,按每个试件设计级配要求称其质量并混合均匀,置烘箱中预热至沥青拌和温度以上约15℃备用,矿粉单独加热;将沥青用恒温烘箱或油浴、电热套熔化加热至规定的拌和温度备用,但不得超过175℃。

(4)用沾有少许黄油的棉纱擦净试模内壁和垫块,并置100℃左右烘箱中加热1h备用。

3)沥青混合料拌制

(1)将沥青混合料拌和锅预热至拌和温度以上10℃左右备用。

(2)将每个试件预热的粗细集料置于拌和锅中,用小铲子适当拌和,然后加入需要质量的已加热至拌和温度的沥青,开动拌合锅一边搅拌一边将拌和叶片插入混合料中拌和1~1.5min,然后暂停拌和,加入单独加热的矿粉,继续拌和至均匀为止,并使沥青混合料保持在要求的拌和温度范围内。

(3)标准总拌和时间为3min。

4)垂直振动成型试件

(1)将已拌和好的沥青混合料,均匀称取一个试件。从烘箱中取出预热的试模和垫块,将试模装在垫块上,确保底部平整,垫一张圆形吸油性小的纸,按四分法从四个方向用小铲将混合料铲入试模中,加入后用插刀或大螺丝刀沿周边插捣15次、中间10次。插捣后将沥青混合料表面整平成凸圆弧面。

(2)插入温度计至沥青混合料中心附近,检查沥青混合料温度。

(3)待沥青混合料温度符合要求的压实温度后,将试模(连同垫块)固定到VVTE上,在装好的混合料上面垫一张吸油性小的圆纸,用沾有少许黄油的棉纱擦拭振动锤底面,放下振动锤并使其与被压材料接触,振动击实规定时间。根据目前压实机械水平,沥青混合料大试件振动时间为100s,小试件振动时间为65s。

(4)振动击实结束后,取掉试件上下面的圆纸,量取试件离试模上口的高度并由此计算试件高度,大试件的标准高度为95.3mm,小试件的标准高度为63.5mm。

(5)如高度不符合要求时,试件应作废,并按下式调整试件的混合料质量,以保证高度符合标准高度的要求:

$$调整后沥青混合料质量 = \frac{要求试件高度 \times 原用混合料质量}{所得试件高度}$$

(6)将装有试件的试模(连同垫块)放置冷却至室温后(不少于12h),置脱模机上脱出试件。如需急用采用电风扇吹冷1h或浸水冷却3min以上脱模。但浸水脱模法不能用于测量密度、VV等各项物理指标。

3.3.2 垂直振动压实试验方法评价

室内成型试件的物理力学性能否能客观真实地反映路面实际性能,这是评价试件成型方法优劣的标准。沥青混合料VVTM试件和路面芯样的MS、抗压强度、劈裂强度、抗剪强度和SCB强度及对比分别见表3-20~表3-24。

VVTM试件和路面芯样的MS及对比   表3-20

混合料类型	路 面 芯 样	VVTM试件	$MS_{(V)}/MS_{(X)}$
	$MS_{(X)}$(kN)	$MS_{(V)}$(kN)	(%)
AC-20	27.22	26.32	96.7
ATB-30	29.20	28.83	98.7

VVTM试件和路面芯样的抗压强度及对比   表3-21

混合料类型	试验温度(℃)	路 面 芯 样	VVTM试件	$R_{c(V)}/R_{c(X)}$
		$R_{c(X)}$(MPa)	$R_{c(V)}$(MPa)	(%)
AC-20	20	9.93	9.18	92.4
	40	5.38	4.73	87.9
	60	3.93	3.72	94.7
ATB-30	20	7.24	6.72	92.8
	40	4.24	3.73	88.0
	60	2.94	2.79	94.9

VVTM试件和路面芯样的劈裂强度及对比   表3-22

混合料类型	试验温度(℃)	路 面 芯 样	VVTM试件	$R_{i(V)}/R_{i(X)}$
		$R_{i(X)}$(MPa)	$R_{i(V)}$(MPa)	(%)
AC-20	-20	3.25	3.05	93.8
	15	1.37	1.24	90.5
	25	1.05	0.98	93.3
ATB-30	-20	3.36	3.12	92.9
	-15	3.23	2.88	89.2
	-10	2.99	2.76	92.3
	-5	2.84	2.63	92.6
	0	2.72	2.54	93.4
	5	2.60	2.44	93.8
	10	2.37	2.13	89.9
	15	1.90	1.74	91.6
	20	1.82	1.68	92.3

VVTM 试件和路面芯样的 60℃抗剪强度及对比　　　　表 3-23

混合料类型	路面芯样	VVTM 试件	$\tau_{(V)}/\sigma_{(X)}$
	$\tau_{(X)}$(MPa)	$\tau_{(V)}$(MPa)	(%)
AC-20	1.54	1.45	94.2
ATB-30	4.72	4.56	96.6

VVTM 试件和路面芯样的 SCB 抗拉强度及对比　　　　表 3-24

混合料类型	试验温度(℃)	路面芯样	VVTM 试件	$\sigma_{(V)}/\sigma_{(X)}$
		$\sigma_{(X)}$(MPa)	$\sigma_{(V)}$(MPa)	(%)
AC-20	-20	15.73	14.41	91.6
	15	10.99	9.83	89.4
	25	7.33	6.75	92.1

表 3-21~表 3-25 中数据表明：

VVTM 试件马歇尔稳定度的准确度为 96.7%~98.7%，平均为 97.7%。

VVTM 试件抗压强度的准确度为 87.9%~94.9%，平均为 91.7%。

VVTM 试件劈裂强度的准确度为 89.2%~93.8%，平均为 92.1%。

VVTM 试件抗剪强度的准确度为 94.2%~96.6%，平均为 95.4%。

VVTM 试件抗拉强度的准确度为 89.4%~92.1%，平均为 91.0%。

综上可知，VVTM 较好地模拟了沥青路面现场压实，VVTM 试件可准确预测路面性能。此外，路面芯样强度高于 VVTM 试件的主要原因：受室内刚性试模尺寸影响，试件振动成型过程中颗粒得不到充分移动排列而影响内部结构，而振碾和胶轮搓揉作用下现场混合料颗粒可得到较为充分移动和排列而获得更为稳定的结构。

3.4　半刚性基层材料垂直振动压实试验方法

充分模拟半刚性基层实际工况，确保制备的试件更接近于现场实际，并使其力学性能测试结果具有代表性和真实性，这是检验半刚性基层材料振动试验方法优劣的标准。本节结合半刚性基层现场振碾特性和室内振动压实特性，提出充分模拟现场施工过程和碾压效果的半刚性基层材料垂直振动压实试验方法，包括用于确定最大干密度的垂直振动击实试验方法（Vibrating Compaction Test Method，VCM）和用于制备试件的垂直振动成型方法（Vibrating Pressure Producing Specimen Method，VPSM）。

3.4.1　垂直振动击实试验方法

半刚性基层材料最大干密度和最佳含水率是压实功的函数。随着压实机械发展，现场所能达到的干密度也随之增大。目前，我国压实工艺已发展为以 20t 以上调频调幅式振动压路机为主，轮胎压路机吨位也不断增长，重型压实标准已不能适应目前压实机械发展，也不能适应现代交通大流量、重轴载发展需要。在这样背景下，重新提出振动压实标准，具有实际意义。振动压实标准包括两方面：一是确定最大干密度和最佳含水率的垂直振动击实试验方法，二是要求的压实度。

3.4.1.1 现场碾压特性

基层碾压时,影响其所能达到的压实度的主要因素有:集料特性、材料组成、含水率、下承层的强度、碾压层厚度、压实机械类型和功能以及碾压遍数等。目前,基层碾压层厚度一般15~20cm,对于给定半刚性基层材料,关键影响因素是压实机械类型和功能以及碾压遍数。研究现有施工机械水平和施工工艺下碾压遍数与压实效果之间规律,这是确定振动试验方法与压实标准的理论依据。

考虑到压实度测试费时及对路面损坏,通过碾压前后高程差观测压实效果,以减少压实度检测次数。碾压遍数与基层表面变形值规律见表3-25及图3-28,基层表面的变形值是指碾压i遍后高程与摊铺后碾压前高程之差。碾压层厚度20cm,碾压工艺为:先静压一遍,振动压实若干遍,直到振动压实基层表面高程几乎不再变化为止,最后静压一次收面。

碾压遍数与基层表面的变形值　　　　表3-25

阶段	遍数	不同测点变形值(mm)								
		1	2	3	4	5	6	7	8	9
初压	第1遍(静压前进)	30	38	34	28	34	31	27	33	40
复压	第2遍(弱振前进)	46	51	47	43	44	43	41	43	53
	第3遍(弱振后退)	50	55	51	54	49	49	52	48	57
	第4遍(强振前进)	54	58	53	56	51	52	54	52	60
	第5遍(强振后退)	55	60	54	59	54	55	56	54	62
	第6遍(强振前进)	55	62	54	60	55	57	57	55	65
	第7遍(强振后退)	55	63	54	61	55	58	58	55	66

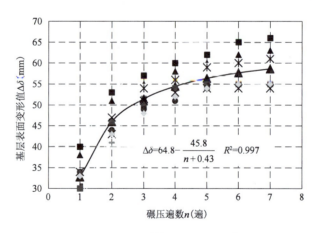

图3-28　碾压遍数与基层表面变形值

由图3-28可知,初压1遍后基层高程变化很大,即密实度提高很大,起到稳压作用。在振动碾压前几遍尤其是前2遍作用下,密实度提高非常快;当振动碾压5遍后,继续振动碾压基层表面高程几乎不再变化,即振动碾压6遍后,即使继续碾压,干密度也不再提高或提高有限。当前后两遍碾压高程差不大于1mm时,用灌砂法测试干密度,各测点结果见表3-26。其中,重型击实法确定的水泥稳定碎石最佳含水率为5.3%、最大干密度为2.44g/cm³。

现场实测干密度和压实度   表 3-26

测点	1	2	3	4	5	6	7	8	9
湿密度(g/cm³)	2.56	2.57	2.61	2.56	2.61	2.59	2.56	2.59	2.56
含水率(%)	4.0	4.0	4.7	4.2	4.5	4.4	4.2	5.0	4.2
干密度(g/cm³)	2.46	2.47	2.49	2.46	2.5	2.48	2.46	2.47	2.46
压实度(%)	101.2	101.6	102.5	101.6	102.9	102.1	101.2	101.6	101.2

表 3-26 数据表明,在现有施工机械水平和施工工艺下,静压 1~2 遍、振碾 6~8 遍、静压 1~2 遍收面后,基层基本上能达到最大干密度。而表 3-26 数据表明,采用重型击实法确定的最大干密度控制现场压实,则压实度均出现超百现象。这表明在现有压实设备下,采用重型击实试验方法确定最大干密度控制压实,无需对施工工艺严格控制也能获得较高压实度,压实度超百现象普遍存在。正是在压实度容易达到的情况下,施工过程中基层的压实通常被忽视,如压路机配备数量少、配置低、碾压不及时、碾压遍数少等,没有充分发挥压路机的作业效率,实际上造成压实不足,不能充分发挥基层材料力学强度和稳定性。

3.4.1.2 室内振动压实特性

影响室内振动压实的主要因素有:集料特性、材料组成、含水率、振动压实仪类型和振动参数功能以及振动时间等。当材料特定时,关键影响因素是振动压实仪类型和振动参数及振动时间。振动时间对水泥稳定碎石干密度影响规律如图 3-29、图 3-30 所示。试验时,水泥剂量为 4.0%,VVTE 参数见表 3-16。

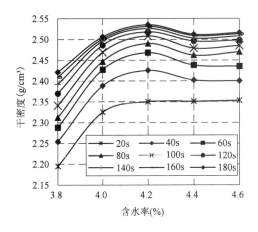
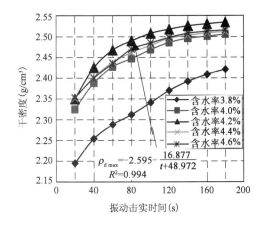

图 3-29 干密度与含水率关系   图 3-30 干密度与振动时间关系

图 3-29 表明,不同振动时间下,振动击实曲线上有一峰值,此处干密度达到最大值,与之对应的含水率为最佳含水率,约 4.2%。当含水率小于或大于最佳含水率时,所得干密度均小于最大值,这表明基层材料压实效果与压实时的含水率有关,在最佳含水率时基层材料可以获取最经济的压实效果和达到最大密实度。图 3-30 表明,在相同含水率下,干密度随着振动时间增加而增大,尤其是在振动时间前 100s 内,干密度增加幅度最大;继续振动击实,干密度提高幅度逐渐减小,这规律与图 3-29 规律基本上一致。

3.4.1.3 最佳含水率和最大干密度确定原理

压实过程是向被压材料加载,克服松散多相材料中固体颗粒间的摩擦力、黏着力,排除固体颗粒间的空气和水分,使各个颗粒发生位移、互相靠近的过程。基层材料经压实,密度增加、强度和稳定性得到提高。

影响基层材料压实效果的因素有内因和外因两方面,内因指材料组成及含水率,外因指压实功及压实时的外界自然和人为的其他因素等。如图 3-31 所示,对于特定组成的基层材料,压实功对压实效果的影响,是除含水率之外的另一重要因素。

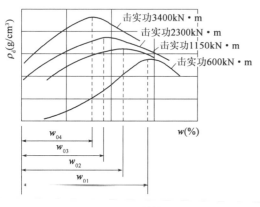

图 3-31 压实特性曲线图

图 3-31 压实功与压实效果的关系曲线表明:最佳含水率 w_0 是指在一定的压实条件下材料可获得的最大干密度 ρ_{dmax} 的含水率,在同等条件下,当 $w \leq w_0$ 时,水的润滑作用使颗粒间摩阻力减小,施加外力后,孔隙减小,颗粒易于被挤密,因而,ρ_d 随 w 增加而提高;当 ρ_d 值至最大值后,w 再继续增大,颗粒孔隙被水分占据,而水一般不为外力所压缩,因而 w 增大,ρ_d 随之降低。同一种材料的 w_0 随压实功的增大而减小,ρ_{dmax} 则随压实功增大而提高,这是因为随着外力增大,即使水的润滑作用较小,颗粒也能重新排列,反而减少水的阻碍颗粒靠拢作用,达到提高最大干密度的目的。因此,最佳含水率可理解为试模内材料含水率在一定击实功作用下处于被挤出而又没有挤出的临界状态。

基于上述原理,试验之前烘干混合料,加入预设含水率拌和均匀并一次性装入试模内,采用 VVTE 振动击实规定时间,振动完毕后考察试模底部是否有水挤出,若没有水挤出,表明预设含水率小于材料最佳含水率,则增大预设含水率拌和混合料,重新进行振动击实试验;若试模底部有水挤出,表明预设含水率大于材料最佳含水率,则减小预设含水率拌和混合料,重新进行振动击实试验;重复上述试验不少于 5 次,每次拌和含水率不应相同,绘制拌和含水率—干密度曲线,曲线峰值为最大干密度,对应拌和含水率为最佳含水率。

3.4.1.4 垂直振动击实试验方法

1)仪器设备

(1)振动压实仪:工作频率(30 ± 1)Hz,静偏心力矩(0.215 ± 0.001)kg·m,上车质量(120 ± 2)kg,下车质量(180 ± 2)kg,如图 3-3 所示。

(2)试模:试模的内径×高度=150mm×150mm,试模尺寸如图 3-32 所示。

(3)电子天平:量程 30kg,感量 0.1kg。

(4)方孔筛:孔径 53mm、37.5mm、31.5mm、26.5mm、19mm、9.5mm、4.75mm、2.36mm、0.6mm、0.075mm 标准筛各 1 个。

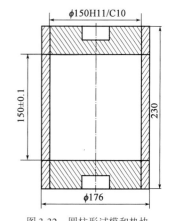

图 3-32 圆柱形试模和垫块设计尺寸
(注:H11/C10 表示垫块和试模的配合精度)

(5) 量筒:200mL、500mL 的量筒各 1 个。
(6) 直刮刀:长 × 宽 × 厚 = 约(200 ~ 250) mm × 30mm × 3mm,一侧开口的直刮刀 1 把。
(7) 拌和工具:约 1000mm × 1000mm × 1mm 长方形铁皮,平头小铲等。
(8) 脱模器、烘箱等其他用具。

2) 试验准备

为确保拌和时加入含水率即为试样内部实际含水率,试验前将各种规格集料置烘箱中烘干至恒重,烘箱温度为(105 ± 5)℃,时间为 4 ~ 6h。

3) 试验步骤

(1) 将烘干后的各种规格集料按照预定矿料级配配制 5 ~ 6 份,每份试料的干质量 m_s,为 5000 ~ 5500g。

(2) 取烘干试料 1 份,平铺于长方形铁皮上,用小铲将试料充分拌和均匀,然后按预定剂量加入质量为 m_j 水泥,再次拌和均匀,得到干混合料。

(3) 将质量 $(m_s + m_j) \times w_i$ 的水加入制备好的干混合料中拌和均匀,得到湿混合料;其中,w_i 为第 i 次试验时加入干混合料中的拌和含水率(%),$i = 1,2,3,4,5$;一般地,$w_1 = 4\% ~ 5\%$。

(4) 将试模垫块放入试模下部并使底部齐平,取制备好的湿混合料一份,均匀地装入试模中。

(5) 将整个试模(连同垫块)固定在振动仪底板上,放下振动器使振动锤与被压材料接触,振动击实规定时间(根据目前压实机械水平,振动时间为 100 ~ 120s)。

(6) 吊起振动器,取下试模并放到脱模器上将试模内混合料顶出,即为试验用试样。试样高度控制在(120 ± 10) mm,当试样高度超出该范围时应作废,并视试样高度,适当增加或减少 m_s,并按照上述步骤(2) ~ (5) 重新制备试样。

(7) 计算第 i 次试验所得的试样干密度 $\rho_{d(i)}$:

$$\rho_{d(i)} = \frac{m_{2(i)} - m_0}{V_{(i)}} \cdot \frac{1}{1 + 0.01 \cdot w_i}$$

式中:$m_{2(i)}$——第 i 次试验时的试样质量,g;

m_0——试模质量,g;

w_i——第 i 次试验时加入干混合料中的拌和含水率,%;

$V_{(i)}$——第 i 次试验时的试样体积,cm³。

(8) 计算第 $i + 1$ 次试验时所需的拌和含水率:计算振动击实前后湿混合料质量差 $m_{1(i)} - m_{2(i)}$,确定第 $i + 1$ 次试验时加入混合料的拌和含水率 w_{i+1}(%);其中,$m_{1(i)}$ 为第 i 次试验时装入试模中的湿混合料质量,当 $m_{1(i)} - m_{2(i)} < 50g$,$w_{i+1} = w_i + 0.5\%$,当 $m_{1(i)} - m_{2(i)} \geq 50g$,$w_{i+1} = w_i - 0.7\%$。

(9) 根据上述步骤(1) ~ (8) 重复 5 次以上试验,确保 5 组试样高度有效,并计算相应干密度。以拌和含水率为横坐标、干密度为纵坐标,绘制干密度 - 含水率关系曲线,驼峰形曲线顶点的纵横坐标分别为最大干密度和最佳含水率。

3.4.2 试件垂直振动成型方法

3.4.2.1 仪器设备

同振动击实试验方法。

3.4.2.2 试验准备

试验前,将各种规格集料置烘箱中烘干至恒重,烘箱温度为(105±5)℃,时间为4~6h。

3.4.2.3 试验步骤

(1)称取制备一个试件所需的干燥试料质量 m_d:

$$m_d = \rho_{dmax(V)} \times 2655 \times (1 - 0.01 \times P)$$

称取制备一个试件所需的水泥 m_c:

$$m_c = \rho_{dmax(V)} \times 2655 \times 0.01 \times P$$

量取制备一个试件所需水的质量 m_w:

$$m_w = \rho_{dmax(V)} \times 2655 \times 0.01 \times w_{0(v)}$$

式中:$\rho_{dmax(V)}$——振动击实试验方法确定的最大干密度,g/cm³;

$w_{0(v)}$——振动击实试验方法确定的最佳含水率,%;

P——预设水泥剂量,%。

(2)取一份质量为 m_d 干燥试料,加入质量为 m_c 的水泥,拌和均匀得到干混合料,然后加入质量为 m_w 的水到干混合料中,拌和均匀得到一份湿混合料。

(3)将试模垫块放入试模下部并使底部齐平。称取质量为 m_s 的湿混合料均匀装入试模中,装料时用分棒轻轻均匀捅捣。m_s 按下式计算:

$$m_s = V\rho_{dmax(V)}K(1 + 0.01w_{0(v)})$$

式中:V——试件的体积,试件尺寸 $\phi15cm \times h15cm$,$V = \pi \times 7.5^2 \times 15 = 2651 cm^3$;

K——试件的预定压实度,%。

(4)将装有湿混合料的整个试模(连同垫块)固定在振动仪底板上,放下振动器使振动锤与被压材料接触,振动击实至试件高度150mm。事先可通过3~5组试验建立振动时间与试件高度关系,求取试件高度达到150mm时所需振动时间,并以此时间作为振动压实。

(5)吊起振动器,取下试模并放到脱模器上将试模内混合料顶出,即为圆柱体试件。在脱模器上取试件时,应用双手抱住试件侧面的中下部,然后沿水平方向轻轻旋转,待感觉到试件移动后,再将试件轻轻捧起,放置到试验台上。切勿直接将试件向上捧起。

(6)称试件的质量,精确至0.1g。然后用游标卡尺测量试件的高度 h,精确至0.1mm。检查试件的高度和质量,不满足成型标准的试件作为废件。

(7)试件称量后应立即移放至标准养护室进行养护。

3.4.3 垂直振动压实试验方法评价

3.4.3.1 垂直振动击实试验方法

1)振动压实标准

自20世纪90年代以来,重型压实标准作为我国基层材料设计和施工质量控制标准已被科研和工程技术人员所接受,大家已熟知基层要求压实度≥98%。因此,振动压实标准仍旧要求基层压实度≥98%。

振动击实试验方法必须结合现有压实机械和工艺下工地现场基层所能达到的最大干密度进行确定。而在VVTM振动参数确定情况下,主要确定振动时间。图3-28曲线表明,在现有施工机械水平和施工工艺下，静压1~2遍、振碾6~8遍、静压1~2遍收面后，继续碾压对提高基层干密度作用甚微，也非常不经济。表3-32资料显示，现场实际所能达到的干密度为2.46~2.50g/cm³。保守考虑，现场实际能达到的干密度取2.46g/cm³，压实度要求98%，则室内振动击实方法得到的最大干密度应为2.51g/cm³。采用现场水泥稳定碎石进行室内振动击实试验，得到振动击实时间—干密度曲线，如图3-30所示。结合图3-30可知，最大干密度为2.51g/cm³所需振动击实时间为100~120s。由此，拟定水泥稳定碎石振动压实标准为：压实度98%、VVTM振动击实时间为100~120s。

2）振动压实标准的可行性

该项目在宛坪高速公路5个路面合同段现场验证，各合同段压实机械与压实方案见表3-27，采用骨架密实级配水泥稳定碎石，水泥剂量4%。

不同路面合同段的压实机械与压实方案   表3-27

路面合同段	压实机械与压实方案
LM-1	胶轮压路机排压1遍+双钢轮压路机排压1遍+宝马振动压路机高振幅振碾1遍+双钢轮压路机高振幅振动碾压1遍+宝马振动压路机低振幅振动碾压1遍+双钢轮压路机低振幅振动碾压1遍+光轮压路机静压2遍，共碾压8遍
LM-2	30t胶轮压路机稳压1遍+英格索兰SD176D50T振动压路机碾压4遍+18~21T三光轮压路机碾压1遍，共碾压6遍
LM-3	胶轮压路机稳压1遍+宝马振动压路机稳压1遍+宝马振动压路机振压2遍+18/21t光轮压路机静压2遍，共碾压6遍
LM-4	胶轮压路机碾压1遍+徐工220振动压路机弱振4遍+三轮静碾压1遍+胶轮压路机碾压1遍，共碾压7遍
LM-5	YZ18灭振稳压1遍+YZ18强振1遍+YZ18强振1遍+YZ18弱振1遍+YL20轮胎压路机碾压2遍，共碾压6遍

按表3-28方案压实水泥稳定碎石，基本上达到现场最大干密度，见表3-28。表中列出相应重型击实方法和振动击实方法测得最大干密度及对应的压实度。

HCM和VCM法最大干密度和现场所能达到最大干密度比较   表3-28

路面合同段	HCM		VCM		现场实测		压实度 K(%)	
	$w_{o(H)}$ (%)	$\rho_{dmax(H)}$ (g/cm³)	$w_{o(V)}$ (%)	$\rho_{dmax(V)}$ (g/cm³)	w (%)	ρ_d (g/cm³)	$\dfrac{100 \cdot \rho_d}{\rho_{dmax(H)}}$	$\dfrac{100 \cdot \rho_d}{\rho_{dmax(V)}}$
LM-1	5.6	2.42	4.6	2.46	4.5	2.43	100.4	98.8
					4.8	2.43	100.4	98.8
					5.2	2.45	101.2	99.6
LM-2	4.4	2.43	4.0	2.52	4.2	2.48	102.1	98.4
					4.5	2.47	101.6	98.0
					4.3	2.50	102.9	99.2
LM-3	5.4	2.42	4.6	2.46	5.0	2.45	101.2	99.6
					4.8	2.42	100.0	98.4
					4.4	2.43	100.4	98.8

续上表

路面合同段	HCM		VCM		现场实测		压实度 K(%)	
	$w_{o(H)}$ (%)	$\rho_{dmax(H)}$ (g/cm³)	$w_{o(V)}$ (%)	$\rho_{dmax(V)}$ (g/cm³)	w (%)	ρ_d (g/cm³)	$\dfrac{100 \cdot \rho_d}{\rho_{dmax(H)}}$	$\dfrac{100 \cdot \rho_d}{\rho_{dmax(V)}}$
LM-4	5.3	2.40	4.2	2.49	4.8	2.46	102.5	98.8
					4.7	2.47	102.9	99.2
					4.2	2.44	101.7	98.0
LM-5	5.0	2.41	4.4	2.52	5.0	2.48	102.9	98.4
					4.6	2.48	102.1	98.4
					4.5	2.47	102.5	98.0

表3-28 数据说明,在工地不同施工水平、不同压实机械基本上都能达到振动压实标准,压实度在98%~100%,证明上述拟定振动压实标准是可行的。若以重型击实方法为标准干密度确定方法,则压实度为100%~102.9%,均出现超百。

振动击实试验方法和振动压实标准在陕西、河南、河北和浙江等多条公路上得到推广应用,效果显著。表3-29 列出了其中3条高速公路的应用效果,这再次证明振动压实标准是可行的,而重型压实标准与当代压实机械不相适应。

HCM 和 VCM 法最大干密度和现场所能达到最大干密度比较　　　　表3-29

| 依托项目 | 合同段 | 层位 | 现场实测 | VCM | | HCM | |
			ρ_d (g/cm³)	$\rho_{dmax(V)}$ (g/cm³)	压实度 K (%)	$\rho_{dmax(H)}$ (g/cm³)	压实度 K (%)
陕西柞小高速公路	LM-32	底基层	2.37	2.41	98.3	2.33	101.7
		基层	2.37	2.41	98.3	2.34	101.3
	LM-33	底基层	2.39	2.44	98.0	2.37	100.8
		基层	2.40	2.44	98.4	2.38	100.8
河南宛坪高速公路	A-2	基层	2.42	2.46	98.4	2.42	100.0
	A-3	基层	2.48	2.52	98.4	2.43	102.1
	A-4	基层	2.43	2.46	98.8	2.42	100.4
	A-5	基层	2.46	2.49	98.8	2.4	102.5
	A-6	基层	2.48	2.52	98.4	2.41	102.9
浙江绍诸高速公路	B-1	基层	2.51	2.56	98.2	2.46	102.2
	B-2	基层	2.49	2.54	98.0	2.45	101.6
	B-3	基层	2.54	2.56	99.2	2.45	103.7
	B-4	基层	2.40	2.42	99.2	2.38	100.8
	B-5	基层	2.49	2.52	98.8	2.44	102.0

3.4.3.2　试件垂直振动成型方法可靠性

1) 验证方案

采用振动成型试件方法的目的是为力学性能测试提供与工地基层实际性能相近的试件,

使得室内试验结果能反映基层材料本质属性和客观规律。力学强度是水泥稳定碎石本质属性之一,也是材料设计和施工质量控制基本指标之一,且测试简便。因此,采用力学强度指标来验证振动法成型试件可靠性和准确性。

为尽量接近工地基层实际材料及养护条件,采用摊铺机摊铺好的混合料在室内用振动法按98%压实度成型 $\phi 150mm \times h150mm$ 圆柱体试件,并将成型试件运送至工地现场埋入石屑,与现场碾压成型水泥稳定碎石基层同步覆盖土工布养生至规定龄期,测试相应力学强度,包括抗压强度 $R_{c(V)}$ 和劈裂强度 $R_{i(V)}$。依托工程为青兰高速公路和西商高速公路,涉及富县砂岩、铜川石灰岩、蓝田花岗岩。

2)可靠性

水泥稳定碎石 VVTM 试件和现场芯样抗压强度和劈裂强度见表3-30、表3-31,二灰稳定碎石 VVTM 试件和现场芯样抗压强度和劈裂强度见表3-32、表3-33,VVTM 试件和现场芯样强度比值见表3-34~表3-36。表中,$R_{c(x)0.95}$ 和 $R_{i(x)0.95}$ 分别指现场芯样抗压强度和劈裂强度代表值,$\delta_c = \dfrac{R_{c(V)0.95}}{R_{c(x)0.95}}$,$\delta_i = \dfrac{R_{c(V)0.95}}{R_{c(x)0.95}}$。

水泥稳定碎石 VVTM 试件与现场芯样抗压强度　　　　表3-30

依托项目	集料岩性	层位	P_s(%)	强度来源	下列龄期(d)水泥稳定碎石抗压强度(MPa)						
					7	14	28	60	90	120	180
青兰高速公路	砂岩	底基层	4.0	$R_{c(V)0.95}$	3.5	4.1	4.5	4.9	5.2	5.5	5.7
				$R_{c(x)0.95}$	3.8	4.4	4.8	5.3	5.7	5.8	5.9
	石灰岩	基层	4.2	$R_{c(V)0.95}$	7.9	9.9	11.1	14.2	15.5	15.8	16.4
				$R_{c(x)0.95}$	8.4	10.9	12.3	15.6	16.2	16.9	17.4
西商高速公路	花岗岩	底基层	3.8	$R_{c(V)0.95}$	6.5	8.0	9.2	10.0	10.9	—	—
				$R_{c(x)0.95}$	6.8	8.1	10.1	11.1	12.1	—	—
		基层	4.2	$R_{c(V)0.95}$	6.9	8.2	9	11.1	11.9	—	—
				$R_{c(x)0.95}$	7.5	8.8	9.8	12.1	13.0	—	—

水泥稳定碎石 VVTM 试件与现场芯样劈裂强度　　　　表3-31

依托项目	集料岩性	层位	P_s(%)	强度来源	下列龄期(d)水泥稳定碎石劈裂强度(MPa)						
					7	14	28	60	90	120	180
青兰高速公路	砂岩	底基层	4.0	$R_{i(V)0.95}$	0.3	0.38	0.42	0.5	0.49	0.51	0.58
				$R_{i(x)0.95}$	0.32	0.41	0.45	0.53	0.55	0.55	0.61
	石灰岩	基层	4.2	$R_{i(V)0.95}$	0.69	0.98	1.18	1.52	1.61	1.74	1.77
				$R_{i(x)0.95}$	0.72	1.07	1.29	1.64	1.76	1.92	1.95
西商高速公路	花岗岩	底基层	3.8	$R_{i(V)0.95}$	0.62	0.76	0.94	1.09	1.20	—	—
				$R_{i(x)0.95}$	0.65	0.82	0.98	1.17	1.23	—	—
		基层	4.2	$R_{i(V)0.95}$	0.67	0.86	1.05	1.19	1.32	—	—
				$R_{i(x)0.95}$	0.75	0.94	1.09	1.32	1.40	—	—

二灰稳定碎石 VVTM 试件与现场芯样抗压强度　　　　　表 3-32

依托项目	强度来源	不同龄期(d)二灰稳定碎石抗压强度(MPa)				
		7	14	28	60	90
耀旬二级公路	$R_{c(v)0.95}$	2.09	3.12	5.03	7.52	9.34
	$R_{c(x)0.95}$	2.25	3.33	5.56	8.53	10.32

二灰稳定碎石 VVTM 试件与现场芯样劈裂强度　　　　　表 3-33

依托项目	强度来源	不同龄期(d)二灰稳定碎石劈裂强度(MPa)				
		7	14	28	60	90
耀旬二级公路	$R_{i(v)0.95}$	0.20	0.29	0.48	0.79	0.99
	$R_{i(x)0.95}$	0.22	0.32	0.54	0.89	1.08

水泥稳定碎石 VVTM 试件与现场芯样抗压强度比值　　　　　表 3-34

集料类型	层位	水泥剂量(%)	下列龄期(d)水泥稳定碎石 δ_c(%)							$\overline{\delta_c}$(%)	$\overline{\overline{\delta_c}}$(%)
			7	14	28	60	90	120	180		
砂岩	底基层	4.0	92.1	93.2	93.8	92.5	91.2	94.8	96.6	93.5	92.9
石灰岩	基层	4.2	94.0	90.8	90.2	91.0	95.7	93.5	94.3	92.8	
花岗岩	底基层	3.8	95.6	98.8	91.1	90.1	90.1	—	—	93.1	
	基层	4.2	92.0	93.2	91.8	92.6	91.5	—	—	92.2	

水泥稳定碎石 VVTM 试件与现场芯样劈裂强度比值　　　　　表 3-35

集料类型	层位	水泥剂量(%)	下列龄期(d)水泥稳定碎石 δ_i(%)							$\overline{\delta_i}$(%)	$\overline{\overline{\delta_i}}$(%)
			7	14	28	60	90	120	180		
砂岩	底基层	4.0	93.8	92.7	93.3	94.3	89.1	92.7	95.1	93.0	93.1
石灰岩	基层	4.2	95.8	91.6	91.5	92.7	91.5	90.6	90.8	92.1	
花岗岩	底基层	3.8	95.4	92.7	95.9	93.2	97.6	—	—	94.9	
	基层	4.2	89.3	91.5	96.3	90.2	94.3	—	—	92.3	

二灰稳定碎石 VVTM 试件与现场芯样强度比值　　　　　表 3-36

强度类型	不同龄期(d)二灰稳定碎石力学强度之比					平均值
	7	14	28	60	90	
δ_c(%)	92.9	93.7	90.5	88.2	91.4	91.3
δ_i(%)	91.0	90.6	88.9	88.8	91.7	90.2

表 3-34～表 3-36 中数据表明，不同岩性集料、水泥剂量、施工水平、龄期水泥稳定碎石 VVTM 试件强度与现场芯样相关性可达 0.891～0.988，平均为 0.93；二灰稳定碎石 VVTM 试件为 0.882～0.937，平均为 0.92。证明振动成型试件方法是可靠的。而现场芯样强度普遍高于 VVTM 试件主要原因：一是边界效应的影响，取芯前芯样界面处水化放热过程与芯样有交互作用，而 VVTM 试件不存在边界效应；二是试模尺寸效应的影响，受尺寸影响，振动成型过

程中颗粒得不到充分移动排列而影响内部结构,振碾过程中工地半刚性基层材料颗粒可得到较为充分排列,从而提高工地基层强度。

3.4.4 与规范方法比较

3.4.4.1 与规范中振动试验方法比较

表3-37列出了《公路工程无机结合料稳定材料试验规程》中T0842—2009与该项目VVTM的对比情况。

T0842—2009 与 VVTM 对比　　　　　表3-37

项	目	T0842—2009	VVTM	优缺点
振动参数	工作频率(Hz)	28~30	30±2	(1)仅有工作频率、激振力和静面压力无法描述振动仪工作状态; (2)该项目规定振动压实仪选型标准,具有唯一性;规定参数与实际施工效果相匹配
	激振力(kN)	6.8	—	
	静面压力(MPa)	0.1	—	
	名义振幅(mm)	—	1.4±0.2	
	上车系统(kN)	—	1.2±0.2	
	下车系统(kN)	—	1.8±0.2	
试验过程	装料过程	2层	1层	与实际施工不吻合
压实状态	确定最大干密度	振动压头回弹起跳时	振动时间90~120s	振动压实过程中,振动压头回弹起跳和达到仪器标尺指定位置的判断有较大困难。而控制时间比较容易掌握
	成型试件	标尺指定位置	振动时间70~90s	
脱模时间(h)		2以上	立即	

3.4.4.2 物理性质

1)最大干密度和最佳含水率

部分实体工程采用重型击实试验方法与振动击实方法确定水泥稳定碎石ρ_{dmax}和w_0,见表3-38,耀旬二级公路施工现场部分标段采用重型击实试验方法与垂直振动击实方法确定二灰稳定碎石ρ_{dmax}和w_0,见表3-39。

水泥稳定碎石最大干密度和最佳含水率　　　　　表3-38

依托项目	合同段	P_s (%)	HCM		VCM		$\dfrac{w_{0(V)}}{w_{0(H)}}$	$\dfrac{\rho_{dmax(V)}}{\rho_{dmax(H)}}$
			$w_{0(H)}$ (%)	$\rho_{dmax(H)}$ (g/cm³)	$w_{0(V)}$ (%)	$\rho_{dmax(V)}$ (g/cm³)		
河北廊沧高速公路	LM-1	4.0	4.8	2.375	4.1	2.435	0.85	1.025
	LM-2	4.0	4.9	2.352	4.3	2.410	0.88	1.025
	LM-3	4.0	5.0	2.348	4.1	2.418	0.82	1.030
	LM-4	4.0	4.8	2.358	4.1	2.430	0.85	1.031
	LM-5	4.0	5.0	2.358	4.3	2.405	0.86	1.020
	LM-6	4.0	4.9	2.395	4.2	2.440	0.86	1.019

续上表

依托项目	合同段	P_s (%)	HCM		VCM		$\dfrac{w_{0(V)}}{w_{0(H)}}$	$\dfrac{\rho_{dmax(V)}}{\rho_{dmax(H)}}$
			$w_{0(H)}$ (%)	$\rho_{dmax(H)}$ (g/cm³)	$w_{0(V)}$ (%)	$\rho_{dmax(V)}$ (g/cm³)		
陕西柞小高速公路	LM-32	3.0	4.9	2.365	4.0	2.424	0.82	1.025
		3.5	5.1	2.371	4.0	2.421	0.78	1.021
	LM-33	3.5	5.0	2.36	4.6	2.436	0.92	1.032
		4.0	5.1	2.36	4.6	2.441	0.90	1.034
河南宛坪高速公路	A-2	3.5	5.6	2.421	4.6	2.461	0.82	1.017
	A-3	3.5	4.4	2.432	4.0	2.523	0.91	1.037
	A-4	3.5	5.4	2.422	4.6	2.462	0.85	1.017
	A-5	3.5	5.3	2.403	4.2	2.494	0.79	1.038
	A-6	3.5	5.0	2.414	4.4	2.522	0.88	1.045
浙江绍诸高速公路	B-1	3.5	5.0	2.461	4.2	2.563	0.84	1.041
	B-2	3.5	4.6	2.452	4.2	2.541	0.91	1.036
	B-3	3.5	4.6	2.454	3.8	2.564	0.83	1.045
	B-4	3.5	5.2	2.383	4.4	2.417	0.85	1.014
	B-5	3.5	4.8	2.442	4.0	2.521	0.83	1.032
平均值							0.84	1.028

二灰稳定碎石最大干密度和最佳含水率　　表3-39

合同段	HCM		VCM		$\dfrac{w_{0(V)}}{w_{0(H)}}$	$\dfrac{\rho_{dmax(V)}}{\rho_{dmax(H)}}$
	$w_{0(H)}$ (%)	$\rho_{dmax(H)}$ (g/cm³)	$w_{0(V)}$ (%)	$\rho_{dmax(V)}$ (g/cm³)		
LJ-1	8.9	2.053	7.1	2.097	0.80	1.021
LJ-2	7.2	2.124	6.3	2.171	0.88	1.022
LJ-3	8.5	2.140	6.5	2.176	0.76	1.017
平均值					0.81	1.020

表3-38中数据表明,振动法确定的水泥稳定碎石最佳含水率为重型击实法的0.69~0.92倍,平均为0.84倍;最大干密度显著提高,为重型击实法的1.014~1.045倍,平均为1.028倍,即振动压实标准比重型压实标准提高了1.028倍。

表3-39中数据表明,振动法确定的二灰稳定碎石最佳含水率为重型击实法的0.76~0.88倍,平均为0.81倍;最大干密度显著提高,为重型击实法的1.017~1.022倍,平均为1.02倍,即振动压实标准比重型压实标准提高了1.02倍。

2)试验前后含水率变化规律

水泥稳定碎石两种方法试件成型前后含水率变化规律见表3-40。静压法和振动法分别采用表3-41中重型击实和振动击实结果成型试件,试件压实度为98%。

两种方法试件成型前后含水率变化规律　　　　表 3-40

试验方法	P_s (%)	GM				XM			
		最佳含水率(%)	成型后含水率(%)	含水率差值(%)	含水率损失率(%)	最佳含水率(%)	成型后含水率(%)	含水率差值(%)	含水率损失率(%)
SPSM	3	4.9	4.1	0.8	16.3	5.0	4.4	0.6	12.0
	4	5.0	4.3	0.7	14.0	5.1	4.3	0.8	15.7
	5	5.0	4.4	0.6	12.0	5.2	4.3	0.9	17.3
VPSM	3	4.0	3.96	0.04	1.00	4.2	4.16	0.04	0.95
	4	4.2	4.16	0.04	0.95	4.2	4.17	0.03	0.71
	5	4.2	4.17	0.03	0.71	4.2	4.17	0.03	0.71

水泥稳定碎石最大干密度和最佳含水率　　　　表 3-41

级配类型	P_s(%)	HCM		VCM	
		$w_{o(H)}$(%)	$\rho_{dmax(H)}$(g/cm³)	$w_{o(V)}$(%)	$\rho_{dmax(V)}$(g/cm³)
XM	3.0	5.0	2.365	4.2	2.429
	4.0	5.1	2.372	4.2	2.431
	5.0	5.2	2.377	4.2	2.433
GM	3.0	4.9	2.376	4.0	2.438
	4.0	5.0	2.383	4.2	2.440
	5.0	5.0	2.394	4.2	4.443

表 3-40 中数据表明,根据重型击实试验方法确定的最佳含水率采用静压成型试件,成型前后试件含水率减小了 0.6%～0.9%,损失率达 12%～18%。这表明重型击实方法确定最佳含水率偏大,静压法成型试件过程中随着静压力增大,混合料颗粒靠拢、空隙减少而逐渐挤压混合料中水并导致流失。而水的挤出,势必影响试件内部水泥剂量和路用性能测试结果。而 VVTM 试件成型前后含水率损失 0.03%～0.04%,含水率损失率不到 1.0%。这证明了重型击实试验方法与静压成型试件方法不匹配,而振动击实试验方法与试件振动成型方法的一致性。另外,静压法成型试件后含水率接近于振动击实试验方法确定最佳含水率,这也间接证明振动击实试验方法确定最佳含水率的合理性。

3) 试件成型前后矿料级配变化规律

水泥稳定碎石两种方法试件成型前后矿料级配变化规律见表 3-42 及图 3-33。

试件成型后混合料级配变化情况　　　　表 3-42

级配类型	成型方法	P_s (%)	下列筛孔(mm)通过质量百分率(%)						
			31.5	19.0	9.5	4.75	2.36	0.6	0.075
GM	成型前	0	100	74	47	33	23	14	3
	SPSM 成型后	3	100	85.5	56.7	41.1	29	19.1	8.2
		4	100	85.7	57.1	40.7	29.3	18.3	8
		5	100	86.2	57.0	40.8	30	18.6	8.6

续上表

级配类型	成型方法	P_s(%)	下列筛孔(mm)通过质量百分率(%)						
			31.5	19.0	9.5	4.75	2.36	0.6	0.075
GM	VPSM成型后	3	100	77.4	49.2	34.9	24.5	15.3	5.2
		4	100	78.8	49	35.7	25.1	15	5.1
		5	100	78.4	48.8	35.6	24.8	15.1	6
XM	成型前	0	100	93.5	67	39	26	15	3.5
	SPSM成型后	3	100	97	74.3	49.1	34.8	19.2	7
		4	100	96.9	75.4	51.2	33.8	19.8	7.3
		5	100	97.8	75.2	50	34	20	5.8
	VPSM成型后	3	100	94.6	69.3	42.3	27.8	16.9	5.3
		4	100	93.8	68.5	40.1	27.3	15.3	5.6
		5	100	94.2	68.4	41.6	28.6	16.3	6.5

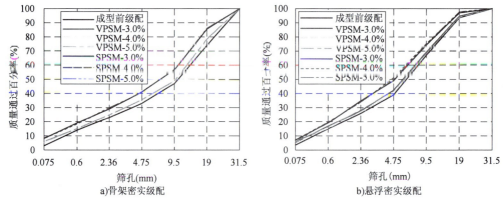

图3-33 试件成型前后矿料级配变化规律

表3-42中数据和图3-34中曲线均可以明显看出,不管什么级配类型和水泥剂量,静压法成型试件前后矿料级配变化较大,而振动法成型试件前后矿料级配变化较小。这表明两种试件成型方法对被压材料作用机理不同,静压方式成型试件,矿料颗粒之间的静摩擦力使得颗粒无法大范围的运动,随着静压力的增加,颗粒间摩擦力和挤压力也增加,出现试件内部部分集料压碎现象,最终影响路用性能测试结果。而振动法成型试件是通过高频振动作用使被压材料液化压密的,这种压实方式有利于减少矿料压碎,较好地模拟现场振碾与被压材料相互作用机理,确保试件具有代表性、可靠性和性能测试准确性。

3.4.4.3 力学性质

1) 无侧限抗压强度

振动法和静压法成型水泥稳定碎石试件无侧限抗压强度代表值$R_{c0.95}$见表3-43,二灰稳定碎石无侧限抗压强度代表值$R_{c0.95}$见表3-44,两种方式成型试件无侧限抗压强度比值r_c见表3-45、表3-46和图3-34,$r_c = \dfrac{R_{c(v)0.95}}{R_{c(s)0.95}}$,$R_{c(v)0.95}$和$R_{c(s)0.95}$分别指95%保证率下振动法成型试件和静压法成型试件的无侧限抗压强度代表值,C_v指偏差系数。

水泥稳定碎石抗压强度代表值　　　　　　　　　　　　　　　表3-43

成型方式	级配类型	P_s(%)	下列龄期(d)水泥稳定碎石 $R_{c0.95}$(MPa)								
			0	3	7	14	28	60	90	120	180
VPSM	XM	2.0	2.34	4.11	6.29	7.57	8.59	9.82	10.34	10.75	11.21
		2.5	2.37	4.58	6.99	8.3	9.59	10.99	11.69	12.15	12.78
		3.0	2.40	5.17	7.77	9.29	10.93	12.45	13.12	13.6	14.25
		3.5	2.41	5.78	8.47	10.21	11.91	13.51	14.21	14.72	15.33
		4.0	2.43	6.43	9.23	11.21	13.02	14.88	15.7	16.19	16.87
		4.5	2.46	6.78	9.81	12.36	13.86	15.66	16.57	17.11	17.84
		5.0	2.47	7.21	10.29	12.92	14.92	16.78	17.63	18.15	18.82
	GM	2.0	2.79	4.41	6.95	8.46	9.6	10.8	11.42	11.92	12.42
		2.5	2.80	5.08	7.88	9.2	10.64	12.15	12.92	13.34	14.12
		3.0	2.85	5.8	8.67	10.56	12.13	13.68	14.42	14.95	15.68
		3.5	2.88	6.3	9.61	11.57	13.34	14.89	15.57	16.11	16.89
		4.0	2.90	6.89	10.16	12.67	14.41	16.41	17.28	17.82	18.54
		4.5	2.92	7.33	10.73	13.45	15.24	17.32	18.25	18.81	19.62
		5.0	2.95	7.61	11.32	14.2	16.34	18.32	19.27	19.82	20.58
SPSM	XM	2.0	1.28	2.07	2.78	3.13	3.47	3.82	4.03	4.21	4.42
		2.5	1.31	2.23	3.04	3.39	3.88	4.29	4.47	4.62	4.83
		3.0	1.33	2.38	3.4	3.84	4.34	4.84	5.08	5.26	5.55
		3.5	1.36	2.57	3.67	4.15	4.81	5.35	5.54	5.68	5.97
		4.0	1.37	2.82	4.03	4.58	5.09	5.69	6.02	6.19	6.45
		4.5	1.41	3.01	4.24	5.04	5.6	6.21	6.47	6.64	6.95
		5.0	1.45	3.25	4.49	5.32	5.93	6.58	6.82	7.02	7.32
SPSM	GM	2.0	1.46	2.21	3.08	3.51	3.81	4.21	4.44	4.61	4.85
		2.5	1.50	2.39	3.3	3.79	4.21	4.68	4.95	5.12	5.36
		3.0	1.53	2.54	3.62	4.21	4.71	5.28	5.61	5.85	6.21
		3.5	1.57	2.76	3.98	4.62	5.17	5.78	6.0	6.21	6.54
		4.0	1.58	2.99	4.31	5	5.62	6.23	6.55	6.75	7.08
		4.5	1.60	3.16	4.6	5.38	5.95	6.56	6.95	7.19	7.58
		5.0	1.61	3.31	4.75	5.68	6.35	7.07	7.37	7.61	7.99

二灰稳定碎石力学抗压强度代表值　　　　　　　　　　　　　表3-44

成型方式	下列龄期(d)二灰稳定碎石 $R_{c0.95}$(MPa)						
	7	14	28	60	90	120	180
VPSM	2.09	3.1	5.0	7.8	9.5	11.1	12.6
SPSM	1.14	1.70	2.54	3.7	4.4	5.4	6.0

水泥稳定碎石两种方式成型试件抗压强度之比　　　表3-45

级配类型	P_s (%)	下列龄期(d)两种方式成型试件抗压强度之比 r_c								
		0	3	7	14	28	60	90	120	180
XM	2.0	1.83	1.99	2.26	2.42	2.48	2.57	2.57	2.55	2.54
	2.5	1.81	2.05	2.30	2.45	2.47	2.56	2.62	2.63	2.65
	3.0	1.80	2.17	2.29	2.42	2.52	2.57	2.58	2.59	2.57
	3.5	1.77	2.25	2.31	2.46	2.48	2.53	2.56	2.59	2.57
	4.0	1.77	2.28	2.29	2.45	2.56	2.62	2.61	2.62	2.62
	4.5	1.74	2.25	2.31	2.45	2.48	2.52	2.56	2.58	2.57
	5.0	1.70	2.22	2.29	2.43	2.52	2.55	2.59	2.59	2.57
GM	2.0	1.91	2.00	2.26	2.41	2.52	2.57	2.57	2.59	2.56
	2.5	1.87	2.13	2.39	2.43	2.53	2.60	2.61	2.61	2.63
	3.0	1.86	2.28	2.40	2.51	2.58	2.59	2.57	2.56	2.52
	3.5	1.83	2.28	2.41	2.50	2.58	2.58	2.60	2.59	2.58
	4.0	1.84	2.30	2.36	2.53	2.56	2.63	2.64	2.64	2.62
	4.5	1.83	2.32	2.33	2.50	2.56	2.64	2.63	2.62	2.59
	5.0	1.83	2.30	2.38	2.50	2.57	2.59	2.61	2.60	2.58

水泥稳定碎石两种方式成型试件抗压强度 $\bar{r}_c$、C_v 和 $r_{c0.95}$　　　表3-46

级配类型	项目	下列龄期(d)两种方式成型试件抗压强度 $\bar{r}_c$、C_v 和 $r_{c0.95}$								
		0	3	7	14	28	60	90	120	180
XM	$\bar{r}_c$	1.77	2.17	2.29	2.44	2.50	2.56	2.58	2.59	2.58
	C_v(%)	2.50	5.12	0.74	0.67	1.31	1.28	0.92	1.01	1.45
	$r_{c0.95}$	1.70	1.99	2.27	2.41	2.44	2.51	2.55	2.55	2.52
GM	$\bar{r}_c$	1.85	2.23	2.36	2.48	2.56	2.60	2.60	2.60	2.58
	C_v(%)	1.61	5.36	2.21	1.80	0.92	0.99	1.04	0.98	1.43
	$r_{c0.95}$	1.80	2.03	2.27	2.41	2.52	2.55	2.56	2.56	2.52

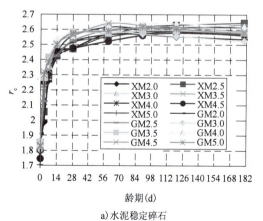

a) 水泥稳定碎石

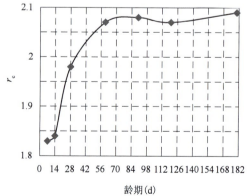

b) 二灰稳定碎石

图3-34　两种方式成型试件抗压强度之比

二灰稳定碎石两种方式成型试件抗压强度比值见表3-47。

二灰稳定碎石两种方式成型试件抗压强度比值　　　　表3-47

龄期(d)	7	14	28	60	90	120	180
r_c	1.83	1.84	1.98	2.07	2.08	2.07	2.09

由图3-34a)可看出,不同水泥剂量、级配类型水泥稳定碎石,VVTM试件比静压法成型试件的抗压强度要高,两者比值在早期(28d龄期之前)随龄期而不断增大,0~28d龄期变化范围为1.7~2.5,其中3d为2.0、7d为2.3、14d为2.4;而两者比值在后期(28d龄期之后)基本不再随龄期变化而变化,约为2.5。

由图3-34b)可看出,二灰稳定碎石VVTM试件比静压法成型试件的抗压强度要高,两者比值在早期(60d龄期之前)随龄期而不断增大,0~60d龄期变化范围为1.8~2.07,两者比值在后期(60d龄期之后)基本不再随龄期变化而变化,约为2.07。

2)劈裂强度

振动法和静压法成型试件劈裂强度代表值$R_{i0.95}$见表3-48、表3-49。两种方式成型试件劈裂强度比值r_i见表3-50和表3-51,$r_i = \dfrac{R_{i(v)0.95}}{R_{i(s)0.95}}$,$R_{i(v)0.95}$和$R_{i(s)0.95}$分别指95%保证率下振动法成型试件和静压法成型试件的劈裂强度代表值,C_v指偏差系数。

水泥稳定碎石劈裂强度代表值　　　　表3-48

成型方式	级配类型	P_s(%)	下列龄期(d)水泥稳定碎石 $R_{i0.95}$ (MPa)							
			3	7	14	28	60	90	120	180
VPSM	XM	2.0	0.34	0.55	0.69	0.8	0.92	1.01	1.08	1.16
		2.5	0.36	0.61	0.79	0.92	1.03	1.12	1.22	1.32
		3.0	0.42	0.72	0.86	0.98	1.15	1.23	1.32	1.45
		3.5	0.49	0.81	1.0	1.14	1.33	1.43	1.51	1.62
		4.0	0.59	0.92	1.18	1.4	1.61	1.72	1.81	1.91
		4.5	0.71	1.06	1.32	1.56	1.82	1.96	2.06	2.18
		5.0	0.79	1.21	1.53	1.82	2.05	2.18	2.28	2.44
	GM	2.0	0.39	0.59	0.75	0.90	1.01	1.07	1.14	1.23
		2.5	0.41	0.64	0.92	1.02	1.09	1.18	1.26	1.38
		3.0	0.44	0.71	0.88	1.05	1.21	1.3	1.37	1.5
		3.5	0.52	0.85	1.05	1.19	1.39	1.51	1.6	1.7
		4.0	0.63	0.98	1.24	1.47	1.68	1.79	1.87	1.96
		4.5	0.75	1.12	1.38	1.62	1.89	2.03	2.12	2.24
		5.0	0.86	1.27	1.59	1.91	2.17	2.31	2.39	2.53
SPSM	XM	2.0	0.17	0.27	0.34	0.4	0.46	0.51	0.53	0.57
		2.5	0.19	0.29	0.38	0.45	0.52	0.56	0.58	0.62
		3.0	0.21	0.33	0.45	0.52	0.6	0.63	0.66	0.69
		3.5	0.24	0.36	0.49	0.58	0.68	0.73	0.75	0.78
		4.0	0.27	0.41	0.54	0.65	0.77	0.8	0.83	0.87

续上表

成型方式	级配类型	P_s(%)	下列龄期(d)水泥稳定碎石 $R_{i0.95}$(MPa)							
			3	7	14	28	60	90	120	180
SPSM	XM	4.5	0.3	0.45	0.61	0.73	0.84	0.88	0.93	0.99
		5.0	0.34	0.51	0.7	0.83	0.96	1.00	1.02	1.07
	GM	2.0	0.19	0.31	0.4	0.46	0.51	0.55	0.58	0.63
		2.5	0.20	0.33	0.43	0.49	0.58	0.62	0.65	0.68
		3.0	0.23	0.36	0.48	0.56	0.64	0.69	0.72	0.76
		3.5	0.25	0.4	0.53	0.65	0.73	0.77	0.81	0.85
		4.0	0.29	0.45	0.6	0.72	0.82	0.86	0.9	0.95
		4.5	0.33	0.5	0.66	0.81	0.92	0.96	1.01	1.08
		5.0	0.37	0.56	0.75	0.92	1.04	1.08	1.13	1.18

二灰稳定碎石力学劈裂强度代表值　　表3-49

成型方式	下列龄期(d)二灰稳定碎石 $R_{c0.95}$(MPa)						
	7	14	28	60	90	120	180
VPSM	0.20	0.29	0.48	0.79	0.99	1.16	1.26
SPSM	0.12	0.17	0.27	0.45	0.56	0.64	0.69

两种方式成型试件劈裂强度 r_i、$\bar{r_i}$、C_v 和 $r_{i0.95}$　　表3-50

级配类型	P_s(%)	下列龄期(d)两种方式成型试件劈裂强度之比 r_i								$\bar{r_i}$	C_v	$r_{i0.95}$
		3	7	14	28	60	90	120	180			
XM	2.0	2.00	2.04	2.03	2.00	2.00	1.98	2.04	2.04	2.01	0.99	1.98
	2.5	1.89	2.10	2.08	2.04	1.98	2.00	2.10	2.13	2.04	3.06	1.94
	3.0	2.00	2.18	1.91	1.88	1.92	1.95	2.00	2.10	1.99	3.88	1.87
	3.5	2.04	2.25	2.04	1.97	1.96	1.96	2.01	2.08	2.04	3.16	1.93
	4.0	2.19	2.24	2.19	2.15	2.09	2.15	2.18	2.20	2.17	1.43	2.12
	4.5	2.37	2.36	2.16	2.14	2.17	2.23	2.22	2.20	2.23	2.96	2.12
	5.0	2.32	2.37	2.19	2.19	2.14	2.18	2.24	2.28	2.24	2.92	2.13
GM	2.0	2.05	1.90	1.88	1.96	1.98	1.95	1.97	1.95	1.95	1.78	1.90
	2.5	2.05	1.94	2.14	2.08	1.88	1.90	1.94	2.03	2.00	4.01	1.86
	3.0	1.91	1.97	1.83	1.88	1.89	1.88	1.90	1.97	1.91	1.87	1.85
	3.5	2.08	2.13	1.98	1.83	1.90	1.96	1.98	2.00	1.98	3.26	1.88
	4.0	2.17	2.18	2.07	2.04	2.05	2.08	2.08	2.06	2.09	2.01	2.02
	4.5	2.27	2.24	2.09	2.00	2.05	2.11	2.10	2.07	2.12	3.26	2.00
	5.0	2.32	2.27	2.12	2.08	2.09	2.14	2.12	2.14	2.16	3.17	2.05

二灰稳定碎石两种方式成型试件劈裂强度比值 表3-51

龄期(d)	7	14	28	60	90	120	180
r_i	1.67	1.71	1.78	1.76	1.77	1.81	1.83

表3-50、表3-51资料表明,不同水泥剂量、不同级配类型、不同龄期水泥稳定碎石VVTM试件的劈裂强度为静压法成型试件的1.85~2.13,平均为1.90。二灰稳定碎石VVTM试件劈裂强度为静压法成型试件的1.67~1.83,平均为1.76。

3)回弹模量

振动法和静压法成型试件的回弹模量代表值$E_{0.95}$见表3-52。两种方式成型试件回弹模量比值r_E见表3-53,$r_E = \dfrac{E_{(v)0.95}}{E_{(s)0.95}}$,$E_{(v)0.95}$和$E_{(s)0.95}$分别指95%保证率下VVTM试件和静压法成型试件的抗压回弹模量代表值。

水泥稳定碎石回弹模量代表值 表3-52

成型方式	级配类型	龄期(d)	下列P_s(%)水泥稳定碎石$E_{0.95}$(MPa)						
			2	2.5	3	3.5	4	4.5	5
VPSM	XM	28	1562	1695	1806	1880	1936	1982	2043
		60	1827	1965	2084	2155	2217	2264	2331
		90	2036	2179	2318	2393	2452	2490	2556
		120	2197	2347	2470	2565	2617	2652	2703
		180	2393	2530	2645	2717	2780	2814	2862
	GM	28	1661	1810	1895	1990	2061	2117	2184
		60	1970	2124	2218	2311	2388	2449	2512
		90	2196	2335	2486	2578	2633	2704	2762
		120	2340	2491	2645	2732	2799	2880	2926
		180	2533	2668	2857	2932	2994	3092	3146
SPSM	XM	28	886	955	1025	1082	1124	1158	1198
		60	1118	1192	1256	1312	1364	1382	1432
		90	1253	1322	1398	1449	1491	1538	1565
		120	1354	1402	1492	1529	1581	1628	1655
		180	1439	1508	1588	1645	1677	1724	1762
	GM	28	990	1059	1129	1196	1232	1262	1309
		60	1246	1315	1385	1442	1485	1530	1586
		90	1389	1458	1534	1585	1627	1675	1721
		120	1484	1553	1634	1695	1722	1745	1796
		180	1587	1652	1726	1794	1825	1857	1909

两种方式成型试件回弹模量 r_E、$\overline{r_E}$、C_V 和 $r_{E0.95}$ 表 3-53

级配类型	龄期 (d)	下列 P_s(%) 两种方式成型试件抗压模量之比 r_E							$\overline{r_E}$	C_V (%)	$r_{E0.95}$
		2	2.5	3	3.5	4	4.5	5			
GM	28	1.68	1.70	1.68	1.66	1.67	1.67	1.67	1.67	0.94	1.66
	60	1.58	1.61	1.60	1.60	1.61	1.60	1.59	1.60	0.78	1.58
	90	1.59	1.58	1.60	1.61	1.59	1.59	1.58	1.59	0.75	1.58
	120	1.58	1.58	1.60	1.59	1.61	1.63	1.61	1.60	1.06	1.59
	180	1.60	1.61	1.63	1.61	1.63	1.64	1.63	1.62	1.11	1.61
XM	28	1.75	1.73	1.74	1.72	1.71	1.71	1.69	1.72	1.37	1.70
	60	1.64	1.63	1.63	1.62	1.62	1.62	1.61	1.63	0.66	1.62
	90	1.63	1.63	1.63	1.63	1.61	1.60	1.61	1.62	0.84	1.61
	120	1.62	1.68	1.69	1.65	1.66	1.63	1.63	1.65	1.19	1.63
	180	1.66	1.69	1.67	1.65	1.67	1.63	1.61	1.65	1.28	1.63

表 3-53 数据表明，95% 保证率下，不同水泥剂量、级配类型、龄期水泥稳定碎石 VVTM 试件抗压回弹模量约为静压法试件的 1.58～1.70 倍，平均为 1.6 倍。

4) 两种方式成型试件力学强度差异机理

振动法成型试件力学强度之所以比静压法成型试件力学强度高的原因主要有：①振动击实试验方法确定的最大干密度比重型击实试验法大 1.028 倍，提高了振动法试件力学强度；②重型击实试验方法确定的最佳含水率偏大，致使静压成型过程中试件中有部分水被挤出并带出部分水泥浆，造成静压法成型试件内实际水泥剂量低于加入水泥剂量，降低了静压法水泥稳定碎石试件力学强度；③振动法高频液化压密机理有利于颗粒重新排列，致使振动法成型试件造成集料破碎几率小于静压成型法，提高了振动法试件力学强度。

第4章 耐久性沥青混合料 VVTM 设计技术及示范工程

沥青混合料性能 P（Performance）是材料组成 C（Materials Composition）与混合料结构 S（Structure）的函数，即：

$$P = f(C, S)$$

其中，材料组成包括原材料性质、矿料级配和油石比；混合料结构包括材料排列方式、体积参数（VV、VMA 和 VFA）。材料排列方式取决于成型方法，体积参数取决于材料组成和压实功。其中，成型方法对沥青混合料试件结构包括集料排列、成型过程中对集料压碎以及成型后体积参数有显著影响，进而影响混合料路用性能及最佳油石比的确定[59-63]。也正因如此，世界各国形成的多种沥青混合料设计方法主要差别在于试件成型方法不同，如马歇尔法、Hveem 法、GTM 法和 Superpave 法等。研究能与实际压实工艺和压实效果相近，且简便实用的试件成型方法，一直是各国沥青混合料设计方法所追求的目标[64-75]。国内外所使用的成型方法中，马歇尔法成型试件与混合料结构相差甚远，揉搓压实法和旋转压实法所使用的设备昂贵，轮压法成型试件不便于力学性能试验使用。鉴于此，本章研究了成型方法对沥青混合料物理力学特性的影响，构建了 VVTM 沥青混合料体积参数与路用性能之间数学模型，基于性能最优提出了沥青混合料 VVTM 体积设计标准，开发了耐久性沥青混合料 VVTM 设计方法，并修建了示范工程。

4.1 成型方法对沥青混合料物理力学特性的影响

4.1.1 研究方案

4.1.1.1 原材料

矿粉采用石灰石磨制，技术性质见表 4-1。

矿粉技术性质　　　　　　　　　　　　　　　　　　表 4-1

试验项目	表观密度（g/cm³）	含水率（%）	亲水系数	液限（%）	塑限（%）	加热安定性
实测值	2.682	0.4	0.8	18.3	16.9	加热前后没有明显变化

细集料采用自制的机制砂，技术性质见表 4-2。

细集料技术性质　　　　　　　　　　　　　　　　　表 4-2

试验项目	表观密度（g/cm³）	坚固性（%）	含泥量（小于0.075mm含量）（%）	砂当量（%）	亚甲蓝值（g/kg）	棱角性（s）
实测值	2.72	7	7.2	72	10.1	33

粗集料为石灰岩碎石,技术性质见表4-3。

粗集料技术性质　　　　　　　表4-3

试验项目	下列规格碎石(mm)技术性质			
	19~37.5	9.5~19	4.75~9.5	2.36~4.75
表观密度(g/cm³)	2.741	2.724	2.725	2.728
吸水率(%)	0.33	0.34	0.50	0.65
针片状颗粒含量(%)	9.3	9.2	9.5	—
软石含量(%)	1.0	1.2	1.4	1.7
坚固性(%)	3	5	6	7
压碎值(%)	—	20.7	—	—
水洗<0.075mm含量(%)	0.2	0.3	0.3	0.4
洛杉矶磨耗损失(%)	22.2	22.8	23.0	24.0

ATB-30采用克拉玛依A级70号沥青,AC-20采用SBS(I-C)改性沥青,技术性质见表4-4。

沥青技术性质　　　　　　　表4-4

实测项目		下列沥青技术指标实测值	
		A级70号沥青	SBS改性沥青
针入度(25℃,100g,5s)(0.1mm)		72	62
延度(5cm/min,15℃)(cm)		148	42.6
软化点(℃)		51	84.0
闪点(℃)		283.5	277
密度(15℃)		0.998	1.026
溶解度(三氯乙烯)(%)		99.68	99.50
薄膜加热试验163℃	质量损失(%)	0.02	0.03
	残留针入度比(%)	78.4	69.4
	10℃残留延度(cm)	9	—
	5℃残留延度(cm)	—	25

4.1.1.2　矿料级配

矿料级配见表4-5。

矿料级配　　　　　　　表4-5

混合料类型	通过下列筛孔尺寸(mm)的质量通过百分率(%)												
	37.5	31.5	26.5	19	16	13.2	9.5	4.75	2.36	1.18	0.6	0.3	0.15	0.075
ATB-30	100	99.9	89.4	69.3	62.1	55.7	44.1	28.9	19.5	13.7	10.4	6.5	5.2	4.3
AC-20	—	—	100	96.6	87.2	74.1	53.3	38.7	30.1	20.7	14.1	10.7	6.9	4.9

4.1.1.3　油石比

ATB-30拟采用2.8%、3.1%、3.4%、3.7%和4.0%。
AC-20拟采用3.7%、4.0%、4.3%、4.6%和4.9%。

4.1.1.4 成型方法

ATB-30 拟采用 VVTM 方法振动 100s、VVTM 方法振动 30s、马歇尔方法,分别用 VVTM100、VVTM30 和 MS112 表示。其中,VVTM30 和 MS112 试件密度基本相近,VVTM100 试件密度约为 VVTM30 的 1.02 倍。

AC-20 拟采用 VVTM 方法、马歇尔方法和重型马歇尔方法,分别用 VVTM65、MS75 和 MS145 表示。其中 VVTM65 试件密度和 MS145 试件密度相近,约为 MS75 试件的 1.02 倍。

4.1.2 成型方法对混合料物理特性的影响

4.1.2.1 体积参数

1)密度

密度是指压实沥青混合料试件单位体积的干质量。如图 4-1 所示,在原材料和矿料级配特定情况下,压实沥青混合料试件密度取决于油石比和压实功。

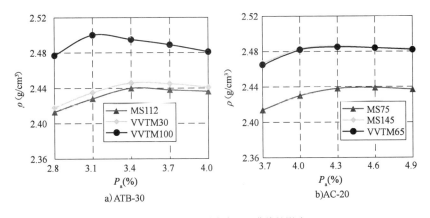

图 4-1 成型方法对密度—P_a 曲线的影响

由图 4-1 可知:

(1)油石比的影响:不管采用什么方法成型试件,试件密度随油石比呈成抛物线变化。试件达到最大密度之前,沥青具有润滑与填充作用:油石比较少时,由于颗粒间摩阻力使混合料保持着比较疏松的状态,空隙大部互相连通,在一定外部压实作用下,虽然气体易被排出,密度可以增大,但由于沥青膜润滑作用不大以及外部功能不足以克服颗粒间摩阻力,混合料相对移动不容易,因而压实效果比较差;随油石比增大,沥青膜变厚,润滑与填充作用增强,在外界功作用下颗粒移动密实,试件密度增大;继续增大油石比,润滑作用达到极值,但部分沥青反而阻碍颗粒靠拢,且吸收部分压实功能,结果使得试件密度反而有所降低。

(2)压实方式和压实功的影响:试件密度取决于压实功,与压实方式无关。试件最大密度随压实功增加而增大,且试件最大密度对应油石比随压实功增大而减少;若压实功相同,不管采用什么方式成型试件,密度随油石比变化规律完全相同。这表明压实功越小,颗粒难以达到紧密接触状态,需更多沥青润滑与填充才能使得密度增加。由此也证明,对于重载交通沥青路面,油石比必须适当减少,如照搬普通交通路面油石比,那么在重交通和超载车作用下就会产生泛油、车辙。

2)空隙率 VV

空隙率 VV 是指压实混合料内矿料与沥青实体之外的空隙体积占试件总体积的百分率。VV 大小影响路面渗水、老化等耐久性;空隙也是路面薄弱环节,荷载作用空隙处易发生应力集中而出现微损伤,应力反复作用使微损伤逐步累积扩大,从而不断减小有效承受应力面积,在反复作用一定次数后导致破坏。

压实方法对沥青混合料试件 VV 随油石比变化规律的影响见图 4-2。

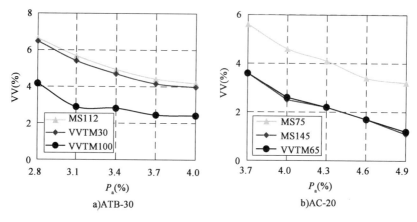

图 4-2 成型方法对 VV—P_a 曲线的影响

由图 4-2 可知:

(1)油石比的影响:不管采用什么方法成型沥青混合料试件,随油石比增加,其 VV 接近于线性减小。

(2)压实方式和压实功的影响:VV 随油石比变化规律取决于压实功,而与压实方式无关;压实功相同,不同方式成型试件 VV 随油石比变化规律完全相同,且试件 VV 随压实功的增大而减小。

3)沥青饱和度 VFA

沥青饱和度 VFA 是指压实混合料试件矿料间隙中,扣除被集料吸收的沥青以外的有效沥青实体体积占矿料间隙中所占的百分率。压实方法对沥青混合料试件 VFA 随油石比变化规律的影响见图 4-3。

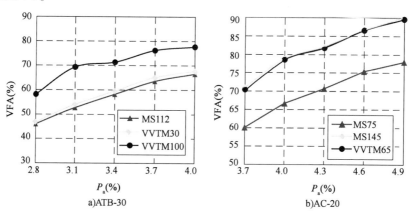

图 4-3 成型方法对 VFA—P_a 曲线的影响

由图4-3可知：

(1)油石比的影响：不管采取什么方式成型试件，随油石比增加，沥青逐渐填充试件VMA，沥青混合料试件VFA呈增大的趋势。

(2)压实方式和压实功的影响：VFA随油石比变化规律取决于压实功，与压实方式无关；压实功相同，不同方式成型试件VFA随油石比变化规律完全相同，且VFA随压实功的增大而增大。

4) VMA

矿料间隙率VMA是指压实混合料试件中矿料实体以外的体积占试件总体积的百分率。压实方法对混合料试件VMA随油石比变化规律的影响见图4-4。

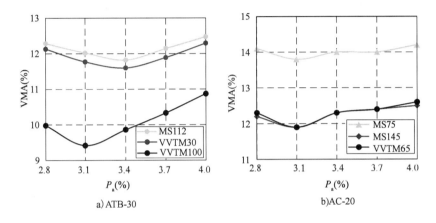

图4-4 成型方法对VMA—P_a曲线的影响

由图4-4可知：

(1)油石比的影响：不管采用什么方法成型试件，随油石比增大，VMA均呈凹曲线变化。VMA达到最小值之前，随油石比增大，沥青润滑作用增强，颗粒间摩阻力降低，在外界压实作用下颗粒产生位移并发生重新排列，VMA降低；VMA达到最小值后，油石比继续增大，沥青反而阻碍颗粒靠拢，VMA反而增大。

(2)压实方式和压实功的影响：VMA随油石比变化规律取决于压实功，与压实方式无关；压实功相同，不同方式成型试件VMA随油石比变化规律完全相同，且VMA最小值随压实功增加而降低。

4.1.2.2 矿料级配

矿料级配是影响沥青路面使用性能的重要因素，级配对路面抗车辙性能的贡献率为60%。表4-6给出不同压实方式和压实功下压实前后试件矿料级配情况。

由表4-6可知：

(1)压实方式的影响：ATB-30混合料马歇尔试件与VVTM30试件密度一致，与成型前原级配相比，马歇尔试件矿料级配比VVTM30的通过率明显增大；同样，AC-20混合料VVTM试件比马歇尔试件矿料级配更接近于成型前矿料级配。这表明马歇尔试件成型过程中有更多粗集料被击碎。

VVTM 试件、马歇尔试件和路面芯样矿料级配与设计矿料级配　　　表 4-6

混合料类型	级配类别	通过下列筛孔孔径(mm)抽提前后质量百分率(%)						
		31.5	26.5	19	16	13.2	9.5	4.75
ATB-30	成型前原级配	98.2	87.1	67.4	62.2	54.9	44.0	29.7
	路面芯样级配	98.4	89.7	69.5	65.8	58.7	47.7	33.5
	马歇尔试件级配	100	94.9	75.2	67.5	62.3	48.5	33.6
	VVTM30 试件级配	98.7	87.8	67.6	62.9	55.8	46.3	31.0
	VVTM100 试件级配	98.6	90.7	74.1	66.2	58.3	48.1	33.4
AC-20	成型前原级配	—	—	96.6	87.2	74.1	53.3	38.7
	路面芯样级配	—	—	97.5	90.2	75.1	55.3	40.0
	VVTM 试件级配	—	—	98.1	91.2	77.9	57.1	40.2
	MS145 试件级配	—	—	99.5	93.7	79.2	56.2	40.6

（2）压实功的影响：VVTM100 与 VVTM30 成型方式一样，而两者压实功不同，VVTM100 试件压碎集料多于 VVTM 试件；尽管 VVTM100 压实功大于马歇尔方法，但 VVTM100 试件压碎集料却少于马歇尔试件。这表明 VVTM 压实方式优于马歇尔方法。

（3）压实机理：马歇尔击实是靠冲击作用强迫集料颗粒向下移动，强行嵌入集料间的空隙里来达到密实效果，因而马歇尔试件两端面皆有集料破碎现象；而这与现场集料破碎情况相似。而 VVTM 是靠振动作用产生振动压力波迫使混合料由初始静止状态过渡到运动状态，集料颗粒间摩擦力也由初始静摩擦状态逐渐进入到动摩擦状态，内摩擦阻力减小，集料移位更加充分，也更易于达到密实，因而，VVTM 试件集料破碎现象主要集中试件顶面处，接近于路面芯样。

4.1.3　成型方法对混合料力学特性的影响

前述研究可知，在材料组成特定情况下，沥青混合料试件体积参数取决于压实功，而与压实方式无关。而对压实试件矿料级配的影响，VVTM 振实方式优于马歇尔击实方式。也就是说，压实方法包括压实方式和压实功等的改变，会影响沥青混合料试件体积参数、矿料级配及颗粒组成排列等，而这些变化显然会对沥青混合料力学性能产生影响。

4.1.3.1　马歇尔稳定度 MS

成型方法和油石比对沥青混合料稳定度的影响见表 4-7、表 4-8 及图 4-5。

成型方法和油石比对 ATB-30 混合料 MS 的影响　　　表 4-7

P_a(%)	MS112 $MS_{(M1)}$(kN)	VVTM30 $MS_{(V30)}$(kN)	VVTM100 $MS_{(V100)}$(kN)	$\dfrac{MS_{(V100)}}{MS_{(M1)}}$	$\dfrac{MS_{(V100)}}{MS_{(V30)}}$	$\dfrac{MS_{(V30)}}{MS_{(M1)}}$
2.8	17.6	20.5	27.6	1.56	1.34	1.16
3.1	19.4	22.5	29.3	1.51	1.30	1.16
3.4	21.1	23.6	28.6	1.36	1.21	1.12
3.7	19.7	22.9	28.0	1.42	1.22	1.16
4.0	18.5	20.4	25.7	1.39	1.26	1.10

成型方法和油石比对 AC-20 混合料 MS 的影响　　　　　表 4-8

P_a(%)	MS75 $MS_{(M1)}$(kN)	MS145 $MS_{(M2)}$(kN)	VVTM65 $MS_{(V)}$(kN)	$\dfrac{MS_{(V)}}{MS_{(M1)}}$	$\dfrac{MS_{(V)}}{MS_{(M2)}}$	$\dfrac{MS_{(M2)}}{MS_{(M1)}}$
3.7	14.6	19.3	24.0	1.65	1.24	1.33
4.0	16.3	21.6	27.8	1.71	1.29	1.32
4.3	18.2	20.0	26.4	1.45	1.32	1.10
4.6	18.0	18.8	25.8	1.44	1.37	1.05
4.9	16.3	17.2	24.0	1.47	1.39	1.06

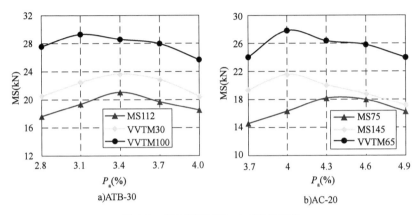

图 4-5　成型方法对 MS—P_a 曲线的影响

由表 4-7、表 4-8 及图 4-5 可知,在给定原材料和矿料级配条件下,马歇尔稳定度是压实方式、压实功和油石比的函数。

(1) 压实方式的影响:VVTM30 试件与标准马歇尔试件体积参数相同,但相同油石比下 ATB-30 混合料 VVTM30 试件 MS 平均提高了 1.14 倍,最佳油石比下试件 MS 提高了 1.12 倍;同样,VVTM 试件与重型马歇尔试件体积参数相同,但相同油石比下 AC-20 混合料 VVTM 试件 MS 平均提高了 1.32 倍,最佳油石比下试件 MS 平均提高了 1.29 倍。这表明压实方式对矿料级配影响、颗粒结构定位与排列发挥着重要作用,振动压实方式比击实方式更有利于内部颗粒重新排列并形成稳定的结构。

(2) 压实功的影响:VVTM100 试件与 VVTM30 试件压实方式相同,相同油石比下 ATB-30 混合料 VVTM100 试件密度比 VVTM30 试件提高了 2.1%,MS 平均提高了 1.27 倍,各自对应最佳油石比下 MS 平均提高了 1.24 倍,即压实度提高 1%,ATB-30 混合料 MS 可提高 12.0%;同样,重型马歇尔试件与标准马歇尔试件压实方式相同,相同油石比下 AC-20 混合料重型马歇尔试件密度比标准马歇尔试件密度提高了 1.9%,MS 提高了 1.05~1.33 倍,平均为 1.17 倍;各自最佳油石比下 MS 提高了 1.18 倍,也就是说压实度提高 1%,AC-20 混合料试件 MS 提高 9.5%。这表明增大压实功可以促使集料更紧密靠拢形成更稳定的结构,从而提升沥青混合料力学强度。

(3) 最佳油石比:试件 MS 峰值大小,与压实功和压实方式有关,如最佳油石比下 ATB-30 混合料 VVTM100 试件 MS 为标准马歇尔试件的 1.39 倍,AC-20 混合料 VVTM 试件 MS 为标准马歇尔试件的 1.53 倍;相同油石比下,AC-20 混合料 VVTM 试件 MS 为标准马歇尔试件的

1.44~1.71倍,平均为1.54倍。而MS峰值对应油石比与压实功有关,与压实方式无关。如ATB-30混合料VVTM100试件出现稳定度峰值的油石比为3.1%,而VVTM30和标准马歇尔试件为3.4%。同样,AC-20混合料VVTM试件和MS145试件MS峰值对应油石比为4.0%,而MS75试件为4.0%。这表明最佳油石比是压实功的函数,稳定度峰值对应最佳油石比随着压实功增大而减小。

4.1.3.2 抗压强度 R_c

成型方法和油石比对混合料抗压强度的影响见表4-9、表4-10及图4-6。

成型方法和油石比对ATB-30混合料 R_c 的影响 表4-9

试验温度(℃)	P_a(%)	MS112 $R_{c(M1)}$(MPa)	VVTM30 $R_{c(V30)}$(MPa)	VVTM100 $R_{c(V100)}$(MPa)	$\dfrac{R_{c(V100)}}{R_{c(M1)}}$	$\dfrac{R_{c(V100)}}{R_{c(V30)}}$	$\dfrac{R_{c(V30)}}{R_{c(M1)}}$
20	2.8	4.81	5.44	6.90	1.43	1.27	1.13
20	3.1	4.90	5.65	6.82	1.39	1.21	1.15
20	3.4	5.08	5.84	6.54	1.29	1.12	1.15
20	3.7	4.82	5.74	6.33	1.31	1.10	1.19
20	4.0	4.62	5.32	6.13	1.33	1.15	1.15
40	2.8	2.65	3.08	3.42	1.29	1.11	1.16
40	3.1	2.78	3.12	3.77	1.36	1.21	1.12
40	3.4	2.83	3.16	3.65	1.29	1.16	1.12
40	3.7	2.66	3.03	3.40	1.28	1.12	1.14
40	4.0	2.58	2.94	3.25	1.26	1.11	1.14
60	2.8	1.77	2.14	2.56	1.45	1.20	1.21
60	3.1	1.95	2.26	2.85	1.46	1.26	1.16
60	3.4	2.21	2.52	2.76	1.25	1.10	1.14
60	3.7	2.01	2.43	2.56	1.27	1.05	1.21
60	4.0	1.81	2.16	2.24	1.24	1.04	1.19

成型方法和油石比对AC-20混合料 R_c 的影响 表4-10

试验温度(℃)	P_a(%)	MS75 $R_{c(M1)}$(MPa)	MS145 $R_{c(M2)}$(MPa)	VVTM $R_{c(V)}$(MPa)	$\dfrac{R_{c(V)}}{R_{c(M1)}}$	$\dfrac{R_{c(V)}}{R_{c(M2)}}$	$\dfrac{R_{c(M2)}}{R_{c(M1)}}$
20	3.7	6.88	7.84	9.28	1.35	1.18	1.14
20	4.0	6.99	7.92	9.31	1.33	1.18	1.13
20	4.3	7.09	7.89	9.27	1.31	1.17	1.11
20	4.6	7.02	7.80	9.21	1.31	1.18	1.11
20	4.9	6.94	7.78	9.18	1.32	1.18	1.12
40	3.7	3.48	3.93	4.74	1.36	1.21	1.13
40	4.0	3.52	3.99	4.82	1.37	1.21	1.13
40	4.3	3.59	3.97	4.77	1.33	1.20	1.11
40	4.6	3.52	3.93	4.62	1.31	1.18	1.12
40	4.9	3.47	3.89	4.56	1.31	1.17	1.12

续上表

试验温度 (℃)	P_a (%)	MS75 $R_{c(M1)}$ (MPa)	MS145 $R_{c(M2)}$ (MPa)	VVTM $R_{c(V)}$ (MPa)	$\dfrac{R_{c(V)}}{R_{c(M1)}}$	$\dfrac{R_{c(V)}}{R_{c(M2)}}$	$\dfrac{R_{c(M2)}}{R_{c(M1)}}$
60	3.7	2.70	3.08	3.71	1.37	1.20	1.14
	4.0	2.72	3.10	3.76	1.38	1.21	1.14
	4.3	2.74	3.07	3.75	1.37	1.22	1.12
	4.6	2.71	3.05	3.72	1.37	1.22	1.13
	4.9	2.69	3.03	3.65	1.36	1.20	1.13

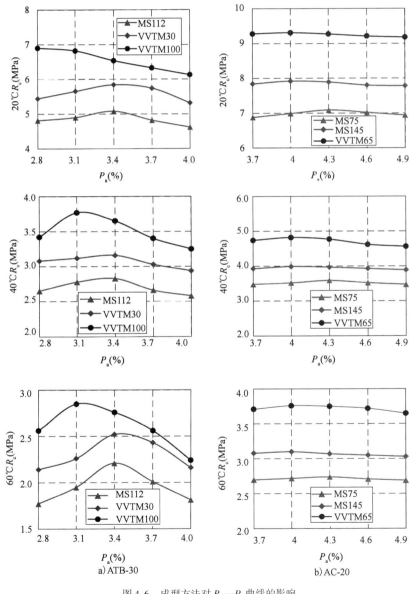

图 4-6　成型方法对 R_c—P_a 曲线的影响

由表4-9~表4-10、图4-6可知：

(1) 压实方式的影响：VVTM30 试件与标准马歇尔试件体积参数相同，但相同油石比下，ATB-30 混合料 VVTM30 试件抗压强度比标准马歇尔试件平均提高了 16%，最佳油石比下平均提高了 13%。同样，VVTM 试件与 MS145 试件压实功相同，相同油石比下 AC-20 混合料 VVTM 试件抗压强度比 MS145 试件平均提高了 19%，最佳油石比下平均提高了 20%。

(2) 压实功的影响：VVTM30 试件与 VVTM100 试件压实方式相同，压实功不同，后者试件密度比前者提高了 2.1%，相同油石比下 ATB-30 混合料 VVTM100 试件抗压强度比 VVTM30 试件提高了 4%~27%，平均为 15%；最佳油石比下平均提高了 16.4%，即压实度提高 1%，ATB-30 抗压强度可提高 8.2%。同样，MS145 试件密度比 MS75 试件密度提高了 1.9%，相同油石比下 AC-20 抗压强度平均提高了 13%，最佳油石比下提高了 12%。

(3) 油石比的影响：随油石比增大，沥青混合料 20~60℃ 抗压强度呈抛物线变化。但不同压实方式和压实功下油石比对抗压强度影响效果不同，油石比变化 0.3%，ATB-30 混合料 MS112 试件、VVTM30 试件、VVTM100 试件抗压强度变化分别不超 10%、8% 和 9%；而 AC-20 混合料试件抗压强度变化不超过 2.0%。

(4) 最佳油石比：抗压强度峰值大小与压实功和压实方式有关，而抗压强度峰值对应油石比与压实功有关，与压实方式无关；ATB-30 混合料 VVTM100 试件抗压强度峰值对应油石比为 3.1%，而 VVTM30 和 MS112 试件为 3.4%。AC-20 混合料 MS75 试件抗压强度峰值对应油石比为 4.3%，MS145 和 VVTM 试件则为 4.0%。

(5) 最佳油石比下，ATB-30 混合料 VVTM100 试件抗压强度为 MS112 试件的 1.32 倍，AC-20 混合料 VVTM 试件抗压强度为 MS75 试件的 1.34 倍。

4.1.3.3 劈裂强度 R_T

成型方法和油石比对混合料劈裂强度的影响见表4-11、表4-12及图4-7。

成型方法和油石比对 ATB-30 混合料 R_T 的影响　　　　　表4-11

成型方法	P_a(%)	下列温度(℃)试件的 R_T(MPa)							
		-15	-10	-5	0	5	10	15	20
MS112	2.8	1.96	1.85	1.83	1.78	1.63	1.44	1.22	1.14
	3.1	2.02	1.90	1.90	1.88	1.77	1.51	1.29	1.28
	3.4	2.33	2.22	2.14	2.00	1.93	1.83	1.46	1.36
	3.7	2.14	2.01	1.98	1.92	1.85	1.59	1.28	1.25
	4.0	2.05	1.94	1.87	1.85	1.72	1.47	1.23	1.19
VVTM30	2.8	2.25	2.16	2.15	2.16	1.85	1.82	1.42	1.31
	3.1	2.54	2.45	2.36	2.23	2.14	1.84	1.52	1.45
	3.4	2.69	2.67	2.52	2.40	2.26	2.05	1.71	1.62
	3.7	2.48	2.39	2.31	2.21	2.11	1.99	1.53	1.42
	4.0	2.40	2.31	2.25	2.14	1.94	1.78	1.43	1.41

续上表

成型方法	P_a(%)	下列温度(℃)试件的 R_T(MPa)							
		−15	−10	−5	0	5	10	15	20
VVTM100	2.8	2.94	2.77	2.70	2.61	2.54	2.35	1.67	1.57
	3.1	2.95	2.79	2.74	2.71	2.63	2.18	1.76	1.72
	3.4	2.84	2.74	2.57	2.46	2.34	2.11	1.74	1.66
	3.7	2.69	2.54	2.40	2.38	2.20	2.05	1.55	1.54
	4.0	2.53	2.42	2.29	2.22	2.14	1.96	1.47	1.44

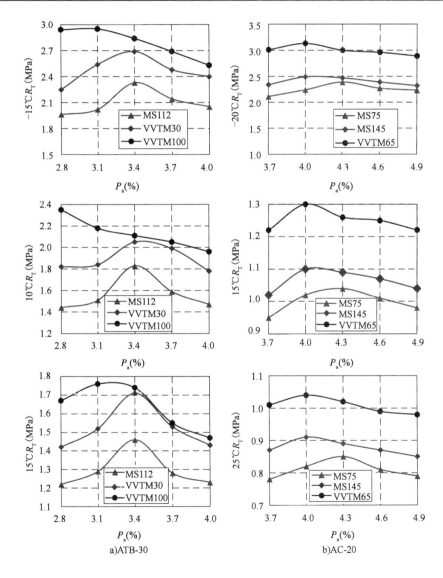

a) ATB-30   b) AC-20

图 4-7 成型方法对劈裂强度—油石比曲线的影响

成型方法和油石比对 AC-20 混合料 R_T 的影响　　　　表 4-12

试验温度（℃）	P_a（%）	MS75 $R_{T(M1)}$（MPa）	MS145 $R_{T(M2)}$（MPa）	VVTM $R_{T(V)}$（MPa）	$\dfrac{R_{T(V)}}{R_{T(M1)}}$	$\dfrac{R_{T(V)}}{R_{T(M2)}}$	$\dfrac{R_{T(M2)}}{R_{T(M1)}}$
-20	3.7	2.11	2.34	3.01	1.43	1.29	1.11
	4.0	2.24	2.49	3.13	1.40	1.26	1.11
	4.3	2.39	2.47	3.00	1.26	1.21	1.03
	4.6	2.27	2.39	2.96	1.30	1.24	1.05
	4.9	2.23	2.32	2.89	1.30	1.25	1.04
15	3.7	0.95	1.02	1.22	1.28	1.20	1.07
	4.0	1.02	1.10	1.30	1.27	1.18	1.08
	4.3	1.04	1.09	1.26	1.21	1.16	1.05
	4.6	1.01	1.07	1.25	1.24	1.17	1.06
	4.9	0.98	1.04	1.22	1.24	1.17	1.06
25	3.7	0.78	0.87	1.01	1.29	1.16	1.12
	4.0	0.82	0.91	1.04	1.27	1.14	1.11
	4.3	0.85	0.89	1.02	1.20	1.15	1.05
	4.6	0.81	0.87	0.99	1.22	1.14	1.07
	4.9	0.79	0.85	0.98	1.24	1.15	1.08

由表 4-11、表 4-12 及图 4-7 可知，在给定原材料和矿料级配条件下，劈裂强度是压实方式、压实功和油石比的函数。

(1)压实方式的影响：VVTM30 试件与标准马歇尔试件压实功相同，但相同油石比下 ATB-30 混合料 VVTM30 试件劈裂强度比标准马歇尔试件提高了 1.13～1.29 倍，平均为 1.18 倍；最佳油石比下 ATB-30 混合料 VVTM30 试件劈裂强度比标准马歇尔试件提高了 1.12～1.20 倍，平均为 1.17 倍；AC-20 混合料 VVTM 试件劈裂强度比 MS145 试件提高了 1.14～1.29 倍，平均为 1.19 倍。

(2)压实功的影响：VVTM30 试件与 VVTM100 试件压实方式相同，压实功不同，VVTM100 试件密度比 VVTM30 试件提高了 2.1%。相同油石比下 ATB-30 混合料 VVTM100 试件劈裂强度比 VVTM30 试件提高了 1.03～1.26 倍，平均为 1.12 倍；最佳油石比下 ATB-30 混合料 VVTM100 试件劈裂强度比 VVTM30 试件提高了 1.03～1.16 倍，平均为 1.08 倍，即压实度提高 1%，ATB-30 劈裂强度可提高 5.7%。MS75 试件与 MS145 试件压实方式相同，但 MS145 试件密度比 MS75 试件提高了 1.9%，相同油石比下 AC-20 混合料 MS145 试件比 MS75 试件劈裂强度提高了 1.03～1.11 倍，平均为 1.13 倍；最佳油石比下提高了 1.04～1.07 倍，平均为 1.06 倍。这表明压实水平对内部颗粒结构定位与排列发挥着重要作用，压实集料的结构排列会对成型混合料应力应变产生较大影响。

(3)油石比的影响：随油石比增大，不同温度 ATB-30 混合料劈裂强度呈抛物线变化。劈裂强度峰值大小，与压实功和压实方式有关；而劈裂强度峰值对应油石比与压实功有关，与压实方式无关；ATB-30 混合料 VVTM100 试件出现劈裂强度峰值的油石比为 3.1%，而 VVTM30

和标准马歇尔试件的油石比为3.4%。AC-20混合料VVTM试件与MS145试件出现劈裂强度峰值的油石比为4.0%,而MS75试件出现劈裂强度峰值的油石比为4.3%。这表明最佳油石比是压实功的函数,劈裂强峰值对应最佳油石比随着压实功增大而减小。

(4)最佳油石比下ATB-30混合料VVTM100试件劈裂强度为标准马歇尔试件的1.19~1.36倍,平均为1.27倍。AC-20沥青混合料VVTM试件劈裂强度平均为标准马歇尔试件的1.28倍。

4.1.3.4 抗剪强度 τ_d

成型方法和油石比对沥青混合料抗剪强度的影响见表4-13、表4-14及图4-8。

成型方法和油石比对 **ATB-30** 混合料 **60℃** 抗剪强度的影响 表4-13

$P_a(\%)$	MS112	VVTM30	VVTM100	$\dfrac{\tau_{d(V100)}}{\tau_{d(M1)}}$	$\dfrac{\tau_{d(V100)}}{\tau_{d(V30)}}$	$\dfrac{\tau_{d(V30)}}{\tau_{d(M1)}}$
	$\tau_{d(M1)}$ (MPa)	$\tau_{d(V30)}$ (MPa)	$\tau_{d(V100)}$ (MPa)			
2.8	0.55	0.68	1.20	2.19	1.75	1.25
3.1	0.72	0.80	1.70	2.37	2.12	1.12
3.4	1.26	1.47	1.59	1.26	1.08	1.17
3.7	1.18	1.43	1.52	1.28	1.06	1.21
4.0	0.54	0.82	1.00	1.86	1.21	1.54

成型方法和油石比对 **AC-20** 混合料抗剪强度的影响 表4-14

$P_a(\%)$	MS75	MS145	VVTM	$\dfrac{\tau_{d(V)}}{\tau_{d(M1)}}$	$\dfrac{\tau_{d(V)}}{\tau_{d(M2)}}$	$\dfrac{\tau_{d(M2)}}{\tau_{d(M1)}}$
	$\tau_{d(M1)}$ (MPa)	$\tau_{d(M2)}$ (MPa)	$\tau_{d(V)}$ (MPa)			
3.7	0.98	1.17	1.42	1.45	1.21	1.19
4.0	1.05	1.25	1.50	1.43	1.20	1.19
4.3	1.07	1.23	1.43	1.34	1.16	1.15
4.6	1.03	1.18	1.41	1.37	1.19	1.15
4.9	1.00	1.16	1.38	1.34	1.19	1.16

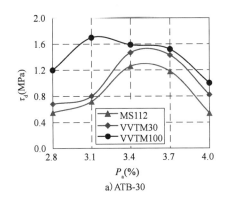
a) ATB-30

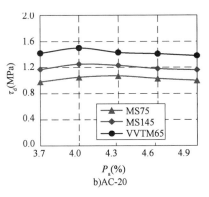
b) AC-20

图4-8 成型方法对60℃抗剪强度—油石比曲线的影响

由表4-13、表4-14及图4-8可知：

(1) 压实方式的影响：VVTM30试件与标准马歇尔试件压实功相同，压实方式不同，相同油石比下ATB-30混合料VVTM30的抗剪强度平均为标准马歇尔试件的1.26倍，最佳油石比下平均为1.17倍。同样，相同油石比下AC-20混合料VVTM试件抗剪强度平均为MS145试件的1.19倍，最佳油石比下为1.20倍。

(2) 压实功的影响：VVTM30试件与VVTM100试件压实方式相同，但压实功不同，VVTM30试件比VVTM100试件密度提高了2.1%，相同油石比下ATB-30抗剪强度平均提高了1.44倍，最佳油石比下提高了1.16倍，即压实度提高1%，ATB-30混合料抗剪强度可提高8%。同样，MS75试件与MS145试件压实方式相同，MS145试件比MS75试件密度提高了1.9%，抗剪强度提高了1.17倍。

(3) 油石比的影响：抗剪强度随油石比增大呈抛物线变化，且受压实方式和压实功的影响。油石比变化0.3%，ATB-30标准马歇尔试件抗剪强度变化约8%，VVTM30试件为7.5%，VVTM100试件约5.0%；AC-20抗剪强度变化不超过7.0%。

(4) 最佳油石比：抗剪强度峰值大小，与压实功和压实方式有关；而抗剪强度峰值对应油石比与压实功有关，与压实方式无关；ATB-30混合料VVTM100试件出现抗剪强度峰值的油石比为3.1%，而VVTM30和标准马歇尔试件则为3.4%。AC-20混合料MS75试件出现抗剪强度峰值的油石比为4.3%，而MS145和VVTM试件出现抗压强度峰值的油石比为4.0%。

(5) 最佳油石比下ATB-30混合料VVTM100试件抗剪强度为标准马歇尔试件的1.35倍。AC-20混合料VVTM试件60℃抗剪强度为MS75试件的1.39倍。

4.1.3.5 SCB抗拉强度

成型方法和油石比对AC-20混合料抗拉强度的影响见表4-15及图4-9。

成型方法和油石比对AC-20混合料SCB抗拉强度的影响　　表4-15

试验温度 (℃)	P_a (%)	MS75 $\sigma_{(M1)}$ (MPa)	MS145 $\sigma_{(M2)}$ (MPa)	VVTM $\sigma_{(V)}$ (MPa)	$\dfrac{\sigma_{(V)}}{\sigma_{(M1)}}$	$\dfrac{\sigma_{(V)}}{\sigma_{(M2)}}$	$\dfrac{\sigma_{(M2)}}{\sigma_{(M1)}}$
-20	3.7	9.08	10.67	14.04	1.55	1.32	1.18
	4.0	9.52	11.32	14.64	1.54	1.29	1.19
	4.3	9.71	11.05	14.40	1.48	1.24	1.14
	4.6	8.98	10.83	13.93	1.55	1.23	1.21
	4.9	8.65	10.64	13.65	1.58	1.24	1.23
15	3.7	5.66	7.71	9.31	1.64	1.21	1.36
	4.0	6.25	8.33	9.92	1.59	1.19	1.33
	4.3	6.36	8.08	9.89	1.56	1.24	1.27
	4.6	6.05	7.75	9.48	1.57	1.24	1.28
	4.9	5.89	7.51	9.32	1.58	1.24	1.28

续上表

试验温度 (℃)	P_a (%)	MS75 $\sigma_{(M1)}$ (MPa)	MS145 $\sigma_{(M2)}$ (MPa)	VVTM $\sigma_{(V)}$ (MPa)	$\dfrac{\sigma_{(V)}}{\sigma_{(M1)}}$	$\dfrac{\sigma_{(V)}}{\sigma_{(M2)}}$	$\dfrac{\sigma_{(M2)}}{\sigma_{(M1)}}$
25	3.7	4.33	5.44	6.73	1.55	1.24	1.26
	4.0	4.71	5.82	6.93	1.47	1.25	1.24
	4.3	4.79	5.67	6.61	1.38	1.24	1.18
	4.6	4.62	5.48	6.59	1.43	1.24	1.19
	4.9	4.53	5.39	6.41	1.42	1.24	1.19

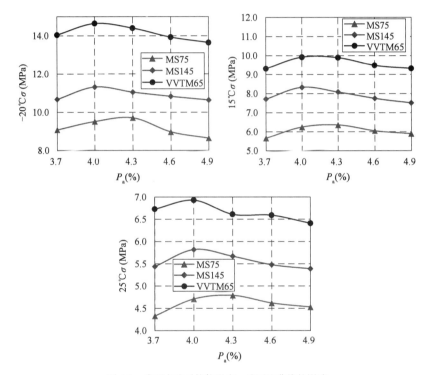

图 4-9 成型方法对抗拉强度—油石比曲线的影响

由表 4-15 及图 4-9 可知：

(1) 压实方式的影响：VVTM 试件与 MS145 试件压实功相同，压实方式不同。AC-20 混合料 VVTM 试件抗拉强度比 MS145 试件平均提高了 1.24 倍。

(2) 压实功的影响：MS75 试件与 MS145 试件压实方式相同，MS145 试件密度比 MS75 试件提高了 1.9%，相同油石比下抗拉强度平均提高了 1.23 倍，最佳油石比下抗拉强度平均提高了 1.20 倍。

(3) 油石比的影响：随油石比增大，AC-20 抗拉强度呈抛物线变化。不同压实方式和压实功下，油石比对抗拉强度影响效果不同，但都不显著，油石比变化 0.3%，抗拉强度变化不超过 9.0%。

（4）最佳油石比：抗拉强度峰值大小，与压实功和压实方式有关；而抗拉强度峰值对应油石比与压实功有关，与压实方式无关；MS75 试件出现抗拉强度峰值的油石比为 4.3%，而 MS145 和 VVTM 试件出现抗拉强度峰值的油石比为 4.0%。

（5）AC-20 混合料 VVTM 试件抗拉强度平均为 MS75 试件的 1.51 倍。

综上所述，在给定原材料和矿料级配条件下，沥青混合料力学性能是压实方式、压实功和油石比的函数。压实功影响体积参数，而压实方式影响混合料排列及压实过程中集料破碎程度。

4.2 沥青混合料 VVTM 体积设计标准

近年来，各国道路工作者的大量研究显示，体积参数与沥青混合料性能之间存在良好的相关关系。因此，体积参数通常也被用于表征沥青混合料的某些性能[59-63]。在给定压实方式和压实功的前提下，不同油石比的沥青混合料具有不同体积参数，并表现出不同的路用性能，这是沥青混合料体积设计法的理论依据。因而，压实方法不同，沥青混合料具有不同体积设计标准。采用 VVTM 压实方式和现代路面压实标准，研究油石比—体积参数—路用性能之间关系，提出沥青混合料 VVTM 体积设计标准。

4.2.1 ATB-30 混合料体积设计标准

4.2.1.1 试验方案与试验结果

研究所用矿料级配见表 4-16。

ATB-30 混合料矿料级配　　　　表 4-16

级配类型	通过下列筛孔(mm)的质量百分率(%)												
	37.5	31.5	26.5	19	16	13.2	9.5	4.75	2.36	1.18	0.6	0.3	0.15	0.075
A	100	99.9	89.4	69.3	62.1	55.7	44.1	28.9	19.3	13.2	10.7	6.7	6.1	5.3
B	100	99.9	86.3	67.5	60.1	54.6	43.2	26.8	17.4	12.5	10.1	6.5	5.8	5.0
C	100	99.9	84.4	66.6	58.3	53.8	42.3	24.6	16.5	11.7	9.8	6.3	5.6	5.8
D	100	99.9	83.1	64.2	57.1	51.6	41.1	22.9	14.7	10.9	9.4	6.0	5.4	4.6
E	100	99.9	81.2	61.3	55.1	50.3	40.3	21.0	13.8	10.4	9.1	5.4	5.2	4.2

ATB-30 混合料 VVTM 试件体积参数及力学性能结果见表 4-17。

4.2.1.2 体积参数的影响因素

根据表 4-17 绘制 ATB-30 混合料体积参数与油石比之间关系，见图 4-10。

图 4-10 表明，压实功相同条件下，矿料级配及油石比对试件体积参数影响显著。随着油石比增大，ATB-30 混合料 VV 近似线性降低、VFA 线性增大；矿料级配特定条件下，随油石比增大，沥青润滑作用增强，颗粒间摩阻力减小，施加外力后矿料颗粒易于被挤密，VMA 逐渐减小，直至矿料充分靠拢，VMA 达到最小值，继续增大油石比，沥青反而阻碍了矿料颗粒靠拢，VMA 随之增大。

ATB-30 混合料 VVTM 试件体积参数与力学性能测试结果

表 4-17

级配	P_a (%)	ρ_f (g/cm³)	VV (%)	VMA (%)	VFA (%)	MS (kN)	FL (mm)	下列温度 T(℃) 下的抗压强度 R_c (MPa)				下列温度 T(℃) 下的劈裂强度 R_T (MPa)			下列温度 T(℃) 下的 SCB 强度 σ (MPa)			抗剪强度 τ_d (MPa)
								20	40	60		-20	15	25	-20	15	25	
A	2.7	2.464	4.6	11.2	58.6	29.62	2.75	8.21	4.79	3.74		3.53	2.17	1.81	6.25	4.97	3.49	1.19
	3.0	2.478	3.7	11.0	66.7	34.35	3.17	8.98	5.18	3.83		3.97	2.24	1.72	6.83	5.23	3.85	1.68
	3.3	2.491	2.7	10.8	74.7	32.98	3.56	8.59	4.97	3.50		3.93	2.23	1.98	6.64	5.21	3.31	1.44
	3.6	2.492	2.2	11.0	79.7	31.41	4.07	8.23	4.53	3.51		3.60	2.06	1.64	6.58	5.11	3.20	1.31
	3.9	2.491	1.9	11.3	83.6	28.69	4.73	7.96	3.85	3.23		3.38	1.96	1.35	6.07	4.54	2.81	1.11
B	2.7	2.467	4.5	11.1	59.3	31.46	2.93	8.23	4.90	3.78		3.52	2.16	1.83	6.17	4.94	3.48	1.17
	3.0	2.480	3.6	10.9	67.2	33.69	3.21	9.03	5.15	3.89		3.95	2.26	1.99	6.65	5.11	3.62	1.64
	3.3	2.495	2.5	10.6	76.1	32.33	3.96	9.01	4.93	3.92		3.98	2.25	1.73	6.82	5.21	3.83	1.85
	3.6	2.495	2.1	10.9	80.6	30.31	4.27	8.35	4.5	3.56		3.58	2.08	1.62	6.55	5.03	3.05	1.28
	3.9	2.493	1.7	11.2	84.5	29.93	5.04	8.02	3.87	3.34		3.37	1.95	1.38	6.05	4.52	2.64	1.09
C	2.7	2.469	4.4	11.0	59.9	30.12	2.94	8.04	4.74	3.62		3.44	2.14	1.78	6.18	4.95	3.44	1.15
	3.0	2.483	3.5	10.8	68.0	32.30	3.37	8.43	4.99	3.82		3.94	2.19	1.99	6.79	5.09	3.86	1.59
	3.3	2.497	2.5	10.5	76.7	34.86	3.89	9.03	4.79	3.52		3.82	2.26	1.69	6.63	5.19	3.29	1.91
	3.6	2.498	2.0	10.8	81.2	32.87	4.23	8.08	4.53	3.43		3.51	2.05	1.58	6.31	4.76	3.08	1.12
	3.9	2.496	1.7	11.2	84.6	29.98	4.84	7.94	3.89	3.22		3.40	1.90	1.35	6.03	4.39	2.62	1.02

续上表

级配	P_a (%)	ρ_f (g/cm³)	VV (%)	VMA (%)	VFA (%)	MS (kN)	FL (mm)	下列温度 T(℃)下的抗压强度 R_c (MPa)			下列温度 T(℃)下的劈裂强度 R_T (MPa)			下列温度 T(℃)下的SCB强度 σ (MPa)			抗剪强度 τ_d (MPa)
								20	40	60	−20	15	25	−20	15	25	
D	2.7	2.470	4.4	11.0	60.1	30.97	3.17	7.93	4.64	3.58	3.41	2.13	1.75	6.19	4.92	3.38	1.14
	3.0	2.486	3.3	10.7	69.0	33.15	3.49	8.83	4.87	3.83	3.89	2.18	1.98	6.77	5.17	3.78	1.63
	3.3	2.498	2.4	10.5	77.2	34.79	3.98	8.39	4.92	3.50	3.79	2.21	1.67	6.58	5.16	3.22	1.61
	3.6	2.500	1.9	10.7	82.4	31.96	4.59	8.03	4.56	3.39	3.47	2.02	1.56	6.33	4.72	3.05	1.10
	3.9	2.498	1.5	11.0	86.4	30.01	5.02	7.81	3.79	3.16	3.39	1.88	1.33	6.05	4.36	2.60	1.00
E	2.7	2.474	4.2	10.8	61.0	29.75	3.26	7.83	4.42	3.51	3.38	2.11	1.72	6.11	4.87	3.31	1.11
	3.0	2.487	3.3	10.6	69.2	30.84	3.86	8.74	4.87	3.73	3.84	2.15	1.92	6.57	5.04	3.70	1.55
	3.3	2.503	2.2	10.3	78.7	33.32	4.52	8.78	4.62	3.44	3.78	2.22	1.62	6.51	5.11	3.22	1.51
	3.6	2.502	1.8	10.6	83.3	30.45	4.95	8.03	4.50	3.28	3.46	2.00	1.52	6.27	4.61	2.96	1.07
	3.9	2.500	1.4	10.9	87.0	29.62	5.31	7.85	3.66	3.03	3.32	1.85	1.30	6.01	4.28	2.88	0.97

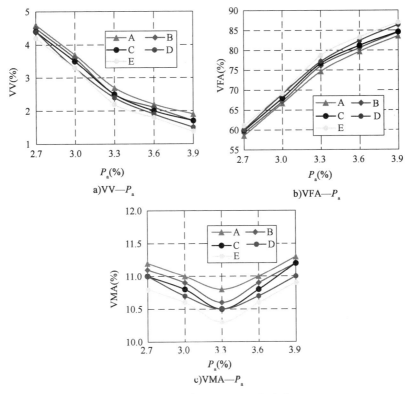

图4-10 体积参数与油石比之间关系

4.2.1.3 体积参数对力学性能的影响

1）VV

根据表4-17绘制ATB-30混合料力学性能与VV之间关系，见图4-11。由图4-11可知，VV对沥青混合料力学性能影响显著。随着VV减小，ATB-30混合料力学性能呈现出先增大后减小变化规律。这是因为在原材料、矿料级配和试验压实方法一定前提下，ATB-30混合料VV取决于油石比，油石比增大，VV减小。

而油石比是影响沥青混合料强度的重要因素，不同油石比所形成的混合料结构见图4-12。当油石比很少时，不足以形成结构沥青薄膜来黏结矿料颗粒。随着油石比增加，结构沥青薄膜形成，沥青与矿料间的黏结力随油石比增加而增大。当沥青足够黏附在矿粉颗粒表面时，若油石比继续增加，过多的沥青会逐渐将矿料颗粒推开，在颗粒间形成不成矿粉发生交互作用的"自由沥青"，此时沥青胶浆的黏结力随自由沥青的增加而降低。当油石比增加至某一用量后，沥青混合料的黏结力主要取决于自由沥青，这时沥青不仅发挥黏结剂的作用，而且还起着润滑剂的作用，致使沥青混合料的黏结力降低。另外，油石比越高，矿料颗粒之间的相互位移越容易，沥青混合料内摩阻角也越小。

2）VFA

根据表4-17绘制ATB-30混合料力学性能与VFA之间关系，见图4-13。

从图4-13可见，VFA对沥青混合料力学性能影响显著。随着VFA增大，ATB-30混合料力学性能呈现出先增大后减小变化规律。

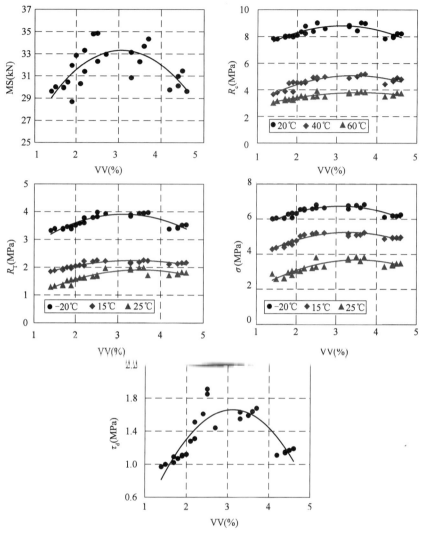

图4-11 ATB-30混合料力学性能与VV之间关系

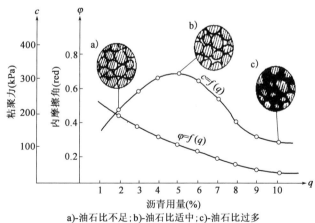

a)-油石比不足；b)-油石比适中；c)-油石比过多

图4-12 油石比对沥青混合料 c、φ 值的影响

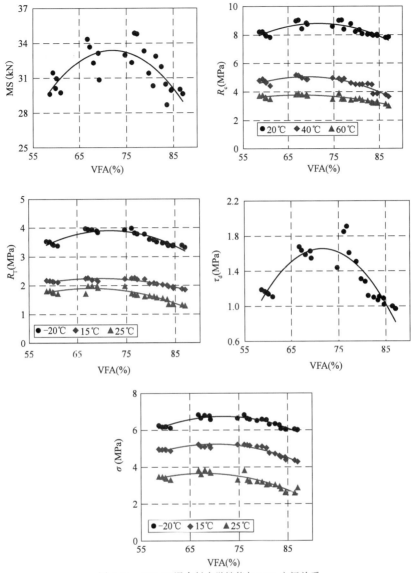

图 4-13 ATB-30 混合料力学性能与 VFA 之间关系

3) VMA

根据表 4-17 绘制 ATB-30 混合料力学性能与 VMA 之间关系,见图 4-14。

由图 4-14 可知,沥青混合料力学性能与 VMA 之间相关性较差,主要原因是影响 VMA 因素较多。在相同压实功下,其中矿料级配、油石比影响最为显著。

4.2.1.4 体积设计标准

1) VV

在给定原材料和矿料级配情况下,VV 是压实功和油石比的函数,实际上 VV 对混合料性能的影响主要体现在压实混合料油石比上。因此,VV 对混合料性能影响必须考虑压实功和油石比,不同压实方式和压实功,压实混合料最佳 VV 也必然有所不同。VVTM 方法和现代路面压实标准下 ATB-30 混合料试件力学性能与 VV 两者之间函数表达式见表 4-18。

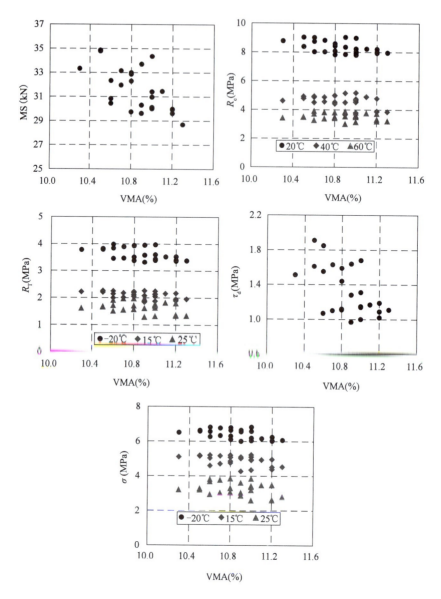

图 4-14 力学性能—VMA 关系

ATB-30 混合料力学性能 S 与 VV 之间函数关系　　　　表 4-18

强度 S	温度（℃）	曲线拟合		S_{max} 及对应 VV		$0.95 S_{max}$ 的 VV	
		拟合方程	相关系数	S_{max}	VV	VV_{min}	VV_{max}
MS	60	$MS = 18.89 + 9.41 VV - 1.53 VV^2$	0.71	33.36	3.08	2.03	4.12
R_c	20	$R_c = 4.90 + 2.50 VV - 0.40 VV^2$	0.81	8.81	3.13	2.08	4.17
	40	$R_c = 1.12 + 2.31 VV - 0.34 VV^2$	0.89	5.04	3.40	2.54	4.26
	60	$R_c = 1.83 + 1.10 VV - 0.15 VV^2$	0.89	3.85	3.67	2.53	4.80

续上表

强度 S	温度 (℃)	曲线拟合		S_{max}及对应VV		$0.95S_{max}$的VV	
		拟合方程	相关系数	S_{max}	VV	VV_{min}	VV_{max}
R_T	-20	$R_T = 1.54 + 1.51VV - 0.24VV^2$	0.89	3.92	3.15	2.24	4.05
	15	$R_T = 1.09 + 0.68VV - 0.10VV^2$	0.90	2.25	3.40	2.34	4.46
	25	$R_T = 0.05 + 1.05VV - 0.15VV^2$	0.93	1.89	3.50	2.71	4.29
σ	-20	$\sigma = 3.87 + 1.85VV - 0.30VV^2$	0.90	6.72	3.08	2.02	4.14
	15	$\sigma = 2.35 + 1.76VV - 0.27VV^2$	0.91	5.22	3.26	2.28	4.24
	25	$\sigma = 0.46 + 1.82VV - 0.26VV^2$	0.90	3.65	3.50	2.66	4.34
τ_d	60	$\tau_d = 0.62 + 0.48VV - 0.071VV^2$	0.28	1.43	3.39	2.39	4.40

满足$0.95S_{max}$的VV见图4-15。

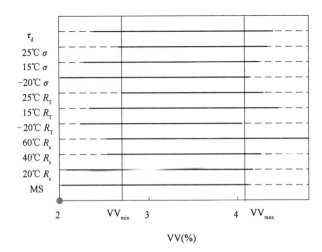

图4-15 满足$0.95S_{max}$的VV

根据表4-18中ATB-30混合料力学性能S与VV的函数,求解得到各力学性能最大值S_{max}及对应的VV为3.08%~3.67%。考虑施工过程中离析,取$0.95S_{max}$对应的VV作为设计标准,计算结果见表4-18中最后两列。各项力学性能的VV_{min}和VV_{max}交集为2.71%~4.05%,综合考虑各种力学性能,建议ATB-30混合料VV设计标准为2.8%~4.0%。

研究表明[26]:混合料VV在3%~5%时强度较高,随VV的增加,其力学强度降低;VV低于3%,则容易发生泛油病害。大部分国家规定沥青混合料设计VV普遍为3%~5%(或6%)。美国在采用马歇尔设计方法时同样也采用此规定,但采用了Superpave方法之后,VV统一采用4%。本项目建议的VV下限与上述结论基本相同,VV上限比上述结论低了1%,这主要是因为现代路面压实标准下混合料密度提高了约2%。

表4-18中数据还表明,随着ATB-30混合料温度升高,试件力学性能达到最大值所需的VV也随之增大,而最佳油石比随之减小。因此,对炎热地区公路以及高速公路、一级公路重交通路段,山区公路的长大坡度路段,预计有可能产生较大车辙时,VV宜取上限;对寒区公路、旅游公路、交通量很少的公路,VV宜取下限。

2) VFA设计标准

VVTM方法和现代交通压实标准下ATB-30力学性能与VFA之间的函数关系见表4-19。

ATB-30 混合料力学性能 S 与 VFA 之间函数关系　　　　表 4-19

强度 S	温度 (℃)	曲线拟合 拟合方程	相关系数	S_{max} 及对应 VFA S_{max}	VFA	$0.95S_{max}$ 的 VFA VFA_{min}	VFA_{max}
MS	60	$MS = -68.52 + 2.83VFA - 0.0197VFA^2$	0.76	33.12	71.8	62.7	81.0
R_c	20	$R_c = -16.61 + 0.71VFA - 0.005VFA^2$	0.84	8.60	71.0	61.7	80.3
	40	$R_c = -14.88 + 0.58VFA - 0.0042VFA^2$	0.92	5.14	69.0	61.2	76.9
	60	$R_c = -4.56 + 0.25VFA - 0.0018VFA^2$	0.90	4.12	69.4	58.7	80.1
R_T	-20	$R_T = -11.33 + 0.43VFA - 0.003VFA^2$	0.91	4.08	71.7	63.4	79.9
	15	$R_T = -3.72 + 0.17VFA - 0.0012VFA^2$	0.93	2.30	70.8	61.0	80.6
	25	$R_T = -6.16 + 0.24VFA - 0.0018VFA^2$	0.93	1.84	66.7	59.5	73.8
σ	-20	$\sigma = -12.25 + 0.53VFA - 0.0037VFA^2$	0.93	6.73	71.6	62.1	81.2
	15	$\sigma = -10.75 + 0.46VFA - 0.0033VFA^2$	0.94	5.28	69.7	60.8	78.6
	25	$\sigma = -10.45 + 0.42VFA - 0.0031VFA^2$	0.91	3.78	67.7	59.9	75.5
τ_d	60	$\tau_d = -2.72 + 0.120VFA - 0.00086VFA^2$	0.28	1.44	69.5	60.4	78.6

满足 $0.95S_{max}$ 的 VFA 见图 4-16。

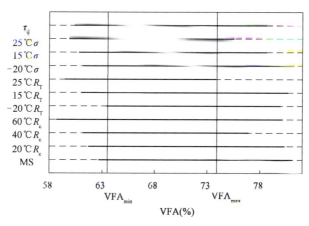

图 4-16　满足 $0.95S_{max}$ 的 VFA

根据表 4-19 中力学性能 S 与 VFA 的函数，求解得到各力学性能最大值 S_{max} 及对应的 VFA 为 66.7%～71.8%。同理，采取 $0.95S_{max}$ 对应的 VFA 作为设计标准，计算结果见表 4-19 中最后两列。各项力学性能的 VFA_{min} 和 VFA_{max} 交集为 63.4%～73.8%，综合考虑各种力学性能，建议 VFA 设计标准为 65%～75%。

此外，表 4-19 中数据表明，随试验温度升高，试件力学性能达到最大值所需的 VFA 随之减小，最佳油石比也随之减小。因此，对炎热地区公路及高速公路、一级公路重交通路段，山区公路长大坡度路段，预计有可能产生较大车辙时，VFA 宜取下限；对寒区公路、旅游公路、交通量很少的公路，VFA 宜取上限。

3) VMA 设计标准

Mcleod 在 1955 年首次提出最小 VMA 的基本原理，1956 年修正了马歇尔法，提出了 $VMA_{min} = 15\%$，1959 年将 VMA_{min} 与公称最大粒径联系起来[77-78]。自 20 世纪 60 年代起，美国已广泛应用 VMA 的概念,并按集料公称最大粒径规定了最小 VMA[79]。美国 SHRP 研究后,制定集料规范时采用改进的 Delphi 方法,集料专家组在第一、二、三、四轮所打分值见表 4-20。表 4-20 中所打分值采用 7 分制,1 分代表坚决否定,7 分代表坚决同意,分值越高说明专家对将该指标列入规范的认可程度越高。从表中可看出,专家们极其看重 VMA 这个指标,其分值仅次于 VV。在专家建议的基础上,1994 年 VMA 被列为 Superpave 水平 I 混合料设计的一个重要指标[80]。

集料专家组对五指标的打分值　　　　　　表 4-20

体积指标	轮　组							
	第一轮		第二轮		第三轮		第四轮	
	平均分	标准差	平均分	标准差	平均分	标准差	平均分	标准差
VV	6.75	0.45	6.85	0.36	6.79	0.43	6.77	0.44
VMA	6.08	1.24	6.23	0.69	6.36	0.84	6.15	0.90
VFA	4.25	1.55	4.46	1.51	4.21	1.72	4.00	1.68
粉胶比					3.36	1.69	4.46	1.85
沥青膜厚度					3.57	1.79	3.31	1.89

但持反对意见的也大有人在,他们认为采用沥青膜厚比 VMA 更适合于评价沥青混合料的耐久性。1959 年,Campen 等强调,两种混合集料具有相同的 VMA,而比表面积和沥青膜厚度却相差一倍,对于保证沥青混合料耐久性来说最核心的是沥青膜厚度而并非 VMA,并认为最合适沥青膜厚度在 6~8μm[81]。1978 年,Field 指出,Ontario 交通部提供了不满足最小 VMA 标准但具有较好路用性能的沥青混合料[82]。1986 年,Foster 查阅了 Mcleod 有关 VMA 的所有文献,并未找到任何工程数据来支持他们提出的 VMA 标准,随后比较了几个实体工程路用性能和混合料体积指标之间的关系,只能说明 VFA 在 68%~83% 的沥青混合料具有较好的路用性能,而 VMA 根本无法区分路面性能的好坏。1996 年,NCAT 的 Kandhal 和 Chakraborty 重新研究了最小 VMA 要求与按耐久性要求确定的最佳沥青膜厚度的关系,结果与 Foster 一样也没有发现任何有意义的、合理的数据能表明路面性能与最小 VMA 值之间有什么相关性,并建议用沥青膜厚度代替 VMA 以保证沥青路面的耐久性,沥青膜最佳厚度为 8μm[83]。1996 年,Hinrich 和 Heggen 也建议混合料设计中采用平均沥青膜厚度[84]。1997 年,Anderson 和 Bahia 认为在 Superpave 混合料设计中满足 VMA 要求是最困难和最耗时间的,并指出 VMA 对级配的依赖性很强[85]。1998 年,Kandhal 等认为当前最小 VMA 标准保证混合料耐久性是不合适的,建议用沥青膜厚度最小 8μm 来代替最小 VMA 要求[86]。

美国公路部门采用 Superpave 法设计沥青混合料时发现,其最小的 VMA 很难满足要求[74],这有时被认为是 Superpave 采用了旋转压实造成压实功大造成的,而我国规范的 VMA 与 Superpave 一样是以最大公称粒径来确定的,而实际上应用中发现,在以马歇尔设计法设计的嵌挤实型沥青混合料中,VMA 也很难达到规范的要求。而这些很难达到最小 VMA 要求的混合料通常具有较大的油石比及较好的路用性能。对于传统的沥青混合料而言,较高的油石比意味着较差的高温稳定性,这让我们反思最小的 VMA 单纯以最大的公称粒径来确定是否合适。目前,在我国的公路沥青路面施工技术规范中,VMA 只是作为一个检验性指标,即按试验曲线上所定出的 OAC 曲线对应的 VMA 值与规范的最小 VMA 值做比较,如果 VMA 不满足要求,则需要调整级配。

国内外相关文献及本项目研究表明,VMA 与力学性能相关性不强,建议不做强制标准而只做参考标准。VMA 由剩余空隙体积和有效沥青体积(混合料中沥青总体积减去被矿料吸收的沥青体积)构成,击实功、矿料级配、矿粉用量和油石比是影响 VMA 的主要因素,而这些也是影响沥青混合料关键因素,考虑本项目在这些因素方面研究较少,决定以规范中规定 VMA 为基础,结合上述 VV 标准及 VVTM 对 VMA 的影响,确定 VMA 标准。过程如下:

规范规定[11],采用马歇尔方法成型 ATB-30 混合料试件的 VMA 最小值为 12.5%,VV = 3%~6%。则:

$$VA = VMA - VV = 6.5\% \sim 9.5\%$$

由此得到:

$$P_a = 2.7\% \sim 4.0\%$$

现代交通压实标准提高 2%,VVTM 试件 VV 技术标准为 2.8%~4.0%,VVTM 确定的 P_a 比马歇尔方法降低约 10%,则 ATB-30 混合料 VVTM 试件 P_a = 2.5%~3.6%,由此可计算得到 VA:

$$VA = 6.0\% \sim 8.5\%$$

进而得到 VVTM 试件的 VMA 最小值标准为:

$$VMA = VV + VA \approx 10.5\%$$

因此,ATB-30 混合料 VVTM 试件的 VMA 最小值标准为 10.5%。

4)体积设计标准

综上所述,建议 ATB-30 混合料 VVTM 体积设计标准见表 4-21。

ATB-30 混合料 VVTM 体积设计标准 表 4-21

体积指标	VV(%)	VFA(%)	VMA(%)
技术标准	2.8~4.0	65~75	≥10.5

4.2.2 AC-20 混合料体积设计标准

4.2.2.1 试验方案及试验结果

AC-20 沥青混合料所用矿料级配见表 4-22。

AC-20 混合料矿料级配 表 4-22

级配类型	通过下列筛孔(mm)的质量百分率(%)											
	26.5	19	16	13.2	9.5	4.75	2.36	1.18	0.6	0.3	0.15	0.075
A	100	97.9	87.6	77.3	66.9	46.6	32.4	23.3	16.9	12.5	8.1	5.6
B	100	97.5	87.2	77.5	67.5	46.5	32.9	23.0	16.0	11.2	6.6	4.2
C	100	96.6	87.2	74.1	53.3	38.7	30.1	20.7	14.1	10.7	6.9	4.9
D	100	97.4	85.4	73.5	60.0	34.7	27.2	19.2	13.8	10.0	6.3	4.2
E	100	95.4	81.2	68.9	56.5	35.3	26.3	18.7	13.4	9.8	6.2	4.2

AC-20 混合料 VVTM 试件体积参数、力学性能见表 4-23,高温性能与疲劳性能见表 4-24。表中 $N_{0.4}$、$N_{0.5}$、$N_{0.6}$ 应力水平为 0.4、0.5、0.6 作用下疲劳寿命。

第4章 耐久性沥青混合料VVTM设计技术及示范工程

AC-20 混合料 VVTM 试件力学性能—体积参数之间关系　　表 4-23

级配	P_a (%)	ρ_f (g/cm³)	VV (%)	VMA (%)	VFA (%)	MS (kN)	FL (mm)	20℃R_c (MPa)	-20℃σ (MPa)	60℃τ_d (MPa)
A	3.3	2.431	5.5	13.0	58.0	17.16	19.3	8.04	12.82	1.34
A	3.8	2.473	3.2	12.0	73.5	25.61	24.4	9.28	13.95	1.63
A	4.3	2.489	2.1	12.1	82.9	23.96	32.2	8.97	15.68	1.51
A	4.8	2.478	1.2	12.3	90.2	18.35	43.7	7.93	14.77	1.37
A	5.3	2.463	1.1	13.2	91.4	16.18	47.7	7.62	14.10	1.20
B	3.3	2.444	5.0	12.6	60.5	19.05	21.4	8.22	13.39	1.35
B	3.8	2.475	3.1	11.9	74.1	24.92	24.7	9.29	13.74	1.44
B	4.3	2.484	2.3	12.3	81.4	26.35	33.0	9.27	14.40	1.43
B	4.8	2.475	1.9	13.0	85.3	24.37	36.3	9.20	14.23	1.39
B	5.3	2.456	1.8	13.9	86.8	18.48	38.0	8.94	13.79	1.33
C	3.3	2.487	3.3	11.1	70.0	22.82	22.8	8.96	12.68	1.40
C	3.8	2.495	2.3	11.2	79.5	25.21	31.3	9.30	13.04	1.57
C	4.3	2.500	1.6	11.6	86.6	19.77	34.6	8.27	14.03	1.25
C	4.8	2.493	1.1	12.2	91.1	16.63	37.4	7.64	13.60	0.89
C	5.3	2.476	1.0	13.2	92.3	15.24	41.8	7.41	13.25	0.66

VVTM 沥青混合料体积参数—高温性能与疲劳性能关系　　表 4-24

矿料级配	P_a (%)	体积参数			高温性能	疲劳性能		
		VV(%)	VFA(%)	VMA(%)	DS(次/mm)	$N_{0.4}$	$N_{0.5}$	$N_{0.6}$
A	3.3	5.6	57.6	13.2	3000	2052	1007	654
A	3.8	3.1	73.7	11.8	4927	4601	2510	1451
A	4.3	2.1	82.6	12.1	4701	3267	1589	1006
A	4.8	1.3	89.6	12.5	3800	2433	1265	811
A	5.3	1.2	91.0	13.3	3800	2945	1531	872
B	3.3	4.9	61.7	12.8	3817	2607	1257	881
B	3.8	3.1	73.9	11.9	4938	3922	2373	1298
B	4.3	2.4	80.6	12.4	4500	3577	1760	1076
B	4.8	2.0	84.8	13.2	4200	3411	1674	1037
B	5.3	1.7	87.4	13.5	4120	3260	1625	1090
C	3.3	3.2	70.9	11.0	4950	4652	2419	1554
C	3.8	2.4	78.6	11.2	4919	3602	1873	1201
C	4.3	1.6	86.2	11.6	4235	3302	1817	1001
C	4.8	1.0	91.8	12.2	3400	3113	1023	921
C	5.3	1.1	91.7	13.3	3127	3206	951	854

4.2.2.2 体积参数的影响因素

根据表4-23绘制AC-20混合料体积参数与油石比之间关系,见图4-17。

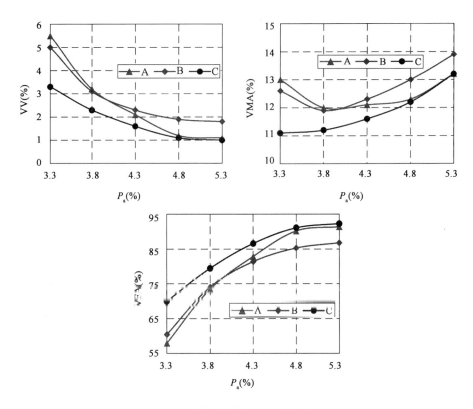

图4-17 体积参数与油石比之间关系

图4-17表明,随油石比增大,AC-20混合料VV降低、VFA增大;随油石比增大,VMA先减小后增大;矿料级配对体积参数尤其是VMA有显著影响。

4.2.2.3 体积参数对力学性能的影响

1) VV

根据表4-23绘制AC-20混合料力学性能与VV之间关系,见图4-18。

由图4-18可知,AC-20力学性能随VV减小呈先增大后减小变化趋势。

2) VFA

根据表4-23绘制AC-20混合料力学性能与VFA之间关系,见图4-19。

由图可知,AC-20力学性能随VFA增大呈先增大后减小变化趋势。

3) VMA

根据表4-17绘制AC-20混合料力学性能与VMA之间关系,见图4-20。

由图4-20可知,AC-20力学性能及高温性能与VMA之间相关性较差,主要原因是影响VMA因素较多。相同压实功下,矿料级配、油石比影响最为显著。

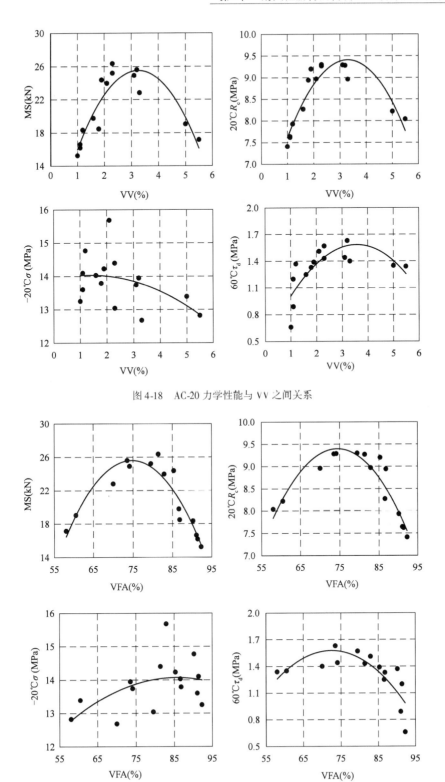

图 4-18 AC-20 力学性能与 VV 之间关系

图 4-19 AC-20 力学性能与 VFA 之间关系

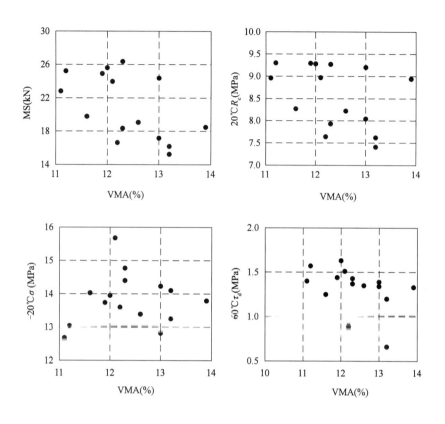

图 4-20　AC-20 混合料力学性能—VMA 关系

4.2.2.4　体积参数对高温性能的影响

根据表 4-24 绘制 AC-20 沥青混合料动稳定度 DS 与 VV、VFA、VMA 之间关系,见图 4-21。

从表 4-24 和图 4-21 可以看出,随 VV 减小、VFA 增大,沥青混合料动稳定度 DS 先增大后减小。VV 从 5.6% 降至 3.0% 时,DS 几乎呈线性增长,VV 降低 1%,DS 增加约 23%;当 VV 在 3.0% 附近,DS 最大;VV 继续减小,DS 开始下降,当 VV 降至 1% 附近时,VV 降低 1%,抗车辙性能约减小 20%。分析认为,当 VV 较大时,沥青混合料内部结构存在的空隙,荷载反复作用下颗粒容易发生迁移,从而表现抗车辙性能较低,故此时降低混合料 VV 对抗车辙性能的提高影响显著;当 VV 较小时,相同级配及压实功作用下,较小的 VV 意味着沥青混合料内自由沥青含量较多,自由沥青的润滑作用,沥青混合料在荷载作用下促使颗粒移动,反而降低了沥青混合料强度及抗车辙性能。

从图 4-21 可以看出,沥青混合料动稳定度 DS 与 VMA 之间无显著的相关性。

4.2.2.5　体积参数对疲劳寿命的影响

根据表 4-24 绘制 AC-20 沥青混合料疲劳寿命 N 与 VV、VFA、VMA 之间关系,见图 4-22。

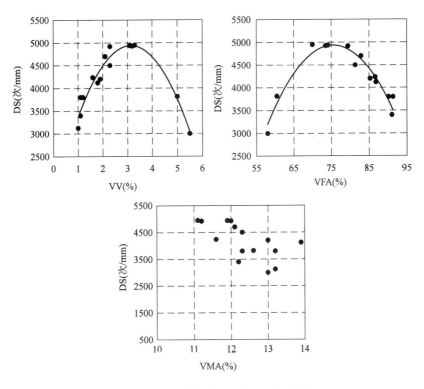

图 4-21 AC-20 动稳定度 DS—体积参数之间关系

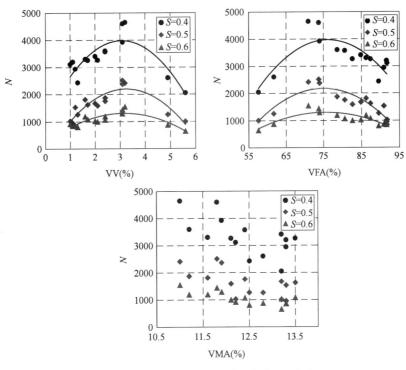

图 4-22 AC-20 疲劳次数 N—体积参数之间关系

从表4-24和图4-22可以看出,随VV、VFA减小,沥青混合料疲劳寿命先增大后减小。VV从5.6%降至3.0%时,疲劳寿命几乎呈线性增长,VV降低1%,疲劳寿命增加约20%,当VV在3.0%附近,疲劳寿命最大;VV继续减小,疲劳寿命开始下降,当VV降至1%附近时,VV降低1%,疲劳性能约减小15%;VFA=57%~71%时,VFA增加1%,疲劳寿命提高4%;当VFA=71%~92%时,VFA增加1%,疲劳寿命降低1.6%。分析认为,当VV较大时,沥青混合料内部结构存在的空隙与微裂缝较多,荷载反复作用下易引发微裂缝扩展破坏,从而其疲劳性能较低,故此时降低混合料VV对疲劳性能的提高影响显著;当VV较小时,相同级配及压实功作用下,较小的VV意味着沥青混合料内自由沥青含量较多,自由沥青的润滑作用反而降低了沥青混合料强度及疲劳寿命。

从图4-22还可以看出,沥青混合料疲劳能与VMA之间没有显著相关性。

4.2.2.6 体积设计标准

1) VV设计标准

VVTM方法和现代路面压实标准下AC-20力学性能、高温性能、疲劳性能与VV之间关系见表4-25、表4-26。

AC-20混合料力学性能S与VV之间函数表达式 表4-25

强度 S	温度 (℃)	曲线拟合		S_{max}及对应VV		$0.95S_{max}$的VV	
		拟合方程	r^2	S_{max}	VV	VV_{min}	VV_{max}
MS	60	$MS = 5.62 + 12.21VV - 1.87VV^2$	0.91	25.52	3.26	2.43	4.08
R_c	20	$R_c = 5.71 + 2.24VV - 0.34VV^2$	0.94	9.41	3.30	2.12	4.48
σ	-20	$\sigma = 13.89 + 0.197VV - 0.071VV^2$	0.47	14.03	1.39	1.00	4.53
τ_d	60	$\tau_d = 0.47 + 0.625VV - 0.087VV^2$	0.78	1.59	3.59	2.62	4.52
DS	60	$DS = -994.9 + 3359.8VV - 479.04VV^2$	0.92	4896	3.51	2.79	4.22

AC-20沥青混合料性能与VV之间函数表达式 表4-26

方程类型	应力比	拟合方程	r^2	N_{max}对应的值	$0.95N_{max}$对应值	
					最小值	最大值
VV—N	0.4	$N = -348.1VV^2 + 2187VV - 578.5$	0.785	3.14	2.38	3.90
	0.5	$N = -230.1VV^2 + 1459VV - 185.2$	0.742	3.13	2.33	3.85
	0.6	$N = -108VV^2 + 681.8VV - 208.9$	0.777	3.15	2.38	3.92

根据表4-25中力学性能S与VV的函数,求解得到各力学性能最大值S_{max}及$0.95S_{max}$对应的VV。各项力学性能的VV_{min}和VV_{max}交集为2.8%~4.08%。

从表4-26可以看出,对于不同应力水平,满足疲劳寿命最大N_{max}对应的最佳VV=3.13%~3.15%,$0.95N_{max}$对应的VV和VFA的范围分别为2.4%~3.8%。

综合考虑各种力学性能,建议VV设计标准为2.8%~4.0%。

2) VFA设计标准

VVTM方法和重交通压实标准下AC-20力学性能、疲劳性能与VFA之间关系见表4-27和表4-28。

AC-20 混合料性能 S 与 VFA 之间函数表达式 表 4-27

强度 S	温度 (℃)	曲线拟合		S_{max} 及对应 VFA		$0.95S_{max}$ 的 VFA	
		拟合方程	r^2	S_{max}	VFA	VFA_{min}	VFA_{max}
MS	60	$MS = -156.7 + 4.88VFA - 0.0327VFA^2$	0.94	25.52	74.65	68.40	80.89
R_c	20	$R_c = -22.61 + 0.86VFA - 0.00578VFA^2$	0.94	9.39	74.41	65.40	83.42
σ	-20	$\sigma = 1.69 + 0.289VFA - 0.00169VFA^2$	0.52	14.04	85.48	65.10	92.30
τ_d	60	$\tau_d = -6.34 + 0.218VFA - 0.00151VFA^2$	0.80	1.56	72.33	65.15	79.52
DS	60	$DS = -32893 + 1011VFA - 6.774VFA^2$	0.90	4830	74.62	68.66	80.59

AC-20 沥青混合料性能与 VFA 之间函数表达式 表 4-28

应力比	拟合方程	r^2	N_{max} 对应的 VFA 值	$0.95N_{max}$ 对应 VFA 值	
				最小值	最大值
0.4	$N = -6.094VFA^2 + 921.3VFA - 30617$	0.782	75.59	69.72	88.92
0.5	$N = -3.957VFA^2 + 598.3VFA - 20191$	0.798	74.80	70.06	81.14
0.6	$N = -1.8777VFA^2 + 282VFA - 9.285$	0.731	75.10	58.32	91.92

根据表 4-27 力学性能 S 与 VFA 的函数，求解得到各力学性能最大值 S_{max} 及 $0.95S_{max}$ 各自对应的 VFA，各项力学性能的 VFA 交集为 68.66%～80.59%。

从表 4-28 可以看出，对于不同应力水平，满足疲劳寿命最大 N_{max} 对应的最佳 VFA＝74.8%～75.59，$0.95N_{max}$ 对应的 VFA 为 70%～81%。

综合考虑各种力学性能，建议 VFA 设计标准取为 70%～80%。

3）VMA 设计标准

规范规定 AC-20 马歇尔试件 VMA 最小值为 12%，VV＝3%～6%，则：

$$VA = VMA - VV = 6\% \sim 9\%$$

由此得到：

$$P_a = 3.7\% \sim 5.0\%$$

现代交通压实标准比马歇尔的提高了 2%，VVTM 试件设计 VV＝2.8%～4.0%，P_a 降低约 10%，则 AC-20 混合料 VVTM 试件 P_a＝3.4%～4.5%，由此计算可得 VA：

$$VA = 8.2\% \sim 9.4\%$$

由此得到 VVTM 试件的 VMA 最小值标准为：

$$VMA = VV + VA \approx 11\%$$

4）AC-20 混合料 VVTM 体积设计标准

综上所述，建议 VVTM 体积设计标准见表 4-29。

AC-20 混合料 VVTM 体积设计标准 表 4-29

体积指标	VV(%)	VFA(%)	VMA(%)
技术标准	2.8～4.0	70～80	≥11.0

4.2.3 AC-13 混合料体积设计标准

4.2.3.1 试验方案及试验结果

研究所用矿料级配见表 4-30。

AC-13 混合料矿料级配 表 4-30

级配类型	通过下列筛孔(mm)的质量百分率(%)									
	16	13.2	9.5	4.75	2.36	1.18	0.6	0.3	0.15	0.075
A	100	96.5	71.5	32.5	22.6	22.6	15.8	13.7	12.2	10.1
B	100	96.7	72.3	30.7	23.1	20.3	14.9	12.4	10.7	8.7
C	100	93.4	62.1	26.2	20.3	16.0	13.0	11.9	11.0	9.4

AC-13 混合料 VVTM 试件体积参数及力学性能结果见表 4-31。

AC-13 混合料 VVTM 试件力学性能—体积参数之间关系 表 4-31

级配	P_a (%)	ρ_f (g/cm³)	VV (%)	VMA (%)	VFA (%)	MS (kN)	20℃R_c (MPa)	-20℃σ (MPa)	60℃τ_d (MPa)
A	4.8	2.467	5.8	17.0	59.1	14.95	8.02	12.62	1.54
	5.3	2.509	3.5	16.0	74.5	23.36	9.27	13.75	1.83
	5.8	2.525	2.4	16.1	83.8	21.72	8.96	15.18	1.71
	6.3	2.514	1.5	16.3	91.1	16.23	7.91	14.57	1.57
	6.8	2.499	1.4	17.2	92.0	14.16	7.60	13.92	1.40
B	4.8	2.460	5.3	16.4	61.6	16.83	8.23	13.19	1.53
	5.3	2.491	3.4	15.7	75.1	22.71	9.31	13.54	1.69
	5.8	2.520	2.6	16.2	82.3	24.11	9.27	14.20	1.68
	6.3	2.491	2.2	16.9	86.3	22.14	9.21	14.03	1.61
	6.8	2.472	2.1	17.7	87.8	16.25	8.95	13.59	1.47
C	4.8	2.498	3.6	14.9	71.2	20.71	8.99	12.48	1.35
	5.3	2.521	2.6	15.0	79.5	23.09	9.28	12.84	1.71
	5.8	2.536	1.93	15.5	87.5	17.53	8.27	13.83	1.50
	6.3	2.493	1.4	16.1	92.3	14.52	7.63	13.40	1.14
	6.8	2.476	1.1	17.1	93.4	13.31	7.42	13.05	0.91

4.2.3.2 体积参数的影响因素

根据表 4-31 绘制 AC-13 混合料体积参数与油石比之间关系见图 4-23。

从图 4-23 可知,矿料级配相同,VV 随油石比增加而减小,VFA 随油石比增大而增大,VMA 随油石比增大呈凹形曲线变化。

4.2.3.3 体积参数对力学性能的影响

1) 力学性能与 VV 之间关系

AC-13 混合料力学性能与 VV 之间关系见图 4-24。由图 4-24 可知,AC-13 力学性能随 VV 增大呈先增大后减小变化趋势。

2) 力学性能与 VFA 之间关系

AC-13 力学性能与 VFA 之间关系见图 4-25。

由图 4-25 可知,AC-13 力学性能随 VFA 增大呈先增大后减小变化趋势。

3) 力学性能与 VMA 之间关系

沥青混合料力学性能随 VMA 变化情况见图 4-26。

图 4-26 证明,沥青混合料力学性能与 VMA 之间没有什么相关性。

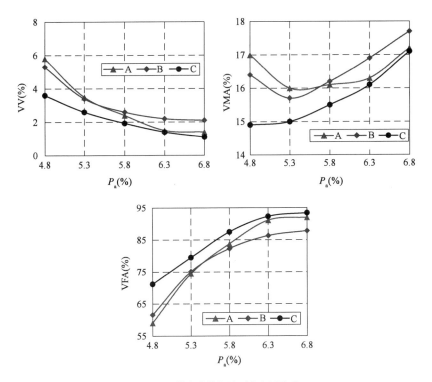

图 4-23 体积参数与油石比之间关系

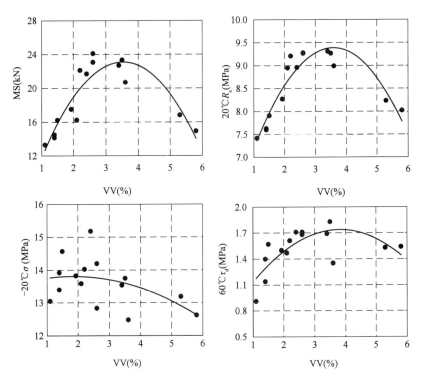

图 4-24 AC-13 沥青混合料力学性能与 VV 之间关系

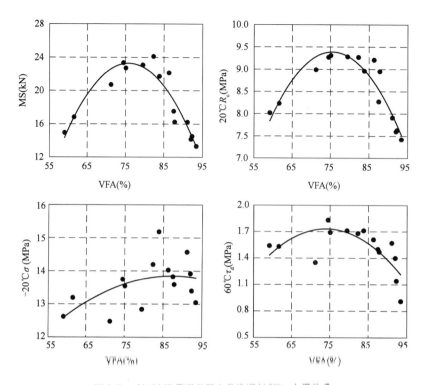

图 4-25　AC-13 沥青混合料力学性能与 VFA 之间关系

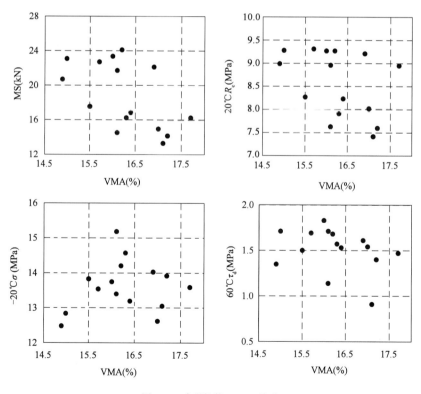

图 4-26　力学性能—VMA 关系

4.2.3.4 体积设计标准

1) VV

AC-13 混合料力学性能 S 与 VV 之间函数表达式见表 4-32。

AC-13 混合料力学性能 S 与 VV 之间函数表达式 表 4-32

强度 S	温度 (℃)	曲线拟合		S_{max} 及对应 VV		$0.95S_{max}$ 的 VV	
		拟合方程	相关系数	S_{max}	VV	VV_{min}	VV_{max}
MS	60	$MS = 1.111 + 12.44VV - 1.76VV^2$	0.91	23.1	3.53	2.70	4.34
R_c	20	$R_c = 5.18 + 2.35VV - 0.327VV^2$	0.94	9.4	3.58	2.39	4.78
σ	-20	$\sigma = 13.56 + 0.28VV - 0.075VV^2$	0.49	13.8	1.83	1.00	4.86
τ_d	60	$\tau_d = 0.63 + 0.58VV - 0.076VV^2$	0.73	1.7	3.83	2.70	4.90

根据表 4-32 中力学性能 S 与 VV 的函数,求解得到各力学性能最大值 S_{max} 及 $0.95S_{max}$ 对应的 VV。各项力学性能的 VV_{min} 和 VV_{max} 交集为 2.7% ~ 4.3%,综合考虑各种力学性能,建议 VV 设计标准为 2.8% ~ 4.2%。

2) VFA

AC-13 混合料力学性能 S 与 VFA 之间函数表达式见表 4-33。

AC-13 沥青混合料力学性能 S 与 VFA 之间函数表达式 表 4-33

强度 S	温度 (℃)	曲线拟合		S_{max} 及对应 VFA		$0.95S_{max}$ 的 VFA	
		拟合方程	相关系数	S_{max}	VFA	VFA_{min}	VFA_{max}
MS	60	$MS = -161.8 + 4.886VFA - 0.0322VFA^2$	0.94	23.53	75.86	69.78	81.95
R_c	20	$R_c = -23.7 + 0.876VFA - 0.0058VFA^2$	0.94	9.42	75.52	66.47	84.59
σ	-20	$\sigma = 1.79 + 0.276VFA - 0.0016VFA^2$	0.54	13.69	86.25	65.57	93.34
τ_d	60	$\tau_d = -5.71 + 0.2012VFA - 0.0014VFA^2$	0.74	1.52	71.86	64.51	79.21

根据表 4-33 中力学性能 S 与 VFA 的函数,求解得到各力学性能最大值 S_{max} 及 $0.95S_{max}$ 各自对应的 VFA,各项力学性能的 VFA 交集为 69.78% ~ 79.21%,综合考虑各种力学性能,建议 VFA 设计标准取为 70% ~ 80%。

3) VMA 标准

规范规定,采用马歇尔方法 AC-13 试件 VMA 最小值为 13.5% (内插得到),VV = 3% ~ 6%。则:

$$VA = VMA - VV = 7.5\% \sim 10.5\%$$

由此得到:

$$P_a = 4.3\% \sim 5.5\%$$

压实标准提高 2%,VVTM 试件 VV 技术标准为 2.8% ~ 4.2%,P_a 比马歇尔方法的降低约 7%,则 AC-13 混合料 VVTM 试件 $P_a = 4.0\% \sim 5.1\%$,由此可得 VA:

$$VA = 10\% \sim 13\%$$

则 VVTM 试件的 VMA 最小值标准为：

$$VMA = VV + VA \approx 12.8\%$$

4) AC-13 混合料 VVTM 体积设计标准

综上所述，建议 AC-13 混合料 VVTM 体积设计标准见表 4-34。

AC-13 混合料体积设计标准　　　　　　　　　　　　表 4-34

体积指标	VV(%)	VFA(%)	VMA(%)
设计标准	2.8~4.2	70~80	≥12.8

4.3 耐久性沥青混合料 VVTM 设计方法

沥青混合料设计包括原材料选择、矿料级配设计、油石比和混合料密度的确定以及达到期望技术性能要求等，设计方法中最为重要的是试验方法、评价指标和标准。试件方法（成型方法、击实功）影响混合料排列、体积参数和最佳油石比。相比马歇尔法，VVTM 能更好地模拟施工过程中混合料所受到的碾压作用，VVTM 试件能更准确预测通车多年后路面的力学性能。而沥青混合料路用性能与体积参数之间具有良好的函数关系，这是沥青混合料体积法设计依据。本章提出了耐久性沥青混合料 VVTM 设计方法，并对 VVTM 混合料性能进行验证。

4.3.1 VVTM 沥青混合料配合比设计

4.3.1.1 配合比设计流程

配合比设计宜按图 4-27 的步骤进行。

4.3.1.2 设计标准

沥青混合料 VVTM 技术标准见表 4-35。

沥青混合料技术标准　　　　　　　　　　　　表 4-35

设计方法		VVTM 设计方法			马歇尔设计方法		
混合料类型		ATB-30	AC-20	AC-13	ATB-30	AC-20	AC-13
试件尺寸(mm)		φ150×h95.3	φ101×h63.5		φ152.4×h95.3	φ101.6×h63.5	
成型方式		振动时间 100s	振动时间 65s		双面击实 112 次	双面击实 75 次	
体积指标	VV(%)	2.8~4.0	2.8~4.0	2.6~4.2	3~6	4~6	
	VFA(%)	65~75	70~80	70~80	55~70	65~75	
	VMA(%)	≥10.5	≥11	≥12.8	≥12.5	≥13	≥13.5
力学指标	MS(kN)	≥22	≥12	≥12.5	≥15	≥8	≥8
	FL(mm)	实测	实测	1.5~4	实测	1.5~4	实测

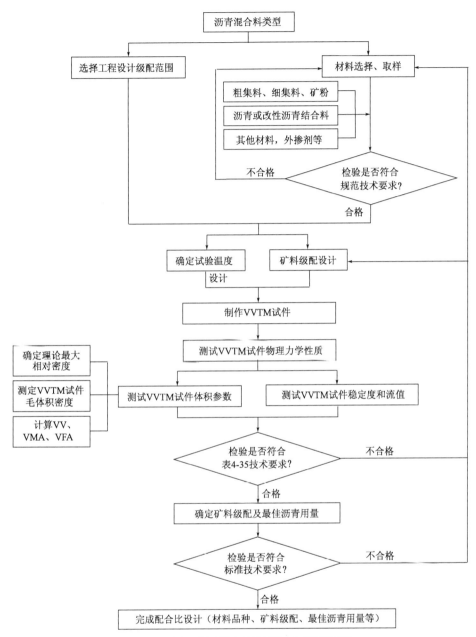

图 4-27 密级配沥青混合料目标配合比设计流程图

4.3.1.3 油石比设计

1) VVTM 试件的制备

(1) 按设计的矿料级配,计算各规格集料的用量。

(2) 根据工程经验估计适宜油石比,以预估的油石比为中值,按 0.3%~0.5% 间隔等间距地向两侧扩展,取 5 个不同油石比分别制备 VVTM 试件。

2) VVTM 试件物理力学指标的测定

测定沥青混合料 VVTM 试件的密度,计算试件的 VV、VMA、VFA。并对 VVTM 试件进行马歇尔试验,测定 VVTM 试件马歇尔稳定度、流值。

3) 最佳油石比的确定

(1) 绘制油石比—体积与力学指标关系图。

以油石比或沥青用量为横坐标,以体积指标和稳定度及流值为纵坐标,绘制油石比与各项指标的关系曲线。

(2) 确定最佳油石比初始值 OAC_1。

从油石比—体积与力学指标关系图中取密度最大值、稳定度最大值、规定空隙率范围的中值、规定饱和度范围的中值对应的油石比为 a_1、a_2、a_3、a_4,求取平均值作为 OAC_1。即:

$$OAC_1 = (a_1 + a_2 + a_3 + a_4)/4$$

(3) 确定最佳油石比初始值 OAC_2。

以各项指标均符合基于 VVTM 沥青混合料技术标准要求(不含 VMA)的油石比范围 $OAC_{min} \sim OAC_{max}$ 中值作为 OAC_2。即:

$$OAC_2 = (OAC_{min} + OAC_{max})/2$$

(4) 确定最佳油石比 OAC。

取 OAC_1 与 OAC_2 的平均值作为最佳油石比 OAC。即:

$$OAC = (OAC_1 + OAC_2)/2$$

检验与 OAC 对应的 VMA 是否满足 VMA 最小值的要求,且宜位于 VMA 凹形曲线最小值贫油的一侧。

4) 沥青混合料性能验证

按最佳油石比 OAC 制作车辙板和 VVTM 试件,测试其动稳定度、浸水马歇尔试验和冻融劈裂强度试验,检验其是否满足规范要求。

4.3.2 设计示例

4.3.2.1 ATB-30 混合料

1) 原材料及矿料级配

原材料见第 4.1.1 节,矿料级配见表 4-36。

矿 料 级 配　　　　　　　　表 4-36

筛孔孔径(mm)	37.5	31.5	26.5	19	16	13.2	9.5	4.75	2.36	1.18	0.6	0.3	0.15	0.075
通过百分率(%)	100	98.1	87.3	67.6	62.4	55.1	44.2	29.9	19.6	14.0	10.9	7.6	6.3	4.4

2) VVTM 法设计结果

不同油石比 VVTM 试件物理力学指标结果见表 4-37,VVTM 试件油石比与物理—力学指标关系曲线见图 4-28。毛体积密度采用表干法测试。

ATB-30 混合料 VVTM 试件物理力学指标　　　表 4-37

P_a(%)	ρ_f(g/cm³)	VV(%)	VMA(%)	VFA(%)	MS(%)	FL(mm)
2.7	2.469	4.4	11.0	59.9	30.12	2.94
3.0	2.483	3.5	10.8	68.0	32.30	3.37
3.3	2.497	2.5	10.6	76.7	34.86	3.89
3.6	2.498	2.0	10.8	81.2	32.87	4.23
3.9	2.496	1.7	11.2	84.6	29.98	4.84
技术要求	—	2.8~4.0	≥10.5	65~75	≥22	实测

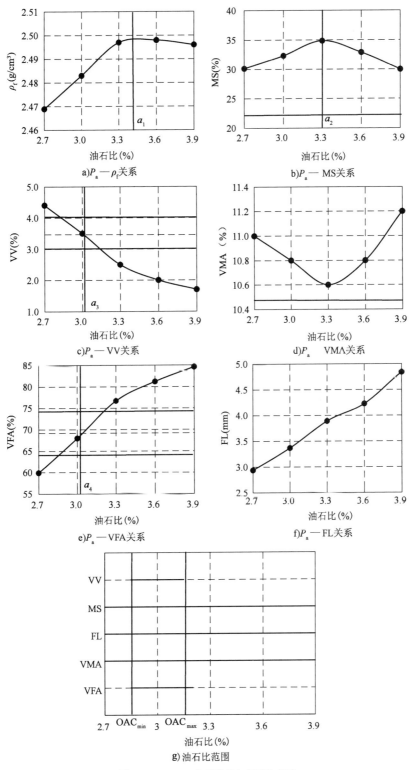

图 4-28 ATB-30 各项指标与油石比关系

由图 4-28a)可知,对应于密度最大值的油石比 $a_1 = 3.40\%$。

由图 4-28b)可知,对应于 MS 最大值对应的油石比 $a_2 = 3.12\%$。

由图 4-28c)可知,对应于规定空隙率范围中值的油石比 $a_3 = 3.03\%$。

由图 4-28e)可知,对应于饱和度范围中值的油石比 $a_4 = 3.03\%$。

计算 OAC_1：

$$OAC_1 = (a_1 + a_2 + a_3 + a_4)/4 = 3.14\%$$

由图 4-28g)可知,油石比的公共范围为：$OAC_{min} = 2.85\%$, $OAC_{max} = 3.20\%$。

计算 OAC_2：

$$OAC_2 = (OAC_{min} + OAC_{max})/2 = 3.03\%$$

计算 OAC：

$$OAC = (OAC_1 + OAC_2)/2 = 3.08\%$$

3) 马歇尔法设计结果

不同油石比马歇尔试件物理—力学指标测试结果结果见表 4-38。马歇尔试件油石比与物理—力学指标关系曲线见图 4-29。

ATB-30 混合料试件物理—力学指标 表 4-38

$P_a(\%)$	$\rho_f(g/cm^3)$	VV(%)	VMA(%)	VFA(%)	MS(%)	FL(mm)
2.7	2.419	6.3	12.8	50.4	17.77	2.35
3.0	2.432	5.4	12.7	56.9	20.38	2.69
3.3	2.445	4.5	12.5	64.0	22.72	3.05
3.6	2.447	4.0	12.6	68.1	21.97	3.38
3.9	2.445	3.7	12.9	71.3	18.27	3.87
技术要求	—	4~6	≥12.5	55~70	≥15	实测

由图 4-29 可知：

$$a_1 = 3.50\%, a_2 = 3.38\%, a_3 = 3.30\%, a_4 = 3.22\%$$
$$OAC_{min} = 2.90\%, OAC_{max} = 3.75\%$$

计算 OAC_1：

$$OAC_1 = (a_1 + a_2 + a_3 + a_4)/4 = 3.35\%$$

计算 OAC_2：

$$OAC_2 = (OAC_{min} + OAC_{max})/2 = 3.33\%$$

计算 OAC：

$$OAC = (OAC_1 + OAC_2)/2 = 3.34\%$$

4) 两种方法设计结果对比

ATB-30 沥青混合料两种方法设计结果对比见表 4-39。

配合比设计结果对比 表 4-39

设计方法	OAC(%)	$\rho_f(g/cm^3)$	VV(%)	VFA(%)	VMA(%)
VVTM 法	3.07	2.486	3.3	70.2	10.7
马歇尔法	3.34	2.447	4.3	65.4	12.5

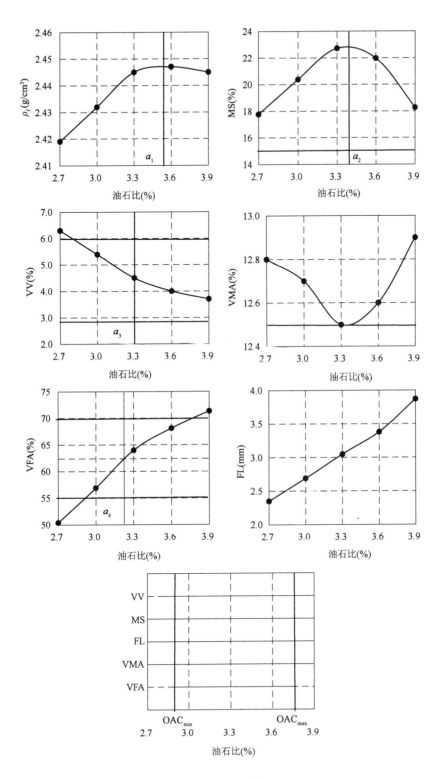

图 4-29 ATB-30 各项指标与油石比关系

表 4-39 表明,ATB-30 混合料 VVTM 设计油石比为 3.07%,比马歇尔设计油石比降低了 8.1%,密度提高了 1.6%,VV 减小了 1%,VFA 增加了 4.8%。

4.3.2.2 AC-20 混合料

1）原材料及矿料级配

原材料见第 4.1.1 节,矿料级配见表 4-40。

矿 料 级 配　　　　　表 4-40

筛孔孔径(mm)	26.5	19	16	13.2	9.5	4.75	2.36	1.18	0.6	0.3	0.15	0.075
质量通过百分率(%)	100	96.6	87.2	74.1	53.3	38.7	30.1	20.7	14.1	10.7	6.9	4.9

2）VVTM 设计结果

不同油石比 VVTM 试件物理力学指标结果见表 4-41,VVTM 试件油石比与物理—力学指标关系曲线见图 4-30。

AC-20 混合料 VVTM 试件物理—力学指标　　表 4-41

$P_a(\%)$	$\rho_f(g/cm^3)$	VV(%)	VMA(%)	VFA(%)	MS(%)	FL(mm)
3.3	2.444	5.0	12.6	60.5	19.05	2.14
3.8	2.475	3.1	11.9	74.1	24.92	2.47
4.3	2.484	2.3	12.3	81.4	26.35	3.3
4.8	2.475	1.9	13.0	85.3	24.37	3.63
5.3	2.456	1.8	13.9	86.8	18.48	3.80
技术要求	—	2.8~4.0	≥11.0	70~80	≥12.5	1.5~4

由图 4-30 可知

$$a_1 = 4.30\%、a_2 = 4.25\%、a_3 = 3.72\%、a_4 = 3.80\%$$
$$OAC_{min} = 3.45\%,OAC_{max} = 3.95\%$$

计算 OAC_1：

$$OAC_1 = (a_1 + a_2 + a_3 + a_4)/4 = 4.02\%$$

计算 OAC_2：

$$OAC_2 = (OAC_{min} + OAC_{max})/2 = 3.70\%$$

计算 OAC：

$$OAC = (OAC_1 + OAC_2)/2 = 3.86\%$$

3）马歇尔法设计结果

不同油石比马歇尔试件物理力学指标测试结果见表 4-42,马歇尔试件油石比与物理—力学指标关系曲线见图 4-31。

AC-20 混合料试件物理—力学指标　　表 4-42

$P_a(\%)$	$\rho_f(g/cm^3)$	VV(%)	VMA(%)	VFA(%)	MS(%)	FL(mm)
3.3	2.398	6.9	14.3	56.8	12.42	1.63
3.8	2.427	5.3	13.6	61.6	15.31	2.14
4.3	2.436	4.3	14.0	68.7	18.21	2.63
4.8	2.432	3.9	14.5	74.4	18.38	3.51
5.3	2.410	3.7	15.6	76.4	14.26	3.94
技术要求	—	4~6	≥13	65~75	≥8	1.5~4

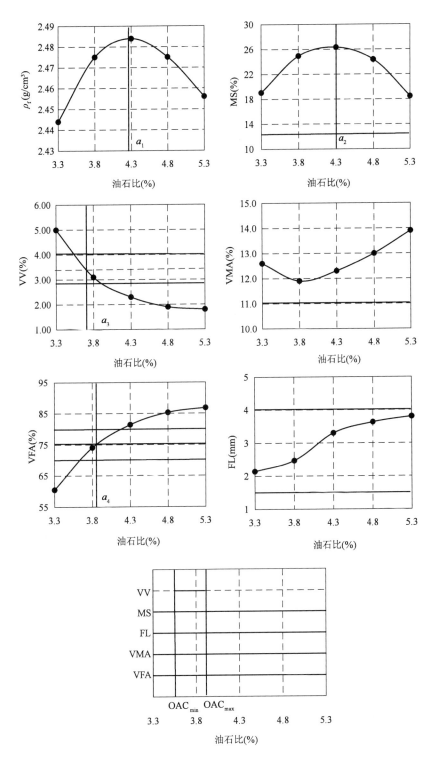

图 4-30 AC-20 各项指标与油石比关系

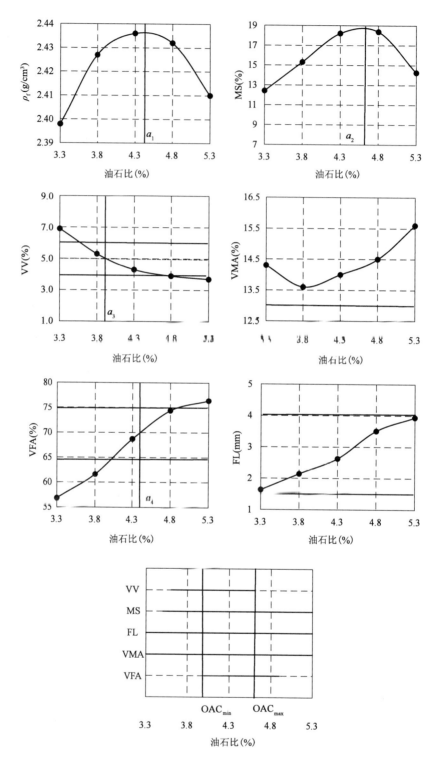

图 4-31 AC-20 各项指标与油石比关系

由图4-31可得

$$a_1 = 4.45\%、a_2 = 4.60\%、a_3 = 3.95\%、a_4 = 4.40\%$$
$$\text{OAC}_{\min} = 4.05\%,\text{OAC}_{\max} = 4.60\%$$

计算 OAC_1：

$$\text{OAC}_1 = (a_1 + a_2 + a_3 + a_4)/4 = 4.35\%$$

计算 OAC_2：

$$\text{OAC}_2 = (\text{OAC}_{\min} + \text{OAC}_{\max})/2 = 4.33\%$$

计算 OAC：

$$\text{OAC} = (\text{OAC}_1 + \text{OAC}_2)/2 = 4.34\%$$

4）两种方法设计结果对比

两种方法设计沥青混合料结果对比见表4-43。

配合比设计结果对比   表4-43

设 计 方 法	OAC(%)	ρ_f(g/cm³)	VV(%)	VFA(%)	VMA(%)
VVTM	3.86	2.478	2.8	75.7	11.9
马歇尔	4.34	2.437	4.2	69.3	14.1

表4-43表明，AC-20沥青混合料VVTM设计油石比为3.86%，比马歇尔法设计油石比降低了11%，密度提高了1.7%，VV减小了1.4%，VFA增加了6.4%。

4.3.2.3　AC-13混合料

1）原材料及矿料级配

原材料同第4.1.1节，矿料级配见表4-44。

矿 料 级 配   表4-44

筛孔孔径(mm)	16	13.2	9.5	4.75	2.36	1.18	0.6	0.3	0.5	0.075
质量通过百分率(%)	100	92.8	61.7	25.5	21.2	15.5	13.4	11.9	11.0	9.4

2）VVTM设计结果

不同油石比VVTM试件物理力学指标结果见表4-45，VVTM试件油石比与物理—力学指标关系曲线见图4-32。

AC-13混合料VVTM试件物理—力学指标   表4-45

P_a(%)	ρ_f(g/cm³)	VV(%)	VMA(%)	VFA(%)	MS(%)	FL(mm)
4.8	2.513	5.3	15.2	67.2	19.71	2.23
5.3	2.532	3.8	15.0	74.5	22.09	2.54
5.8	2.536	2.5	15.5	78.4	21.45	3.11
6.3	2.512	2.0	16.1	82.1	20.46	3.42
6.8	2.487	1.7	17.1	84.8	19.52	3.65
VVTM标准	—	2.8~4.0	≥12.8	70~80	—	—

由图4-32可知

$$a_1 = 5.42\%、a_2 = 5.38\%、a_3 = 5.40\%、a_4 = 5.35\%$$

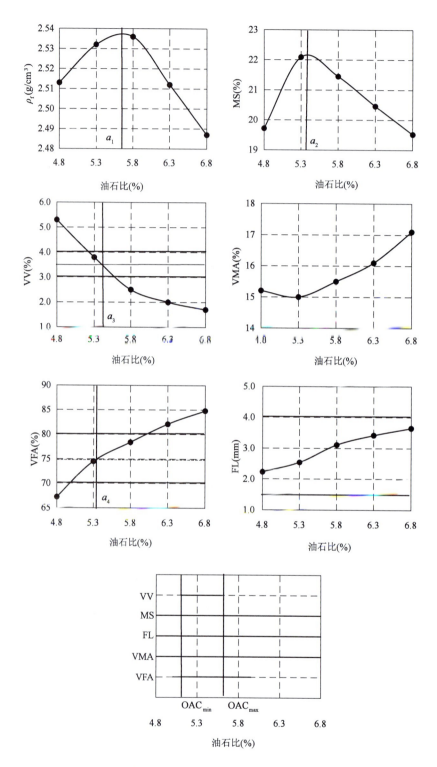

图 4-32 AC-13 各项指标与油石比关系

$$OAC_{min} = 5.05\%, OAC_{max} = 5.58\%$$

计算 OAC_1：
$$OAC_1 = (a_1 + a_2 + a_3 + a_4)/4 = 5.38\%$$

计算 OAC_2：
$$OAC_2 = (OAC_{min} + OAC_{max})/2 = 5.31\%$$

计算 OAC：
$$OAC = (OAC_1 + OAC_2)/2 = 5.34\%$$

3）马歇尔法设计结果

不同油石比马歇尔试件物理—力学指标测试结果结果见表4-46。马歇尔试件油石比与物理—力学指标关系曲线见图4-33。

AC-13 混合料试件物理—力学指标　　　　表4-46

$P_a(\%)$	$\rho_f(g/cm^3)$	VV(%)	VMA(%)	VFA(%)	MS(%)	FL(mm)	τ_d(MPa)	σ(MPa)
4.8	2.471	6.5	17.7	57.5	10.42	2.14	0.85	8.76
5.3	2.485	5.5	17.2	62.4	11.55	2.38	0.99	9.04
5.8	2.496	4.9	17.4	70.9	12.95	3.12	1.11	9.34
6.3	2.494	4.2	17.5	75.7	11.67	3.67	1.02	8.95
6.8	2.492	3.8	17.6	80.9	10.33	3.87	0.93	8.71
技术要求	—	4~6	≥13	65~75	≥8	1.5~4	—	—

由图4-33可知
$$a_1 = 5.85\%, a_2 = 5.81\%, a_3 = 5.72\%, a_4 = 5.73\%$$
$$OAC_{min} = 5.45\%, OAC_{max} = 6.20\%$$

计算 OAC_1：
$$OAC_1 = (a_1 + a_2 + a_3 + a_4)/4 = 5.79\%$$

计算 OAC_2：
$$OAC_2 = (OAC_{min} + OAC_{max})/2 = 5.83\%$$

计算 OAC：
$$OAC = (OAC_1 + OAC_2)/2 = 5.81\%$$

4）两种方法设计结果对比

两种方法设计 AC-13 混合料结果对比见表4-47。

配合比设计结果对比　　　　表4-47

设计方法	OAC(%)	$\rho_f(g/cm^3)$	VV(%)	VFA(%)	VMA(%)
VVTM	5.34	2.536	3.5	75.8	15.1
马歇尔	5.81	2.496	4.3	70.9	17.4

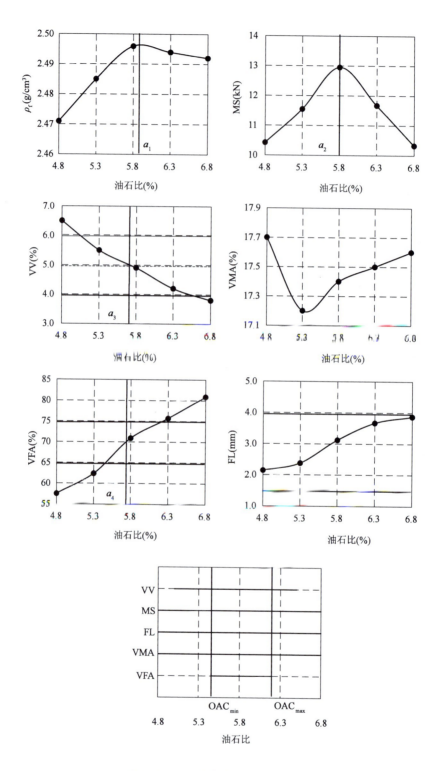

图 4-33 AC-13 各项指标与油石比关系

表 4-47 表明，AC-13 沥青混合料 VVTM 设计油石比为 5.34%，比马歇尔法设计油石比的 5.81%降低了 8.1%，最大密度提高了 1.6%，VV 和 VMA 分别减小了 18.6%、13.2%，VFA 增加了 15.2%。

4.4 VVTM 沥青混合料路用性能

VVTM 设计沥青混合料具有沥青用量低、空隙率小、沥青饱和度高。然而，有人担忧沥青用量低会影响路用性能。为此，本节研究了 VVTM 沥青混合料温度稳定性、水稳性和疲劳特性。

4.4.1 温度与水稳性

4.4.1.1 高温性能

两种方法设计混合料马歇尔稳定度 MS、动稳定度 DS、抗剪强度 τ_d 见表 4-48。

沥青混合料高温性能结果对比　　表 4-48

混合料类型	路用性能 S	$S_{(V)}$	$S_{(M)}$	$S_{(V)}/S_{(M)}(\%)$
ATB-30	MS(kN)	35.24	22.83	1.54
ATB-30	DS(次/mm)	5000	3595	1.39
ATB-30	τ_d(MPa)	1.92	1.24	1.55
AC-20	MS(kN)	25.8	18.5	1.39
AC-20	DS(次/mm)	5843	4421	1.32
AC-20	τ_d(MPa)	1.46	1.06	1.38
AC-13	MS(kN)	18.8	13.1	1.44
AC-13	DS(次/mm)	5342	3970	1.35
AC-13	τ_d(MPa)	1.54	1.11	1.39

由表 4-48 可知，与马歇尔混合料相比，VVTM 混合料高温性能均有明显提升，ATB-30 混合料 MS、动稳定度、抗剪强度分别提高 54%、39%、54%；AC-20 混合料 MS、动稳定度、抗剪强度分别提高 39%、32%、38%；AC-13 混合料 MS、动稳定度、抗剪强度分别提高 44%、35%、39%。

4.4.1.2 低温性能

两种方法设计混合料低温抗裂能力 σ 见表 4-49。$\sigma_{(V)}$、$\sigma_{(M)}$ 分别指 VVTM 混合料 σ 和马歇尔混合料 σ。

沥青混合料低温抗裂能力 σ 对比　　表 4-49

混合料类型	$\sigma_{(V)}$	$\sigma_{(M)}$	$\sigma_{(V)}/\sigma_{(M)}(\%)$
ATB-30	6.78	4.41	1.54
AC-20	13.9	9.7	1.43
AC-13	3.5	3.8	1.45

由表 4-49 可知，与马歇尔混合料相比，VVTM 设计的 ATB-30、AC-20、AC-13 低温抗裂能力均有明显提升，低温抗裂能力 σ 分别提高 54%、43%、45%。

4.4.1.3 水稳性

两种方法设计混合料的水稳定性见表4-50。$S_{(V)}$、$S_{(M)}$分别指VVTM混合料水稳性和马歇尔混合料水稳性。

沥青混合料水稳性结果对比　　　　表4-50

混合料类型	路用性能 S	$S_{(V)}$	$S_{(M)}$	$S_{(V)}/S_{(M)}$(%)
ATB-30	MS_0(%)	90.5	86.5	1.05
	TSR(%)	89.6	78.7	1.14
AC-20	MS_0(%)	91.5	89.6	1.02
	TSR(%)	89.2	83.7	1.07
AC-13	MS_0(%)	91.3	88.2	1.04
	TSR(%)	88.5	83.4	1.06

由表4-50可知,与马歇尔混合料相比,VVTM设计的ATB-30、AC-20、AC-13混合料水稳性均有明显提升。ATB-30混合料MS_0、TSR分别提高5%、14%;AC-20混合料MS_0、TSR分别提高2%、7%;AC-13混合料MS_0、TSR分别提高4%、6%。

4.4.2 疲劳性能

4.4.2.1 试验方法

1)疲劳试验方法

本次试验采用小梁弯曲疲劳试验,如图4-34所示。该加载方式是在小梁试件跨中施加一个集中力,小梁试件尺寸为250mm×40mm×40mm,加载速度为50mm/min,支座间距为200mm。试验在MTS485.10材料疲劳试验机进行。

2)荷载控制模式与荷载作用波形

本次试验采用应力控制模式。同时,为了模拟路面承受交通荷载的反复加载、卸载作用,本项目采用正弦波荷载,见图4-35。图中σ_{max}、σ_{min}分别指试验时作用在试件上循环应力最大值、最小值。

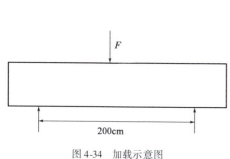

图4-34　加载示意图

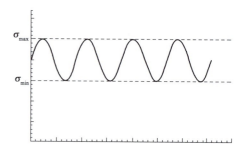

图4-35　试验正弦荷载示意图

3)循环特征值

循环特征值R定义为循环应力最小值σ_{min}与最大值σ_{max}的比值,即:

$$R = \frac{\sigma_{min}}{\sigma_{max}} \tag{4-1}$$

循环特征值取值主要考虑两点：一是考虑行车最大荷载和最小荷载差异较大，沥青面层产生应力最大值与应力最小值之比一般很小；二是沥青面层温度应力较小，所以高低应力比也很小，一般在 0.2 以下。因此，本次试验疲劳试验 $R=0.1$。

4）应力水平

应力水平 S 定义为循环应力最大值与强度的比值，即：

$$S = \frac{\sigma_{max}}{\sigma_s} \tag{4-2}$$

式中：σ_s——试件强度，MPa。

应力水平的选择既要考虑路面在一般荷载作用下所处的应力水平范围，又要兼顾试验的经济性和可操作性。一方面，沥青面层在车辆荷载作用下 $S<0.45$[87]，处于低应力水平状态；另一方面，如果应力水平太小，则试件疲劳寿命较长，试验时间也较长，费用也较高；如果应力水平过高，疲劳方程曲线将呈现折线形状，所得出的疲劳方程应用性不强，且高应力水平与路面实际所处受力状况不吻合。

考虑实际道路中重载及超载车辆较为普遍，本次试验拟选取五个应力水平 S：0.2、0.3、0.4、0.5、0.6、0.7。

5）荷载作用频率

疲劳试验中应根据路面荷载响应确定加载频率。根据 Van der Poel 公式[36]：

$$f = \frac{1}{2\pi\tau} \tag{4-3}$$

式中：τ——某一行驶速度下荷载作用时间。

假设重货车行驶速度为 60~80km/h，轮胎接地长度为 20cm，则 $\tau=0.012$~0.009s，荷载作用频率为 13~17Hz。因此，本次试验荷载作用频率选取 10Hz。

6）温度选择

试验温度对于沥青混合料的疲劳性能影响较大，是仅次于荷载间歇时间的第二大影响因素[88]。沥青混合料疲劳破坏主要集中在 13~15℃，恰好是北方春融期温度，南方地区的雨季温度。因此，本次试验选用的温度为 15℃。

4.4.2.2 试验结果及数据处理

1）原材料及配合比

研究用矿料级配见表 4-51。

矿 料 级 配　　　　　　　　　　表 4-51

筛孔孔径(mm)	26.5	19	16	13.2	9.5	4.75	2.36	1.18	0.6	0.3	0.15	0.075
通过百分率(%)	100	94.1	86.9	75.3	61.7	43.7	26.1	20.0	15.1	11.2	8.5	4.9

两种沥青混合料两种方法设计 AC-20 油石比及体积参数见表 4-52。

配合比设计结果对比　　　　表 4-52

设计方法	OAC(%)	ρ_f(g/cm³)	VV(%)	VFA(%)	VMA(%)
VVTM	4.04	2.476	3.0	76	11.9
马歇尔	4.34	2.437	4.2	69.3	14.1

疲劳试验采用的 250mm×40mm×40mm 小梁试件由 300mm×300mm×50mm 车辙板切割而成。车辙板按照《公路工程沥青与沥青混合料试验规程》(JTG E20—2011)中 T0704—2011 成型,车辙板空隙率与室内标准圆柱体标准成型试件的空隙率相差不超过1%。

2)小梁弯曲破坏试验结果

小梁弯曲破坏试验结果见表4-53。

不同设计方法下小梁弯曲试验结果 表4-53

成型方法	R_B(MPa)	S_B(MPa)	$R_{B(V)}/R_{B(M)}$	$S_{B(V)}/S_{B(M)}$
VVTM	4.95	716	1.25	1.20
马歇尔	3.95	598		

由表4-53可知,VVTM法抗弯拉强度为马歇尔法的1.25倍、弯拉劲度模量为1.20倍。这说明VVTM沥青混合料比马歇尔法具有更好的抗弯拉性能。

3)疲劳试验结果

沥青混合料疲劳试验数据见表4-54。表中数据表明,试验数据离散性较大。

疲劳试验数据 表4-54

设计方法	下列应力水平S对应的疲劳次数N					
	0.2	0.3	0.4	0.5	0.6	0.7
马歇尔	152657	18672	5095	1271	414	183
	92146	15570	3426	963	343	160
	134109	22242	4193	850	300	239
	64133	26390	2973	1561	—	—
VVTM	151974	19329	5087	1339	680	352
	126379	22335	4455	1504	729	465
	130165	25677	5676	1724	815	652
	90818	26372	6209	1764	—	—

采用Weibull拟合表4-54中疲劳试验数据,$\ln\ln\frac{1}{1-\rho}$ — $\ln N$关系见图4-36与表4-55。

疲劳试验数据Weibull分布检验结果 表4-55

设计方法	回归系数	下列应力水平S对应N的Weibull分布模型回归系数					
		0.2	0.3	0.4	0.5	0.6	0.7
马歇尔	m	2.134	3.708	3.536	3.007	4.804	3.744
	$\ln t_0$	25.11	37.23	29.63	21.58	28.56	20.09
	r^2	0.979	0.993	0.971	0.950	0.973	0.934
VVTM	m	3.759	5.783	5.892	6.410	8.461	2.532
	$\ln t_0$	44.50	58.59	50.99	47.63	56.32	16.03
	r^2	0.929	0.960	0.999	0.958	0.961	0.984

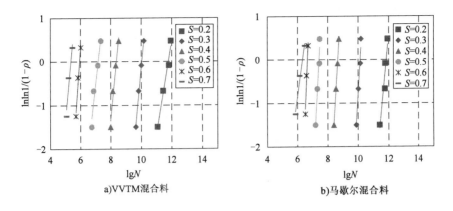

图4-36 不同方法设计AC-20疲劳数据Weibull拟合

从表4-56可以看出,沥青混合料$\ln\ln 1/(1-\rho)$—$\ln N$线性相关系数达到0.99以上,表明用Weibull分布处理沥青混合料疲劳寿命是可行。

4.4.2.3 疲劳方程及影响因素

1)疲劳方程建立

将Weibull分布检验所得的m、$\ln t_0$代入式(2-3),可得到不同失效概率ρ下不同应力水平S作用下两种方法设计的沥青混合料等效疲劳寿命,见表4-56。

不同失效概率下等效疲劳寿命   表4-56

设计方法	失效概率(%)	下列应力水平S对应的等效疲劳寿命$\overline{N}$					
		0.2	0.3	0.4	0.5	0.6	0.7
马歇尔	5	32044	10296	1881	487	206	97
	10	44903	12502	2305	619	239	117
	20	63814	15305	2850	794	279	143
	30	79537	17373	3256	929	308	163
	40	94152	19144	3605	1047	332	179
	50	108542	20777	3928	1158	354	194
VVTM	5	62827	15030	3463	1061	548	174
	10	76091	17023	3913	1187	596	231
	20	92893	19380	4444	1334	651	311
	30	105266	21022	4814	1436	689	324
	40	115846	22372	5117	1519	719	431
	50	125587	23577	5388	1593	745	486

沥青混合料疲劳寿命$\overline{N}$与应力比S在双对数坐标上呈线性关系[87-90],即:

$$\lg \overline{N} = a - b\lg S \tag{4-4}$$

式中:a、b——回归系数。a代表疲劳方程曲线在纵坐标轴上的截距,其值越大,材料抗疲劳性能越好;b值代表方程曲线斜率,其值越小,材料抗疲劳性能越好。

按式(4-4)对表4-56中数据进行回归分析,可得AC-20沥青混合料疲劳方程,见表4-57。$P—S—N$曲线见图4-37。

不同失效概率下疲劳方程及相关系数　　　表4-57

设计方式	方程系数	不同应力水平S对应的疲劳方程的相关系数					
		5	10	20	30	40	50
马歇尔	a	1.276	1.331	1.389	1.425	1.452	1.476
	b	4.84	4.945	5.054	5.122	5.175	5.219
	R^2	0.984	0.988	0.991	0.993	0.994	0.994
VVTM	a	1.631	1.704	1.78	1.828	1.864	1.895
	b	4.67	4.653	4.636	4.625	4.616	4.609
	R^2	0.990	0.995	0.997	0.997	0.996	0.995

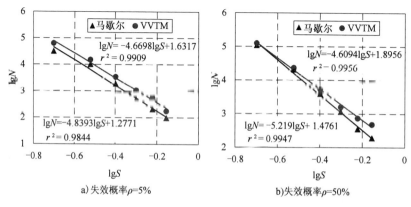

图4-37　不同失效概率下$\lg N—\lg S$

从图4-37可以看出,VVTM沥青混合料a略低于马歇尔沥青混合料、b值明显大于马歇尔沥青混合料,表明VVTM沥青混合料疲劳性能优于马歇尔沥青混合料。

2)疲劳寿命分析

沥青面层在车辆荷载作用下所受拉应力比水平一般不会超过0.45[87]。因此,采用$S=0.45$进行两种沥青混合料疲劳寿命分析,结果见表4-58。应力水平S是沥青路面荷载应力与材料极限强度比值,采用相同S比较,无法反映两种材料极限强度对疲劳寿命的影响。假设应力水平$S=0.45$,则马歇尔沥青混合料路面荷载应力$\sigma=0.45\times3.95\mathrm{MPa}=1.775\mathrm{MPa}$,因此,采用相同路面荷载$\sigma=1.775\mathrm{MPa}$对两种沥青混合料疲劳寿命进行评价更为合理。基于应力相同时两种材料疲劳寿命分析结果见表4-58。VVTM沥青混合料和马歇尔沥青混合料疲劳寿命比值N_V/N_M见表4-59。

VVTM沥青混合料和马歇尔沥青混合料疲劳寿命对比　　　表4-58

设计方法	$S=0.45$时下列$\rho(\%)$对应疲劳寿命		$\sigma=1.775\mathrm{MPa}$时下列$\rho(\%)$对应疲劳寿命	
	5	50	5	50
VVTM	1780	3114	5107	8812
马歇尔	900	1931	900	1931

VVTM 沥青混合料和马歇尔沥青混合料疲劳寿命比值 表 4-59

评价条件	$S=0.45$		$\sigma=1.775\text{MPa}$	
$\rho(\%)$	5	50	5	50
N_V/N_M	1.98	1.61	5.67	4.56

从表 4-59 可以看出,两种材料应力水平均为 0.45 时,与马歇尔沥青混合料相比,VVTM 沥青混合料疲劳寿命可提高 61%;两种材料承受相同荷载应力 $\sigma=1.775\text{MPa}$ 时,与马歇尔沥青混合料($S=0.45$)相比,VVTM 沥青混合料($S=0.359091$)疲劳寿命可提高 356%。疲劳的出现,是由于材料微结构的局部不均匀,诱发应力集中而出现微损伤,在重复应力作用下微损伤逐步累积扩大而导致结构破坏[88]。与马歇尔沥青混合料相比,首先,VVTM 沥青混合料 VV 降低了 40%,也就是说沥青混合料降低了材料微结构的局部不均匀,有利于提高抗疲劳性能;其次,VVTM 沥青混合料油石比降低了 6.9%,最大密度提高了 1.6%,VFA 由 69% 提高到了 76%,抗弯拉强度提高了 20%,相同重复应力作用下,VVTM 沥青混合料应力水平降低了 20%,明显提高材料抗疲劳性能。

此外,VVTM 沥青混合料空隙率下降,也减少了热、氧、光和水对沥青老化的影响,提高了路面抗老化性能。

4.5 示范工程及长期性能

依托浙江罗蒋一级公路和陕西榆绥高速公路,开展耐久性沥青混合料 VVTM 设计技术的实体工程应用研究,验证现代路面压实标准及 VVTM 混合料耐久性。

4.5.1 罗蒋公路应用情况及效果

4.5.1.1 工程概况

罗埠至蒋堂公路(简称罗蒋公路)改建工程位于金华西部,为省、市、区三级重点工程,是连接婺城区蒋堂镇和罗埠镇的重要通道,也是金华市区通往浙西地区的主要干线公路。项目起点与白汤下线相接,起点桩号 K0+000,终点与 46 省道兰贺线(K12+050 处)相接,终点桩号 K8+846。沥青面层结构为 4cm AC-13+6cm AC-20。2010 年 11 月 10 日开工建设,2012 年 9 月建成通车。

4.5.1.2 工程应用方案

依托罗蒋公路以 AC-20 混合料为对象,开展耐久性沥青混合料 VVTM 设计技术的工程应用及效果评价。矿料级配范围见表 4-60,两种方法设计 AC-20 混合料最佳沥青用量及其技术性质见表 4-61,试验段具体碾压方案见表 4-62。试验段选取 K3+200~K4+800,正常路段代表马歇尔设计结果,试验段 A 代表现代压实标准,试验段 B 代表 VVTM 设计结果。

矿 料 级 配 表 4-60

筛孔尺寸(mm)	26.5	19	16	13.2	9.5	4.75	2.36	1.18	0.6	0.3	0.15	0.075
质量通过百分率(%)	100	89.9	78.8	60.2	45.6	33.4	25.7	18.3	13.7	10.7	7.6	6.4

AC-20 最佳油石比及技术性质　　　　　　　　　　　　　　　　　　　　表 4-61

设计方法	最佳油石比（%）	毛体积密度（g/cm³）	VV（%）	VMA（%）	VFA（%）	MS（kN）	FL（0.1mm）
马歇尔	4.4	2.379	4.2	14.3	70.8	9.51	29.3
VVTM	4.1	2.427	3.6	12.2	70.8	11.57	26.3

罗蒋公路试验段方案　　　　　　　　　　　　　　　　　　　　　　　表 4-62

项目	正常路段	试验段 A	试验段 B
桩号	K4+300~K4+800	K3+800~K4+300	K3+200~K3+800
油石比（%）	4.4	4.4	4.1
标准密度（g/cm³）	2.379	2.427	2.427
碾压工艺	碾压至密度≥97%×标准密度为止	碾压至混合料密度不再增长	
压实设备	初压：戴纳派克 CC522 复压：戴纳派克 CC522，徐工 XP260 胶轮压路机 终压：戴纳派克 CC522		

4.5.1.3 压实效果

正常路段与试验路段压实效果见表 4-63。

压实工艺及密度对比　　　　　　　　　　　　　　　　　　　　　　　表 4-63

试验段	正常路段	试验段 A	试验段 B
压实工艺	初压：CC522 静压 1 遍 复压：CC522 振碾 2 遍 　　　XP260 胶轮 2 遍 终压：CC522 静压 1 遍	初压：CC522 静压 1 遍 复压：CC522 振碾 3 遍 　　　XP260 胶轮 2 遍 终压：CC522 静压 1 遍	初压：CC522 静压 1 遍 复压：CC522 振碾 3 遍 　　　XP260 胶轮 2 遍 终压：CC522 静压 1 遍
密度（g/cm³）	2.370	2.424	2.426
与正常路段密度相比	1	1.023	1.024

由表 4-63 可知，与正常路段相比，试验段 A 和试验段 B 多振碾 1 遍，现场密度可提高 1.023~1.024 倍；适当降低油石比，多振碾 1 遍，现场密度还会有所提高，如试验段 B 密度约为正常路段的 1.024 倍。这表明增大压实功，可适当降低油石比、提高压实度。

4.5.1.4 力学性能

正常路段与试验段 A、B 芯样的力学指标见表 4-64。

由表 4-63 和表 4-64 可知：

（1）与正常路段相比，试验段 A 在相同油石比下碾压遍数增加 1 遍，路面密度提高了 2.3%，路面芯样稳定度、抗压强度、劈裂强度、抗拉强度、抗剪强度分别提高 17.1%、13.5%、

46.3%、7.2%、19.7%。这表明适当提高压实标准有利于提升沥青混合料路用性能。

正常路段与试验路段芯样力学性能及对比情况　　　　　　　　　表 4-64

力学指标	试验温度（℃）	下列路段芯样力学性能			下列路段芯样力学性能相对值		
		正常路段	试验段 A	试验段 B	正常路段	试验段 A	试验段 B
MS(kN)	60	11.90	13.94	14.57	1	1.171	1.224
R_c(MPa)	20	7.93	8.34	9.01	1	1.052	1.136
	40	4.50	4.56	4.57	1	1.013	1.016
	60	2.59	3.47	3.64	1	1.340	1.405
R_i(MPa)	-20	2.32	3.18	3.37	1	1.371	1.453
	15	1.13	2.07	2.15	1	1.832	1.903
	25	0.81	0.96	0.93	1	1.185	1.148
σ(MPa)	-20	12.25	13.29	13.37	1	1.085	1.091
	15	8.93	8.94	9.36	1	1.001	1.048
	25	5.37	6.06	6.48	1	1.128	1.207
τ_d(MPa)	60	1.78	2.13	2.20	1	1.197	1.236

（2）与试验段 A 相比，试验段 B 在相同碾压方案下，降低油石比 0.3%，路面芯样稳定度、抗压强度、劈裂强度、抗拉强度、抗剪强度可分别提高 4.5%、4.4%、2.2%、4.1%、3.3%。这表明提高压实标准前提下，适当降低油石比有利于提升沥青混合料性能。

（3）与正常路段相比，试验段 B 油石比降低 0.3%、增加压实遍数 1 遍，路面芯样稳定度、抗压强度、劈裂强度、抗拉强度、抗剪强度可分别提高 22.4%、18.6%、50.1%、11.5%、23.6%。

4.5.1.5 长期性能

罗蒋公路于 2012 年 9 月建成通车。2013 年 9 月—2018 年 10 月连续 6 年对正常路段及试验路段路况进行了跟踪调查，各路段车辙发展规律见图 4-38。通车 6 年，各路段均未出现裂缝；正常路段发现水损坏 4 处，A 试验段 1 处，B 试验段 2 处；正常路段车辙深度 3.7cm，A 试验段 2.8cm，B 试验段 1.9cm。调查结果初步体现了技术的有效性。

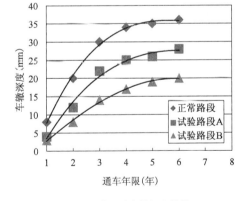

图 4-38　罗蒋公路车辙调查情况

4.5.2 榆绥高速公路应用情况及效果

4.5.2.1 工程概况

榆林至绥德高速公路是榆商线在榆林市境内的主要组成部分，也是陕西省"2637"高速公路网规划和榆林市"两纵两横"主骨架规划中的重要组成部分。路线起于榆林榆阳区牛家梁乡，止于绥德县史家湾村，与已建成的青银高速（吴子段）相接，路线全长 118.809km。全线按双向四车道高速公路标准建设，其中起点牛家梁至四十里铺段 108km，设计速度 100km/h，路基宽 26m。四十里铺至终点 11km，设计速度 80km/h，路基宽24.5m。沥青路面面层结构为4cm SMA-13 + 6cm AC-20 + 12cm ATB-30。2010年3月开工建设,2012年9月建成通车。

榆林至绥德高速公路沿线年极端最高气温38.4℃,年极端最低气温为-25.4℃,1月份平均气温为 –7.5℃,年平均降雨量486mm。

4.5.2.2 工程应用方案

依托榆绥高速公路以AC-20和ATB-30为对象,开展耐久性沥青混合料VVTM设计技术的工程应用及效果评价。矿料级配范围见表4-65,两种方法设计沥青混合料最佳沥青用量及其技术性质见表4-66,试验段方案4-67。

试验段矿料级配 表4-65

混合料类型	通过下列筛孔(mm)的质量百分率(%)												
	37.5	31.5	26.5	19	16	13.2	9.5	4.75	2.36	1.18	0.6	0.3	0.15	0.075
AC-20	—	—	100	96.6	87.2	74.1	53.5	38.7	30.1	20.7	14.1	10.7	6.9	4.9
ATB-30	100	98.1	87.3	67.6	62.4	55.1	44.2	29.9	19.6	14.0	10.9	7.6	6.3	4.4

沥青混合料最佳油石比及技术性质 表4-66

混合料类型	设计方法	最佳油石比(%)	毛体积密度(g/cm³)	VV(%)	VMA(%)	VFA(%)	MS(KN)	FL(0.1mm)
AC-20	马歇尔	4.3	2.48	4.1	14.0	70.7	18.19	27.4
	VVTM	4.0	2.52	4.1	13.1	67.3	17.23	23.5
ATB-30	马歇尔	3.34	2.49	4.7	62.4	21.45	2.51	12.5
	VVTM	3.04	2.53	4.8	52.1	20.23	2.48	11.6

榆绥高速公路试验段方案 表4-67

指标	AC-20		ATB-30			
	正常路段	试验段A	正常路段	试验段B	正常路段	试验段C
标段	LM-4标	K99+390~K99+990(左幅)	LM-1标	K8+080~K8+380(右幅)	LM-2标	K51+630-K51+830(右幅)
油石比(%)	4.30	4.0	3.34	3.04	3.34	3.04
标准密度(g/cm³)	2.48	2.52	2.49	2.53	2.49	2.53
碾压工艺	碾压至密度≥97%×标准密度为止	碾压至混合料密度不再增长	碾压至密度≥97%×标准密度为止	碾压至混合料密度不再增长	碾压至密度≥97%×标准密度为止	碾压至混合料密度不再增长
压实设备		初压:HD130 复压:XP301轮胎压路机 终压:DD130钢轮压路机		初压和终压:DD110 复压:DD130,宝马振动压路机,30t胶轮		初压和终压:宝马振动压路机 复压:DD130,30t胶轮

4.5.2.3 压实效果

压实工艺及压实效果对比见表4-68、表4-69。

各路段压实工艺 表4-68

混合料类型	压路机型号	下列路段碾压遍数	
		正常路段	试验段
AC-20	DD130	静压2遍	静压2遍
	DD130	振碾2遍	振碾3遍
	XP301轮胎压路机	碾压2遍	碾压3遍
	DD130	静压2遍	静压2遍
ATB-30 （LM-1标）	DD130	静压1遍	静压1遍
	DD130	振碾2遍	振碾2遍
	宝马振动压路机	振碾1遍	振碾2遍
	30T胶轮	碾压2遍	碾压3遍
	DD130	静压1遍	静压1遍
ATB-30 （LM-2标）	宝马压路机	静压1遍	静压1遍
	DD130	振碾2遍	振碾2遍
	宝马压路机	振碾1遍	振碾2遍
	30T胶轮	碾压2遍	碾压3遍
	宝马压路机	静压1遍	静压1遍

各路段密度对比 表4-69

混合料类型	AC-20		ATB-30			
标段	LM-4标		LM-1标		LM-2标	
方案	正常路段	试验路段	正常路段	试验路段	正常路段	试验路段
密度（g/cm³）	2.44	2.49	2.42	2.48	2.43	2.49
与正常路段密度相比	1	1.020	1	1.024	1	1.025

由表4-68可知，施工过程中VVTM比马歇尔设计沥青混合料要求多振碾1遍、搓揉1遍，现场密度可提高1.020~1.025倍。

4.5.2.4 力学性能

试验段芯样力学指标见表4-70。

试验段芯样力学性能 表4-70

力学指标	试验温度（℃）	AC-20（LM-4标）		ATB-30（LM-1标）		ATB-30（LM-2标）	
		正常路段	试验段	正常路段	试验段	正常路段	试验段
MS(kN)	60	20.0	27.2	25.1	29.2	25.8	29.2
R_c(MPa)	20	7.8	9.9	6.0	7.24	6.09	7.31
	40	4.0	5.4	3.4	4.24	4.12	4.27
	60	3.0	3.9	2.53	2.94	2.97	3.23

续上表

力学指标	试验温度(℃)	AC-20(LM-4 标)		ATB-30(LM-1 标)		ATB-30(LM-2 标)	
		正常路段	试验路段	正常路段	试验路段	正常路段	试验路段
R_1(MPa)	-20	2.4	3.25	2.86	3.36	2.93	3.42
	15	1.07	1.37	1.56	1.90	1.62	1.94
	25	0.89	1.05	1.51	1.82	1.54	1.87
σ(MPa)	-20	11.2	15.7	5.2	6.08	5.26	5.92
	15	8.0	11.0	4.5	5.44	4.41	5.38
	25	5.6	7.3	2.73	3.37	2.76	3.43
τ_d(MPa)	60	1.20	1.54	4.1	4.72	4.13	4.96

由表4-69、表4-70可知:与正常路段相比,AC-20和ATB-30试验路段增加压实遍数2遍,路面密度提高了2.0%~2.5%,AC-20路面芯样稳定度、抗压强度、劈裂强度、抗拉强度、抗剪强度分别可提高36.0%、30.8%、27.0%、36.1%、28.3%;

ATB-30路面芯样稳定度、抗压强度、劈裂强度、抗拉强度、抗剪强度分别可提高14.8%、15.7%、19.5%、20.1%、18.0%。

4.5.2.5 长期性能

榆绥高速公路于2012年9月建成通车,成为陕煤外运黄金大通道。2018年10月对试验路段进行了路况调查。通车6年,各路段均未出现裂缝;正常路段车辙深度最大达5.4cm,局部有水损坏;LM-4标AC-20试验段车辙深度最大为2.4cm,LM-1标和LM-2标ATB-30试验段车辙深度最大为3.6cm,试验段均未发现有水损坏现象。

第5章 控制开裂破坏水泥稳定碎石 VVTM 设计技术及示范工程

水泥稳定碎石开裂问题是道路工程界一直期待解决的技术难题[16,36,91-92]。开裂包括强度不足引起的荷载型裂缝和温度或湿度变化引起的收缩型裂缝。荷载型裂缝与水泥稳定碎石强度特性及强度设计标准有关，收缩裂缝与水泥稳定碎石抗裂性能有关。强度特性和抗裂性能取决于水泥稳定碎石的组成结构，即矿料级配、水泥剂量和压实度；强度设计标准与路面结构有关。其他条件相同情况下，水泥稳定碎石强度越高，表明水泥剂量越大，抗裂性能越差。工程实践表明[16,36,91]，水泥稳定碎石基层裂缝更多表现为收缩裂缝，并非因强度不足出现的荷载型裂缝。如何确保强度满足设计标准的同时有效降低水泥剂量，即确定合理强度设计标准、优化矿料级配和其他强度提高措施，是解决或缓解水泥稳定碎石开裂问题的关键所在。当前，水泥稳定碎石相关技术中都以重型击实试验方法(IICM)和试件静压成型方法(SPSM)为试验手段，这些试验手段已落后于生产实际，难以精准揭示水泥稳定碎石组成结构与路用性能之间内在规律，无法科学有效地优化材料组成设计。鉴于此，本章提出了控制收缩开裂破坏的水泥稳定碎石强嵌挤骨架密实级配，基于VVTM研究了水泥稳定碎石力学特性和疲劳特性及其影响因素，分析施工期和运营期车辆荷载作用下水泥稳定碎石力学行为及其疲劳累积损伤规律，提出了控制疲劳开裂破坏的水泥稳定碎石VVTM强度设计标准，开发了控制开裂破坏的水泥稳定碎石VVTM设计技术，并建成了一批示范工程。

5.1 控制收缩开裂水泥稳定碎石强嵌挤骨架密实级配

5.1.1 水泥稳定碎石结构类型及其对收缩性能的影响

5.1.1.1 水泥稳定碎石结构类型

水泥稳定碎石组成结构取决于矿料颗粒特性(包括矿料颗粒的大小、形状、级配、岩性等)、水泥剂量、含水率和矿料排列方式(受成型方式影响)等。按组成结构特点，水泥稳定碎石可分为悬浮密实结构、骨架密实结构和骨架空隙结构三类，如图5-1所示[36,93]。

1)悬浮密实结构

如图5-1a)所示，这种结构混合料按照密实级配原理构成，集料尺寸由大到小连续存在。按粒子干涉理论，为避免次级集料对前级集料密排的干涉，前级集料之间必须留出比次级集料粒径稍大的空隙供次级集料排布。按此组成的水泥稳定碎石，经过多级密踪虽然可以获得最大密实度，但是各级集料均为次级集料所隔开，不能直接靠拢而形成骨架，有如悬浮于次级集料之间。

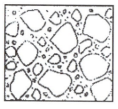 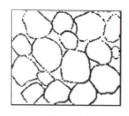 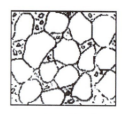

a)悬浮密实结构　　　　　　b)骨架空隙结构　　　　　　c)骨架密实结构

图 5-1　水泥稳定碎石典型结构

2）骨架空隙结构

如图 5-1b)所示，由于矿质混合料递减系数较大，粗集料所占比例较高，细集料则很少，甚至没有。按此组成的混合料，粗集料可以相互靠拢形成骨架，但由于细料数量少，不足以填满粗集料之间的空隙，因此形成骨架空隙结构。

3）骨架密实结构

如图 5-1c)所示，骨架密实结构是综合以上两种类型组成的结构。基层混合料既有一定数量的粗集料形成骨架，同时又有相当数量的细集料可填充骨架的空隙，因此形成骨架密实结构。

5.1.1.2　结构对水泥稳定碎石收缩性能的影响[36,94]

水泥石具有较集料大得多的温缩和干缩系数，水泥稳定碎石收缩可认为是由水泥石收缩引起的。水泥石及水泥稳定碎石收缩过程可用图 5-2 和图 5-3 表述。

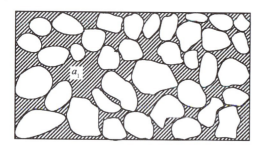 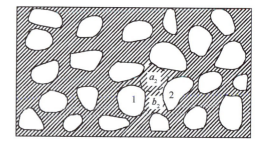

图 5-2　理想结构状态　　　　　　　　　　图 5-3　实际结构状态

图 5-2 所示为集料处于理想结构状态，集料颗粒之间相互嵌挤，形成稳定的骨架结构。水泥石则以独立的形式存在骨架结构形成的空隙内，互不接触。当水泥石发生收缩时，水泥石变形受骨架结构的限制，而局限于集料空隙间产生收缩应力，稳定的骨架结构承担水泥石产生的收缩应力，各自独立的骨架内的水泥石收缩变形也不会发生连续叠加。而以原生矿物为主的集料与次生矿物含量多的水泥石相比，具有较小的线膨胀系数，因而在这种情况下，水泥稳定碎石不会因水泥石的收缩而发生变形。图 5-2 是理想状态下的模型，集料颗粒之间不会相互紧密接触以致使水泥石全部隔断，实际状态如图 5-3 所示。图 5-3 中集料间并不相互接触，集料之间由于 b_2 部分水泥石的存在而产生一定的隔离层。此时，水泥石在混合料中可认为分布于两个区域内，一部分是在被集料所包围的空隙内，如图 5-3 中 a_2 部分；一部分在集料与集料之间距离最短部分的隔离层内，如图 5-3 中 b_2 部分。当水泥石发生收缩变形时，a_2 部分与 b_2 部分的水泥石均发生体积收缩，收缩量分别为 Δa_2 和 Δb_2，且 $\Delta a_2 > \Delta b_2$，此时 a_2 部分的水泥石虽

不像图 5-2 中 a_1 部分水泥石那样受到稳定骨架限制,但也受集料与 b_2 部分水泥石组成类似骨架型结构的制约和影响,该类似骨架型结构在水泥石收缩下产生一定的变形,其变形量等于 Δb_2,此时虽然 $\Delta a_2 > \Delta b_2$,但变形后的 b_2 部分水泥石与集料组成的类似骨架已处于稳定状态,不再产生收缩变形。集料 1 和 2 之间的相对位移量等于 Δb_2,因受 b_2 部分水泥石抗变形能力的制约,集料 1、2 之间的位移不受 Δa_2 部分水泥石的影响,即水泥稳定碎石体积变化由 b_2 部分水泥石引起的,各集料之间的隔离层水泥石的收缩量叠加值就是水泥稳定碎石体积变化量。当一定长度的叠加值超过水泥稳定碎石极限拉应变时,便产生收缩裂缝。

由此可见,减少集料间隔离层 b_2 部分的厚度,便可减少水泥稳定碎石基层的收缩裂缝。实际中,由于隔离层不可消除,所以要使水泥稳定碎石具有较好的抗裂性,隔离层厚度越小越好。对于图 5-2 所示理想状态而言,隔离层厚度为零,所以水泥稳定碎石收缩变形很小,水泥石在混合料中仅以一种形式存在于集料间的骨架内,即图中阴影 a_1 部分。相对于理想状态而言,超出集料骨架空隙以外的水泥石称为"富余"水泥石。"富余"水泥石的多少是影响水泥稳定碎石收缩变形大小的重要因素,若要减少水泥稳定碎石收缩裂缝,则应设法尽量减少"富余"水泥石。"富余"水泥石增加,隔离层厚度增加,收缩变形增大,水泥稳定碎石收缩变形就加剧。如果粗集料形成骨架,而用水泥石与细集料形成的水泥砂浆填充粗集料骨架空隙,使"富余"水泥石在收缩时受到细集料的约束,同时控制水泥石的用量,这样就能有效地减少水泥稳定碎石收缩裂缝,如图 5-4 所示。

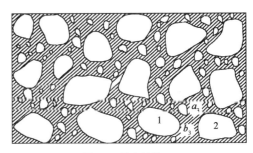

图 5-4 约束结构

5.1.2 强嵌挤骨架密实级配设计方法

通过对水泥稳定碎石收缩性能影响的分析可知,设法尽可能使水泥石存在于集料骨架内是提高水泥稳定碎石抗裂性能的有效措施。而粗集料是否能较好地形成骨架结构,骨架结构是否稳定,是否具有足够的抵抗水泥石收缩变形的能力,则成为减少水泥稳定碎石收缩变形的先决条件。本节通过试验研究与理论分析确定了粗细集料分界点,并提出了强嵌挤骨架密实级配设计原则、方法与步骤。

5.1.2.1 粗细集料分界点

1)试验研究

为了确定粗细集料分界点,对 19~2.36mm 各单一粒径的集料进行压碎试验。集料经 350kN 荷载受压后,用标准筛对集料压碎后的颗粒分布进行筛分,结果见表 5-1。

各档集料压碎后在各个筛孔的筛余百分率   表 5-1

筛孔(mm)	各档集料压碎后在各个筛孔(mm)的筛余百分率(%)					
	19	16	13.2	9.5	4.75	2.36
19	20.3	—	—	—	—	—
16	12.5	10.1	—	—	—	—
13.2	9.3	16.4	11.6	—	—	—

续上表

筛孔(mm)	各档集料压碎后在各个筛孔(mm)的筛余百分率(%)					
	19	16	13.2	9.5	4.75	2.36
9.5	12.0	17.8	24.9	27.9	—	—
4.75	18.2	22.6	25.7	33.8	56.0	—
2.36	12.0	15.0	17.0	18.6	25.9	66.1
1.18	7.1	8.2	9.5	9.5	9.8	20.1
0.6	1.8	1.8	2.1	2.1	1.9	3.5
<0.6	6.8	8.1	9.2	8.4	6.4	10.3

从表5-1中数据可看出，不同粒径的颗粒在承受了350kN的压力后都出现了不同程度的破碎，破碎后的颗粒分布是一个连续级配，包括了不同粒径的颗粒。由破坏后的颗粒分布可以看出，在原始粒径大于4.75mm的情况下，4.75mm处的筛余百分率都出现了相应的峰值，即在破碎后的颗粒中出现了大量的4.75mm的颗粒；而原始粒径4.75mm和2.36mm的颗粒在试验后，破碎后的颗粒在后边的颗粒没有出现峰值。单一粒径的集料在压碎过程中，随着荷载的增加不断破坏的过程也是混合料承载力不断增加的过程，当荷载达到一定数值时，集料局部就会出现破碎，破碎后的颗粒重新填充原有的骨架结构，对原有骨架起到支撑作用，从而提高了骨架的承载力。因此，当荷载增加到350kN时，破碎后的颗粒所组成的混合料也具有了最大的承载力，而由破碎后颗粒的通过百分率在筛孔4.75mm处出现峰值这一特点，可以设想到4.75mm以上颗粒应是骨架的主要受力部分，大量的4.75mm颗粒支撑着大粒径颗粒，重新构成了更为稳定的骨架结构，从而使混合料具有了更高的承载力，而小于4.75mm的颗粒只能起到填充作用。这可由原始粒径是4.75mm和2.36mm颗粒的压碎结果中看出来，在其压碎后的级配中筛余通过率在小于最大粒径后面没有出现峰值现象，而含量最大的颗粒仍是原始粒径颗粒，表明主要的受力结构仍是原始的4.75mm和2.36mm的颗粒，也即小于4.75mm的颗粒破碎后就不能形成新的稳定的骨架结构，而只能在原始的或形成的骨架中起到填允作用。

2）理论分析

假定集料的基本颗粒为规则的球体或球冠，且各分级颗粒粒径都相等。采用简单的球体来代替不规则的矿质集料，矿料的性状虽然与球体不同，但其排列和填充的关系与球体基本相似。由此可建立集料嵌锁平面模型，如图5-5所示。

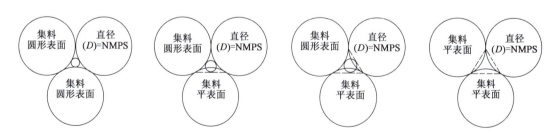

图5-5 集料嵌挤平面模型

理论上混合料不仅要有足够的粗集料形成空间骨架，而且要有一定数量的细料填充于骨架间的空隙，使混合料具有较高的密实度并且形成一种骨架密实结构，以获得较高的内摩阻力和黏结力。粗集料公称最大粒径不同,填充空隙所需要的细集料最大粒径是不相同的。当不同形状的粗集料形成嵌挤骨架,细集料填充于其间时,细集料的最大直径分别为 $0.15D$、$0.2D$、$0.24D$、$0.29D$。而只有集料全为圆形时,分界点的相应筛孔为 $0.15D$,其他三种性状分别为 D 的 0.20、0.24、0.29 倍。如不考虑集料全是圆形的状况,则此三者平均应为 0.243 倍,更接近的 0.25 倍。因此,通过分析集料嵌锁平面模型,考虑不同集料性状组合后,粗细集料分界点宜为最大公称尺寸 0.25 倍,即 $0.25 \times 19mm = 4.75mm$。

试验研究与理论分析都表明,4.75mm 以上的颗粒应是构成骨架的主要部分,也是粗细集料的划分标准。

5.1.2.2 设计原则

水泥稳定碎石矿料级配设计原则:

(1)粗集料紧密排列,形成稳定的骨架结构。

(2)细集料具有良好级配,形成具有强度高、抗收缩变形能力强的水泥砂浆。

(3)细集料紧密填充粗集料形成骨架空隙,不仅有利于提高骨架结构的稳定,还可起到减薄水泥石的作用。

(4)确定骨架密实型级配还应易于铺筑和压实,且比较经济。

5.1.2.3 设计方法

根据水泥稳定碎石矿料级配设计原则,提出强嵌挤骨架密实级配设计方法如下:

(1)粗集料骨架结构采用逐级填充方法确定。所谓逐级填充是将工程所用最大粒径 D_0 集料作为主集料,次级粒径 D_1 集料用量尽可能地填充 D_0 集料的空隙且对骨架不构成干涉为原则。依次类推,次级粒径集料用量尽可能地填充前一级的空隙而对前一级或前 n 级的骨架不构成干涉。

(2)细集料级配采用 I 法确定,I 法见式(5-1),研究 I 值对水泥稳定细集料强度、加州承载比(CBR)、干燥收缩和温度收缩等性能的影响规律。

$$P_x = 100(I)^x \tag{5-1}$$

$$x = 3.32\lg(D/d) \tag{5-2}$$

式中:P_x——希望计算的某级集料的通过量,%;

I——通过百分率的递减系数;

d——希望计算的某级集料粒径,mm;

D——矿质混合料的最大粒径,mm。

(3)粗、细集料最佳比例采用室内强度试验确定。研究不同粗、细集料比例对水泥稳定碎石强度的影响规律,以强度最大为原则初步确定粗细集料比例。

(4)强嵌挤骨架密实级配确定。结合成型试件断面情况和工程实践施工情况,确定最终矿料级配。

5.1.2.4 设计步骤

1)粗集料级配

为了模拟施工现场振动压路机对水泥稳定碎石的压实作用,在粗集料级配确定时采用振动法进行试验研究。具体过程如下:

(1) 将一定质量主集料(规格记为 D_0,一般为 19~31.5mm 或 19~37.5mm)装入圆柱体试模中,并将试模移至 VVTE 上振动击实 100s。振实完毕量测其振实后的高度,利用公式 $\rho = M/V$ 计算其振实密度。

(2) 记 D_0 的用量为 100, D_0 的下一级粒径记为 D_1(9.5~19mm),以 D_0 用量的 5% 为步长,将粒径为 D_1 的集料掺入到 D_0 中。每次掺入后振实,测定振实密度,建立填充数量与振实密度关系曲线。在振实密度关系曲线上选取振实密度最大的一组或几组 D_1 用量,作为 D_1 用量。

(3) D_1 的下一级粒径记为 D_2(4.75~9.5mm),同样以 D_0 用量的 5% 为步长,将粒径为 D_2 的集料与粒径为 D_0、D_1 的混合料(已经按照前述方法确定出二者的比例)拌和均匀后进行振实,测定振实后的体积并计算其振实密度,建立填充数量与振实密度关系曲线。同样,在振实密度关系曲线上选取振实密度最大的一组或几组 D_2 用量,作为 D_2 用量。

(4) 根据上述两级填充试验,最后分别得到各级粒径的最佳填充比例,即粗集料的级配。

2) 细集料级配

细集料级配研究中,把水泥、细集料和水组成的混合料称为水泥砂浆。固定水泥掺量,通过变化 I 值,考察砂浆的 7d 无侧限饱水抗压强度或 CBR 和收缩性能等,最终确定 I 值,由此确定细集料的级配。

3) 粗细集料比例

按照前述的设计思想,在水泥稳定碎石中,以粗集料形成骨架嵌挤,使其空隙率最小,以水泥砂浆填充集料的空隙,形成密实结构,使整体混合料获得最大的密实度。因此,在固定水泥剂量前提下,变化粗、细集料比例进行混合料强度试验,根据强度最大原则确定水泥稳定碎石的级配。

5.1.3 强嵌挤骨架密实级配[36,94]

5.1.3.1 粗集料级配

1) Ⅰ 级振实试验

取 D_0(31.5~19mm) 集料 20kg,将 D_1(19~9.5mm) 集料按 D_0 集料用量的 5% 逐级递增,用内掺法掺到 D_0 集料中进行振实试验,试验结果如图 5-6 所示。在 D_1 以 D_0 用量的 5% 为步长进行逐级填充时,当 D_0 用量与 D_1 用量的比例为 100:60 时,混合集料的振实密度达到最大值,当 D_0 用量与 D_1 用量的比例为 100:65 时,振实密度变小,说明掺加 D_1 用量超过 60% 时骨架结构又逐渐被撑开。

2) Ⅱ 级振实试验

在Ⅰ级填充的基础上,进行Ⅱ级填充。分别以 D_0、D_1 用量比例为 100:55、100:60 和 100:65 作为Ⅱ级振实试验的主体,取 $D_0 + D_1$ 混合集料 25kg,变化 D_2(9.5~4.75mm) 集料用量形成 $D_0 + D_1 + D_2$ 混合集料,并对其振动压实后分别可得 D_2 集料用量与振实密度关系,结果如图 5-7 所示。不同组合粗集料经振动后,其振实密度在各组都会出现一个峰值。当 D_0 与 D_1 集料用量比例分别为 100:55、100:60、100:65 时,达到最大振实密度所对应 D_2 集料用量分别为 D_0 和 D_1 总量的 30%、25% 和 25%。这说明粗集料在某个组合时,能够在振动的过程中相互运动并在相互嵌挤作用达到最大时停止移动,此时粗集料的振实密度达到最大。根据Ⅱ级振动试验结果,$D_0 + D_1$、D_2 的比例在 100:25 时,混合料的振实密度为最大,也是集料之间互嵌挤作用最强的组合。

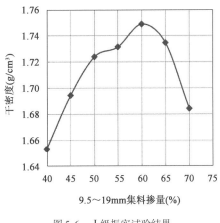

图5-6 Ⅰ级振实试验结果

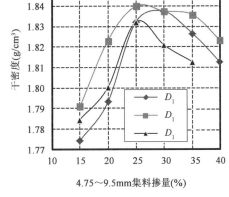

图5-7 Ⅱ级填充振实试验结果

3) 粗集料级配

综上所述,确定粗集料级配为19～31.5mm集料:9.5～19mm集料:4.75～9.5mm集料＝50:30:20。

5.1.3.2 细集料级配

1) 细集料级配的初定

根据式(5-1)计算可得不同 I 值所对应的细集料级配,见表5-2。

细集料级配　　　　表5-2

I 值	通过下列筛孔(mm)的质量百分率(%)						
	4.75	2.36	1.18	0.6	0.3	0.15	0.075
0.55	100	55	30.3	16.6	9.2	5	2.8
0.60	100	60	36	21.6	13	7.8	4.7
0.65	100	65	42.3	27.5	17.9	11.6	7.5
0.70	100	70	49	34.3	24	16.8	11.8
0.75	100	75	56.3	42.2	31.6	23.7	17.8

根据表5-2中细集料级配,按内掺法固定水泥掺量为5%,通过振动击实试验确定水泥砂浆最大干密度和最佳含水率,成型 $\phi15\text{cm} \times h15\text{cm}$ 的圆柱体试件,测试7d无侧限饱水抗压强度、CBR和收缩性能。

2) 无侧限抗压强度

水泥砂浆和粗集料混合后的主要作用就是填充粗集料骨架,并使粗集料形成整体,因此要求有足够的强度来确保骨架结构的稳定性。水泥砂浆7d无侧限抗压强度的试验结果如图5-8所示,当 I 值小于0.65时,其强度随着 I 值的增大而增大;当 I 值大于0.65时,其强度反而呈下降趋势。说明在 I 值为0.65时细集料形成的水泥砂浆具有较高的黏结力。

3) CBR

经试验,CBR 与 I 值之间的关系如图 5-9 所示。

从图 5-9 所示的 CBR—与 I 值之间的关系曲线可知,CBR 值随 I 值增大而增大,当 I 值增大到 0.65 附近时 CBR 值出现峰值;I 值继续增大,CBR 值反而呈下降趋势,说明 I 值在 0.65 ~ 0.70 区间时具有较强的抵抗局部荷载压入变形的能力。

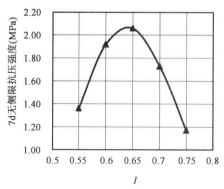

图 5-8　7d 无侧限抗压强度与 I 值之间的关系

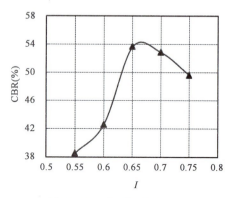

图 5-9　CBR 与 I 值之间的关系

4) 收缩性能

细集料级配对水泥砂浆 90d 温缩性能和 7d 龄期干缩性能的影响见表 5-3。

收缩性能试验结果　　　　表 5-3

	I 值	0.55	0.60	0.65	0.70	0.75
温缩性能	平均温缩系数 α_{dmax} (10^{-6})	9.9	10.1	8.6	9.8	11.6
干缩性能	平均干缩应变 α_d (10^{-6})	302.1	265.6	231.3	295.0	348.8
	试件失水率 $\Delta\alpha_w$ (%)	4.4	3.7	4.4	5.5	5.9
	干缩系数 α_d (10^{-6})	68.5	72.6	52.7	53.5	59.6

由表 5-3 可以看出,水泥砂浆温缩系数、干缩系数随着 I 值的变化而变化,在 0.65 ~ 0.70 时两者均达到最小值。

5) 细集料级配

综上所述,出现 7d 无侧限抗压强度和 CBR 的峰值、较小的收缩系数值时,I 值都在 0.65 附近。因此,细集料级配按 I 法确定,I 值取为 0.65。

5.1.3.3　粗细集料比例

粗集料级配选取 $D_0:D_1:D_2 = 50:30:20$,细集料级配取为 $I = 0.65$,不同粗细集料比例的矿料级配及相应水泥稳定碎石 7d 抗压强度试验结果见表 5-4,试验时水泥剂量为 3.5%。

矿料级配与水泥稳定碎石 7d 无侧限抗压强度　　　　表 5-4

粗、细集料比例	通过下列筛孔(mm)的质量百分率(%)							抗压强度 (MPa)
	31.5	19.0	9.5	4.75	2.36	0.6	0.075	
55:45	100.0	72.5	56.0	45.0	29.3	12.4	3.4	5.9
60:40	100.0	70.0	52.0	40.0	26.0	11.0	3.0	7.4

续上表

粗、细集料比例	通过下列筛孔(mm)的质量百分率(%)							抗压强度(MPa)
	31.5	19.0	9.5	4.75	2.36	0.6	0.075	
65:35	100.0	67.5	48.0	35.0	22.8	9.6	2.6	8.4
70:30	100.0	65.0	44.0	30.0	19.5	8.3	2.3	9.0
75:25	100.0	62.5	40.0	25.0	16.3	6.9	1.9	7.8

由表5-4可以看出,在水泥砂浆基体中加入粗集料,随着粗集料用量的增加,水泥稳定碎石强度逐渐增大。当其用量增大到70%时,强度达到最大值。继续增加粗集料用量,水泥稳定碎石强度开始下降。这是因为当粗集料用量较少时,水泥砂浆黏结强度起主要作用,粗集料分散在砂浆中,成为悬浮密实结构,如图5-10a)所示;随着粗集料用量增大,粗集料之间的摩阻力逐渐增大,而黏结力几乎不变,因而表现为强度在初始阶段随着粗集料用量增大而增大。随着粗集料用量继续增大,水泥砂浆黏结力和粗集料摩阻力得以充分发挥,即强度达到最大值,此时混合料结构成为骨架密实结构,如图5-10b)所示;继续增大粗集料用量时,细集料不足以填充粗集料空隙,混合料成为骨架空隙结构,如图5-10c)所示,水泥砂浆用量不足以稳定骨架结构,强度主要由骨架结构的嵌挤作用提供,因而强度反而下降。

a)悬浮密实结构　　　　b)骨架空隙结构　　　　c)骨架密实结构

图5-10　水泥稳定碎石不同结构类型

5.1.3.4　强嵌挤骨架密实级配

根据表5-4和成型试件外观情况,结合大量工程实践经验,提出VVTM水泥稳定碎石强嵌挤骨架密实级配,见表5-5。表中还列出了《公路沥青路面设计规范》(JTG D50—2006)中骨架密实级配。

水泥稳定碎石骨架密实级配　　　　表5-5

级配类型	通过下列筛孔(mm)的质量百分比(%)						
	31.5	19.0	9.5	4.75	2.36	0.6	0.075
强嵌挤骨架密实级配(GM)	90~100	60~70	38~46	26~34	18~28	10~18	2~6
JTG D50—2006中骨架密实级配(GF)	100	68~86	38~58	22~32	16~28	8~15	0~3

对比表5-5中两种级配可看出,与GF级配相比,GM级配具有"三多一少"的特点:9.5mm以上集料、4.75mm以下集料和0.075mm以下集料用量多,4.75~9.5mm集料用量少。

5.1.4 与传统骨架密实型级配对比

5.1.4.1 振动击实特性

振动击实法试验结果见表5-6。表中ρ_M、ρ_G分别指GM级配和GF级配矿料的ρ_{dmax}。为了对比两种级配水泥稳定碎石的施工性能,通过振动成型试验方法研究达到98%压实度所需的振动时间。研究中采用蓝田花岗岩和尧柏P.O42.5缓凝水泥,水泥剂量均取为4%。

振 动 击 实 特 性　　表 5-6

级配类型	振动击实试验					成型压实度98%试件所需振动时间(s)	
	ρ_{dmax}(g/cm³)			w_0(%)			
	ρ_M	ρ_G	ρ_M/ρ_G	GM	GF	GM	GF
上限	2.36	2.35	1.004	5.1	4.9	32	42
中值	2.40	2.35	1.021	4.9	4.7	62	62
下限	2.37	2.33	1.017	4.7	4.3	62	92
平均值	—	—	1.014	—	—	52	65

表5-6中数据表明,在相同压实功作用下,与GF级配水泥稳定碎石相比,GM级配水泥稳定碎石最大干密度平均提高大约1.4%,主要原因是4.75mm以下集料、0.075mm以下集料较多,对粗集料形成骨架空隙起到较好的填充作用。其次,与GF级配相比,GM级配水泥稳定碎石成型98%压实度试件所需时间较短,说明GM级配水泥稳定碎石更易于压实。

5.1.4.2 矿料嵌挤力

CBR值能直接反映矿料嵌挤力大小,两种级配矿料CBR值见表5-7。表中CBR_{GM}、CBR_{GF}分别指GM级配和GF级配矿料的CBR。

GM 与 GF 级配混合料的 CBR 值　　表 5-7

级配范围	CBR_{GM}(%)	CBR_{GF}(%)	CBR_{GM}/CBR_{GF}(%)
上限	445	402	1.11
中值	478	418	1.14
下限	480	446	1.08

表5-7中数据表明,与GF级配矿料相比,GM级配矿料的CBR值提高了8%~14%,表明GM级配矿料具有较强嵌挤力。这主要是因为GM级配中9.5mm以上集料较多,形成具有较大嵌挤力的骨架结构,而4.75~9.5mm集料相对较少,避免对9.5mm以上集料形成的骨架作用产生干涉。

5.1.4.3 力学强度

1)抗压强度

两种级配水泥稳定碎石不同龄期无侧限抗压强度及其比值见表5-8。

两种级配水泥稳定碎石无侧限抗压强度及其比值　　　表 5-8

级配类型	GM				GF				下列龄期(d)GM 级配与 GF 级配强度比值			
	下列龄期(d)强度(MPa)				下列龄期(d)强度(MPa)							
	7	14	28	∞	7	14	28	∞	7	14	28	∞
上限	9.2	10.6	11.0	11.9	8.9	9.8	10.4	11.0	1.03	1.08	1.06	1.08
中值	8.7	10.8	12.2	15.2	8.1	9.8	11.5	13.9	1.08	1.10	1.06	1.09
下限	6.3	8.7	11.2	16.8	5.6	7.8	10.1	14.5	1.13	1.11	1.11	1.16

表 5-8 中数据表明，与 GF 级配相比，GM 级配水泥稳定碎石 7d 抗压强度提高了 3%~13%、极限强度提高了 8%~16%，这与矿料嵌挤力规律基本一致。再次充分表明 GM 级配能更好形成强嵌挤力。

2) 劈裂强度

两种级配水泥稳定碎石 28d 和 60d 劈裂强度及比值见表 5-9。表中 R_M 指 GM 级配水泥稳定碎石劈裂强度，R_G 指 GF 级配水泥稳定碎石劈裂强度。

两种级配水泥稳定碎石劈裂强度及其比值　　　表 5-9

级配类型	28 d			60d		
	R_M(MPa)	R_G(MPa)	R_M/R_G	R_M(MPa)	R_G(MPa)	R_M/R_G
上限	0.98	0.85	1.15	—	—	—
中值	0.99	0.90	1.10	1.06	0.98	1.08

表 5-9 数据表明，与 GF 级配水泥稳定碎石相比，GM 级配水泥稳定碎石 28d、60d 劈裂强度提高了 8%~15%，这与 CBR 以及抗压强度影响基本一致。

5.2 VVTM 水泥稳定碎石力学及疲劳耐久特性

揭示水泥稳定碎石本质属性和内在规律，是材料组成设计方法创新的基础。本节基于 VVTM 研究水泥稳定碎石力学与疲劳耐久特性及其影响因素。

5.2.1 强度形成机理与试验方案

5.2.1.1 强度形成机理

在利用水泥来稳定碎石的过程中，水泥、碎石和水之间发生了多种复杂的作用，包括物理作用、物理化学作用以及化学作用，从而使由碾压前的水泥、碎石松散体逐渐形成为整体性材料，即力学强度逐渐形成。其中，物理作用包括混合料的拌和压实作用、碎石与碎石之间的嵌挤作用等；物理化学作用包括碎石颗粒与水泥及水泥水化产物之间的吸附作用，微粒的凝聚作用，水及水化产物的扩散、渗透作用，水化产物的溶解、结晶作用等。化学作用主要由有水泥颗粒的水化、硬化作用，以及水泥水化产物与矿物之间的化学作用等。

水泥稳定碎石基层压实成型初期，主要由物理作用和部分物理化学作用构成初始强度 R_0。随着龄期增加，水泥水化、凝结和硬化反应不断进行，水泥石不断生成，力学强度逐渐增大。并随水化反应进行，水泥熟料逐渐消耗而使力学强度增长逐渐变得缓慢，直至水泥熟料消耗殆尽，力学强度不再增长，即达到极限强度 R_∞，R_∞ 由物理作用、物理化学作用和化学作用构成。

假定水泥稳定碎石存在强度增长方程,则方程应满足下列三个边界条件:

$$T=0 \text{ 时}, R_T = R_0$$
$$T=\infty \text{ 时}, R_T = R_\infty$$
$$\text{且 } R_0 < R_\infty$$

式中:T——水泥稳定碎石龄期 d;

R_T——龄期为 T 时的水泥稳定碎石力学强度,MPa;

R_0——龄期为 0 时水泥稳定碎石初始力学强度,MPa;

R_∞——龄期为 ∞ 时水泥稳定碎石极限力学强度,MPa。

根据上述边界条件,并经过分析,建立力学强度增长方程:

$$R_T = R_\infty - \frac{R_\infty - R_0}{\xi \cdot T + 1} \tag{5-3}$$

式中:ξ——强度增长系数。

5.2.1.2 试验方案

1) 原材料

所用水泥及技术性质见表 5-10。

水 泥 技 术 性 质   表 5-10

依托工程	水泥种类	比表面积(m^2/kg)	安定性(mm)	3d 强度(MPa)		凝结时间(min)	
				抗折	抗压	初凝	终凝
柞小高速公路	尧柏牌 P.O32.5	361	1.5	5.1	20.6	335	390
青兰高速公路	秦岭牌 P.O42.5	344	1.0	4.9	22.6	190	450
西商高速公路	尧柏牌 P.O42.5	329	1.5	5.8	22.3	310	360
廊沧高速公路	冀星牌 P.S.A32.5		0.5	4.6	18.5	215	380

2) 碎石

所用碎石技术性质见表 5-11。

集 料 技 术 性 质   表 5-11

集料岩性	依托工程	产地	下列规格(mm)集料表观密度(g/cm^3)				下列规格(mm)集料针片状颗粒含量(%)			压碎值(%)
			19~31.5	9.5~19	4.75~9.5	0~4.75	19~31.5	9.5~19	4.75~9.5	
石灰岩	柞小高速公路	柞水	2.746	2.752	2.737	2.718	9.5	10.2	8.7	13.1
	青兰高速公路	铜川	2.657	2.661	2.665	2.621	11.9	11.6	13.4	22.7
	廊沧高速公路	三河	2.767	2.730	2.702	2.694	11.2	13.3	14.7	16.7
花岗岩	西商高速公路	蓝田	2.731	2.728	2.706	2.691	10.6	14.1	11.9	21.3
砂岩	青兰高速公路	富县	2.543	2.531	2.516	2.503	12.4	14.5	15.5	25.9

第5章 控制开裂破坏水泥稳定碎石VVTM设计技术及示范工程

3) 矿料级配

所用矿料级配见表5-12。

矿 料 级 配　　　　　　　　表5-12

级配类型	通过下列筛孔(mm)的质量百分率(%)						
	31.5	19.0	9.5	4.75	2.36	0.6	0.075
悬浮密实型(XM)	100	93.5	67.0	39.0	26.0	15.0	3.5
骨架密实型(GM)	100	67.0	47.0	33.0	23.0	14.0	3.0

4) 配合比及最大干密度

水泥稳定碎石配合比及振动击实试验结果见表5-13，采用振动法按98%压实度成型 $\phi15cm \times h15cm$ 圆柱体试件，并标准养护至不同龄期，供力学性能测试使用。

水泥稳定碎石振动击实试验结果　　　　　　　　表5-13

集料岩性	集料产地	P_s(%)	XM		GM	
			w_o(%)	ρ_{dmax}(g/cm³)	w_o(%)	ρ_{dmax}(g/cm³)
石灰岩	柞水	2.0	4.0	2.43	4.0	2.44
		2.5	4.2	2.43	4.0	2.44
		3.0	4.2	2.43	4.0	2.44
		3.5	4.2	2.43	4.2	2.44
		4.0	4.2	2.43	4.2	2.44
		4.5	4.2	2.43	4.2	2.44
		5.0	4.2	2.43	4.2	2.44
	铜川	3.0	4.1	2.43	4.1	2.44
		4.0	4.3	2.43	4.3	2.45
		5.0	4.3	2.43	4.3	2.45
	三河	3.0	4.2	2.49	4.2	2.50
		3.5	4.2	2.50	4.2	2.52
		4.0	4.2	2.50	4.2	2.52
		4.5	4.5	2.50	4.2	2.52
花岗岩	蓝田	3.0	4.8	2.36	4.6	2.38
		3.5	4.8	2.36	4.6	2.38
		4.0	4.8	2.36	4.8	2.38
		4.5	4.8	2.36	4.8	2.38
砂岩	富县	3.0	6.3	2.21	6.0	2.23
		4.0	6.3	2.21	6.0	2.24
		5.0	6.3	2.21	6.0	2.24

5.2.2 力学强度及影响因素[36,95-96]

5.2.2.1 力学强度室内试验结果

水泥稳定碎石力学强度室内试验结果见表5-14、表5-15。

水泥稳定碎石室内抗压强度　　表5-14

集料岩性	集料产地	级配类型	P_s(%)	下列龄期(d)水泥稳定碎石 $R_{c0.95}$(MPa)									
				0	3	7	14	28	60	90	120	180	270	360
石灰岩	柞水	XM	2.0	2.3	4.1	6.3	7.6	8.6	9.8	10.3	10.8	11.2	11.3	11.4
			2.5	2.4	4.6	7.0	8.3	9.6	11.0	11.7	12.2	12.8	12.8	12.9
			3.0	2.4	5.2	7.8	9.3	10.9	12.5	13.1	13.6	14.3	14.2	14.3
			3.5	2.4	5.8	8.5	10.2	11.9	13.5	14.2	14.7	15.3	15.4	15.5
			4.0	2.4	6.2	9.2	11.2	13.0	14.9	15.7	16.2	16.9	17.0	17.2
			4.5	2.5	6.8	9.8	12.4	13.9	15.7	16.6	17.1	17.8	18.1	18.2
			5.0	2.5	7.2	10.3	12.9	14.9	16.8	17.6	18.2	18.8	19.2	19.4
		GM	2.0	2.8	4.4	7.0	8.5	9.6	10.8	11.4	11.9	12.4	12.3	12.3
			2.5	2.8	5.1	7.9	9.2	10.6	12.2	12.9	13.3	14.1	14.2	14.2
			3.0	2.9	5.8	8.7	10.6	12.1	13.7	14.4	15.0	15.7	15.6	15.7
			3.5	2.9	6.3	9.6	11.6	13.3	14.9	15.6	16.1	16.9	17.0	17.1
			4.0	2.9	6.9	10.2	12.7	14.4	16.4	17.1	17.8	18.5	18.7	18.9
			4.5	2.9	7.3	10.7	13.5	15.2	17.3	18.3	18.8	19.6	19.8	20.0
			5.0	3.0	7.6	11.3	14.2	16.3	18.3	19.3	19.8	20.6	20.6	20.7
	三河	XM	3.0	2.5	4.3	6.2	7.9	9.2	10.4	10.8				
			3.5	2.5	5.3	7.6	9.4	10.5	11.8	12.2				
			4.0	2.5	5.5	8.3	10.2	12.1	13.0	13.7				
			4.5	2.5	6.1	8.8	11.0	12.6	14.0	14.6				
		GM	3.0	2.9	5.1	7.1	8.4	10.4	11.6	12.0				
			3.5	2.9	5.9	8.3	9.5	11.7	12.7	13.1				
			4.0	2.9	6.3	9.1	10.3	12.9	14.0	14.4				
			4.5	2.9	7.1	10.3	11.4	14.3	15.3	15.7				
	铜川	XM	3.0	2.5	5.0	7.7	9.0	11.2	13.1	13.8	14.6	15.3		
			4.0	2.6	6.0	8.4	10.8	12.7	14.9	15.9	17.1	17.2		
			5.0	2.7	6.8	9.5	12.5	14.1	16.3	17.9	18.8	19.3		
		GM	3.0	2.6	5.5	8.3	10.2	11.9	13.4	14.7	15.2	15.8		
			4.0	2.8	6.8	9.6	12.0	13.8	16.1	17.1	18.0	18.7		
			5.0	2.9	7.3	10.3	12.9	15.1	17.0	18.7	19.8	20.4		

续上表

集料岩性	集料产地	级配类型	P_s(%)	下列龄期(d)水泥稳定碎石 $R_{c0.95}$(MPa)										
				0	3	7	14	28	60	90	120	180	270	360
砂岩	富县	XM	3.0	0.9	2.5	3.4	4.2	4.5	4.8	4.8	5.0	5.0		
			4.0	0.9	3.1	4.2	5.1	5.4	5.6	5.9	5.9	6.0		
			5.0	1.0	3.8	5.1	5.7	6.4	6.5	6.8	7.0	7.1		
		GM	3.0	0.9	2.8	3.8	4.4	4.9	5.2	5.3	5.6	5.7		
			4.0	1.0	3.2	4.5	5.3	5.9	6.3	6.5	6.4	6.6		
			5.0	1.0	4.1	5.5	6.5	7.1	7.5	7.6	7.8	7.9		
花岗岩	蓝田	XM	3.0	2.1	4.0	5.2	6.7	7.7	9.0	9.3				
			3.5	2.1	4.7	6.2	8.0	9.3	10.1	10.6				
			4.0	2.2	4.6	6.7	8.3	10.0	11.1	11.6				
			4.5	2.1	4.6	6.8	8.5	10.3	11.6	12.3				
		GM	3.0	2.1	4.0	5.8	6.8	8.4	9.5	10.1				
			3.5	2.2	4.6	6.7	8.0	10.0	10.9	11.6				
			4.0	2.1	5.2	7.8	9.3	10.7	12.2	12.5				
			4.5	2.1	5.8	8.4	9.9	12.0	12.9	13.7				

水泥稳定碎石室内劈裂强度 表5-15

集料岩性	集料产地	级配类型	P_s(%)	下列龄期(d)水泥稳定碎石 $R_{i0.95}$(MPa)									
				3	7	14	28	60	90	120	180	270	360
石灰岩	柞水	XM	2.0	0.34	0.55	0.69	0.80	0.92	1.01	1.08	1.16	1.21	1.24
			2.5	0.36	0.61	0.79	0.92	1.03	1.12	1.22	1.32	1.36	1.39
			3.0	0.42	0.72	0.86	0.98	1.15	1.23	1.32	1.45	1.49	1.52
			3.5	0.49	0.81	1.00	1.14	1.33	1.43	1.51	1.62	1.65	1.70
			4.0	0.59	0.92	1.18	1.40	1.61	1.72	1.81	1.91	1.94	1.99
			4.5	0.71	1.06	1.32	1.56	1.82	1.96	2.06	2.18	2.25	2.31
			5.0	0.79	1.21	1.53	1.82	2.05	2.18	2.28	2.44	2.49	2.53
		GM	2.0	0.39	0.59	0.75	0.90	1.01	1.07	1.14	1.23	1.28	1.32
			2.5	0.41	0.64	0.92	1.02	1.09	1.18	1.26	1.38	1.44	1.48
			3.0	0.44	0.71	0.88	1.05	1.21	1.30	1.37	1.50	1.54	1.59
			3.5	0.52	0.85	1.05	1.19	1.39	1.51	1.60	1.70	1.76	1.80
			4.0	0.63	0.98	1.24	1.47	1.68	1.79	1.87	1.96	1.99	2.02
			4.5	0.75	1.12	1.38	1.62	1.89	2.03	2.12	2.24	2.29	2.33
			5.0	0.86	1.27	1.59	1.91	2.17	2.31	2.39	2.53	2.57	2.60

续上表

集料岩性	集料产地	级配类型	P_s(%)	\multicolumn{10}{c}{下列龄期(d)水泥稳定碎石 $R_{i0.95}$(MPa)}
				3	7	14	28	60	90	120	180	270	360
石灰岩	三河	XM	3.0	0.30	0.51	0.76	0.91	1.04	1.12				
			3.5	0.36	0.66	0.91	1.04	1.19	1.28				
			4.0	0.44	0.78	0.99	1.18	1.36	1.44				
			4.5	0.48	0.84	1.04	1.29	1.48	1.56				
		GM	3.0	0.39	0.67	0.85	1.11	1.23	1.32				
			3.5	0.46	0.73	0.94	1.20	1.34	1.43				
			4.0	0.51	0.85	1.06	1.34	1.50	1.61				
			4.5	0.63	1.11	1.28	1.51	1.63	1.72				
石灰岩	铜川	XM	3.0	0.39	0.71	0.90	1.13	1.37	1.45	1.55	1.64		
			4.0	0.50	0.79	1.08	1.28	1.57	1.70	1.78	1.86		
			5.0	0.59	0.91	1.25	1.45	1.74	1.88	1.98	2.05		
		GM	3.0	0.41	0.77	0.97	1.24	1.45	1.57	1.66	1.76		
			4.0	0.53	0.83	1.17	1.36	1.68	1.77	1.91	1.99		
			5.0	0.64	0.96	1.34	1.54	1.88	1.98	2.12	2.19		
砂岩	富县	XM	3.0	0.13	0.21	0.35	0.40	0.43	0.45	0.46	0.47		
			4.0	0.17	0.30	0.45	0.48	0.52	0.54	0.57	0.58		
			5.0	0.26	0.40	0.51	0.63	0.64	0.67	0.68	0.71		
		GM	3.0	0.14	0.28	0.33	0.44	0.47	0.49	0.52	0.55		
			4.0	0.17	0.37	0.48	0.51	0.60	0.64	0.65	0.67		
			5.0	0.28	0.53	0.62	0.71	0.76	0.79	0.81	0.84		
花岗岩	蓝田	XM	3.0	0.22	0.47	0.63	0.70	0.87	0.93				
			3.5	0.29	0.53	0.69	0.86	1.04	1.11				
			4.0	0.34	0.59	0.77	0.96	1.20	1.28				
			4.5	0.36	0.65	0.85	1.07	1.28	1.36				
		GM	3.0	0.22	0.53	0.65	0.80	1.02	1.08				
			3.5	0.30	0.61	0.76	0.96	1.18	1.26				
			4.0	0.40	0.74	0.90	1.12	1.31	1.37				
			4.5	0.48	0.80	1.07	1.29	1.46	1.53				

5.2.2.2 强度增长方程

1)力学强度增长曲线

图 5-11、图 5-12 分别给出了水泥稳定碎石无侧限抗压强度—龄期(R_c—T)曲线图和劈裂强度—龄期(R_i—T)曲线图。

由图 5-11、图 5-12 可知,随龄期增长,不同岩性集料、级配和水泥剂量的水泥稳定碎石强度增长曲线的形状极其相似:水泥稳定碎石早期(14d 之前)强度增长速率很快,龄期 28d 后强度增长趋于平缓,龄期 90d 后强度增长非常缓慢,且各自隐藏着一条相应的水平渐近线,该渐近线即为水泥稳定碎石的极限强度 R_∞。

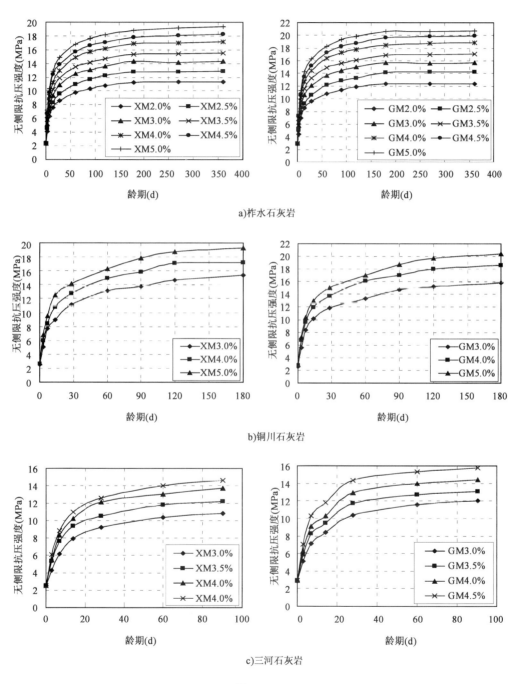

a)柞水石灰岩

b)铜川石灰岩

c)三河石灰岩

图 5-11

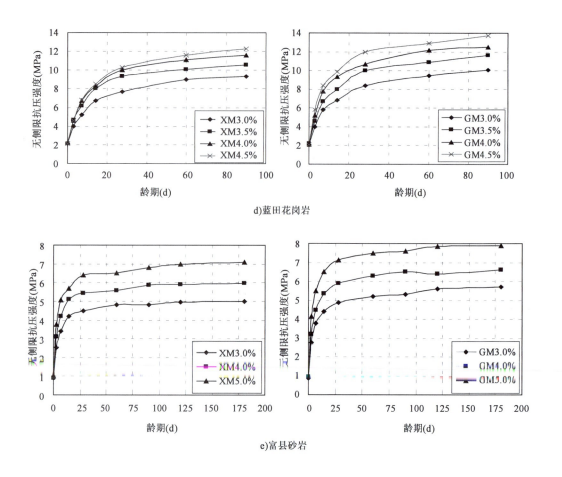

d) 蓝田花岗岩

e) 富县砂岩

图 5-11 水泥稳定碎石 R_c—T 关系

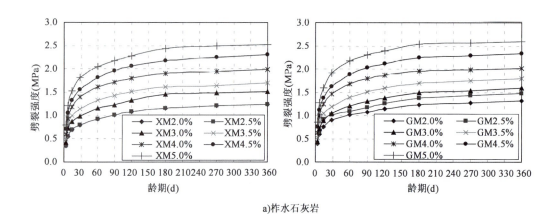

a) 柞水石灰岩

图 5-12

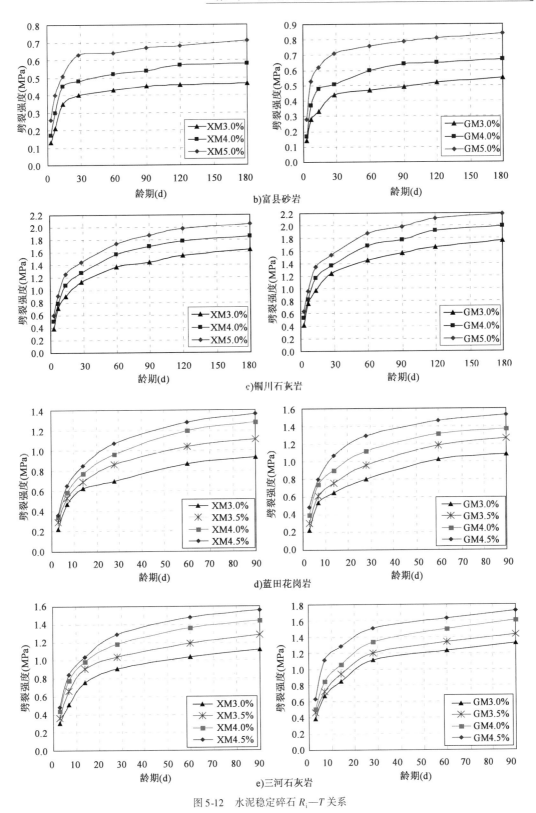

图 5-12 水泥稳定碎石 R_i—T 关系

2）力学强度增长方程

用方程式(5-3)拟合表 5-14、表 5-15 中数据,得到水泥稳定碎石抗压强度和劈裂强度增长方程式,其回归系数和相关系数见表 5-16、表 5-17,其中 $R_{i0}=0$。

水泥稳定碎石抗压强度增长方程　　　　表 5-16

集料岩性	集料产地	P_s(%)	XM				GM			
			R_{c0}	$R_{c\infty}$	ξ_c	R^2	R_{c0}	$R_{c\infty}$	ξ_c	R^2
石灰岩	柞水	2.0	2.34	11.5	0.09	0.99	2.80	12.6	0.09	0.99
		2.5	2.36	13.0	0.09	0.99	2.82	14.3	0.09	0.99
		3.0	2.39	14.7	0.09	1.00	2.85	16.1	0.09	0.99
		3.5	2.41	16.0	0.09	0.99	2.87	17.6	0.09	0.99
		4.0	2.44	17.6	0.09	0.99	2.90	19.4	0.09	0.99
		4.5	2.46	18.7	0.09	0.99	2.92	20.5	0.09	0.99
		5.0	2.49	19.9	0.09	0.99	2.95	21.7	0.09	0.99
石灰岩	铜川	3.0	2.27	15.4	0.09	0.99	2.68	16.1	0.09	0.99
		4.0	2.53	17.7	0.09	0.99	3.07	19.1	0.09	0.99
		5.0	2.87	19.7	0.09	0.99	3.16	20.7	0.09	0.99
	三河	3.0	2.47	11.9	0.09	0.99	2.94	13.2	0.09	0.99
		3.5	2.97	13.6	0.09	0.99	3.35	14.6	0.09	0.99
		4.0	2.93	15.4	0.09	0.99	3.43	16.7	0.09	0.99
		4.5	3.12	16.4	0.09	0.99	3.83	17.9	0.09	0.98
花岗岩	蓝田	3.0	2.17	10.2	0.09	0.99	2.14	10.9	0.09	0.99
		3.5	2.48	11.8	0.09	0.99	2.37	12.7	0.09	0.99
		4.0	2.38	12.9	0.09	0.99	2.67	14.1	0.09	0.98
		4.5	2.21	13.5	0.09	0.99	2.83	15.3	0.09	0.98
砂岩	富县	3.0	0.72	5.0	0.30	0.99	0.72	5.5	0.30	0.98
		4.0	0.79	6.0	0.30	0.99	0.77	6.5	0.30	0.99
		5.0	0.96	7.0	0.30	0.99	0.90	7.9	0.30	0.99

水泥稳定碎石劈裂强度增长方程　　　　表 5-17

集料岩性	集料产地	P_s(%)	XM			GM		
			$R_{i\infty}$	ξ_i	R^2	$R_{i\infty}$	ξ_i	R^2
石灰岩	柞水	2.0	1.17	0.115	0.972	1.25	0.115	0.978
		2.5	1.32	0.115	0.974	1.40	0.115	0.973
		3.0	1.44	0.115	0.970	1.50	0.115	0.977
		3.5	1.64	0.115	0.981	1.73	0.115	0.978
		4.0	1.95	0.115	0.989	2.02	0.115	0.991
		4.5	2.23	0.115	0.982	2.29	0.115	0.984
		5.0	2.49	0.115	0.987	2.60	0.115	0.989
	铜川	3.0	1.60	0.115	0.987	1.72	0.115	0.988
		4.0	1.84	0.115	0.989	1.96	0.115	0.988
		5.0	2.06	0.115	0.991	2.20	0.115	0.991
	三河	3.0	1.20	0.115	0.998	1.44	0.115	0.997
		3.5	1.40	0.115	0.996	1.56	0.115	0.996
		4.0	1.59	0.115	0.995	1.76	0.115	0.995
		4.5	1.72	0.115	0.996	1.98	0.115	0.962
西商高速公路	蓝田	3.0	1.01	0.106	0.991	1.15	0.106	0.987
		3.5	1.20	0.106	0.997	1.35	0.106	0.994
		4.0	1.36	0.106	0.993	1.53	0.106	0.993
		4.5	1.47	0.106	0.998	1.73	0.106	0.994
砂岩	富县	3.0	0.48	0.158	0.987	0.53	0.158	0.986
		4.0	0.59	0.158	0.991	0.67	0.158	0.989
		5.0	0.73	0.158	0.994	0.87	0.158	0.989

3) R_T/R_∞ 增长规律及强度模型

如图 5-13 和图 5-14 所示,将水泥稳定碎石 $R_{cT}/R_{c\infty}$—T 和 $R_{iT}/R_{i\infty}$—T 作图,则图 5-11 和图 5-12 中不同级配、不同剂量水泥稳定碎石强度增长曲线就可规格化。可以看出,不同级配、不同水泥剂量下试验所得的水泥稳定碎石强度—龄期曲线差不多成了一条曲线。且水泥稳定碎石 $R_{c90} \approx 0.9 R_{c\infty}$(石灰岩和花岗岩碎石)、$R_{c28} \approx 0.9 R_{c\infty}$(砂岩碎石)、$R_{i14} \approx 0.6 R_{i\infty}$。

如图 5-15 和图 5-16 所示,进一步将水泥稳定碎石 $R_{cT}/R_{c\infty}$—$\ln T$ 和 $R_{iT}/R_{i\infty}$—$\ln T$ 作图,水泥稳定花岗岩碎石和石灰岩碎石 $R_{iT}/R_{i\infty}$—$\ln T$ 曲线几乎重叠;而 $R_{cT}/R_{c\infty}$—$\ln T$ 曲线,除砂岩之外,水泥稳定花岗岩碎石和石灰岩碎石也几乎重叠。

水泥稳定碎石 R_T/R_∞—$\ln T$ 符合乘幂函数:

$$\frac{R_T}{R_\infty} = A \cdot (\ln T)^B \qquad T \leqslant 180\text{d} \qquad (5-4)$$

式中:A、B——回归系数,与集料岩性有关,见表 5-18。

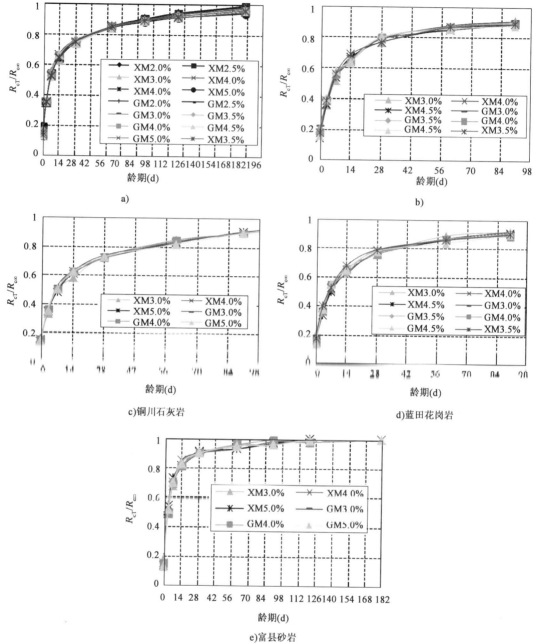

图 5-13 水泥稳定碎石 $R_{cT}/R_{c\infty}$—T 关系

系数 A、B　　　　表 5-18

集料岩性	$R_{cT}/R_{c\infty}$—$\ln T$ 函数回归系数			$R_{iT}/R_{i\infty}$—$\ln T$ 函数回归系数		
	A_c	B_c	R^2	A_i	B_i	R^2
砂岩	0.53	0.41	0.977	0.265	0.82	0.987
花岗岩、石灰岩	0.35	0.63	0.999			

第5章 控制开裂破坏水泥稳定碎石VVTM设计技术及示范工程

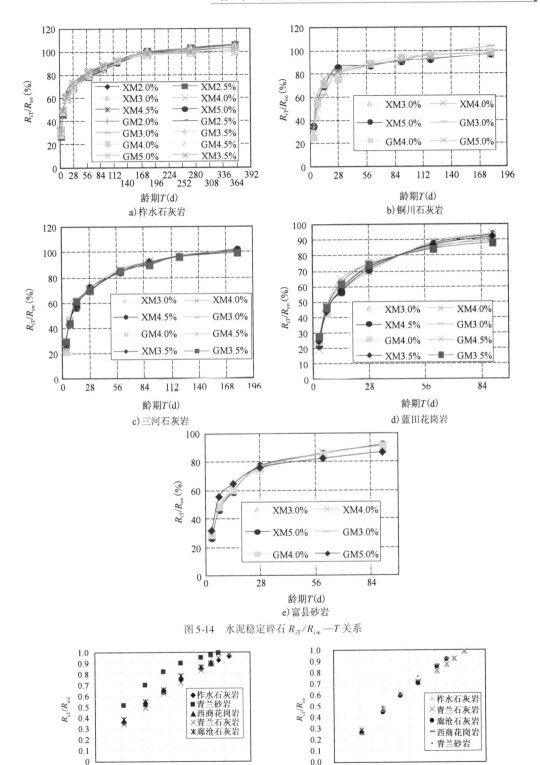

图 5-14 水泥稳定碎石 $R_{iT}/R_{i\infty}$—T 关系

图 5-15 水泥稳定碎石 $R_{cT}/R_{c\infty}$—$\ln T$ 关系

图 5-16 水泥稳定碎石 $R_{iT}/R_{i\infty}$—$\ln T$ 关系

由此,建立水泥稳定碎石力学强度预测模型:

$$\begin{cases} \dfrac{R_{cT}}{R_{ca}} = \left(\dfrac{\ln T}{\ln a}\right)^{B_c} & T \leqslant 180\text{d} \\ R_{c\infty} = \dfrac{R_{c90}}{0.9} & \text{花岗岩、石灰岩碎石} \\ R_{c\infty} = \dfrac{R_{c28}}{0.9} & \text{砂岩碎石} \end{cases} \tag{5-5}$$

$$\begin{cases} \dfrac{R_{iT}}{R_{ia}} = \left(\dfrac{\ln T}{\ln a}\right)^{B_i} & T \leqslant 180\text{d} \\ R_{i\infty} = \dfrac{R_{i14}}{0.6} & \end{cases} \tag{5-6}$$

式中:R_{cT}、R_{ca}——龄期分别为$T(\text{d})$和$a(\text{d})$的水泥稳定碎石抗压强度,MPa;

R_{iT}、R_{ia}——龄期分别为$T(\text{d})$和$a(\text{d})$的水泥稳定碎石劈裂强度,MPa;

B_c、B_i——水泥稳定碎石抗压强度和劈裂强度模型系数,与水泥品质、集料特性有关,可参考表5-18。

5.2.2.3 力学强度影响因素

1)集料岩性

集料岩性对水泥稳定碎石力学强度影响显著,水泥剂量为3%~5%时,水泥稳定石灰岩碎石和花岗岩碎石R_{c0}基本相近,为2.1~2.8MPa,水泥稳定砂岩碎石R_{c0}为0.72~0.96MPa;水泥稳定石灰岩、花岗岩、砂岩碎石$R_{c\infty}$分别为11.9~20.7MPa、10.1~15.3MPa、5.0~8.0MPa,$R_{i\infty}$分别为1.2~2.6MPa、1.0~1.7MPa、0.48~0.87MPa。

表5-19为集料岩性对水泥稳定碎石7d无侧限抗压强度试验结果。数据表明,集料岩性相同,但由于产地、碎石加工工艺等不同而导致密度、颗粒形状等不同,水泥稳定碎石力学强度也存在较大差异。

集料对水泥稳定碎石7d无侧限抗压强度　　　　表5-19

岩性		石灰岩						花岗岩	砂岩
产地		柞水	镇安	铜川	兴县	保德	安康	汉阴	蓝田	富县
压碎值(%)		17.9	21.3	22.7	21.6	22.8	21	23.6	21.8	26.5
不同P_c(%)对应R_{c7}(MPa)	3.0	9.08	7.77	6.32	7.2	8.4	7.16	7.8	—	3.06
	3.5	10.18	8.85	6.90	9.0	9.6	7.63	8.3	—	3.57
	4.0	10.94	9.84	7.50	9.9	11.1	7.94	8.3	8.7	4.08
	4.5	—	—	8.45	11.2	11.4	—	—	—	4.59

如图5-17、图5-18所示,水泥稳定碎石初始强度R_{c0}与最大干密度ρ_{dmax}成正比,极限强度$R_{c\infty}$是ρ_{dmax}的乘幂函数。而水泥稳定碎石ρ_{dmax}很大程度上取决于碎石密度和矿料级配,而岩性不同、产地不同,加工的碎石密度也不同。

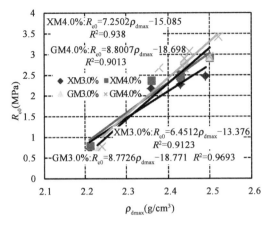

图 5-17 R_{c0}—ρ_{dmax} 的关系

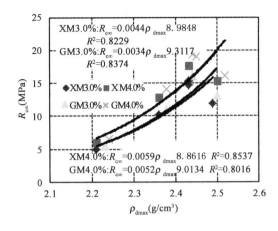

图 5-18 $R_{c\infty}$—ρ_{dmax} 的关系

岩性对水泥稳定碎石力学强度影响机理：①石灰岩集料主要矿物成分与普通硅酸盐水泥非常接近，$CaCO_3$ 离子键结合的化合物表面在水泥浆形成的碱性条件下易发生化学"断键"，与水泥水化产物组成 CSH、CH、$CaCO_3$ 等共存的界面过渡区，形成较牢固的化学过渡胶结层；②花岗岩为深成火成岩，主要由铝酸盐类矿物长石、石英等组成，并通过共价键 Si-O、Al-O 之间键力强而牢固地结合，在水泥浆介质下不易发生化学"断键"，因而集料表面与水泥浆体不能形成化学成分上连纹过渡的界面区，而是物理性质的相界面黏结，结合力较弱；③砂岩为沉积岩，主要成分为石英、黏土等，其密度低、压碎值大，水泥稳定碎石强度较低。

2）级配类型

骨架密实与悬浮密实水泥稳定碎石抗压强度 R_{c0} 之比 r_{c0} 及 $R_{c\infty}$ 之比 $r_{c\infty}$ 见表 5-20。骨架密实与悬浮密实水泥稳定碎石极限劈裂强度 $R_{i\infty}$ 之比 $r_{i\infty}$ 见表 5-21。

级配类型对水泥稳定碎石抗压强度的影响　　　表 5-20

P_s (%)	下列岩性集料水泥稳定碎石抗压强度 R_{c0} 之比 r_{c0}					下列岩性集料水泥稳定碎石极限抗压强度 $R_{c\infty}$ 之比 $r_{c\infty}$				
	柞水石灰岩	三河石灰岩	铜川石灰岩	蓝田花岗岩	富县砂岩	柞水石灰岩	三河石灰岩	铜川石灰岩	蓝田花岗岩	富县砂岩
3.0	1.19	1.19	1.18	0.99	1.00	1.10	1.11	1.05	1.08	1.10
3.5	1.19	1.13	—	0.96	—	1.10	1.07	—	1.08	—
4.0	1.19	1.17	1.21	1.12	0.97	1.10	1.05	1.08	1.09	1.09
4.5	1.19	1.23	—	1.28	—	1.09	—	—	1.13	—
5.0	1.18	—	1.10	—	0.94	1.09	—	1.05	—	1.12

级配类型对水泥稳定碎石劈裂强度的影响　　　表 5-21

P_s (%)	下列岩性集料水泥稳定碎石极限劈裂强度之比 $r_{i\infty}$				
	柞水石灰岩	三河石灰岩	铜川石灰岩	蓝田花岗岩	富县砂岩
3.0	1.04	1.11	1.08	1.14	1.19
3.5	1.05	—	—	1.13	1.12

续上表

P_S (%)	下列岩性集料水泥稳定碎石极限劈裂强度之比 $r_{i\infty}$					
	柞水石灰岩	三河石灰岩	铜川石灰岩	蓝田花岗岩	富县砂岩
4.0	1.03	1.14	1.06	1.12	1.11
4.5	1.03	—	—	1.17	1.16
5.0	1.04	1.19	1.07	—	—

表5-20、表5-21中数据表明,水泥稳定石灰岩、花岗岩、砂岩碎石抗压强度之比 r_{c0} 分别为 1.10~1.23、0.99~1.28、0.94~1.00,极限抗压强度之比 $r_{c\infty}$ 分别为 1.05~1.11、1.08~1.13、1.09~1.12,极限劈裂强度之比 $r_{i\infty}$ 分别为 1.03~1.19、1.14~1.17、1.11~1.19,即骨架密实级配比悬浮密实级配水泥稳定碎石初始抗压强度平均大13%,极限抗压强度平均大9%,极限劈裂强度平均大10%。

水泥稳定石灰岩碎石抗压强度之比 r_{c0} 大于极限抗压强度之比 $r_{c\infty}$,这是由于水泥稳定碎石试件成型初期,水泥刚开始水化,水泥对强度的"贡献"可忽略不计,试件的强度主要由碎石嵌挤力提供,因而强嵌挤骨架密实级配水泥稳定碎石初始强度高于悬浮密实级配。而随着龄期增长,水泥水化反应生成的水泥石增多,级配类型对抗压强度的影响逐渐减弱。由于砂岩其本身质地较软,在试件振动成型过程中粗集料有一部分被压碎,这是造成骨架密实级配砂岩水泥稳定碎石抗压强度之比 r_{c0} 低于悬浮密实级配的原因。

3) 压实度

表5-22列出了不同密实度(压实度)的骨架密实水泥稳定碎石抗压强度,其水泥剂量为3.5%,集料为柞水石灰岩。

密实度对水泥稳定碎石抗压强度的影响　　　　　　表5-22

密度 (压实度)	不同龄期 $T(d)$ 的 R_c (MPa)								不同龄期 $T(d)$ 的 $R_{c(k)}/R_{c(96\%)}$							
	3	7	14	28	60	90	120	180	3	7	14	28	60	90	120	180
2.340(96%)	5.4	7.7	9.5	11.1	12.3	12.5	13.1	13.5	1.00	1.00	1.00	1.00	1.00	1.00	1.00	1.00
2.389(98%)	6.3	9.6	11.6	13.3	14.9	15.6	16.1	16.9	1.17	1.25	1.22	1.20	1.21	1.25	1.23	1.25
2.438(100%)	7.7	11.3	13.9	16.2	18.3	18.7	19.3	20.2	1.43	1.47	1.46	1.46	1.49	1.50	1.47	1.50

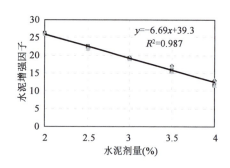

图5-19　水泥增强因子与水泥剂量关系

由表5-22中数据可知,压实度从96%提高到98%时,水泥稳定碎石强度可提高17%~25%,平均提高22%;压实度从96%提高到100%时,水泥稳定碎石强度可提高43%~50%,平均提高47%。即压实度每提高1%,水泥稳定碎石强度至少可提高11%。

4) 水泥剂量

表5-23和图5-19为水泥增强因子 v_c 与水泥剂量的关系,v_c 定义为水泥稳定碎石抗压强度增长率与水

泥剂量增量的比值。

在水泥稳定碎石中，水泥水化反应产生出具有胶结能力的水化产物，在级配碎石空隙中相互交织搭接，将碎石颗粒包覆连接起来，使级配碎石逐渐丧失原有塑性等性质，这是水泥稳定碎石强度的主要来源。随着水泥剂量增大，水泥水化产物增加，水泥稳定碎石强度逐渐增大，但水泥稳定碎石水泥增强因子 v_c 却逐渐减小，如图 5-19 所示，当水泥剂量≤3.0%时，水泥剂量增大 1%，水泥稳定碎石强度提高 19%以上；当水泥剂量≥4.0%时，水泥剂量增大 1%，水泥稳定碎石强度提高不超过 13%；当水泥剂量由 5.0%提高到 6.0%时，水泥稳定碎石强度提高不超过 6%。因此，当水泥剂量≥4%时，单靠增加水泥剂量提高水泥稳定碎石强度并不经济，且对抗裂性能不利。

水泥稳定碎石抗压强度水泥增强因子　　　　　　　　　　　　　表 5-23

级配类型	P_s(%)	下列龄期(d)水泥稳定碎石抗压强度水泥增强因子 v_c(%)								$\overline{v_c}$
		7	14	28	60	90	120	180	∞	
XM	2.0~3.0	23.8	22.4	26.7	27.6	27.2	25.9	27.7	27.8	26.1
	2.5~3.5	21.4	22.9	24.0	22.7	21.4	20.5	19.5	22.9	21.9
	3.0~4.0	17.9	20.4	19.3	19.2	19.8	19.1	18.2	20.1	19.3
	3.5~4.5	15.3	21.6	16.8	16.3	16.9	16.3	16.3	17.3	17.1
	4.0~5.0	12.0	15.2	14.6	12.8	12.1	12.3	11.2	13.1	12.9
GM	2.0~3.0	24.3	24.7	26.0	26.9	26.3	26.1	26.6	27.6	26.1
	2.5~3.5	21.5	26.1	25.5	22.1	20.9	21.1	19.9	23.0	22.5
	3.0~4.0	17.2	19.8	19.0	19.7	20.1	18.7	17.8	20.1	19.1
	3.5~4.5	11.5	16.4	14.3	16.1	17.3	16.8	16.0	16.7	15.6
	4.0~5.0	10.8	11.8	13.2	11.6	11.6	11.1	11.4	12.0	11.7

如图 5-20 所示，随水泥剂量增大，水泥水化产物相应增多，水泥稳定碎石劈裂强度接近于

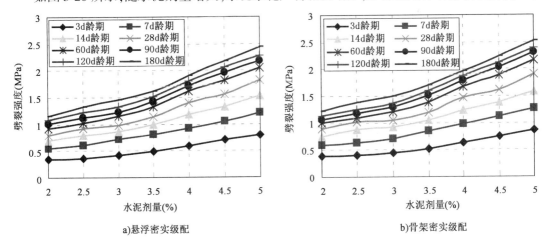

图 5-20　水泥剂量对水泥稳定碎石劈裂强度影响规律

线性增长。如图5-21所示,随水泥剂量增大,水泥稳定碎石水泥增强因子v_i呈抛物线走势,水泥剂量在3.0%~3.5%时,增加水泥剂量对于提高水泥稳定碎石劈裂强度效果最为明显;当水泥剂量>3.5%时,增加水泥剂量对于提高水泥稳定碎石劈裂强度效果逐渐弱化,表明技术经济性也逐渐变差。

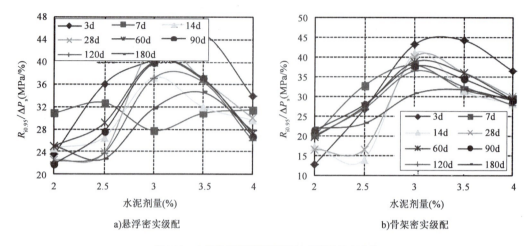

图5-21 水泥稳定碎石劈裂强度水泥增强效应曲线

5) 成型方式

表5-24和表5-25分别列出了VVTM试件抗压强度$R_{c(n)}$、劈裂强度$R_{i(n)}$与芯样抗压强度$R_{c(x)}$、劈裂强度$R_{i(x)}$比值。VVTM试件送至工地现场并埋入石屑后,与现场同期碾压成型水泥稳定碎石基层一并覆盖土工布同步养护至规定龄期。

成型方式对水泥稳定碎石抗压强度的影响 表5-24

依托工程	层位	不同龄期(d)水泥稳定碎石试件抗压强度与芯样抗压强度之比 $\delta_c = R_{c(n)}/R_{c(x)}$							$\overline{\delta_c}$	$\overline{\overline{\delta_c}}$
		7	14	28	60	90	120	180		
青兰高速公路	底基层	0.92	0.92	0.86	0.89	0.85	0.93	0.96	0.90	0.925
	基层	0.94	0.91	0.91	0.91	0.95	0.93	0.94	0.93	
西商高速公路	底基层	0.95	1.01	0.89	1.02	0.90			0.96	
	基层	0.91	0.98	0.92	0.85	0.88			0.91	

成型方式对水泥稳定碎石劈裂强度的影响 表5-25

路段	层位	不同龄期(d)水泥稳定碎石试件劈裂强度与芯样劈裂强度比 $\delta_i = R_{i(n)}/R_{i(x)}$							$\overline{\delta_i}$	$\overline{\overline{\delta_i}}$
		7	14	28	60	90	120	180		
青兰高速公路	底基层	0.94	0.93	0.93	0.94	0.89	0.93	0.95	0.93	0.93
	基层	0.96	0.92	0.91	0.93	0.91	0.91	0.91	0.92	
西商高速公路	底基层	0.95	0.93	0.96	0.93	0.98	—	—	0.95	
	基层	0.89	0.91	0.96	0.90	0.94			0.92	

表5-24、表5-25中数据表明,外界环境(气温和湿度)条件一致的情况下,VVTM试件抗压强度平均为芯样的0.925倍,劈裂强度平均为芯样的0.93倍。

5.2.3 回弹模量及影响因素

5.2.3.1 回弹模量室内试验结果

水泥稳定碎石回弹模量室内试验结果见表 5-26。

水泥稳定碎石试件抗压回弹模量　　　　　表 5-26

集料类型	集料产地	级配类型	P_s(%)	不同龄期(d)水泥稳定碎石抗压回弹模量 E_c(MPa)					
				0	28	60	90	120	180
石灰岩	柞水	XM	2.0	394	1562	1827	2036	2197	2393
			2.5	401	1695	1965	2179	2347	2530
			3.0	408	1806	2084	2318	2470	2645
			3.5	405	1880	2155	2393	2565	2717
			4.0	412	1936	2217	2452	2617	2780
			4.5	415	1982	2264	2490	2652	2814
			5.0	419	2043	2331	2556	2703	2862
		GM	2.0	410	1661	1970	2196	2340	2533
			2.5	423	1810	2124	2335	2491	2668
			3.0	427	1895	2218	2486	2645	2857
			3.5	430	1990	2311	2578	2732	2932
			4.0	436	2061	2388	2633	2799	2994
			4.5	438	2117	2449	2704	2880	3092
			5.0	441	2184	2512	2762	2926	3146
	三河	XM	3.0	387	1721	1943	2193		
			3.5	406	1817	2141	2327		
			4.0	413	2014	2295	2548		
			4.5	421	2168	2454	2631		
		GM	3.0	395	1742	1987	2131		
			3.5	419	1969	2215	2354		
			4.0	429	2228	2432	2557		
			4.5	447	2319	2519	2655		
	铜川	XM	3.0	402	1456	1867	2130	2289	2492
			4.0	439	1665	2217	2343	2491	2684
			5.0	451	1983	2345	2527	2606	2793
		GM	3.0	427	1820	2124	2314	2374	2504
			4.0	428	1989	2314	2453	2615	2715
			5.0	471	2174	2455	2664	2772	2891

续上表

集料类型	集料产地	级配类型	P_s(%)	不同龄期(d)水泥稳定碎石抗压回弹模量 E_c(MPa)					
				0	28	60	90	120	180
花岗岩	蓝田	XM	3.0	322	1487	1715	1929		
			3.5	332	1683	1924	2089		
			4.0	347	1793	2098	2200		
			4.5	364	1952	2280	2368		
		GM	3.0	303	1464	1738	2022		
			3.5	342	1620	1914	2208		
			4.0	364	1813	2032	2327		
			4.5	389	1983	2280	2492		
砂岩	富县	XM	3.0	142	747	825	851	921	1020
			4.0	150	974	1114	1180	1253	1300
			5.0	161	1180	1393	1428	1472	1516
		GM	3.0	173	1052	1221	1254	1341	1378
			4.0	150	1140	1354	1337	1360	1416
			5.0	168	1278	1416	1553	1529	1626

5.2.3.2 回弹模量增长方程

1)回弹模量增长曲线

水泥稳定碎石抗压回弹模量随龄期增长曲线如图5-22所示。

如图5-22所示,不同原材料、不同级配水泥稳定碎石抗压回弹模量随龄期增长规律与抗压强度增长规律基本相似,随着水泥水化反应的不断进行,水泥对集料的黏结作用不断增强,材料的整体性越来越强,因此材料模量随龄期不断增长,且随龄期增长而呈非线性增长。

2)抗压回弹模量增长方程

水泥稳定碎石抗压回弹模量增长方程及系数见表5-27。表中E_{c0}、$E_{c\infty}$分别是指龄期为0(d)、∞(d)对水泥稳定碎石回弹模量,ξ_E指回弹模量增长系数。

表5-27表明,模型对不同原材料类型的水泥稳定碎石具有较好的拟合效果,揭示了水泥稳定碎石抗压回弹模量的增长规律,采用该模型预测水泥稳定碎石模量增长规律具有可行性。

3)$E_{cT}/E_{c\infty}$增长规律及模量模型

如图5-23所示,将$E_{cT}/E_{c\infty}$—T作图,则图5-22中不同级配、不同水泥剂量水泥稳定碎石模量增长曲线就可规格化。可以看出,不同级配、不同水泥剂量水泥稳定碎石模量—龄期曲线差不多成了一条曲线。水泥稳定石灰岩碎石$E_{c90}\approx 0.8E_{c\infty}$、水泥稳定花岗岩碎石$E_{c90}\approx 0.88E_{c\infty}$、水泥稳定砂岩碎石$E_{c60}\approx 0.83E_{c\infty}$。

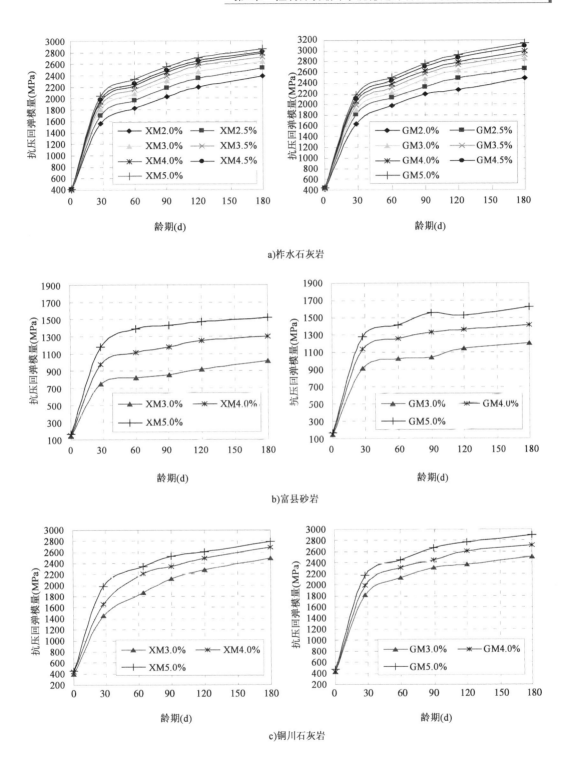

a) 柞水石灰岩

b) 富县砂岩

c) 铜川石灰岩

图 5-22

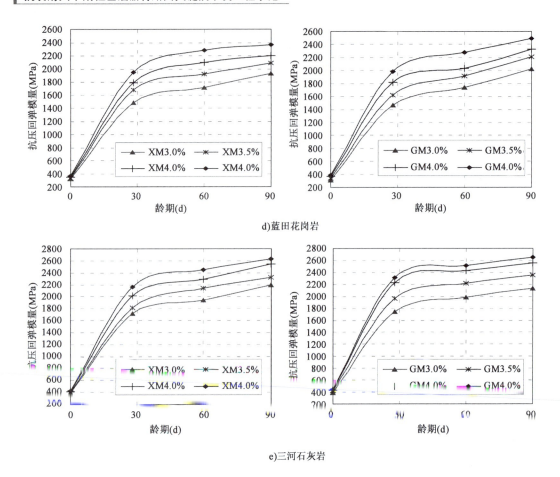

d) 蓝田花岗岩

e) 三河石灰岩

图 5-22 水泥稳定碎石抗压回弹模量随龄期增长曲线

水泥稳定碎石抗压回弹模量增长方程　　　　　表 5-27

集料产地	集料岩性	P_s (%)	$E_{cT} = E_{c\infty} - \dfrac{E_{c\infty} - E_{c0}}{\xi_E \cdot T + 1}$							
			XM				CM			
			E_{c0}	$E_{c\infty}$	ξ_E	R^2	E_{c0}	$E_{c\infty}$	ξ_E	R^2
石灰岩	柞水	2.0	382	2563	0.041	0.991	405	2702	0.041	0.996
		2.5	401	2741	0.041	0.993	431	2920	0.041	0.996
		3.0	419	2895	0.041	0.995	425	3105	0.041	0.995
		3.5	423	2995	0.041	0.994	441	3215	0.041	0.995
		4.0	436	3068	0.041	0.994	458	3296	0.041	0.995
		4.5	446	3116	0.041	0.994	459	3394	0.041	0.995
		5.0	460	3188	0.041	0.993	472	3464	0.041	0.994
	铜川	3.0	339	2637	0.041	0.984	464	2809	0.041	0.995
		4.0	407	2917	0.041	0.996	476	3056	0.041	0.993
		5.0	485	3101	0.041	0.996	534	3264	0.041	0.990

续上表

集料产地	集料岩性	P_s (%)	$E_{cT} = E_{c\infty} - \dfrac{E_{c\infty} - E_{c0}}{\xi_E \cdot T + 1}$							
			XM				GM			
			E_{c0}	$E_{c\infty}$	ξ_E	R^2	E_{c0}	$E_{c\infty}$	ξ_E	R^2
石灰岩	三河	3.0	412	2674	0.041	0.991	430	2661	0.041	0.990
		3.5	429	2877	0.041	0.996	468	2970	0.041	0.985
		4.0	446	3145	0.041	0.992	503	3275	0.041	0.972
		4.5	473	3318	0.041	0.987	525	3399	0.041	0.971
砂岩	富县	3.0	138	1006	0.080	0.983	145	1235	0.080	0.992
		4.0	145	1349	0.080	0.997	160	1503	0.080	0.997
		5.0	165	1618	0.080	0.999	175	1714	0.080	0.997
花岗岩	蓝田	3.0	320	2172	0.060	0.997	287	2230	0.060	0.991
		3.5	341	2411	0.060	0.998	327	2446	0.060	0.992
		4.0	358	2580	0.060	0.991	366	2617	0.060	0.994
		4.5	379	2797	0.060	0.993	396	2864	0.060	0.997

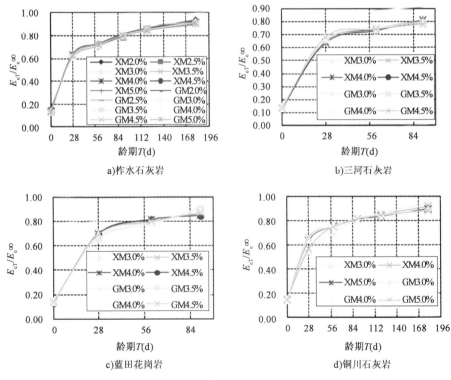

a) 柞水石灰岩　　b) 三河石灰岩

c) 蓝田花岗岩　　d) 铜川石灰岩

图 5-23

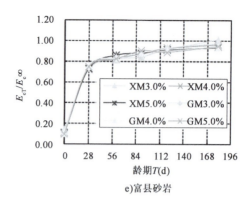

e) 富县砂岩

图 5-23 水泥稳定碎石 $E_{cT}/E_{c\infty}$—T 的关系

进一步将水泥稳定碎石 $E_{cT}/E_{c\infty}$ 对 $\ln T$ 作图,结果如图 5-24 所示。

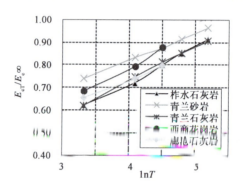

图 5-24 水泥稳定碎石 $E_{cT}/E_{c\infty}$—$\ln T$ 关系

$E_{cT}/E_{c\infty}$—$\ln T$ 曲线符合乘幂函数,即:

$$E_{cT} = A_E \cdot (\ln T)^{B_E} \cdot E_{c\infty} \qquad T \leq 180\mathrm{d} \tag{5-7}$$

式中:A_E、B_E——回归系数,与岩性有关,见表 5-28。

回归系数 A_E、B_E 表 5-28

集料岩性	富县砂岩	蓝田花岗岩	铜川石灰岩	柞水石灰岩	三河石灰岩
A_E	0.3631	0.2578	0.2232	0.2154	0.3022
B_E	0.5892	0.8081	0.8544	0.8738	0.6416
R^2	0.998	0.990	0.998	0.992	0.993

综上所述,建立水泥稳定碎石回弹模量预测模型:

$$\begin{cases} \dfrac{E_{cT}}{E_{ca}} = \left(\dfrac{\ln T}{\ln a}\right)^{B_E} & T \leq 180\mathrm{d} \\ E_{c\infty} = \lambda_E E_{c90} \end{cases} \tag{5-8}$$

式中:E_{cT}——龄期为 $T(\mathrm{d})$ 的水泥稳定碎石回弹模量,MPa;

E_{ca}——龄期为 $a(\mathrm{d})$ 的水泥稳定碎石回弹模量,MPa;

B_E——水泥稳定碎石回弹模量模型系数,与水泥品质、集料特性有关。

λ_E——水泥稳定碎石回弹模量模型系数,石灰岩参考值 $\lambda_E = 1.25$,花岗岩参考值 $\lambda_E = 1.14$,砂岩参考值 $\lambda_E = 1.20$。

5.2.3.3 回弹模量影响因素

1) 岩性

水泥剂量为3%~5%时,水泥稳定石灰岩、花岗岩、砂岩碎石初始抗压回弹模量 E_{c0} 分别为 339~525MPa、320~396MPa、138~175MPa,极限抗压回弹模量 $E_{c\infty}$ 分别为 2637~3464MPa、2172~2864 MPa、1006~1714MPa;水泥剂量相同条件下,水泥稳定不同岩性碎石初始抗压回弹模量和极限抗压回弹模量差异非常大:其中石灰岩最大,花岗岩次之,砂岩最小;水泥稳定岩性相同、产地不同的碎石,其抗压回弹模量差异也较大。

2) 水泥剂量

如图 5-25 所示,水泥稳定碎石抗压回弹模量与水泥剂量呈正相关关系,水泥剂量越高,抗压回弹模量也越高;当水泥剂量提高到一定程度时,水泥剂量对模量的影响变小。

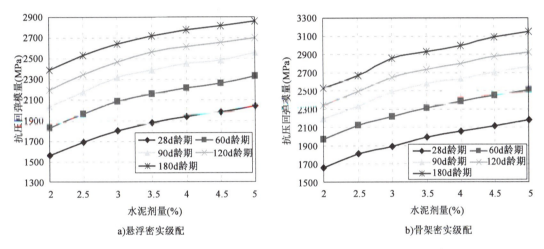

图 5-25 水泥剂量对抗压回弹模量的影响

表 5-29 为水泥稳定碎石水泥增强因子 v_E。从表中可以看出,随水泥剂量增大,水泥稳定碎石水泥增强因子 v_E 呈线性递减,水泥剂量在 2.0%~3.0% 时,增加水泥剂量对提高水泥稳定碎石回弹模量效果较为显著;当水泥剂量 >3.0% 时,增加水泥剂量对于提高水泥稳定碎石回弹模量效果逐渐弱化。

水泥稳定碎石水泥增强因子　　　　　　表 5-29

级配类型	P_s(%)	下列龄期(d)水泥稳定碎石水泥增强效应 v_E(%)					$\overline{v_E}$
		28	60	90	120	180	
XM	2.0~3.0	15.6	14.1	13.9	12.4	10.5	13.3
	2.5~3.5	10.9	9.7	9.8	9.3	7.4	9.4
	3.0~4.0	7.2	6.4	5.8	6.0	5.1	6.1
	3.5~4.5	5.4	5.1	4.1	3.4	3.6	4.3
	4.0~5.0	5.5	5.1	4.2	3.3	2.9	4.2

续上表

级配类型	P_s(%)	下列龄期(d)水泥稳定碎石水泥增强效应 v_E(%)					$\overline{v_E}$
		28	60	90	120	180	
GM	2.0~3.0	14.1	12.6	13.2	13.0	12.8	13.1
	2.5~3.5	9.9	8.8	10.4	9.7	9.9	9.7
	3.0~4.0	8.8	7.7	5.9	5.8	4.8	6.6
	3.5~4.5	6.4	6.0	4.9	5.4	5.5	5.6
	4.0~5.0	6.0	5.2	4.9	4.5	5.1	5.1

3）级配类型

表5-30列出骨架密实与悬浮密实水泥稳定碎石抗压回弹模量 E_{c0} 之比 r_{E0}、极限抗压回弹模量 $E_{c\infty}$ 之比 $r_{E\infty}$。

级配类型对水泥稳定碎石抗压回弹模量的影响　　表5-30

P_s(%)	r_{E0}					$r_{E\infty}$				
	柞水石灰岩	铜川石灰岩	三河石灰岩	蓝田花岗岩	富县砂岩	柞水石灰岩	铜川石灰岩	三河石灰岩	蓝田花岗岩	富县砂岩
3.0	1.01	1.05	1.37	0.90	1.04	1.07	1.23	1.07	1.03	1.00
3.5	1.04	—	—	0.96	1.09	1.07	—	—	1.01	1.03
4.0	1.05	1.10	1.17	1.02	1.13	1.07	1.11	1.05	1.01	1.04
4.5	1.03	—	—	1.04	1.11	1.09	—	—	1.02	1.02
5.0	1.03	1.06	1.10	—	—	1.09	1.06	1.05	—	—

由表5-30可知，水泥剂量为3%~5%时，水泥稳定石灰岩碎石、花岗岩碎石和砂岩碎石的抗压回弹模量之比 r_{E0} 分别为1.01~1.10、0.90~1.04、1.04~1.11，平均为7%，极限抗压回弹模量之比 $r_{E\infty}$ 分别为1.07~1.23、1.01~1.03、1.00~1.04，平均为6%。骨架密实水泥稳定碎石中粗集料所占比重较大，粗集料之间相互嵌挤、咬合形成自锁骨架结构，细集料填充于骨架空隙中，混合料整体刚度性质更多地体现粗集料的性质。由于混合料中细集料和水泥水化产物所形成的混合物中孔隙较石料孔隙多，其模量远低于石料模量，因此骨架密实水泥稳定碎石回弹模量要高于悬浮密实水泥稳定碎石。

4）养护龄期

如图5-26所示，随养护龄期增加，水泥水化产物越来越多，对集料黏结作用越来越大，材料的整体性也越来越强，表现出材料刚度随龄期增长而不断增加。

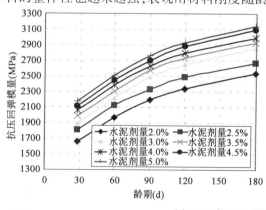

图5-26　抗压回弹模量随养护龄期增长曲线

5) 成型方式

VVTM 试件抗压回弹模量 $E_{c(n)}$ 与芯样抗压回弹模量 $E_{c(x)}$ 比值见表 5-31。

振动法成型现场养护试件与现场芯样抗压回弹模量比值　　表 5-31

依托工程	层位	不同龄期(d)水泥稳定碎石试件与芯样抗压回弹模量比值 $\delta_E = E_{c(n)}/E_{c(x)}$ (%)					$\bar{\delta}_E$	$\bar{\bar{\delta}}_E$
		28	60	90	120	180		
青兰高速公路	底基层	0.902	0.914	0.933	0.927	0.941	0.923	0.923
	基层	0.912	0.911	0.906	0.941	0.939	0.922	
西商高速公路	底基层	0.915	0.928	0.935	—	—	0926	
	基层	0.907	0.919	0.932	—	—	0.919	

表 5-31 中数据表明回弹外界环境(气温和湿度)条件一致的情况下，VVTM 试件抗压回弹模量平均为芯样抗压回弹模量的 0.923 倍。

5.2.4 力学性能之间的规律

5.2.4.1 抗压强度与劈裂强度之间的关系

表 5-32 ~ 表 5-34 列出了水泥稳定碎石抗压强度与劈裂强度的比值。

水泥稳定石灰岩碎石 R_c/R_i　　表 5-32

集料产地	级配类型	P_s (%)	不同龄期(d)水泥稳定石灰岩碎石 R_c/R_i							
			7	14	28	60	90	120	180	270	∞
柞水	XM	2.0	11.5	11.0	10.8	10.7	10.2	10.0	9.7	9.3	9.8
		2.5	11.5	10.5	10.4	10.7	10.4	10.0	9.7	9.4	9.9
		3.0	10.8	10.8	11.1	10.9	10.7	10.3	9.9	9.5	10.2
		3.5	10.5	10.2	10.4	10.2	9.9	9.7	9.4	9.3	9.7
		4.0	10.0	9.5	9.3	9.3	9.1	9.0	8.8	8.8	9.0
		4.5	9.2	9.4	8.9	8.6	8.5	8.3	8.2	8.0	8.4
		5.0	8.5	8.4	8.2	8.1	8.1	8.0	7.7	7.7	8.0
	GM	2.0	11.9	11.3	10.7	10.7	10.7	10.4	10.1	9.6	10.1
		2.5	12.3	10.0	10.4	11.2	10.9	10.6	10.2	9.9	10.2
		3.0	12.3	12.0	11.5	11.3	11.1	10.9	10.5	10.1	10.7
		3.5	11.3	11.0	11.2	10.7	10.3	10.1	9.9	9.7	10.2
		4.0	10.4	10.0	9.8	9.8	9.7	9.5	9.4	9.4	9.6
		4.5	9.6	9.8	9.4	9.2	9.0	8.9	8.8	8.6	8.9
		5.0	8.9	8.9	8.5	8.4	8.4	8.3	8.1	8.0	8.3
铜川	XM	3.0	10.8	10.0	9.9	9.6	9.5	9.4	9.3	—	9.6
		4.0	10.6	10.0	9.9	9.5	9.4	9.6	9.2	—	9.6
		5.0	10.4	10.0	9.7	9.4	9.5	9.5	9.4	—	9.6
	GM	3.0	10.8	10.0	9.6	9.2	9.4	9.0	9.0	—	9.4
		4.0	11.6	10.3	10.1	9.6	9.7	9.4	9.4	—	9.7
		5.0	10.7	9.6	9.8	9.0	9.4	9.3	9.3	—	9.4

续上表

集料产地	级配类型	P_s (%)	不同龄期(d)水泥稳定石灰岩碎石 R_c/R_i							
			7	14	28	60	90	120	180	270	∞
三河	XM	3.0	12.2	10.4	10.1	10.0	9.6	—	—	—	9.9
		3.5	11.5	10.3	10.1	9.9	9.5	—	—	—	9.7
		4.0	10.6	10.3	10.3	9.6	9.5	—	—	—	9.7
		4.5	10.5	10.6	9.8	9.5	9.4	—	—	—	9.5
	GM	3.0	10.6	9.9	9.4	9.4	9.1	—	—	—	9.2
		3.5	11.4	10.1	9.8	9.5	9.2	—	—	—	9.3
		4.0	10.7	9.7	9.6	9.3	8.9	—	—	—	9.2
		4.5	9.3	8.9	9.5	9.4	9.1	—	—	—	9.0
平均值			10.73	10.13	9.94	9.74	9.58	9.52	9.30	9.09	9.49

水泥稳定蓝田花岗岩碎石 R_c/R_i 表 5-33

级配类型	P_s (%)	不同龄期(d)水泥稳定花岗岩碎石 R_c/R_i					
		7	14	28	60	90	∞
XM	3.0	11.1	10.6	11.0	10.3	10.0	10.1
	3.5	11.7	11.6	10.8	9.7	9.5	9.9
	4.0	11.4	10.8	10.4	9.3	9.1	9.4
	4.5	10.5	10.0	9.6	9.1	9.0	9.2
GM	3.0	10.9	10.5	10.5	9.3	9.4	9.5
	3.5	11.0	10.5	10.4	9.2	9.2	9.5
	4.0	10.5	10.3	9.6	9.3	9.1	9.2
	4.5	10.5	9.3	9.3	8.8	9.0	8.8
平均值		10.95	10.45	10.20	9.38	9.29	9.45

水泥稳定富县砂岩碎石 R_c/R_i 表 5-34

级配类型	P_s (%)	不同龄期(d)水泥稳定砂岩碎石 R_c/R_i						
		7	14	28	60	90	120	180	∞
XM	3.0	16.2	12.0	11.3	11.2	10.7	10.9	10.6	10.4
	4.0	14.0	11.3	11.3	10.8	10.9	10.4	10.3	10.1
	5.0	12.8	11.2	10.2	10.2	10.1	10.3	10.0	9.6
GM	3.0	13.6	13.3	11.1	11.1	10.8	10.8	10.4	10.3
	4.0	12.2	11.0	11.6	10.5	10.2	9.8	9.9	9.7
	5.0	10.4	10.5	10.0	9.9	9.6	9.6	9.4	9.1
平均值		13.20	11.55	10.92	10.62	10.38	10.30	10.10	9.87

表 5-32～表 5-34 中数据表明,水泥稳定碎石抗压强度与劈裂强度之比 R_c/R_i 随龄期延长而减小,龄期 60d 之后,基本上趋于稳定。其中,水泥稳定花岗岩碎石 $R_c/R_i = 9.5 \sim 11.5$、水泥稳定石灰岩碎石 $9.5 \sim 10.7$、水泥稳定砂岩碎石 $R_c/R_i = 9.8 \sim 13.2$。早期水泥稳定碎石 R_c/R_i 取大值;后期水泥稳定碎石 R_c/R_i 取小值。

5.2.4.2 回弹模量与抗压强度之间的关系

表 5-35～表 5-37 列出了水泥稳定碎石回弹模量与抗压强度的比值。

水泥稳定石灰岩碎石 E_c/R_c 表 5-35

集料产地	级配类型	P_s(%)	不同龄期(d)水泥稳定石灰岩碎石 E_c/R_c						
			0	28	60	90	120	180	∞
柞水	XM	2.0	171.3	181.6	186.4	197.7	203.4	213.7	223.5
		2.5	167.1	176.6	178.6	186.2	192.4	197.7	211.2
		3.0	170.0	165.7	166.7	176.9	181.6	185.0	197.5
		3.5	168.8	158.0	159.6	168.5	174.5	177.6	187.8
		4.0	171.7	148.9	148.8	156.2	161.5	164.5	174.2
		4.5	166.0	142.6	144.2	150.0	155.1	158.1	166.5
		5.0	167.6	137.1	138.8	145.2	148.5	152.2	160.1
	GM	2.0	146.4	173.0	182.4	192.6	196.6	204.3	213.8
		2.5	151.1	170.8	174.1	181.0	187.3	189.2	204.3
		3.0	147.2	156.6	161.9	172.6	176.3	182.0	192.5
		3.5	148.3	149.6	155.1	165.3	169.7	173.5	183.0
		4.0	150.3	143.1	145.6	152.2	157.2	161.8	170.2
		4.5	151.0	139.3	141.6	147.8	153.2	157.8	165.5
		5.0	147.0	134.0	137.3	143.1	147.8	152.7	159.6
铜川	XM	3.0	160.8	130.0	142.5	154.3	156.8	162.9	171.2
		4.0	168.8	131.1	148.8	147.4	145.7	156.0	164.9
		5.0	167.0	140.6	143.9	141.2	138.6	144.7	157.3
	GM	3.0	164.2	152.9	158.5	157.4	156.2	158.7	174.1
		4.0	152.9	144.1	143.7	143.5	145.3	145.2	160.4
		5.0	162.4	144.0	144.4	142.5	140.0	141.7	157.5
三河	XM	3.0	154.8	187.1	186.8	203.1	—	—	224.7
		3.5	162.4	173.0	181.4	190.7	—	—	210.9
		4.0	165.2	166.4	176.5	186.0	—	—	204.9
		4.5	168.4	172.1	175.3	180.2	—	—	202.7
	GM	3.0	136.2	167.5	171.3	177.6	—	—	201.9
		3.5	144.5	168.3	174.4	179.7	—	—	203.1
		4.0	147.9	172.7	173.7	177.6	—	—	202.7
		4.5	154.1	162.2	164.6	169.1	—	—	190.3
平均值			158	157	161	167	164	169	187

水泥稳定蓝田花岗岩碎石 E_c/R_c 表 5-36

级配类型	P_s (%)	不同龄期(d)水泥稳定花岗岩碎石 E_c/R_c				
		0	28	60	90	∞
XM	3.0	153.3	193.1	190.6	207.4	213.8
	3.5	158.1	181.0	190.5	197.1	204.1
	4.0	157.7	179.3	189.0	189.7	200.5
	4.5	173.3	189.5	196.6	192.5	207.2
GM	3.0	144.3	174.3	182.9	200.2	203.8
	3.5	155.5	162.0	175.6	190.3	192.0
	4.0	173.3	169.4	166.6	186.2	186.0
	4.5	185.2	165.3	176.7	181.9	187.2
平均值		163	177	184	193	199

水泥稳定富县砂岩碎石 E_c/R_c 表 5-37

级配类型	P_s (%)	不同龄期(d)水泥稳定砂岩碎石 E_c/R_c						
		0	28	60	90	120	180	∞
XM	3.0	157.0	166.0	171.9	177.3	184.2	204.0	202.0
	4.0	166.7	180.4	198.9	200.0	212.4	216.7	224.8
	5.0	161.0	184.4	214.3	210.0	210.3	213.5	230.2
GM	3.0	162.2	186.7	197.7	197.0	205.2	211.6	224.5
	4.0	150.0	193.2	199.0	205.4	212.6	214.5	229.8
	5.0	168.0	180.0	188.8	204.3	196.0	205.8	217.5
平均值		161	182	195	199	203	211	221

表 5-35 ~ 表 5-37 中数据表明,水泥稳定碎石回弹模量与抗压强度之比 E_c/R_c 随龄期延长而增大,龄期 90d 之后,基本上趋于稳定。其中,水泥稳定花岗岩碎石 E_c/R_c = 177 ~ 199、水泥稳定石灰岩碎石 E_c/R_c = 157 ~ 187、水泥稳定砂岩碎石 E_c/R_c = 182 ~ 221。早期水泥稳定碎石 E_c/R_c 取小值;后期水泥稳定碎石 E_c/R_c 取大值。

5.2.5 疲劳特性及影响因素

5.2.5.1 试验方法

1)疲劳试验方法

目前,研究道路材料疲劳试验方法主要有小梁弯曲试验和圆柱体试件劈裂试验。弯曲试验能较好地模拟实际路面结构的应力状态,但试件制备比较复杂。与小梁弯曲试验相比,圆柱体试件制备和劈裂试验过程都较为简便,可采用静压法试件、振动法试件和路面芯样等,试验时试件中部的应力状态(图 5-27)与路面受荷时底层的应力状态较为相似,具有较大优越性。因此,本次试验采用圆柱体试件劈裂试验研究水泥稳定碎石疲劳特性。

2) 荷载控制模式

疲劳试验荷载控制模式分应力控制模式和应变控制模式。与应变控制模式相比,应力控制模式具有再现能力强、试验时间短、疲劳破坏概念明确、试验所需试件少和试验结果离散程度小等优点。同时,考虑水泥稳定碎石疲劳破坏为脆性破坏,且圆柱体试件在劈裂受力模式下变形微小,无法保证应变测试精度,因此,本次试验采用应力控制模式。

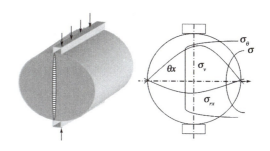

图 5-27 劈裂试验试件应力状态

3) 荷载作用波形、循环特征值 R 与应力水平 S

本次试验采用正弦波荷载,$R=0.1$,$S=0.85$、0.80、0.75、0.70、0.65。

4) 荷载作用频率

取车辆荷载,行驶速度为 60~80 km/h,荷载作用频率为 13~17Hz。已有研究表明,应力水平较低时,水泥稳定碎石处于线弹性工作状态,荷载作用频率对疲劳寿命影响很小;当应力水平较高(如 $S \geqslant 0.85$)时,由于材料蠕变的影响,荷载作用频率对疲劳寿命有较大的影响。因此,当 $S<0.85$ 时,$f=15$Hz。

5) 加载系统与夹具

采用 MTS485.10 材料疲劳试验机。

如图 5-28 所示,试件精确放置于夹具内,使得上、下劈裂压条平面中线恰好与试件直径呈一直线,并确保试验过程始终处于这一状态,保证试件实际受力模式与理论计算模型一致,这是确保试验精度的前提条件;同时,为了防止试验过程中试件跑位,并确保不影响试件受力模式和试件在荷载作用下的横向变形,在试件两侧与夹具之间放置两个泡沫块,如图 5-29 所示。

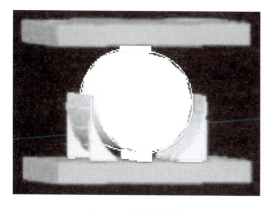

图 5-28 劈裂试验夹具

图 5-29 试件放置与固定

5.2.5.2 疲劳试验数据与疲劳方程

1) 试验所用材料及配比

采用陕西柞水石灰岩集料和蓝田尧柏牌 P.O32.5 级普通硅酸盐缓凝水泥。

矿料级配见表 5-12。四种类型水泥稳定碎石为:3% 水泥剂量的骨架密实型水泥稳定碎石

（GM,3%）、4%水泥剂量的骨架密实型水泥稳定碎石（GM,4%）、3%水泥剂量的悬浮密实型水泥稳定碎石（XM,3%）和4%水泥剂量的悬浮密实型水泥稳定碎石（XM,4%）。振动击实试验结果见表5-38。

疲劳试验分为静载劈裂试验和劈裂疲劳试验。VVTM试件养护至360d备用。

2）劈裂强度

水泥稳定碎石劈裂强度见表5-38。

水泥稳定碎石振动击实试验结果和劈裂强度　　　　　　　表5-38

级配类型	P_s（%）	振动击实试验		劈裂试验		
		ρ_{dmax}（g/cm³）	w_0（%）	$\overline{R_i}$（MPa）	C_V（%）	$R_{i0.95}$（MPa）
XM	3.0	2.43	4.2	1.517	2.8	1.446
XM	4.0	2.43	4.2	2.178	1.7	2.116
GM	3.0	2.44	4.2	1.585	3.0	1.503
GM	4.0	2.44	4.2	2.245	0.8	2.216

3）劈裂疲劳试验数据

表5-39列出了水泥稳定碎石劈裂疲劳试验数据，表中的 * 表示试件在循环荷载作用至相应次数后未发生破坏。

水泥稳定碎石劈裂疲劳试验数据　　　　　　　表5-39

级配类型	P_s（%）	下列应力水平S对应的疲劳寿命N（次）				
		0.85	0.80	0.75	0.70	0.65
XM	3.0	327	451	1468	4951	106483
		503	1938	4646	8305	174155
		1111	2315	5862	21541	263902
		—	2962	14676	38986	339061
		—	—	25634	49510	—
		—	—	30166	131858	—
		—	—	42297	—	—
		—	—	300002*	—	—
	4.0	259	2447	2616	26335	133110
		364	2781	4340	37738	323639
		785	3046	8133	83147	335935
		529	4140	11087	88142	493537
		—	—	12677	125436	—
		—	—	13689	—	—
		—	—	25676	—	—
		—	—	32188	—	—

续上表

级配类型	P_s (%)	下列应力水平 S 对应的疲劳寿命 N(次)				
		0.85	0.80	0.75	0.70	0.65
GM	3.0	656	833	1778	14541	143564
		833	1314	5752	29811	203567
		1100	1702	5880	34997	330076
		—	3500	13298	56965	387630
		—	5787	15757	89234	492483
		—	—	35679	259100	—
		—	—	125171	—	—
	4.0	444	1093	2233	—	185667
		912	1786	4030	31704	340724
		948	3041	8950	48882	534953
		—	—	9610	139142	—
		—	—	13557	186788	—
		—	—	30412	215667	—
		—	—	31159	—	—
		—	—	66482	—	—

表 5-39 数据表明,级配、水泥剂量和应力水平都相同条件下,水泥稳定碎石疲劳寿命也会相差数倍甚至数十几倍,试验结果离散性非常大。因此,疲劳试验时,考虑到高应力水平时的疲劳寿命较短,数据离散性相对较小,平行试验数量也相对少些;随着应力水平降低,数据离散性增大,平行试验数量也有所增大。

4) 试验数据 Weibull 分布检验

采用两参数 Weibull 分布统计模型进行疲劳寿命分析,水泥稳定碎石等效疲劳寿命 $\bar{N}$ 的 Weibull 分布模型的回归系数(m 和 $\ln t_0$)和相关系数 r 见表 5-40。

试验数据 Weibull 分布检验结果 表 5-40

级配类型	P_s (%)	回归系数和相关系数	下列应力水平 S 对应的等效疲劳寿命 $\bar{N}$ 的 Weibull 分布模型回归系数和相关系数				
			0.85	0.80	0.75	0.70	0.65
XM	3.0	m	1.372	1.027	0.855	0.833	1.845
		$\ln t_0$	8.258	7.247	7.635	8.053	20.734
		r	0.972	0.928	0.987	0.985	0.997
	4.0	m	1.478	3.543	1.265	1.477	1.612
		$\ln t_0$	8.464	26.058	11.023	15.123	18.699
		r	0.959	0.928	0.989	0.973	0.953
GM	3.0	m	2.946	1.236	0.733	0.984	1.953
		$\ln t_0$	18.004	8.952	6.716	10.084	22.529
		r	0.989	0.973	0.964	0.961	0.991

续上表

级配类型	P_s (%)	回归系数和相关系数	下列应力水平 S 对应的等效疲劳寿命 N 的 Weibull 分布模型回归系数和相关系数				
			0.85	0.80	0.75	0.70	0.65
GM	4.0	m	1.880	1.704	0.941	1.061	1.649
		$\ln t_0$	11.576	11.932	8.482	11.247	19.255
		r	0.917	0.996	0.985	0.937	1.000

5) 疲劳方程

将 Weibull 分布检验所得的回归系数代入式(2-3),得到不同失效概率下各应力水平 S 水泥稳定碎石等效疲劳寿命 $\overline{N}$,见表 5-41。

不同失效概率下的等效疲劳寿命　　　表 5-41

级配类型	P_s (%)	失效概率 (%)	下列应力水平 SF 水泥稳定碎石等效疲劳寿命 $\overline{N}$(次)				
			0.85	0.80	0.75	0.70	0.65
XM	3.0	50	315	812	4920	10173	62273
		40	252	603	3443	7052	52779
		30	194	425	2262	4582	43442
		20	138	269	1307	2609	33690
		10	80	129	543	1060	22432
		5	47	64	234	447	15103
XM	4.0	50	240	1410	4556	21826	86900
		40	195	1294	3579	17751	71910
		30	153	1169	2694	13919	57546
		20	111	1024	1860	10132	43019
		10	67	829	1028	6096	27007
		5	41	676	582	3744	17280
GM	3.0	50	398	1039	5781	19448	84789
		40	359	812	3812	14261	72522
		30	318	607	2335	9900	60338
		20	271	415	1232	6147	47456
		10	210	226	442	2867	32316
		5	165	126	166	1379	22354
GM	4.0	50	389	886	5565	28422	94326
		40	330	741	4024	21317	78387
		30	273	600	2747	15195	63044
		20	213	456	1669	9766	47437
		10	143	293	752	4815	30094
		5	97	192	350	2443	19449

假定水泥稳定碎石不存在疲劳极限,则疲劳方程应满足两个边界条件:

$$S = 1 \text{ 时}, N = 1 \tag{5-9}$$
$$S = 0 \text{ 时}, N \to \infty \tag{5-10}$$

严格满足式(5-9)和式(5-10)两个边界条件且能较好拟合所有试验结果的疲劳方程几乎是不存在的。因此,常常适当放松两个边界条件,以得到较为合理的疲劳方程。

经过分析,建立如下形式的疲劳方程:

$$\lg S = \lg a - b' \lg \overline{N} = \lg a - b \lg N \tag{5-11}$$

式中:a、b'——方程待定回归系数,$b = b' \times (1 - R)$,R 为循环特征值。

该形式疲劳方程满足边界条件(5-10),因此可以适当外延至低应力疲劳区使用。按其回归分析建立水泥稳定碎石疲劳方程,见表5-42。P—S—N 曲线如图5-30所示。

水泥稳定碎石疲劳方程回归系数　　　　　表5-42

级配类型	P_s (%)	回归系数和相关系数	下列失效概率(%)的疲劳方程回归系数和相关系数					
			50	40	30	20	10	5
XM	3.0	a	1.329	1.277	1.215	1.134	1.013	1.100
		b	0.0454	0.0450	0.0444	0.0434	0.0412	0.0387
		r	0.993	0.992	0.988	0.980	0.960	0.937
	4.0	a	1.255	1.233	1.207	1.169	1.108	1.045
		b	0.0414	0.0415	0.0415	0.0413	0.0412	0.0405
		r	0.997	0.995	0.991	0.988	0.976	0.962
GM	3.0	a	1.338	1.313	1.274	1.210	1.086	1.036
		b	0.0440	0.0444	0.0446	0.0441	0.0420	0.0386
		r	0.998	0.997	0.993	0.980	0.943	0.892
	4.0	a	1.268	1.251	1.229	1.196	1.133	1.065
		b	0.0413	0.0418	0.0423	0.0428	0.0432	0.0431
		r	0.994	0.996	0.996	0.995	0.987	0.973

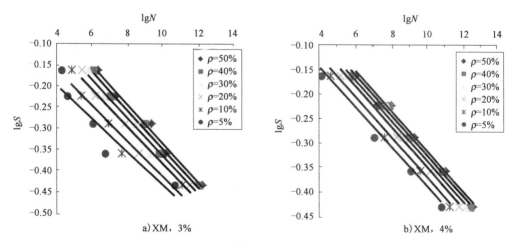

图 5-30

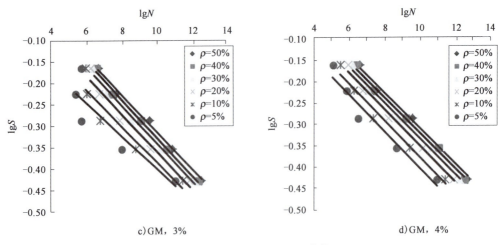

c) GM, 3%   d) GM, 4%

图 5-30 水泥稳定碎石 P—S—N 曲线

6) 疲劳方程比较

图 5-31 绘制了贫混凝土、普通水泥混凝土和水泥稳定碎石的疲劳方程曲线,图中水泥稳定粒料类的疲劳方程为规范中推荐的疲劳方程。对比图中几种材料疲劳方程曲线可以发现,VVTM 水泥稳定碎石疲劳方程曲线介于水泥混凝土与贫混凝土疲劳方程曲线之间,也就是说水泥稳定碎石抗疲劳性能并不次于混凝土材料。另外,规范中疲劳方程是建立在重型击实法和静压法成型试件基础上的,成型的试件无法准确预测疲劳性能。

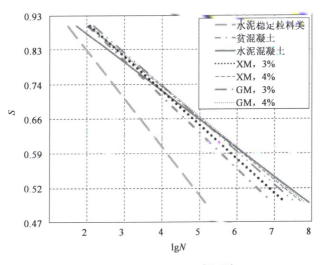

图 5-31 疲劳方程对比[97-107]

5.2.5.3 疲劳特性影响因素

1) 级配的影响

疲劳方程中 a 代表方程曲线在纵坐标轴上的截距,a 值越大,表征高应力水平作用下材料抗疲劳性能越好;b 代表方程曲线的斜率,b 值越小,材料抗疲劳性能越好。在 50% 失效概率下,水泥稳定碎石疲劳方程曲线如图 5-32 所示,回归系数如下:

水泥剂量为 3% 时,悬浮密实级配水泥稳定碎石:$a=1.329$,$b=0.0454$;

骨架密实级配水泥稳定碎石：$a=1.338$，$b=0.044$。

水泥剂量为4%时，悬浮密实级配水泥稳定碎石：$a=1.255$，$b=0.0414$；

骨架密实级配水泥稳定碎石：$a=1.268$，$b=0.0413$。

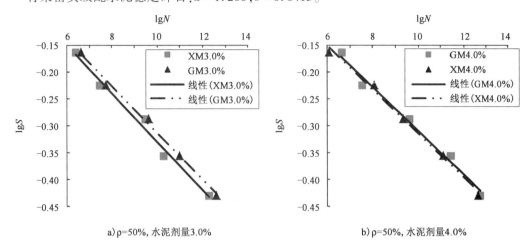

图 5-32　级配对疲劳特性的影响

显然，水泥剂量相同条件下，骨架密实级配水泥稳定碎石 a 值大于悬浮密实级配，而 b 值小于悬浮密实级配，表明骨架密实级配水泥稳定碎石抗疲劳性能优于悬浮密实级配。尤其是低水泥剂量时，骨架密实级配比悬浮密实级配水泥稳定碎石抗疲劳性能具有更明显优势。

水泥稳定碎石界面通常是薄弱环节，是破坏的发源地，对疲劳破坏有显著的影响。在硬化水泥—细集料混合体系中，水泥—细集料界面充满微裂缝，在循环荷载作用下，细集料与浆体之间发生黏结破坏，并逐渐扩展、连接贯通形成新的宏观裂纹。新的宏观裂纹在循环荷载作用下沿着粗集料和硬化水泥细集料浆体中各种缺陷中发展演化，并在裂纹扩展路径上拉断粗集料，如图 5-33 所示。试验数据表明，凡是破裂面被拉断的粗集料越多，试件疲劳寿命也就越大，可见粗集料显然起了"加筋"的作用。骨架密实级配粗集料用量比悬浮密实级配多，粗集料"加筋"作用强，表现出骨架密实级配水泥稳定碎石抗疲劳性能优于悬浮密实级配。

a）悬浮密实级配

b）骨架密实级配

图 5-33　试件破裂面

2) 水泥剂量的影响

水泥剂量对疲劳特性的影响如图 5-34 所示。从图 5-34 中可以看出，水泥剂量大的水泥稳定碎石疲劳曲线高于且缓于水泥剂量低的。即水泥剂量大，疲劳方程中 a 值越大、b 值越小，水泥稳定碎石抗疲劳性能越好，尤其是悬浮密实级配受水泥剂量的影响更为显著。水泥剂量增大，细集料与浆体之间黏结强度越大，其间发生黏结破坏、微裂纹扩展、连接贯通越困难，而表现出疲劳寿命越长。而骨架密实级配水泥稳定碎石粗集料"加筋"作用占主导作用。因此，水泥剂量增大，对水泥稳定碎石疲劳寿命影响不如悬浮密实级配水泥稳定碎石显著。

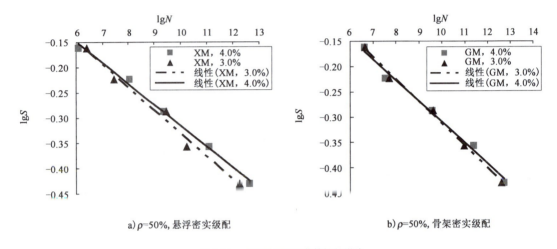

a) $\rho=50\%$,悬浮密实级配 　　b) $\rho=50\%$,骨架密实级配

图 5-34　水泥剂量对疲劳特性的影响

3) 密实度的影响

疲劳裂纹萌生阶段，随着循环荷载的不断作用，试件底面圆心附近首先出现细微疲劳裂纹，且裂纹沿径向且在上下压条宽度范围内扩展。这主要是因为成型试件上部（顶面）密度要大于试件下部（底面）密度，试件底面微裂纹多于顶面，因而首先发生疲劳裂纹。

试件成型过程中，振动锤直接作用在试件顶面部分，故顶面部分首先被压密。振动开始时，试模内材料松散，材料吸收振动能量的性能较强，而传递振动能量的性能较弱，能量大部分被上部材料吸收，而传递到下部的能量较少；随着振动的继续，上部材料密实程度提高，模量增大，传递能量的性能增强，传递到下部材料的能量急剧增大；与此同时，随着材料模量增大，振动锤工作振幅也增大，大振幅作用力的影响深度增大，使得下部材料在进一步的振动过程中不断密实，但最终试件上部密度要大于试件下部密度。这一过程也与现场基层实际施工情况比较吻合。因此，VVTM 试件比静压法成型试件疲劳试验结果更为准确。

5.2.5.4　疲劳破坏机理

1) 疲劳破坏过程

VVTM 水泥稳定碎石劈裂疲劳裂纹发展过程普遍遵循三阶段演变规律，即裂纹发生、裂纹稳定扩展、裂纹失稳破坏三个阶段[41]。水泥稳定碎石疲劳破坏过程划分为六个阶段，如图 5-35 所示。

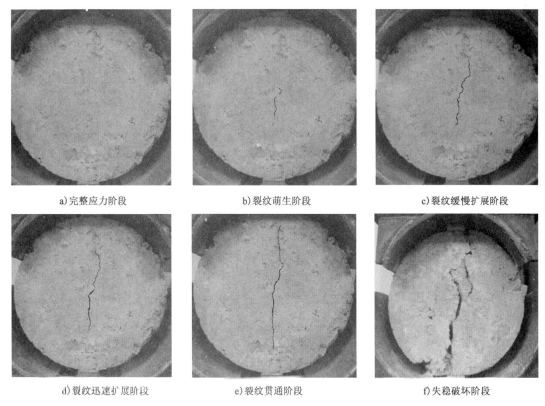

图 5-35 劈裂疲劳试验破坏过程

(1) 完整应力阶段,如图 5-35a) 所示。在这一阶段中,循环应力作用次数较少,突出表现为试件完整、未出现细微疲劳裂纹与局部破坏。

(2) 疲劳裂纹萌生阶段,如图 5-35b) 所示。这一阶段,随着循环荷载的不断作用,由于试件圆心周围单元所承受的水平方向上的拉应力最大,试件底面圆心附近首先出现细微疲劳裂纹,裂纹走向基本为沿径向,且在上下压条宽度范围内。这一阶段的特点为:疲劳裂纹明显,仅凭肉眼就能观察到。

(3) 疲劳裂纹缓慢扩展阶段,如图 5-35c) 所示。这一阶段疲劳裂缝在空间上沿两个方向扩展,第一是沿径向逐渐扩展,即从圆心点附近区域向上、下压条方向扩展;第二是疲劳裂纹从试件底面沿试件轴向发展。

(4) 裂纹迅速扩展阶段,如图 5-35d) 所示。在上一阶段裂纹扩展中材料部分被破坏失去承载能力,致使裂纹扩展方向上出现局部应力集中,试件整体承载能力降低,试件承受应力水平相对提高,从而使裂纹迅速扩展。随着疲劳裂纹的迅速扩展,正弦波荷载峰值开始逐渐减小,即荷载峰值开始衰减。

(5) 裂纹贯通阶段,如图 5-35e) 所示。这一阶段裂纹首先在试件底面沿径向贯通,紧接着裂纹向顶面贯通扩展。随着疲劳裂纹的逐渐贯通,正弦波荷载峰值减小速度加快,在破坏瞬间,试件失去承载能力,峰值衰变为零。

(6) 失稳破坏阶段,如图 5-35f) 所示。裂纹贯通整个试件形成疲劳破坏面,试件出现失稳破坏,疲劳试验结束。

2) 疲劳破坏机理

材料的宏观物理力学行为取决于材料的组成及其结构特征。水泥稳定碎石是一种多孔的、在各尺度上多相的非匀质复杂体,且其相组成随时间、环境而变化。从复合材料理论观点看,水泥稳定碎石可视为三相材料,即含水泥浆体、集料、浆体和集料之间界面过渡区这三相,如图 5-36 所示。硬化水泥浆体是由水泥水化产物(包括 CSH、CH 和铝铁相水化结晶物等)、未水化的残留熟料和其他微量组分等组成的一种极复杂的非均质多相体,即使对于固定的原始组成,硬化水泥浆体的微结构还是随时间和环境而变化。硬化水泥浆体

图 5-36 水泥稳定碎石中三个相连的链

中孔隙是水泥稳定碎石中的重要组分,对水泥石和水泥稳定碎石物理力学性质有很大的影响。由于集料和水泥石的弹性模量和热膨胀系数不同,当水泥稳定碎石受力或温度、湿度发生变化时,水泥石和集料的变形不同,致使在界面处形成微裂纹;在水泥硬化之前,水泥浆体中的水分向亲水的集料表面迁移,在集料表面形成一水膜,在硬化后水泥稳定碎石中也会留下细微裂隙;此外,水泥浆体泌水性大,浆体中水分向上部迁移,遇到集料,被阻于集料下部形成水膜。这样,在承受荷载作用之前,界面处充满了微裂缝,这些构成了水泥稳定碎石的初始损伤。

在循环荷载作用下,这些微裂纹将会改变、扩展、连接,并根据荷载大小而稳定在一定的开裂水准上或最终破坏。当循环荷载较小时,微裂纹仅发生一些小的变形与扩展,此时水泥稳定碎石处于弹性工作阶段;当循环荷载超过一定值时,将导致结构内部一些微裂纹周围的应力梯度增大,从而失稳扩展,并有可能与邻近的微裂纹连接贯通形成尺寸较大的裂纹。随着微裂纹的扩展,结构内部应力水平相对提高,一些黏结薄弱区可能出现黏结微破坏,产生新的微裂纹,微裂纹发展到一定程度连接贯通形成宏观裂纹。随着循环荷载继续作用,新的微裂纹继续出现、发展,形成新的宏观裂纹,而宏观裂纹继续扩展。当循环次数增大至某一值时,宏观裂纹扩展速率加快,进入失稳阶段,导致水泥稳定碎石迅速破坏。从能量的观点分析,水泥稳定碎石内部结构的形成、发展及破坏过程,就是能量转化的过程。循环荷载作用下水泥稳定碎石裂纹的萌生、开裂与传播都要经过一段时间累积,这些裂纹的扩展方向都受到所处应力场的制约,偏向加载方向发展。裂纹的传播并非随荷载的增加而增加,受应力幅值的影响极大,当所加的应力幅值很大时,水泥稳定碎石的破坏很快,疲劳寿命极短;另一方面,即使当荷载值开始下降之后,裂纹也会出现开裂和传播。在循环荷载下,裂纹扩展阶段的循环周数直接影响到疲劳寿命的长短,相同试验条件下,试件的疲劳寿命不同。

5.3 控制疲劳开裂的水泥稳定碎石 VVTM 强度设计标准

当养护时间不足、开放交通过早时,在施工运输车辆作用下极有可能造成水泥稳定碎石(底)基层早期疲劳断裂,甚至是一次性荷载作用下的极限断裂。其次,施工期间,水泥稳定碎石基层在施工车辆反复作用下,由于材料微结构的局部不均匀,会诱发应力集中而出现微损伤;当路面工程竣工投入运营后,水泥稳定碎石基层在车辆荷载反复作用下微损伤逐步累积扩大。当疲劳损伤累积并扩大到一定程度时,导致水泥稳定碎石基层结构性破坏,称为疲劳破坏。因此,水泥稳定碎石强度标准确定的依据是防止施工期一次性荷载作用下极限破坏和施工期与运营期荷载反复作用下水泥稳定碎石疲劳破坏。

5.3.1 控制施工期极限破坏的强度标准

水泥稳定碎石底基层碾压成型并养护一定龄期、强度达到要求后,下基层施工时混合料运输车辆必须在其上通行。如果底基层养护龄期不足,未能形成足够的强度,那么在施工车辆作用下底基层可能造成极限破坏或疲劳损伤。

5.3.1.1 力学计算模型与参数

1) 力学计算模型

为了分析施工车辆作用下底基层拉应力及疲劳损伤,其力学计算简化模型如图 5-37 所示。

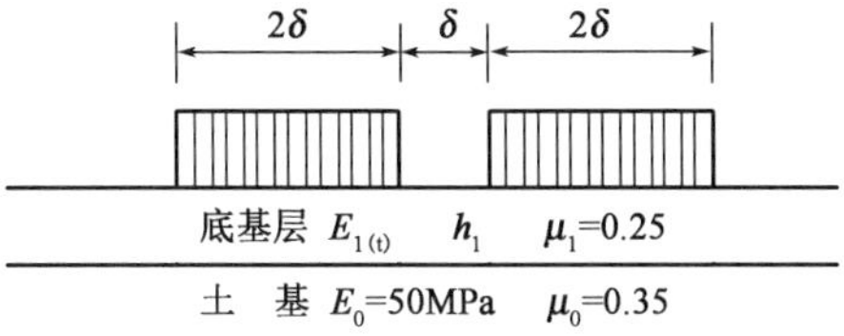

2) 材料力学参数

根据前述研究成果,假设水泥稳定碎石力学参数随龄期变化规律如下:

(1) 水泥稳定碎石 $E_\infty = E_{360}$,各龄期水泥稳定碎石模量符合式 (5-12)。

图 5-37 力学计算简化模型

$$\frac{E_T}{E_\infty} = A_E \cdot (\ln T)^{B_E} \quad (5-12)$$

砂　岩: $A_E = 0.363, B_E = 0.589, E_\infty = E_{360} = 1900 \text{MPa}$。
花岗岩: $A_E = 0.258, B_E = 0.808, E_\infty = E_{360} = 3500 \text{MPa}$。
石灰岩: $A_E = 0.247, B_E = 0.790, E_\infty = E_{360} = 4500 \text{MPa}$。

(2) 各龄期水泥稳定碎石劈裂强度符合式 (5-13)。

$$\frac{R_{iT}}{R_{i\infty}} = A_i \cdot (\ln T)^{B_i} \quad (5-13)$$

砂　岩: $A_i = 0.290, B_i = 0.769, R_{i\infty} = 0.56 \text{MPa}$。
花岗岩: $A_i = 0.247, B_i = 0.887, R_{i\infty} = 1.15 \text{MPa}$。
石灰岩: $A_i = 0.291, B_i = 0.735, R_{i\infty} = 1.45 \text{MPa}$。

(3) 水泥稳定碎石 7d 劈裂强度与 7d 抗压强度之间的关系符合式 (5-14)。

$$R_c = \lambda \cdot R_i \quad (5-14)$$

水泥稳定砂岩碎石: $\lambda = 13.2$。
花岗岩: $\lambda = 10.95$。
石灰岩: $\lambda = 10.73$。

(4) 半刚性基层弯拉强度与劈裂强度比值一般在 1.1~1.7。水泥稳定碎石弯拉强度 R_w 与劈裂强度 R_i 存在如下关系:

$$R_w = 1.4 R_i \quad (5-15)$$

5.3.1.2 施工车辆作用下底基层层底拉应力

施工车辆作用下水泥稳定碎石底基层拉应力计算结果见表 5-43。计算荷载取 BZZ-100,层间完全连续。表中各龄期模量、劈裂强度和弯拉强度分别按式 (5-12)、式 (5-13) 和式 (5-15) 计算得到。

各龄期底基层模量、强度以及车辆荷载作用下拉应力　　　　表 5-43

材料类型	项目		下列龄期(d)底基层模量、强度以及车辆荷载作用下的拉应力							
			7	10	13	16	19	22	25	28
水泥稳定石灰岩碎石	模量(MPa)		1866	2119	2298	2437	2550	2645	2727	2799
	劈裂强度(MPa)		0.67	0.76	0.83	0.88	0.92	0.96	0.99	1.02
	弯拉强度(MPa)		0.94	1.06	1.16	1.23	1.29	1.34	1.39	1.43
	不同底基层厚度(cm)的应力(MPa)	16	1.02	1.08	1.11	1.16	1.17	1.18	1.19	1.20
		18	0.91	0.96	0.99	1.02	1.03	1.05	1.06	1.07
		20	0.81	0.85	0.87	0.89	0.91	0.92	0.93	0.94
		22	0.70	0.74	0.76	0.77	0.79	0.80	0.80	0.81
水泥稳定花岗岩碎石	模量(MPa)		1545	1770	1932	2057	2159	2246	2321	2387
	劈裂强度(MPa)		0.51	0.60	0.66	0.70	0.74	0.77	0.80	0.83
	弯拉强度(MPa)		0.71	0.84	0.92	0.98	1.04	1.08	1.12	1.16
	不同底基层厚度(cm)的应力(MPa)	16	0.95	0.99	1.03	1.06	1.08	1.09	1.12	1.12
		18	0.85	0.89	0.93	0.95	0.97	0.98	1.00	1.01
		20	0.75	0.79	0.82	0.84	0.85	0.87	0.88	0.89
		22	0.66	0.69	0.71	0.73	0.74	0.76	0.76	0.77
水泥稳定砂岩碎石	模量(MPa)		1021	1128	1202	1258	1304	1341	1374	1402
	劈裂强度(MPa)		0.27	0.30	0.33	0.35	0.37	0.38	0.39	0.40
	弯拉强度(MPa)		0.38	0.42	0.46	0.49	0.52	0.53	0.55	0.56
	不同底基层厚度(cm)的应力(MPa)	18	0.71	0.74	0.76	0.78	0.79	0.8	0.81	0.81
		20	0.63	0.66	0.68	0.69	0.7	0.71	0.72	0.72
		22	0.56	0.58	0.6	0.61	0.61	0.62	0.63	0.63
		24	0.51	0.52	0.53	0.53	0.53	0.54	0.55	0.55

表 5-43 中数据表明：

(1) 随着底基层厚度增大，施工车辆作用下底基层产生拉应力显著减少。考虑现场实际压实能力，建议底基层设计厚度为 20cm。

(2) 龄期越长，水泥稳定碎石底基层模量和弯拉强度越大；而底基层模量越大，则车辆荷载作用下底基层产生的拉应力也越大。考虑工程进度要求，允许开放交通的养护龄期越短越好，但龄期过短，底基层强度不足以抵抗施工车辆荷载作用而产生断裂。从现有试验数据分析，以底基层设计厚度为 20cm 为例，水泥稳定石灰岩碎石底基层允许开放交通的养护龄期至少为 7d，水泥稳定花岗岩碎石底基层允许开放交通的养护龄期至少为 10d。

(3) 不管养护多久，18～26cm 厚水泥稳定砂岩碎石底基层在施工车辆作用产生的拉应力均大于其弯拉强度；当底基层厚度≥28cm，且养护 13d 后，施工车辆作用下产生的拉应力才有可能小于其弯拉强度，而厚度 28cm 底基层很难一次性碾压成型。因此，说明砂岩碎石不宜用作水泥稳定碎石底基层。

5.3.1.3 控制施工期极限破坏的强度标准

结合表5-43中弯拉强度和拉应力,为防止20cm厚水泥稳定碎石底基层在施工车辆荷载作用下产生极限破坏,提出强度标准如下:

水泥稳定石灰岩碎石:7d弯拉强度≥0.81MPa。

水泥稳定花岗岩碎石:10d弯拉强度≥0.79MPa,按式(5-13)转化成7d弯拉强度≥0.68MPa。

水泥稳定砂岩碎石:7d弯拉强度≥0.63MPa。

考虑到目前振动试验方法成型圆柱体试件比梁式试件简单,且无侧限抗压强度测试也比弯拉强度简单,易被工程界接受,故将7d弯拉强度标准分别按式(5-14)和式(5-15)转化成7d劈裂强度标准和7d抗压强度标准,见表5-44。表中,7d劈裂强度标准和7d抗压强度标准考虑水泥稳定碎石真实强度约等于室内标准养护振动成型试件抗压强度的0.92倍。

基于极限破坏的强度标准　　　　　表5-44

材料类型	水泥稳定石灰岩碎石	水泥稳定花岗岩碎石	水泥稳定砂岩碎石
7d弯拉强度(MPa)	≥0.81	≥0.68	≥0.63
7d劈裂强度(MPa)	≥0.55	≥0.46	≥0.42
7d抗压强度(MPa)	≥6.0	≥5.0	≥4.5

5.3.2 控制运营期疲劳破坏的强度标准

5.3.2.1 Miner疲劳累积损伤理论及基本假设

1) Miner疲劳累积损伤理论

在常规的疲劳试验中,循环应力的应力水平在整个试验过程中保持不变。但大多数的机械零件和结构构件在工作中所承受的工作荷载是谱状荷载,即应力水平是有规则变化的,在工程设计中常用Miner疲劳损伤累积理论解决这类问题。

Miner疲劳损伤累积理论认为,在恒定应力水平作用下,零件运转循环次数为N时,将产生完全损伤或称为失效。那么,零件在应力水平S的作用下运转一个比N小的应力循环次数n时,将产生部分损伤。同时,又认为,这一过程中每一次损伤相同,则在S的作用下损伤率为n/N。如果一个零件包含不同应力水平S_i,在此状态下工作,则都将产生一个损伤率n_i/N_i,当这些损伤率的总和达到1时,就可以预测会出现失效,也就是说满足式(5-16)时,预计会失效。

$$\frac{n_1}{N_1} + \frac{n_2}{N_2} + \cdots + \frac{n_{i-1}}{N_{i-1}} + \frac{n_i}{N_i} = 1 \tag{5-16}$$

2) 水泥稳定碎石疲劳累积损伤分析的基本假设

(1) 涉及疲劳试验复杂、试验周期长以及费用大,并未研究疲劳特性随龄期变化规律,仅建立360d龄期水泥稳定碎石疲劳方程。假设各龄期水泥稳定碎石疲劳方程均符合式(5-17),即:

$$\lg S = -0.043 \lg N_e \tag{5-17}$$

(2) 研究表明,水泥稳定碎石基层随着龄期延长,其模量与强度是逐渐增大的,也就是不同阶段即使在相同荷载作用下水泥稳定碎石基层受到的应力水平也是不同的,涉及如何解决综合不同应力水平的疲劳作用问题。为此，假设水泥稳定碎石疲劳累积损伤符合 Miner 疲劳累积损伤理论，即式(5-16)。

(3) 调查表明，一台稳定土拌和站或沥青混合料拌和楼通常能提供约 10km 路段混合料，并通常安装在该路段中间位置附近。假设水泥稳定碎石密度为 $2.45t/m^3$、沥青混合料密度为 $2.5t/m^3$。混合料采用双后轴重型自卸汽车运输，假设单次运输混合料约 20t，车货总质量约 30t，平均单轴重 10t。则由此可假设作用在各结构层上施工车辆 BZZ-100 轴载累计作用次数符合表 5-45。

单幅 5km 基层所需混合料数量及运输车辆数　　　　表 5-45

公路等级	结构层	层厚(cm)	混合料数量(t)	车货总质量为 30t 车辆数(辆)	BZZ-100 轴载累计作用次数(次)
高速公路、一级公路	下基层	18	24806	1240	3720
	上基层	18	24806	1240	3720
	下面层	10	13750	688	2063
	中面层	6	8250	413	1238
	上面层	4	5500	275	825
二级公路	基层	18	13781	689	2067
	下面层	5	3906	195	586
	上面层	4	3125	156	469

(4) 由假设(3)可知，通常 10km 为施工作业单元，正常施工每天为 600~700m，因此，可假设两结构层施工间隔为 15d。

(5) 水泥稳定碎石力学参数符合"5.3.1.1 力学计算模型与参数"规律。

5.3.2.2　力学计算模型及参数

1) 力学计算模型

典型路面结构各阶段水泥稳定碎石(底)基层力学计算简化模型见图 5-38。

图 5-38 中工况 1~工况 6 是针对高速公路、一级公路典型路面结构水泥稳定碎石基层各阶段力学计算模型。图 5-38 中工况 1、工况 2、工况 7 和工况 8 是针对二级公路典型路面结构水泥稳定碎石基层各阶段力学计算模型。各工况说明如下：

工况 1：水泥稳定碎石底基层碾压成型并养护一定龄期(通常 7~10d)后，允许水泥稳定碎石下基层施工运输车辆在其上通行，工况 1 就是下基层施工车辆作用于基层力学简化模型。

工况 2：水泥稳定碎石下基层碾压成型并养护一定龄期(通常 7~10d)后，允许水泥稳定碎石上基层施工运输车辆在其上通行，工况 2 就是上基层施工车辆作用于基层力学简化模型。

工况 3：水泥稳定碎石上基层碾压成型并养护一定龄期(通常 7~10d)后，允许下面层施工运输车辆在其上通行，工况 3 就是下面层施工车辆作用于基层力学简化模型；

工况 4 和工况 6：下面层碾压成型后一定时间内，允许中或上面层施工运输车辆在其上通行，工况 4 就是中面层施工车辆作用于基层力学简化模型，工况 6 是上面层施工车辆作用于基层力学简化模型。

工况 5：中面层碾压成型后一定时间内，允许上面层施工运输车辆在其上通行，工况 5 就是上面层施工车辆作用于基层力学简化模型。

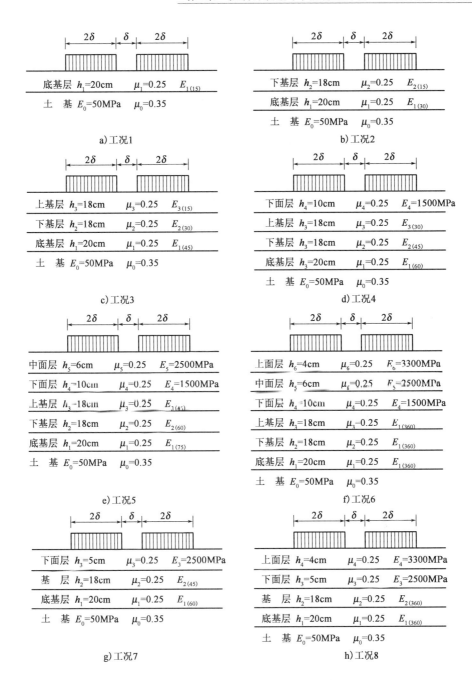

图 5-38 典型路面结构各阶段力学计算简化模型

工况 7：下面层碾压成型后一定时间内，允许上面层施工运输车辆在其上通行，工况 6 就是上面层施工车辆作用于基层力学简化模型。

工况 6 和工况 8：路面运营阶段运输车辆作用于路面力学简化模型。

2）计算参数

沥青路面各结构层模量取值见图 5-38。图中 $E_{x(t)}$ 中 x 是指结构层位，t 是指水泥稳定碎石基层龄期,按式(5-12)计算,结果见表5-46。工况6和工况8对应路面运营阶段,考虑到水泥稳定碎石基层养生龄期超过360d之后,基本不再增长,因此,运营阶段模量取为360d,具体数值取表5-46中值。

各阶段水泥稳定碎石模量取值   表5-46

材料类型	$E_{(15)}$	$E_{(30)}$	$E_{(45)}$	$E_{(60)}$	$E_{(75)}$	$E_{(360)}$
水泥稳定石灰岩碎石	2252	2696	2947	3122	3255	4150
水泥稳定花岗岩碎石	2018	2426	2658	2819	2942	3500
水泥稳定砂岩碎石	1241	1419	1516	1583	1633	1900

5.3.2.3 各工况水泥稳定碎石基层荷载应力

计算荷载 BZZ-100,层间完全连续。各工况水泥稳定碎石基层荷载应力计算结果见表5-47。根据表中数据绘制成水泥稳定碎石底基层层底拉应力和水泥稳定碎石弯拉强度随龄期变化规律,见图5-39。

各工况水泥稳定碎石基层荷载应力   表5-47

材料类型	不同工况水泥稳定碎石底基层拉应力(MPa)							
	工况1	工况2	工况3	工况4	工况5	工况6	工况7	工况8
水泥稳定石灰岩碎石	0.992	0.375	0.202	0.159	0.135	0.129	0.314	0.292
水泥稳定花岗岩碎石	0.843	0.366	0.198	0.154	0.130	0.122	0.301	0.275
水泥稳定砂岩碎石	0.692	0.313	0.169	0.125	0.103	0.095	0.248	0.220

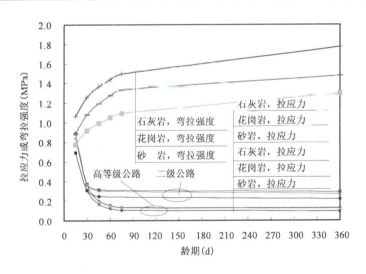

图5-39 层底拉应力和材料弯拉强度随龄期变化规律

从图5-39可知,随着龄期增长,结构层厚度增加,水泥稳定碎石基层层底拉应力急剧下降;而水泥稳定碎石弯拉强度随龄期增加而不断增长。这表明水泥稳定碎石基层更容易在施工期发生破坏,应加强施工期施工运输车辆超载控制。

5.3.2.4 基于疲劳破坏的强度标准

通过试算,当7d劈裂强度达到表5-48中数值时,可防止基层在设计年限内发生疲劳破坏,即水泥稳定碎石累积疲劳损伤达到 $0.95 < \sum \frac{n_i}{N_i} \leqslant 1.0$,见表5-49。各龄期劈裂强度、弯拉强度和疲劳次数分别按式(5-13)、式(5-15)和式(5-17)计算。

7d 劈 裂 强 度 表5-48

公 路 等 级	下列材料防止疲劳破坏的7d劈裂强度(MPa)要求值		
	水泥稳定石灰岩碎石	水泥稳定花岗岩碎石	水泥稳定砂岩碎石
高速公路、一级公路	≥0.70	≥0.64	≥0.55
二级公路	≥0.68	≥0.62	≥0.54

水泥稳定碎石疲劳损伤 表5-49

材料类型	公路等级	工况	龄期(d)	拉应力(MPa)	劈裂强度(MPa)	弯拉强度(MPa)	应力水平	疲劳次数	轴载作用次数	疲劳损伤	$\sum \frac{n_i}{N_i}$
水泥稳定石灰岩碎石	高速公路、一级公路	1	15	0.892	0.908	1.273	0.701	3900	3720	0.954	0.954
		2	30	0.375	1.073	1.522	0.246	1.4×10^{14}	3720	2.66×10^{-11}	
		3	45	0.202	1.166	1.662	0.122	1.9×10^{21}	2063	1.07×10^{-18}	
		4	60	0.159	1.230	1.759	0.090	1.9×10^{24}	1238	6.53×10^{-22}	
		5	75	0.135	1.279	1.834	0.074	2.2×10^{26}	825	3.68×10^{-24}	
		6	360	0.129	1.500	2.338	0.055	$1.8E+29$	2.5×10^7	1.37×10^{-22}	
	二级公路	1	15	0.892	0.885	1.239	0.720	2089	2067	0.989	0.989
		2	30	0.375	1.047	1.481	0.253	7.5×10^{13}	586	7.83×10^{-12}	
		7	45	0.314	1.137	1.618	0.194	3.6×10^{16}	469	1.30×10^{-14}	
		8	360	0.292	1.463	2.276	0.128	5.5×10^{20}	2.5×10^7	4.57×10^{-14}	
水泥稳定花岗岩碎石	高速公路、一级公路	1	15	0.843	0.858	1.201	0.702	3736	3720	0.996	0.996
		2	30	0.366	1.050	1.470	0.249	1.1×10^{14}	3720	3.39×10^{-11}	
		3	45	0.198	1.160	1.624	0.122	1.8×10^{21}	2063	1.15×10^{-18}	
		4	60	0.154	1.238	1.733	0.089	2.8×10^{24}	1238	4.44×10^{-22}	
		5	75	0.13	1.297	1.816	0.072	4.3×10^{26}	825	1.92×10^{-24}	
		6	360	0.122	1.435	2.009	0.061	2.0×10^{28}	2.5×10^7	1.27×10^{-21}	
	二级公路	1	15	0.843	0.837	1.171	0.720	2104	2067	0.982	0.982
		2	30	0.366	1.024	1.434	0.255	6.2×10^{13}	586	9.47×10^{-12}	
		7	45	0.304	1.132	1.585	0.192	4.7×10^{16}	469	9.91×10^{-15}	
		8	360	0.275	1.400	1.960	0.140	6.8×10^{19}	2.5×10^7	3.65×10^{-13}	

续上表

材料类型	公路等级	工况	龄期(d)	拉应力(MPa)	劈裂强度(MPa)	弯拉强度(MPa)	应力水平	疲劳次数	轴载作用次数	疲劳损伤	$\Sigma \frac{n_i}{N_i}$
水泥稳定砂岩碎石	高速公路、一级公路	1	15	0.692	0.705	0.987	0.701	3857	3720	0.964	0.964
		2	30	0.313	0.840	1.176	0.266	2.3×10^{13}	3720	1.59×10^{-10}	
		3	45	0.169	0.916	1.282	0.132	2.9×10^{20}	2063	7.01×10^{-18}	
		4	60	0.125	0.969	1.356	0.092	1.2×10^{24}	1238	1.03×10^{-21}	
		5	75	0.103	1.009	1.413	0.073	2.8×10^{26}	825	2.94×10^{-24}	
		6	360	0.095	1.130	1.582	0.060	2.6×10^{28}	2.5×10^7	9.80×10^{-22}	
	二级公路	1	15	0.691	0.686	0.961	0.719	2134	2067	0.969	0.969
		2	30	0.313	0.818	1.145	0.273	1.3×10^{13}	586	4.68×10^{-11}	
		7	45	0.248	0.892	1.248	0.199	2.1×10^{16}	469	2.23×10^{-14}	
		8	360	0.22	1.100	1.540	0.143	4.5×10^{19}	2.5×10^7	5.55×10^{-13}	

考虑到水泥稳定碎石真实劈裂强度约等于室内标准养护 VVTM 试件抗压强度的 0.92 倍,得到水泥稳定碎石 7d 劈裂强度标准,并按式(5-14)转化成 7d 抗压强度标准,见表 5-50。

基于疲劳破坏的强度标准   表 5-50

公路等级	指标	水泥稳定石灰岩碎石	水泥稳定花岗岩碎石	水泥稳定砂岩碎石
高速公路、一级公路	7d 劈裂强度(MPa)	≥0.65	≥0.60	≥0.50
	7d 抗压强度(MPa)	≥7.0	≥6.6	≥6.6
二级公路	7d 劈裂强度(MPa)	≥0.63	≥0.57	≥0.50
	7d 抗压强度(MPa)	≥6.7	≥6.2	≥6.6

5.3.3 VVTM 强度设计标准

1) VVTM 设计标准

综上所述,控制疲劳开裂水泥稳定碎石 VVTM 强度设计标准见表 5-51。

控制疲劳开裂水泥稳定碎石 VVTM 强度设计标准   表 5-51

设计指标	下列材料水泥稳定碎石强度标准(MPa)		
	水泥稳定石灰岩碎石	水泥稳定花岗岩碎石	水泥稳定砂岩碎石
压实度	≥98	≥98	≥98
7d 劈裂强度(MPa)	≥0.65	≥0.60	≥0.50
7d 抗压强度(MPa)	≥7.0	≥6.6	≥6.6

2) 与规范强度设计标准对比

表 5-52 列出了《公路沥青路面设计规范》(JTG D50—2006)对水泥稳定类材料配合比设计的 7d 无侧限抗压强度代表值要求。

比较表 5-51 和表 5-52 中数据可知,规范法按层位提出不同抗压强度指标,VVTM 法则按集料岩性提出不同抗压强度指标,并增加劈裂强度指标。规范法强度标准建立在重型击实试验方法和静压法成型试件基础上,而 95% 保证率下 VVTM 法试件 7d 无侧限抗压强度为静压法成型试件的 2.26 倍,因此,VVTM 法 7d 无侧限抗压强度标准与规范法特重、重、中交通强度标准×2.26 基本相当。

水泥稳定类材料压实度及 7d 抗压强度   表 5-52

层位	特重交通		重、中交通		轻交通	
	压实度(%)	抗压强度(MPa)	压实度(%)	抗压强度(MPa)	压实度(%)	抗压强度(MPa)
基层	≥98	3.5~4.5	≥98	3.0~4.0	≥97	2.5~3.5
底基层	≥97	≥2.5	≥97	≥2.0	≥96	≥1.5

5.4 控制开裂破坏水泥稳定碎石 VVTM 设计方法

水泥稳定碎石应具有足够的强度、稳定性、较小的收缩(温缩及干缩)变形和较强的抗冲刷能力,并具有良好的施工和易性和抗离析性能。水泥稳定碎石设计就是根据这些要求,通过试验确定出各组成材料之间的质量比例、最大干密度和最佳含水率。水泥稳定碎石设计主要内容包括:原材料选择、矿料级配、水泥剂量、最大干密度和最佳含水率等。

5.4.1 原材料技术要求

5.4.1.1 水泥

水泥稳定碎石从加水拌和、运输、摊铺和碾压等各工序必须在水泥初凝时间内完成,为了保证水泥稳定碎石有足够时间完成整个施工作业,要求采用缓凝水泥。建议水泥初凝时间不小于 4h,终凝时间在 6h 以上。

快硬、早强水泥中铝酸三钙矿物含量偏高,而铝酸三钙遇水水化反应快、水化热高、干缩性大,水泥稳定碎石使用快硬、早强水泥不仅不能保证在初凝时间内完成施工,且容易造成严重温缩裂缝和干缩裂缝。水泥受潮后,导致烧失量增加,起水泥强度下降和黏结性降低。因此,严格限制快硬水泥、早强水泥以及受潮变质水泥的使用。

采用散装水泥时,水泥出炉后必须停放 7d 以上,且安定性检验合格后才能使用。为了降低水化反应速率,严防温差开裂,散装水泥运至工地的入罐温度不得高于 50℃,若高于此温度且必须使用时,必须采取降温措施。冬季施工,低温使得水泥水化反应过慢,凝结时间过长,规定水泥进入拌缸温度不得低于 10℃,目的在于保证水泥尽快达到抗冻临界强度。

5.4.1.2 粗集料

优先选用石灰岩集料,其次是花岗岩集料,不宜采用砂岩集料。

为保证生产的碎石具有良好的粒形、减少针片状含量,粗集料生产过程中二次破碎禁止采用颚式破碎机。碎石技术指标要求见表 5-53。

碎 石 技 术 要 求   表 5-53

技术指标	表观密度(g/cm³)	压碎值(%)	针片状(%)	
			大于 9.5mm	4.75~9.5mm
技术要求	≥2.6	≤25	≤15	≤20

所用碎石最大粒径≤37.5mm,并按 1 号料 19~37.5mm、2 号料 9.5~19mm、3 号料 4.75~

9.5mm 和 4 号料 0～4.75mm 四种粒径规格备料。各种规格集料必须符合表 5-54 的要求。

集料规格要求　　　　表 5-54

料号	规格(mm)	通过下列筛孔尺寸(mm)的质量百分率(%)					
		37.5	31.5	19	16	9.5	4.75	2.36
1号料	19.0～37.5	100	70～90	0～15	0～5	—	—	—
2号料	9.5～19.0	—	100	80～100	—	0～15	0～5	—
3号料	4.75～9.5	—	—	—	100	80～100	0～10	0～5

5.4.1.3 细集料

细集料宜采用破碎石料时通过 4.75mm 的筛下部分,应洁净、干燥、无风化、无杂质。其技术要求应符合表 5-55、表 5-56 的规定。细集料的洁净程度,以砂当量表示。

石屑规格要求　　　　表 5-55

料号	规格(mm)	通过下列筛孔尺寸(mm)的质量百分率(%)			
		9.5	4.75	0.6	0.075
4号料	0～4.75	100	90～100	30～50	10～20

石屑技术要求　　　　表 5-56

技术指标	表观密度(g/cm³)	砂当量(%)	>0.3mm 部分坚固性(%)
技术要求	≥2.5	≥60	≤12

5.4.1.4 水

采用无污染水或饮用水。遇到可疑水源,应按表 5-57 进行检验,合格后方可使用。

水技术要求　　　　表 5-57

技术指标	pH值	SO_4^{2-} 含量(mg/mm³)	含盐量(mg/mm³)
技术要求	≥4	<0.0027	≤0.005

5.4.2 设计标准

材料组成设计时,主要考虑水泥稳定碎石施工和易性、力学强度和抗裂性能。

5.4.2.1 施工和易性

水泥稳定碎石施工和易性(抗离析性能和易压实性能)主要与矿料级配有关。在总结大量工程实践和科研成果的基础上,提出强嵌挤骨架密实级配,见表 5-58。

强嵌挤骨架密实级配　　　　表 5-58

级配类型	通过下列筛孔(mm)质量百分比(%)						
	31.5	19.0	9.5	4.75	2.36	0.6	0.075
GM	90～100	60～70	38～46	26～34	18～28	10～18	2～6

研究成果与工程实践表明:混合料中 19mm、4.75mm 和 0.075mm 通过量对力学性能、抗裂性能和抗冲刷性能影响显著。19mm 通过量决定了骨架嵌挤状况和施工抗离析性能,过少

难以形成骨架结构,过多容易离析;4.75mm通过量决定了混合料密实程度和影响骨架结构,过少难以对粗集料骨架空隙充分填充而形成骨架空隙结构,过多则容易撑开粗集料骨架而形成悬浮密实结构;0.075mm通过量影响压实基层毛细孔和施工性能,过少则粗集料表面水泥砂浆不足而导致水泥石－集料界面存在薄弱面影响强度和抗裂性能,同时因为粗集料表面砂浆少、吸附力小而容易导致离析,过多则也会增加收缩裂缝和压实基层表面镜面现象。

5.4.2.2 强度设计标准

在特定原材料、矿料级配及密实程度情况下,强度设计标准决定了设计的水泥剂量大小。水泥稳定碎石VVTM试件的压实度、7d强度代表值应符合表5-59要求。

水泥稳定碎石强度设计标准 表5-59

设计指标	水泥稳定石灰岩碎石	水泥稳定花岗岩碎石	水泥稳定砂岩碎石
压实度(%)	≥98	≥98	≥98
7d饱水劈裂强度(MPa)	≥0.65	≥0.60	≥0.50
7d饱水抗压强度(MPa)	≥7.0	≥6.6	≥6.6

前述研究表明,影响强度和抗裂性能的因素,在特定原材料下,主要有水泥剂量、级配类型、密实度和含水率。水泥剂量越大,强度越高,抗裂性能越差;骨架密实级配具有良好的力学性能和抗裂性能;密实度越高,强度越大,抗裂性能越好;含水率越大,越容易出现收缩开裂。因此,在限制设计水泥剂量前提下,可通过改善级配、提高基层密实度等措施提高水泥稳定碎石强度和抗裂性能。

实体工程应用表明,除砂岩外,花岗岩、石灰岩等3.0%～4.0%剂量水泥稳定碎石7d无侧限抗压强度普遍在7.0MPa以上,有工程甚至高达10MPa以上。

5.4.2.3 抗裂性能

水泥稳定碎石抗裂性能很大程度上取决于原材料、矿料级配和水泥剂量。为确保水泥稳定碎石具有足够的抗裂性能,在总结工程实践和科研成果的基础上,提出水泥稳定碎石强嵌挤骨架密实级配(表5-58)和最大设计水泥剂量≤4.5%。

5.4.3 设计步骤

(1)根据工地实际使用集料的筛分结果,确定各规格集料组成比例,合成集料级配必须符合表5-58规定。

(2)按下列四种水泥剂量配制同一种矿料级配、不同水泥剂量的混合料:

底基层用:2.5%,3.0%,3.5%,4.0%。

基层用:3.0%,3.5%,4.0%,4.5%。

(3)按振动击实试验方法确定各水泥剂量混合料最佳含水率和最大干密度。

(4)按表5-59中规定的压实度分别计算不同剂量水泥稳定碎石混合料试件应有的干密度。按计算的干密度和最佳含水率,采用振动压实成型试件法制备不同剂量水泥稳定碎石$\phi15cm \times h15cm$圆柱体试件,每组试件不小于6个。

(5)试件放入温度(20±2)℃、相对湿度在95%以上养护室内养护6d,取出后浸于(20±2)℃恒温水槽中,并使水面高出试件顶约2.5cm。

(6)将浸水24h的试件取出,用软布吸去试件表面的水分,在量高称重后,立即进行无侧限抗压强度和劈裂强度试验,强度代表值按式(5-18)计算:

$$R_{0.95} = \bar{R} - 1.645 \cdot S \tag{5-18}$$

式中:$R_{0.95}$——保证率95%的强度代表值,MPa;

　　　$\bar{R}$——该组试件强度的平均值,MPa;

　　　S——该组试件强度的标准差,MPa。

(7)根据表5-59的强度标准和最大水泥剂量要求,选择合适水泥剂量。若达不到表5-59的强度标准和最大水泥剂量要求,重新调整配合比或更换原材料进行设计。

5.4.4　施工配合比确定

试验室配合比设计时,可严格控制集料清洁度、混合料级配、拌和含水率、拌和均匀性及压实度等,而拌和站集料清洁度、矿料级配控制、搅拌方式以及现场摊铺碾压等存在较大变异性。因此,试验室配合比应通过稳定土拌和站实际拌和检验和不小于200m试验段的验证,结合实际施工水平,并根据摊铺、压实以及7d的现场芯样情况,确定矿料级配和标准密度。

视拌和设备水泥剂量控制精度,结合施工中原材料变化和施工变异性等因素,工地实际采用水泥剂量可增加0~0.5%。为确保水泥稳定碎石抗裂性能,工地实际采用水泥剂量不得超过0.5%。

含水率过大,既会影响混合料可能达到的密度和强度,又会明显增大混合料的干缩性和基层表面提浆,使结构层容易产生干缩裂缝和影响层间结合;含水率过小,也会影响混合料可能达到的密度和强度;同时,混合料级配对施工性能、力学性能和抗裂性能影响显著。因此,每天开盘前,必须检测原材料级配和天然含水率,检验矿料级配准确性和稳定性。并视施工季节、气温和运距等变化,确定拌和含水率。为了弥补碾压过程中水分的损失,拌和含水率不超过最佳值+0.5%,确保碾压时含水率接近于最佳含水率,且波动最小。

5.5　示范工程及长期性能

5.5.1　包茂高速公路柞小段

5.5.1.1　工程概况

柞水至小河高速公路是国家高速公路包头至茂名线(G65)陕西境内的重要一段,也是陕西省"三纵四横五辐射"公路网的重要组成部分,是纵贯我国南北的一条具有重要政治、经济和国防意义的干线公路,是联系陕南和关中及陕北三大经济区,沟通陕西南、北的重要公路。起点位于柞水县城北九里湾(K64+700),与西柞高速公路终点衔接,止于旬阳县小河口(K137+610.976),与小河至安康段高速公路起点相连,路线全长71.67km。基层为36cm水泥稳定碎石基层+20cm水泥稳定碎石底基层。2005年10月31日开工建设,2008年11月28日建成通车。

柞水至小河高速公路沿线极端最高气温37.1℃,最低气温-13.9℃,年降水量742mm,最大降水量1225.9mm(1983年),最小降水量567.6mm(1976年)。

5.5.1.2 工程应用情况

自 2007 年 11 月至 2008 年 4 月,柞小高速公路基层全面应用控制开裂破坏水泥稳定碎石 VVTM 设计技术。

矿料级配情况见表 5-60。底基层水泥剂量为 3.0%,基层水泥剂量为 3.5%。最大干密度及最佳含水率见表 5-61。水泥稳定碎石振动、静压成型试件 7d 无侧限抗压强度试验结果见表 5-62。

水泥稳定碎石级配范围   表 5-60

筛孔尺寸(mm)	31.5	19	9.5	4.75	2.36	0.6	0.075
质量通过百分率(%)	90~100	60~72	40~52	28~38	18~28	8~16	2~6

水泥稳定碎石击实试验结果   表 5-61

标 段	重型击实试验		振动击实试验		$\rho_{zdmax}/\rho_{jdmax}$
	ρ_{jdmax} (g/cm³)	w_0(%)	ρ_{zdmax} (g/cm³)	w_0(%)	
32	2.338	5.1	2.414	4.2	1.033
33	2.378	5.3	2.439	4.4	1.026

水泥稳定碎石 7d 无侧限抗压强度   表 5-62

标 段	重型击实+静压成型方法		振动试验方法		$R_{jc0.95}/R_{zc0.95}$
	$R_{jc0.95}$(MPa)	C_v(%)	$R_{zc0.95}$(MPa)	C_v(%)	
32	2.07	8.30	7.03	7.40	3.40
33	1.96	11.20	9.93	5.41	5.07

现场摊铺、碾压过程中均未出现明显的离析现象,如图 5-40 所示。碾压后的基层表面粗糙、均匀,比较致密,如图 5-41 所示。如图 5-42 所示,芯样外观表明水泥稳定碎石骨架密实结构形成得比较好。

图 5-40 摊铺后表面效果

图 5-41 碾压后表面效果

 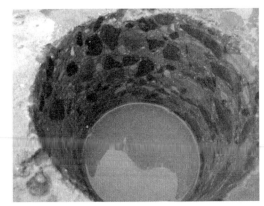

图 5-42 芯样外观

5.5.1.3 碾压设备及碾压工艺

两施工单位采用碾压方式基本上相同,包括初压、复压和终压。初压使用胶轮压路机或振动压路机静压 1 遍;复压使用振动压路机振碾 6~8 遍;终压使用胶轮压路机或光轮压路机静压 1~2 遍。虽然两施工单位施工设备不完全相同,现场具体施工工艺也有差异,但振碾 6~8 遍后,水泥稳定碎石压实度均能达到 99% 以上,这说明现有碾压设备可满足 VVTM 水泥稳定碎石压实要求。

5.5.1.4 芯样强度

部分现场芯样 7d 无侧限抗压强度测试结果见表 5-63。表中,$\overline{R}_{c(x)0.95}$、$\overline{R}_{c(z)0.95}$ 分别是指示现场芯样和 VVTM 试件 95% 保证率无侧限抗压强度代表值。

振动方法成型试件和现场芯样 7d 无侧限抗压强度对比　　表 5-63

路面标段	32 标段	33 标段
$\overline{R}_{c(x)0.95}$ (MPa)	6.21	8.05
$\overline{R}_{c(z)0.95}$ (MPa)	7.03	9.93
$\dfrac{\overline{R}_{c(z)0.95}}{\overline{R}_{c(x)0.95}}$	1.13	1.23

5.5.1.5 长期性能

柞小高速公路基层于 2007 年 12 月上旬铺筑基层 20 多公里,在没有任何过冬措施下,经历了 2008 年 1~2 月严冬沿线地区 -10℃ 的低温考验。

2008 年 4 月,业主、监理、施工单位和长安大学等单位对基层裂缝进行联合调查,除了 21 条施工缝外未发现有任何裂缝。

2018 年 12 月,对柞小高速公路路况进行了调查,通车 11 年仍未发现沥青路面反射裂缝问题。

5.5.2 长深高速公路承德段

5.5.2.1 工程概况

承唐高速公路是国家高速公路网中规划长春至深圳高速公路的重要组成部分、河北省高速公路网"五纵七横六条线"规划中的"纵1"的重要路段,同时也是承德市"一环八射"高速公路布局规划项目之一,属于国家、省重点建设项目。承唐高速公路承德段全长 82.3km,路基宽 32m,设计时速 80km/h,是承德第一条全线 6 车道高速公路。2007 年 10 月 30 日开工建设,2010 年 11 月建成通车。

承唐高速公路承德段沿线 1 月平均气温 -10℃,7 月平均气温 22.9℃,多年平均降水量 690mm。

5.5.2.2 工程应用情况

自 2009 年 5 月至 2010 年 5 月,承唐高速公路承德段全线采用控制开裂破坏水泥稳定碎石 VVTM 设计技术。

矿料级配见表 5-64。各基层水泥剂量采用 3.5%,底基层水泥剂量采用 3.0%。

矿 料 设 计 级 配　　　　　表 5-64

筛孔尺寸(mm)	31.5	19.0	9.5	4.75	2.36	0.6	0.075
质量通过百分率(%)	93.3	63.9	47.1	33.5	20.7	12.9	3.6

碾压后的基层表面粗糙、均匀,比较致密,如图 5-43 所示。从图 5-44 芯样可以看出,水泥稳定碎石骨架密实结构形成的比较好。

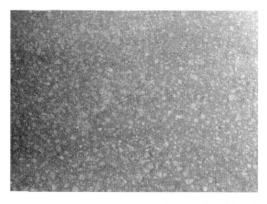 

图 5-43　施工车辆通行一段时间后基层表面情况

a) 规范骨架密实级配

b) 强嵌挤骨架密实

图 5-44 芯样外观现象

5.5.2.3 芯样强度

现场芯样 7d 无侧限抗压强度代表值为 6.7MPa,而 VVTM 试件 7d 无侧限抗压强度代表值为 7.3MPa,不仅表明 VVTM 试件具有很强的承载能力,同时也再次证明 VVTM 试件与实际相关性很好。

5.5.2.4 长期性能

VVTM 水泥稳定碎石基层于 2009 年 5 月中旬开始施工,至铺筑下面层前,未发现基层有裂缝。而同期施工的承朝高速公路水泥稳定碎石基层在下面层铺筑之前发现有 10～30m 不等的收缩裂缝。

2018 年 12 月,对承唐高速公路进行了路况调查,全线未发现路面有反射裂缝。

5.5.3 推广应用情况

水泥稳定碎石控制开裂破坏 VVTM 设计技术在陕西、河北、河南等公路建设中得到了推广应用,累计里程达 4000km,基本上解决了水泥稳定碎石基层裂缝问题。推广应用的具体情况如下:

(1)2006 年,成果首次在陕西柞小高速公路中得到全面推广应用,应用里程达 60 多公里。使用 12 年后,路面未发现开裂情况,也未进行过大中修。证明该成果攻克了公路界长期期待解决的半刚性基层开裂的技术难题。

(2)2008 年,成果在陕西省开始逐步推广应用。2009 年以来,成果已在陕西省公路建设中强制全面推广应用,相继建成一大批典范工程,在全国公路建设中发挥了引领示范作用。2011 年,编制了陕西省地方标准《垂直振动法水泥稳定碎石设计施工技术规范》(DB61/T 529—2011)。截至 2018 年底,应用里程已达 3000 多公里,应用效果证明该成果能成功解决水泥稳定碎石基层裂缝问题。

(3)2010 年河南大广高速公路(G45)濮阳段、2012 年河南分水岭至南阳高速公路、2012 年连霍高速(G30)郑州至洛阳段、2015 年河南三淅高速公路、2016 年邓鄂高速公路等公路建设中推广应用了本成果,累计里程达近 500km。截至 2018 年底,上述公路路面未发现裂缝情况。2013 年,编制了河南省地方标准《公路水泥稳定碎石抗裂设计与施工技术》(DB 41/T 864—2013)。自 2013 年以来,河南的地方公路建设中也开始逐步推广应该本成果,截至 2018

年底应用里程达800多公里,应用效果良好。

(4)2009年河北承唐高速公路承德段、2011年河北省廊沧高速公路廊坊段推广应用了本成果,里程近200km,截至2018年底应用效果良好,尚未发现开裂情况。

(5)2009年,浙江省海宁硖许一级公路推广应用本成果,截至2018年底,应用效果良好,尚未发现开裂情况。自2009年后,浙江省交通厅要求推广该成果。

第6章 控制开裂破坏二灰稳定碎石VVTM设计技术及示范工程

二灰稳定碎石基层早期强度低,尤其是收缩裂缝问题始终困扰着我国道路工程界,在一定程度上制约了它的发展与应用。这些问题与目前室内试验方法(重型击实试验方法、试件静压成型方法)及设计方法有直接关系。本章基于胶浆理论研究了各组分工程特性及其最佳配比,提出了控制收缩开裂的二灰稳定碎石最佳配合比;研究了VVTM二灰稳定碎石力学特性与疲劳性能,分析了施工期与运营期荷载作用下二灰稳定碎石力学行为及疲劳累积损伤规律,提出了控制疲劳开裂的二灰稳定碎石VVTM强度设计标准,开发了基于胶浆理论控制开裂破坏的二灰稳定碎石VVTM设计方法,并在铜川市耀州至旬邑二级公路修建了示范工程。

6.1 控制收缩开裂二灰稳定碎石配合比优化

6.1.1 二灰稳定碎石胶浆理论

假设二灰稳定碎石符合胶浆理论,即认为二灰稳定碎石混合料是一种多级空间网状结构的分散系。如图6-1所示,二灰稳定碎石是以粗集料为分散相,分散在二灰砂浆介质中的一种粗分散系;同样,二灰砂浆是以细集料为分散相,分散在二灰胶浆介质中的一种细分散系;而二灰胶浆又是以粉煤灰为分散相分散在石灰介质中的一种微分散系。

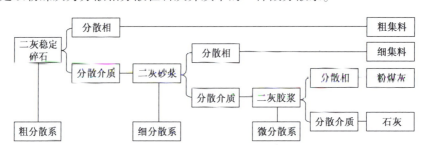

图6-1 二灰稳定碎石胶浆理论

胶浆理论认为,二灰稳定碎石性能取决于各分散系中分散相和分散介质的性质与用量。粗分散系中,粗集料作为分散相应能形成骨架嵌锁结构分散在二灰砂浆介质中,二灰砂浆应能完全填充骨架空隙;细分散系中,分散介质二灰应具有足够的强度和黏结力,同时细集料分散在二灰介质中,在合适的级配和组成条件下,应使二灰砂浆具有良好的力学性能。

6.1.2 二灰胶浆工程特性及最佳比例

6.1.2.1 原材料

石灰为陕西铜川市黄堡一代烧制,其有效 CaO + MgO 含量为 69.94%。

粉煤灰产自陕西铜川市华能发电厂,颗粒组成见表6-1,化学成分见表6-2。

粉煤灰颗粒组成　　　　　　　　　　　　　　　表6-1

筛孔孔径(mm)	4.75	2.36	0.6	0.075
通过率(%)	100	97.1	88.6	81.02

粉煤灰化学成分　　　　　　　　　　　　　　　表6-2

化学成分	主要氧化物含量(%)			烧失量(%)
	SiO_2	Fe_2O_3	Al_2O_3	
含量(%)	52.33	7.99	18.93	11.25

所用集料为石屑、4.75~9.5mm、9.5~19mm、19~37.5mm四种规格的石灰岩,其产地为陕西省耀州区孙源料厂,其技术指标见表6-3。

集料技术指标　　　　　　　　　　　　　　　表6-3

项　　目	表观密度(g/cm³)	压碎值(%)	针片状含量(%)	吸水率(%)
19~37.5mm碎石	2.728	—	11.8	0.37
9.6~19mm碎石	2.735	19.8	14.7	0.41
4.76~9.5mm碎石	2.733	—	14.9	1.33
石　屑	2.759	—	—	—

6.1.2.2　振动击实特性

VVTM确定二灰胶浆最大干密度和最佳含水率见表6-4。

二灰胶浆振动击实特性　　　　　　　　　　　　表6-4

项　　目	下列石灰粉煤灰比例二灰胶浆的击实结果					
	1:1	1:1.5	1:2	1:2.5	1:3	1:3.5
w_0(%)	24.6	23.8	23.0	23.2	22.4	21.2
ρ_{dmax}(g/cm³)	1.320	1.315	1.309	1.298	1.289	1.282

由表6-4可知,随粉煤灰掺量增大,二灰胶浆最大干密度减小、最佳含水率降低。这应该与粉煤灰为疏松多孔结构、密度比石灰小等有关。

6.1.2.3　力学强度

二灰胶浆无侧限抗压强度和劈裂强度变化规律见表6-5及图6-2。试验时,根据VVTM确定的最大干密度与最佳含水率,采用VVTM方法成型二灰胶浆圆柱体试件,在温度(20±2)℃、湿度95%的条件下养护至规定龄期,而后浸水1d。

二灰胶浆力学强度　　　　　　　　　　　　　　表6-5

石灰:粉煤灰	下列龄期(d)抗压强度 $R_{c(jj)0.95}$(MPa)							下列龄期(d)劈裂强度 $R_{i(jj)0.95}$(MPa)						
	7	14	28	60	90	120	180	7	14	28	60	90	120	180
1:1	1.7	2.3	3.8	5.4	6.2	6.8	7.5	0.35	0.46	0.70	1.05	1.24	1.38	1.48
1:1.5	1.8	2.4	4.0	6.3	7.3	8.1	8.9	0.39	0.51	0.75	1.16	1.40	1.55	1.64
1:2	1.9	2.8	4.5	7.2	8.9	9.9	10.7	0.40	0.56	0.87	1.31	1.6	1.75	1.86

续上表

石灰:粉煤灰	下列龄期(d)抗压强度 $R_{c(jj)0.95}$(MPa)							下列龄期(d)劈裂强度 $R_{i(jj)0.95}$(MPa)						
	7	14	28	60	90	120	180	7	14	28	60	90	120	180
1:2.5	2.0	3.1	4.9	7.6	9.5	10.6	11.5	0.41	0.62	0.91	1.37	1.67	1.84	1.95
1:3	1.8	2.6	4.2	6.9	8.4	9.4	10.3	0.32	0.53	0.83	1.25	1.55	1.70	1.79
1:3.5	1.7	2.4	4.0	6.5	7.9	8.8	9.5	0.30	0.50	0.77	1.17	1.45	1.62	1.70

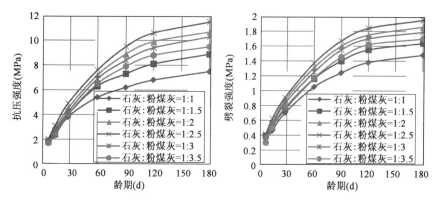

图6-2 二灰胶浆力学强度随龄期关系

由图6-2可知,随着龄期增长,二灰胶浆力学强度呈非线性增加,早期增长较快,后期增长较慢。

6.1.2.4 二灰胶浆最佳配比

石灰粉煤灰比例对抗压强度、劈裂强度影响见图6-3。

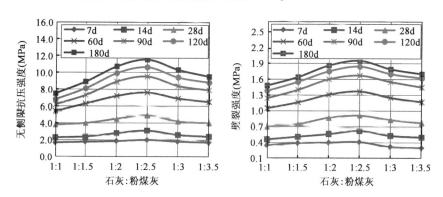

图6-3 二灰胶浆力学强度随二灰比例变化规律

由图6-3可知:相同龄期下,随粉煤灰掺量增加,二灰胶浆力学强度先增大后降低;当石灰:粉煤灰为1:2.5时力学强度达到最大值。因此,确定二灰胶浆最佳配比为石灰:粉煤灰 = 1:2.5。

6.1.3 细集料级配及二灰砂浆工程特性

6.1.3.1 细集料级配

1)振动击实特性

VVTM二灰砂浆振动击实特性见表6-6。试验时,石灰粉煤灰比例为1:2.5。不同 I 值对应细集料级配见表5-2。

第6章 控制开裂破坏二灰稳定碎石VVTM设计技术及示范工程

二灰砂浆的最大干密度与最佳含水率　　　　　　表 6-6

I 值	项目	下列二灰:细集料比例的二灰砂浆击实特性				
		3:1	3:2	3:3	3:4	3:5
0.55	w_0（%）	17.9	15.2	12.8	11.5	10.4
	$\rho_{d\max}$（g/cm³）	1.503	1.655	1.732	1.806	1.866
0.60	w_0（%）	17.9	15.3	12.9	11.6	10.6
	$\rho_{d\max}$（g/cm³）	1.508	1.663	1.735	1.818	1.883
0.65	w_0（%）	18.1	15.4	13.1	11.8	10.8
	$\rho_{d\max}$（g/cm³）	1.511	1.668	1.742	1.827	1.898
0.70	w_0（%）	18.2	15.6	13.3	12.0	11.0
	$\rho_{d\max}$（g/cm³）	1.501	1.648	1.729	1.798	1.853
0.75	w_0（%）	18.3	15.8	13.5	12.3	11.3
	$\rho_{d\max}$（g/cm³）	1.499	1.643	1.725	1.787	1.836

由表 6-4 可知，二灰砂浆最大干密度随细集料增加而增大，随 I 值增大呈抛物线变化，并在 $I=0.65$ 时达到最大。

2）力学强度

细集料不同级配二灰砂浆的 7d 无侧限抗压强度结果见表 6-7 及图 6-4。

二灰砂浆 7d 抗压强度　　　　　　表 6-7

I 值	下列比例二灰砂浆 7d 抗压强度（MPa）				
	3:1	3:2	3:3	3:4	3:5
0.55	2.02	2.12	1.96	1.69	1.64
0.60	2.16	2.20	1.99	1.73	1.66
0.65	2.20	2.35	2.00	1.74	1.67
0.70	2.04	2.08	1.91	1.63	1.61
0.75	1.99	2.00	1.77	1.58	1.56

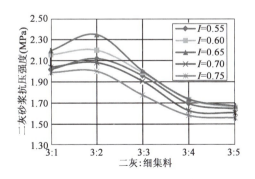

图 6-4　二灰砂浆 7d 抗压强度

由图6-4可知,随细集料用量增加,不同I值级配二灰砂浆强度均呈先增加后减少变化趋势,当二灰与细集料比例为3:2时,不同I值级配二灰砂浆抗压强度峰值最大。这可能是因为分散在二灰胶浆介质中细集料形成颗粒增强材料,当细集料所占比例较小时,增强作用不明显;当细集料用量太大时,二灰胶浆数量不足以黏结细集料,导致强度下降;当I值为0.65时,细集料具有良好密实性与力学强度。因此,建议细集料密实级配为$I=0.65$。

6.1.3.2 二灰砂浆力学强度及最佳配比

1)力学强度

二灰砂浆力学强度见表6-8及图6-5。试验时,细集料级配采用$I=0.65$,石灰粉煤灰比例为1:2.5,根据表6-6中最大干密度与最佳含水率,VVTM成型二灰砂浆试件,在温度(20±2)℃、湿度95%条件下养护至规定龄期,而后浸水1d。

二灰砂浆力学强度代表值　　　　　　　表6-8

二灰:细集料	下列龄期(d)抗压强度$R_{c(sj)0.95}$(MPa)							下列龄期(d)劈裂强度$R_{i(sj)0.95}$(MPa)						
	7	14	28	60	90	120	180	7	14	28	60	90	120	180
3:1	2.2	3.3	5.2	8.2	9.9	11.2	12.2	0.30	0.48	0.74	1.14	1.43	1.58	1.67
3:2	2.4	3.5	5.3	8.7	11.0	11.9	13.0	0.30	0.49	0.77	1.18	1.46	1.63	1.73
3:3	2.0	3.1	4.3	7.2	8.6	10.1	10.8	0.28	0.43	0.67	1.02	1.31	1.37	1.46
3:4	1.8	2.7	3.7	6.4	7.5	8.5	9.3	0.28	0.40	0.60	0.96	1.18	1.26	1.34
3:5	1.7	2.4	3.3	5.5	6.6	7.6	8.4	0.26	0.36	0.56	0.87	1.05	1.12	1.21

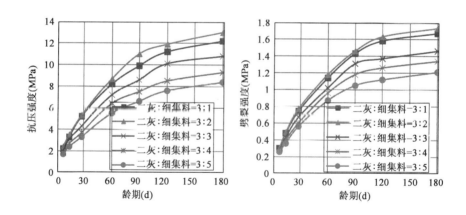

图6-5　二灰砂浆力学强度随龄期变化关系

由图6-5可知,二灰砂浆力学强度随着龄期增长而增加,龄期120d之前力学强度增长较快,随后强度增长较为缓慢。

2)最佳配比

二灰与细集料比例对二灰砂浆力学强度影响见图6-6。

由图6-6可知,相同龄期时,随着二灰与细集料比例降低,二灰砂浆力学强度先增加后降低,当二灰与细集料比例为3:2时力学强度达到最大值。因此,建议二灰:细集料=3:2。

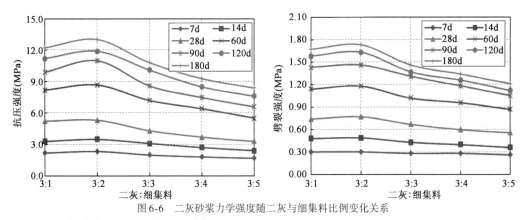

图 6-6 二灰砂浆力学强度随二灰与细集料比例变化关系

6.1.4 粗集料强嵌挤骨架密实级配

6.1.4.1 合成粗集料 CBR 规律的数值模拟及强嵌挤骨架密实级配

粗集料嵌挤力是构成二灰稳定碎石强度的主要因素。研究粗集料组成结构对其嵌挤力影响规律，进而提出具有强嵌挤结构的粗集料级配，对于提高二灰稳定碎石的路用性能具有实际工程应用价值。CBR 值直接反映了材料嵌挤强度的大小，以其作为评价粗集料骨架结构优劣的指标，具有明确的物理力学意义。然而，需通过大量室内 CBR 试验才能得到粗集料组成结构对其嵌挤力影响规律，且 CBR 测试过程繁杂，这势必影响级配优化结果。考虑到粗集料具有明显的颗粒特性，本项目采用颗粒流数值模拟技术，采用 PFC^{2D} 软件实现 CBR 试验的颗粒流数值模拟，研究粗集料的 CBR 变化规律，提出强嵌挤粗集料骨架级配。

所用粗集料规格为：19～31.5mm 集料（记为 D_1）、9.5～19mm 集料（记为 D_2）和 4.75～9.5 mm 集料（记为 D_3）

1）单规格粗集料的 CBR 规律

D_1、D_2 和 D_3 所对应的 CBR 模拟结果见表 6-9。

单规格粗集料的 CBR 模拟结果　　表 6-9

集料质量分数(%)			CBR(%)
D_1	D_2	D_3	
100	0	0	67
0	100	0	33
0	0	100	31

由表 6-9 可知，D_1 的 CBR 值最大，且为 67%，是 D_2、D_3 的 2 倍，表明由 D_1 构成的骨架结构的嵌挤力明显强于 D_2 与 D_3。因此，定义由 19～31.5mm（或 19～37.5mm）集料构成主骨架。

2）两种规格合成粗集料的 CBR 规律

合成粗集料 D_1-D_2、D_1-D_3 与 D_2-D_3 的 CBR 模拟结果见图 6-7。

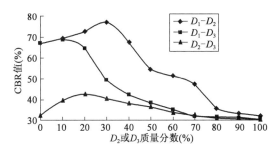

图 6-7 两种规格合成集料的 CBR 变化规律

由图 6-7 可知：

(1) 合成粗集料的 CBR 最大值为 77%，高于单规格粗集料。

(2) 随着 D_2 或 D_3 用量增大，合成粗集料的 CBR 值都呈先增长后降低的趋势，表明当 D_2 或 D_3 用量较少时，具有填充作用；随着用量增大，填充作用转化为干涉作用，将前级粗集料形成强嵌挤骨架结构撑开，致使 CBR 值反而降低。

(3) $D_2 - D_3$ 的 CBR 值明显低于 $D_1 - D_2$ 与 $D_1 - D_3$ 的 CBR 值，这是由于 D_1 形成的骨架结构强于 D_2 形成的骨架结构，这也再次证实了 D_1 构成主骨架具有最强嵌挤力。

(4) 以 D_1 为主骨架，D_2 填充效果明显优于 D_3，表现为 $D_1 - D_2$ 曲线普遍高于 $D_1 - D_3$ 曲线，表明连续级配合成的集料具有更强嵌挤力。

3) 三种规格合成粗集料的 CBR 规律

$D_1 - D_2 - D_3$ 合成粗集料的 CBR 模拟结果见图 6-8。

由图 6-8 可知：

(1) 三种规格合成粗集料的 CBR 最大值为 112%，高于两种规格合成粗集料的 CBR 值，这也再次证明了连续级配比间断级配具有更强的骨架嵌挤力。

(2) 当 D_1 质量分数为 50%～70% 时，D_1 用量充足，构成主骨架，D_2 和 D_3 充分填充于 D_1 形成主骨架空隙中，并形成次骨架结构，从而表现为混合集料 CBR 值较大；D_1 质量分数分别为 50%、60% 和 70% 时所对应的合成粗集料 CBR 最大值分别为 91%、106% 和 112%。

(3) 当 D_1 质量分数不足 50% 时，D_1 悬浮于 D_2 和 D_3 中，无法构成主骨架，致使合成粗集料 CBR 值普遍较低。

(4) 当 D_1 质量分数超过 70% 后，合成集料 CBR 值反而减小，这是由于 D_2、D_3 用量过少，无法充分填充 D_1 形成的主骨架空隙，致使合成集料 CBR 值反而降低。

(5) 随着 D_3 用量的增加，三种规格合成粗集料的 CBR 值都呈先增长后降低的趋势，表明当 D_3 用量较少（质量分数小于 10% 或 20%）时，具有填充作用；随着用量增大（质量分数大于 20% 时），形成干涉作用，将前级粗集料形成强嵌挤骨架结构撑开，致使 CBR 值反而降低。

综上所述，三种规格合成粗集料、两种规格合成粗集料与单规格粗集料 CBR 最大值依次减小，表明连续级配合成的集料嵌挤力优于断级配。

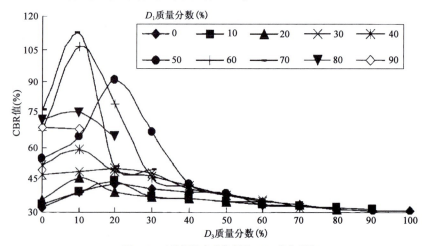

图 6-8 三种规格合成集料的 CBR 变化规律

4）基于 CBR 最大的强嵌挤骨架密实级配

综上所述，19～31.5 mm 集料构成的主骨架结构具有强嵌挤力，最佳质量分数为 60%～70%；9.5～19mm 集料和 4.75～9.5mm 集料具有填充主骨架空隙或干涉主骨架结构形成的作用，4.75～9.5mm 集料最佳质量分数为 10%；三种规格合成粗集料、两种规格合成粗集料与单规格粗集料 CBR 最大值依次减小，表明连续级配合成的集料嵌挤力优于断级配。当 19～31.5mm 集料:9.5～19mm 集料:4.75～9.5mm 集料 = 70:20:10 或 60:30:10 时，合成粗集料级配的 CBR 最大。因此，推荐粗集料级配为 19～31.5mm:9.5～19mm:4.75～9.5mm = 70:20:10 或 60:30:10。

6.1.4.2 合成粗集料密实度规律及强嵌挤骨架密实级配

1）合成集料密实度规律的试验方法

由集料 CBR 规律可知，19～37.5mm（D_1）集料构成的主骨架结构具有强嵌挤力，9.5～19mm（D_2）集料和 4.75～9.5mm（D_3）集料具有填充主骨架空隙或干涉主骨架结构形成的作用。因此，强嵌挤粗集料骨架结构形成条件是 D_2 集料用量尽可能地完全填充 D_1 集料形成的空隙且不构成干涉作用；D_3 集料用量尽可能地完全填充由 D_1 和 D_2 形成骨架空隙且对骨架不构成干涉作用。

为了实现强嵌挤粗集料骨架结构，根据上述原理采用逐级填充法确定粗集料级配，具体过程如下：

(1) 将一定质量主集料 D_1 集料装入圆柱体试模中，并将试模移至 VTM 上振动击实 100s 后，测量其振实后的高度，利用公式 $\rho = M/V$ 计算其振实密度。

(2) D_2 集料以 D_1 用量的 5% 为步长，将 D_2 的集料掺入到 D_1 中。每次掺入后振实，测量其振实后体积及振实密度，建立填充数量与振实密度的关系曲线。在振实密度关系曲线上选取振实密度最大的一组或几组用量，作为 D_2 的用量。

(3) D_3 同样以 D_1 用量的 5% 为步长，将粒径为 D_3 的集料与粒径为 D_1、D_2 的混合料（已按照上述方法确定的二者的比例）拌和均匀后进行振实，测量其振实密度，建立填充数量与振实密度之间的关系曲线。在振实密度关系曲线上选取振实密度最大的一组或几组 D_3 用量，作为 D_3 用量。

(4) 根据上述两级填充试验，最后分别得到各级粒径的最优填充比例，即为粗集料的级配。

2）$D_1 + D_2$ 合成集料密实度规律

D_1 集料取 4kg，D_2 集料按 D_1 集料用量的 5% 步长逐级掺入 D_1 集料中，并进行振实试验，结果见图 6-9。随着 D_2 集料掺量增大，D_2 集料填充 D_1 集料形成骨架空隙的效果逐渐增强，当 D_2 集料掺量达到 $D_1:D_2 = 100:65$ 时，D_2 集料充分填充 D_1 集料形成骨架空隙且没形成干涉骨架结构作用，表现出密实最大；继续增大 D_2 集料掺量，则 D_2 集料干涉 D_1 集料形成骨架结构，表现出密度反而逐渐减小。

3）$D_1 + D_2 + D_3$ 合成集料密实度规律

$D_1 + D_2$ 集料取 4kg，$D_1:D_2$ 集料质量 = 100:60、100:65。变化 D_3 集料用量并振动，分别可得 D_3 集料掺量和振实密度的关系，结果见图 6-9、图 6-10。当 $D_1:D_2$ 质量 = 100:65 时，D_3 用量为 $D_1 + D_2$ 用量的 35% 时，D_3 集料填充效果达到最佳，混合料的振实密度最大，达 1.813kg/cm³。

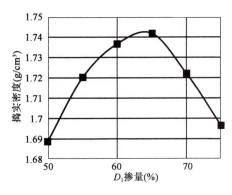

图6-9 D_1+D_2 合成集料填充规律

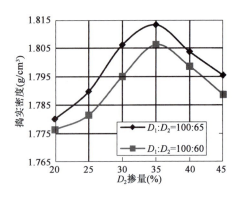

图6-10 $D_1+D_2+D_3$ 合成集料填充规律

4) 基于密实度最大的强嵌挤骨架密实级配

综上所述,当 $D_1:D_2=100:65$ 时,D_3 用量为 D_1+D_2 用量的35%时,混合料的振实密度最大,达 1.713kg/cm^3。因此,基于密实度最大为原则推荐粗集料级配为:$19\sim31.5 \text{mm}:9.5\sim19\text{mm}:4.75\sim9.5\text{mm}=50:33:17$。

6.1.4.3 粗集料强嵌挤骨架密实级配

基于 CBR 最大的强嵌挤骨架级配为 $19\sim31.5\text{mm}$ 集料:$9.5\sim19\text{mm}$ 集料:$4.75\sim9.5\text{mm}$ 集料 $=70:20:10$ 或 $60:30:10$。

基于密实度最大为原则,推荐粗集料级配为 $19\sim31.5\text{mm}$ 集料:$9.5\sim19\text{mm}$ 集料:$4.75\sim9.5\text{mm}$ 集料 $=50:33:17$。

6.1.5 二灰砂浆对二灰稳定碎石工程特性的影响及最佳用量

6.1.5.1 二灰砂浆理论用量

由胶浆理论可知,二灰砂浆数量应恰好可填充粗集料骨架空隙以形成骨架密实结构。因此,二灰砂浆理论最佳掺量 M_j 按式(6-1)确定:

$$M_j = \frac{\text{VCA} \cdot \rho_{\text{dmax(sj)}}}{\text{VCA} \cdot \rho_{\text{dmax(sj)}} + (100-\text{VCA}) \cdot \rho_c} \times 100\% \quad (6-1)$$

$$\text{VCA} = \left(1-\frac{\rho_c}{\rho_b}\right) \times 100\% \quad (6-2)$$

式中:VCA——粗集料骨架间隙率,%;

$\rho_{\text{dmax(sj)}}$——二灰砂浆最大干密度,g/cm^3;

ρ_c——粗集料振实密度,g/cm^3;

ρ_b——粗集料视密度,g/cm^3。

已知本项目粗集料视密度 $\rho_b=2.732\text{g/cm}^3$,强嵌挤骨架粗集料振实密度 $\rho_c=1.813\text{g/cm}^3$,最优配比二灰砂浆最大干密度 $=1.668\text{g/cm}^3$,计算可得:

$$\text{VCA} = \left(1-\frac{\rho_c}{\rho_b}\right) \times 100\% = \left(1-\frac{1.813}{2.732}\right) \times 100\% = 33.6\%$$

$$M_\mathrm{j} = \frac{\mathrm{VCA} \cdot \rho_{\mathrm{dmax(sj)}}}{\mathrm{VCA} \cdot \rho_{\mathrm{dmax(sj)}} + (100 - \mathrm{VCA}) \cdot \rho_\mathrm{c}} \times 100\% = 31.8\%$$

由此可得,二灰砂浆理论掺量为31.8%。

6.1.5.2 二灰稳定碎石工程特性

实际工程中,石—石接触界面也裹附有二灰砂浆,且受施工拌和均匀性影响,二灰砂浆实际最佳掺量应略大于理论最佳掺量。因此,以 M_j 为基础,研究二灰砂浆用量对二灰稳定碎石振动击实特性及7d抗压强度的影响规律,确定二灰砂浆实际最佳掺量。二灰掺量拟采用23%、26%、29%、32%、35%。

二灰砂浆用量对二灰稳定碎石振动击实特性及7d抗压强度影响见表6-10、表6-11和图6-12。粗集料级配为19~31.5mm 集料:9.5~19mm 集料:4.75~9.5mm 集料 = 50:33:17 和 70:20:10。

二灰稳定碎石振动击实特性 表6-10

19~31.5mm 集料:9.5~19mm 集料:4.75~9.5mm 集料	项 目	下列二灰砂浆用量(%)二灰稳定碎石击实结果				
		23	26	29	32	35
50:33:17	$w_0(\%)$	5.9	6.1	6.4	6.7	7.0
	$\rho_\mathrm{dmax}(\mathrm{g/cm^3})$	2.280	2.263	2.246	2.225	2.185
70:20:17	$w_0(\%)$	5.8	6.1	6.3	6.7	6.8
	$\rho_\mathrm{dmax}(\mathrm{g/cm^3})$	2.291	2.269	2.250	2.233	2.011

二灰稳定碎石7d抗压强度 表6-11

19~31.5mm 集料:9.5~19mm 集料:4.75~9.5mm 集料	符 号	下列二灰砂浆用量(%)二灰稳定碎石 $R_{c0.95}$(MPa)				
		23	26	29	32	35
50:33:17	GM	2.0	2.2	2.4	2.6	2.4
70:20:10	PC	—	2.0	2.2	2.4	2.3

由表6-11可知,随二灰砂浆用量增加,二灰稳定碎石最大干密度减小、最佳含水率增大,强度先增加后减小变化趋势。

由图6-11可知,随二灰砂浆用量增加,二灰稳定碎石强度呈先增加后减小变化趋势。二灰砂浆用量在32%时,二灰稳定碎石力学强度达到最大。这可能是因为随二灰砂浆用量增加,粗集料骨架空隙逐渐被二灰砂浆填充,当骨架空隙被二灰砂浆用量完全填充时二灰稳定碎石强度达到最大;然后,继续增大二灰砂浆用量,则粗集料骨架结构被撑开,导致二灰稳定碎石强度下降。基于强度最大原则,选取二灰砂浆与粗集料最佳比例为32:68,与二灰砂浆理论用量完全吻合。

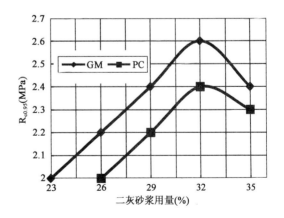

图6-11 不同二灰砂浆用量二灰稳定碎石抗压强度

6.1.5.3 二灰稳定碎石最佳配合比

综上所述,二灰稳定碎石最佳配比为:石灰:粉煤灰 = 1:2.5,二灰:细集料 = 3:2,二灰砂浆:粗集料 = 32:68,细集料级配采用 $I = 0.65$,粗集料级配为 19~37.5mm 集料:9.5~19mm 集料:4.75~9.5mm 集料质量比 = 50:33:17 和 70:20:10。二灰稳定碎石各材料组成比例见表6-12。

二灰稳定碎石最佳配合比　　　　　表6-12

石灰:粉煤灰	二灰	石屑(≤4.75mm)	19~37.5mm 集料	19~9.5mm 集料	4.75~9.5mm 集料
1:2.5	19%	13%	34%	22%	12%
			47%	14%	7%

6.1.6 控制收缩开裂的强嵌挤骨架密实级配

6.1.6.1 强嵌挤骨架密实级配

根据二灰稳定碎石最佳配合比,控制收缩开裂的强嵌挤骨架密实级配推荐值见表6-13。表中还列出了《公路沥青路面设计规范》(JTG D50—2006)中骨架密实型二灰稳定集料级配 GF。

二灰稳定碎石矿料级配(GM)　　　　　表6-13

级配类型	下列筛孔尺寸(mm)质量通过百分率(%)								
	37.5	31.5	19	9.5	4.75	2.36	1.18	0.6	0.075
GM	100	90~100	42~58	24~32	14~18	8~12	6~10	3~6	1~2
GF	100	95~100	48~68	24~34	11~21	6~16	2~12	0~6	0~3

6.1.6.2 试验验证

GM 与 GF 级配二灰稳定碎石 VVTM 试件抗压强度见表6-14,两者比值见表6-15,表中 $R_{c0.95M}$、$R_{c0.95F}$ 分别指 GM 和 GF 二灰稳定碎石抗压强度代表值。

骨架密实级配与规范级配的抗压强度对比　　　　　表6-14

级配类型	下列龄期(d)二灰稳定碎石抗压强度代表值 $R_{c0.95}$(MPa)							
	7	14	28	60	90	120	180	360
GM	2.6	3.8	5.6	8.9	11.4	13.0	14.2	14.8
GF	2.3	3.3	4.7	7.5	9.4	10.7	11.9	12.6

骨架密实级配与规范级配的抗压强度对比　　　　　表6-15

龄期(d)	7	14	28	60	90	120	180	360
$R_{c0.95M}/R_{c0.95F}$	1.130	1.152	1.191	1.187	1.213	1.215	1.193	1.175

由表6-15可知,骨架密实级配二灰稳定碎石 7d 无侧限抗压强度比规范级配提高了13.0%,而28d 后无侧限抗压强度平均提高了19.0%。

6.2 VVTM二灰稳定碎石力学及疲劳耐久特性

6.2.1 试验方案

6.2.1.1 配合比

粗集料级配为 19~37.5mm 集料:9.5~19mm 集料:4.75~9.5mm 集料 = 50:33:17 和 70:20:10;细集料级配采用 $I=0.75$;石灰:粉煤灰 = 1:2.5,二灰:细集料 = 3:2;二灰砂浆:粗集料 = 23:77、26:74、29:71、32:68、35:65。原材料同"6.1.2 二灰胶浆工程特性及最佳比例"。

6.2.1.2 击实特性

二灰稳定碎石振动击实结果见表 6-16。PC 为基于 PFC 所得骨架密实级配。

二灰稳定碎石振动击实特性 表 6-16

级配类型	项 目	下列二灰砂浆用量(%)二灰稳定碎石振动击实特性				
		23	26	29	32	35
GM	w_0(%)	5.9	6.1	6.4	6.6	6.9
	ρ_{dmax}(g/cm³)	2.280	2.263	2.246	2.225	2.185
PC	w_0(%)	5.8	6.1	6.3	6.7	6.8
	ρ_{dmax}(g/cm³)	2.291	2.269	2.250	2.233	2.011
GF	w_0(%)	6.2	5.4	6.5	6.7	7.0
	ρ_{dmax}(g/cm³)	2.224	2.207	2.191	2.174	2.157

6.2.2 力学强度及影响因素

6.2.2.1 力学强度室内试验结果

无侧限抗压强度和劈裂强度试验结果分别见表 6-17 和表 6-18。

二灰稳定碎石室内抗压强度代表值 表 6-17

级配类型	砂浆用量(%)	下列龄期(d)二灰稳定碎石抗压强度代表值 $R_{c0.95}$(MPa)							
		7	14	28	60	90	120	180	360
GM	23	2.0	2.5	4.1	6.5	8.6	9.3	10.4	11.0
	26	2.2	3.2	4.9	7.6	9.6	10.9	12.1	12.8
	29	2.4	3.3	5.1	8.1	10.7	11.9	13.2	13.9
	32	2.6	3.8	5.6	8.9	11.4	13.0	14.2	14.8
	35	2.3	3.7	5.4	8.3	10.8	12.4	13.6	14.4
PC	26	2.0	2.8	4.5	7.1	8.9	10.0	11.1	11.7
	29	2.2	3.1	4.9	7.7	9.8	11.2	12.4	13.1
	32	2.4	3.5	5.2	8.4	10.4	12.0	14.0	14.6
	35	2.3	3.4	4.9	8.3	10.4	11.9	13.1	13.9

续上表

级配类型	砂浆用量（%）	下列龄期（d）二灰稳定碎石抗压强度代表值 $R_{c0.95}$（MPa）							
		7	14	28	60	90	120	180	360
GF	26	1.9	2.7	4.2	6.6	8.1	9.1	10.2	11.0
	29	2.1	2.8	4.6	7.1	9.2	10.5	11.2	11.9
	32	2.3	3.3	4.7	7.5	9.4	10.7	11.9	12.6
	35	2.1	3.1	4.5	6.8	8.9	10.2	11.3	12.1

二灰稳定碎石室内劈裂强度代表值 表6-18

级配类型	砂浆用量（%）	下列龄期（d）二灰稳定碎石劈裂强度代表值 $R_{i0.95}$（MPa）							
		7	14	28	60	90	120	180	360
GM	23	0.18	0.25	0.37	0.62	0.79	0.90	1.01	1.11
	26	0.20	0.29	0.43	0.74	0.92	1.07	1.21	1.32
	29	0.21	0.34	0.51	0.82	1.03	1.17	1.31	1.42
	32	0.22	0.34	0.57	0.93	1.15	1.29	1.41	1.53
	35	0.24	0.36	0.56	0.94	1.20	1.31	1.44	1.56
PC	26	0.20	0.29	0.40	0.69	0.87	0.99	1.12	1.22
	29	0.21	0.33	0.48	0.79	0.99	1.14	1.28	1.39
	32	0.22	0.33	0.53	0.87	1.08	1.22	1.37	1.49
	35	0.23	0.34	0.55	0.86	1.12	1.27	1.39	1.53
GF	26	0.19	0.28	0.38	0.61	0.80	0.91	1.02	1.13
	29	0.19	0.29	0.46	0.73	0.91	1.01	1.14	1.24
	32	0.20	0.30	0.52	0.80	0.97	1.08	1.18	1.30
	35	0.23	0.31	0.51	0.81	0.97	1.12	1.21	1.32

6.2.2.2 力学强度增长曲线

图6-12和图6-13分别为三种级配二灰稳定碎石的 R_c—T 和 R_i—T 曲线图。

如图6-12、图6-13所示，随龄期增长，不同级配、二灰砂浆用量二灰稳定碎石力学强度增长曲线形状极其相似，90d前力学强度增长速度较快，180d后强度增长非常缓慢，且各自隐藏着一条相应的水平渐近线，该渐近线即为二灰稳定碎石极限强度 R_∞。

由于二灰稳定碎石与水泥稳定碎石力学强度增长方程相似,因此,采用式(5-3)拟合二灰稳定碎石抗压强度和劈裂增长强度方程,结果见表6-19、表6-20。考虑到二灰稳定碎石试件成型初期不具抗拉伸的能力,劈裂强度初始值 $R_{i0}=0$。

第6章 控制开裂破坏二灰稳定碎石VVTM设计技术及示范工程

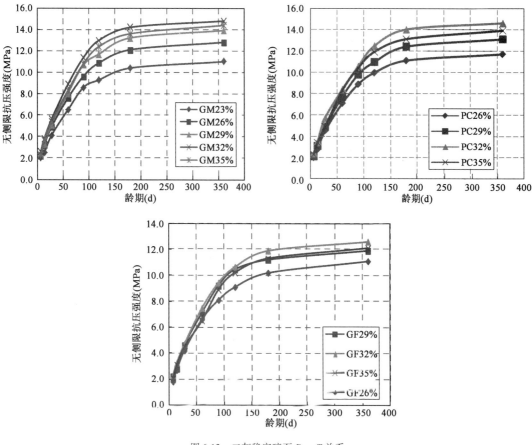

图 6-12 二灰稳定碎石 R_c—T 关系

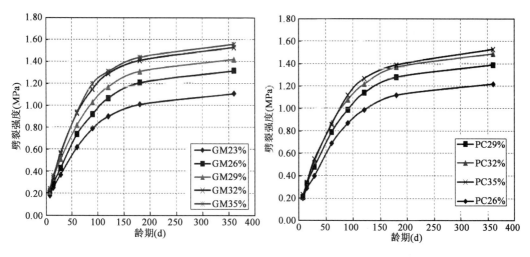

图 6-13

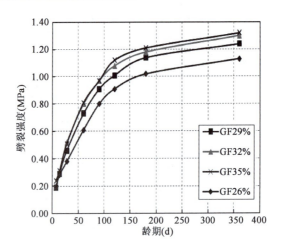

图6-13 二灰稳定碎石 R_i—T 关系

二灰稳定碎石抗压强度增长方程　　　　表6-19

砂浆用量 (%)	GM				PC				GF			
	R_{c0}	$R_{c\infty}$	ξ_c	r^2	R_{c0}	$R_{c\infty}$	ξ_c	r^2	R_{c0}	$R_{c\infty}$	ξ_c	r^2
23	0.24	13.26	0.017	0.988	—	—	—	—	—	—	—	—
26	0.36	13.37	0.017	0.994	0.33	13.99	0.017	0.992	0.35	13.08	0.017	0.996
29	0.38	16.68	0.017	0.994	0.35	15.52	0.017	0.992	0.40	14.13	0.017	0.989
32	0.42	17.85	0.017	0.991	0.40	17.74	0.017	0.992	0.46	15.22	0.017	0.991
35	0.39	17.4	0.017	0.990	0.39	16.69	0.017	0.992	0.43	14.71	0.017	0.992

二灰稳定碎石劈裂强度增长方程　　　　表6-20

砂浆用量 (%)	GM			PC			GF		
	$R_{i\infty}$	ξ_i	r^2	$R_{i\infty}$	ξ_i	r^2	$R_{i\infty}$	ξ_i	r^2
23	1.30	0.017	0.992	—	—	—	—	—	—
26	1.55	0.017	0.991	1.44	0.017	0.991	1.32	0.017	0.989
29	1.69	0.017	0.995	1.65	0.017	0.993	1.47	0.017	0.997
32	1.85	0.017	0.995	1.81	0.017	0.996	1.56	0.017	0.996
35	1.88	0.017	0.993	1.84	0.017	0.990	1.58	0.017	0.987

表6-19、表6-20中数据表明,强度增长方程回归公式相关系数较高,具有非常高的拟合度和较好的拟合效果,也符合二灰稳定碎石强度随龄期的增长规律。

6.2.2.3 R_T/R_∞ 增长规律及强度模型

表6-17中 R_{cT} 除以表6-19中对应 $R_{c\infty}$ 结果见表6-21。表6-18中 R_{iT} 除以表6-20中对应 $R_{i\infty}$ 结果见表6-22。

二灰稳定碎石 $R_{cT}/R_{c\infty}$ —T 关系　　　　　　　　　　　　　表6-21

级配类型	砂浆用量（%）	下列龄期 T(d) 二灰稳定碎石 $R_{cT}/R_{c\infty}$							
		7	14	28	60	90	120	180	360
GM	23	0.15	0.19	0.31	0.49	0.65	0.70	0.79	0.83
	26	0.14	0.21	0.32	0.49	0.63	0.71	0.79	0.83
	29	0.14	0.20	0.31	0.48	0.64	0.71	0.79	0.83
	32	0.15	0.21	0.31	0.50	0.64	0.73	0.80	0.83
	35	0.13	0.21	0.31	0.48	0.62	0.71	0.78	0.83
PC	26	0.14	0.20	0.32	0.51	0.63	0.71	0.79	0.84
	29	0.14	0.20	0.32	0.50	0.63	0.72	0.80	0.85
	32	0.14	0.20	0.29	0.47	0.59	0.68	0.79	0.82
	35	0.14	0.20	0.29	0.50	0.62	0.71	0.78	0.83
GF	26	0.15	0.21	0.32	0.50	0.62	0.69	0.78	0.84
	29	0.16	0.20	0.33	0.50	0.65	0.74	0.79	0.84
	32	0.15	0.21	0.31	0.49	0.62	0.70	0.78	0.83
	35	0.14	0.21	0.31	0.46	0.61	0.69	0.77	0.82

二灰稳定碎石 $R_{iT}/R_{i\infty}$ —T 关系　　　　　　　　　　　　　表6-22

级配类型	砂浆用量（%）	不同龄期 T(d) 二灰稳定碎石 $R_{iT}/R_{i\infty}$							
		7	14	28	60	90	120	180	360
GM	23	0.14	0.19	0.28	0.48	0.61	0.69	0.78	0.85
	26	0.13	0.19	0.28	0.48	0.59	0.69	0.78	0.85
	29	0.12	0.20	0.30	0.49	0.61	0.69	0.78	0.84
	32	0.12	0.18	0.31	0.50	0.62	0.70	0.76	0.83
	35	0.14	0.18	0.29	0.49	0.63	0.69	0.77	0.84
PC	26	0.14	0.20	0.28	0.48	0.60	0.69	0.78	0.85
	29	0.13	0.20	0.29	0.48	0.60	0.69	0.78	0.84
	32	0.12	0.19	0.31	0.49	0.61	0.69	0.77	0.84
	35	0.13	0.19	0.29	0.49	0.63	0.70	0.76	0.82
GF	26	0.14	0.21	0.29	0.46	0.61	0.69	0.77	0.86
	29	0.13	0.19	0.31	0.50	0.62	0.68	0.77	0.84
	32	0.13	0.19	0.32	0.51	0.62	0.69	0.76	0.83
	35	0.17	0.22	0.30	0.49	0.60	0.69	0.76	0.85

如图 6-14、图 6-15 所示，将二灰稳定碎石 R_T/R_∞ —T 作图，则图中不同级配、不同二灰砂浆用量的二灰稳定碎石 R_T/R_∞ —T 曲线就可规格化，差不多为一条曲线，且二灰稳定碎石 $R_{c14}=0.21R_{c\infty}$，$R_{i14}=0.19R_{i\infty}$。

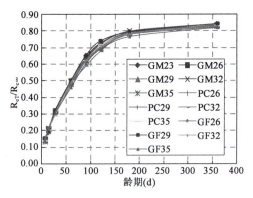
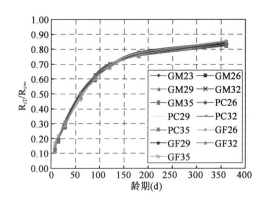

图6-14 二灰稳定碎石 $R_{cT}/R_{c\infty}$—T 关系　　　图6-15 二灰稳定碎石 $R_{iT}/R_{i\infty}$—T 关系

如图6-16、图6-17所示,进一步将二灰稳定碎石 R_T/R_∞—$\ln T$ 作图,则不同级配二灰稳定碎石 R_T/R_∞—$\ln T$ 曲线几乎重叠。

经分析,R_T/R_∞—$\ln T$ 曲线符合乘幂函数:

$$\frac{R_T}{R_\infty} = A \cdot (\ln T)^B \quad T \leqslant 360\mathrm{d} \tag{6-3}$$

式中：A、B——回归系数,$A_c = 0.042$,$B_c = 1.726$；$A_i = 0.051$,$B_i = 1.608$。

采用乘幂函数拟合二灰稳定碎石 $R_{cT}/R_{c\infty}$—$\ln T$ 的相关系数 r^2 高达0.97,足以描述二灰稳定碎石力学强度增长规律。

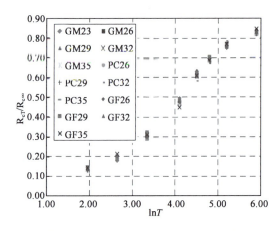
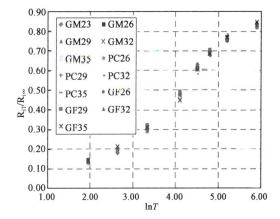

图6-16 二灰稳定碎石 $R_{cT}/R_{c\infty}$—$\ln T$ 关系　　　图6-17 二灰稳定碎石 $R_{iT}/R_{i\infty}$—$\ln T$ 关系

6.2.2.4 级配对强度的影响

不同级配的二灰稳定碎石抗压强度之比见表6-23。不同级配的二灰稳定碎石级配劈裂强度比见表6-24、表6-25。

级配类型对二灰稳定碎石抗压强度的影响　　　　　表6-23

二灰砂浆用量（%）	GM与PC级配 R_{c0} 之比		GM与PC级配 $R_{c\infty}$ 之比		GM与GF级配 R_{c0} 之比		GM与GF级配 $R_{c\infty}$ 之比	
	GM	PC	GM	PC	GM	GF	GM	GF
26	1.03	1.0	1.10	1.0	1.03	1.0	1.18	1.0
29	1.09	1.0	1.07	1.0	0.95	1.0	1.18	1.0
32	1.05	1.0	1.01	1.0	0.91	1.0	1.17	1.0
35	1.00	1.0	1.04	1.0	0.91	1.0	1.18	1.0

GM与GF级配劈裂强度之比　　　　　表6-24

砂浆用量（%）	不同龄期 $T(d)$ 二灰稳定碎石 $r_{i(GM/GF)}$								$\overline{r_{i(GM/GF)}}$
	7	14	28	60	90	120	180	360	
26	1.05	1.04	1.13	1.21	1.15	1.18	1.19	1.17	1.14
29	1.11	1.17	1.11	1.12	1.13	1.16	1.15	1.15	1.14
32	1.10	1.13	1.10	1.16	1.19	1.19	1.18	1.18	1.16
35	1.04	1.16	1.10	1.16	1.24	1.17	1.19	1.18	1.15

PC与GF级配劈裂强度之比　　　　　表6-25

砂浆用量（%）	不同龄期 $T(d)$ 二灰稳定碎石 $r_{i(PC/GF)}$								$\overline{r_{i(PC/GF)}}$
	7	14	28	60	90	120	180	360	
26	1.05	1.04	1.05	1.13	1.09	1.09	1.10	1.08	1.08
29	1.11	1.14	1.04	1.08	1.13	1.12	1.12	1.10	1.10
32	1.10	1.10	1.02	1.09	1.11	1.13	1.16	1.15	1.11
35	1.00	1.10	1.08	1.06	1.15	1.13	1.15	1.16	1.11

由表6-23～表6-25可知：

（1）GM级配二灰稳定碎石初始强度略低于GF级配初始强度，且随着二灰砂浆用量增大，初始强度降低幅度有所增大。这是因为GF级配细集料用量多于GM级配，比表面积大，离子交换作用、絮凝团聚作用也就更强。

（2）GM级配二灰稳定碎石极限抗压强度和极限劈裂强度约为GF级配的1.18倍，表明粗集料嵌挤作用对二灰稳定碎石后期强度影响显著。

（3）GM级配二灰稳定碎石初始强度、极限强度略高于PC级配，但相差不大。

6.2.2.5　二灰砂浆用量对强度的影响

不同龄期不同二灰砂浆用量二灰稳定碎石抗压强度见图6-18。不同龄期不同二灰砂浆用量二灰稳定碎石劈裂强度见图6-19。

由图6-18、图6-19可以看出：当二灰砂浆用量<32%时，二灰砂浆无法充分填充集料骨架空隙，因而表现出二灰稳定碎石力学强度随二灰砂浆用量增加而增加；当二灰砂浆用量=32%时，二灰砂浆完全填充粗集料形成骨架空隙且没有撑开粗集料骨架结构，因而表现出二灰稳定

碎石力学强度最大;当二灰砂浆用量>32%,二灰砂浆撑开粗集料骨架结构,表现出二灰稳定碎石力学强度随之增加而降低。因此,二灰砂浆最佳用量为32%,对应二灰用量为19.2%。

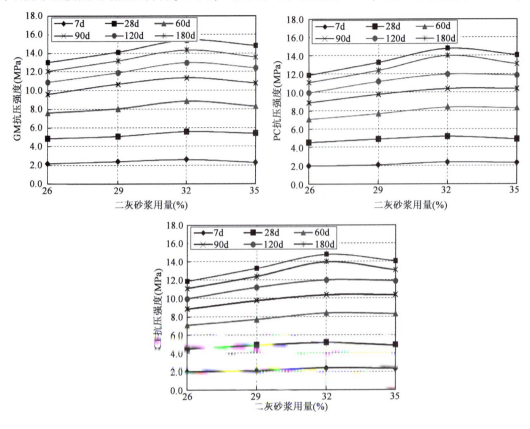

图6-18 二灰砂浆用量对二灰稳定碎石抗压强度影响

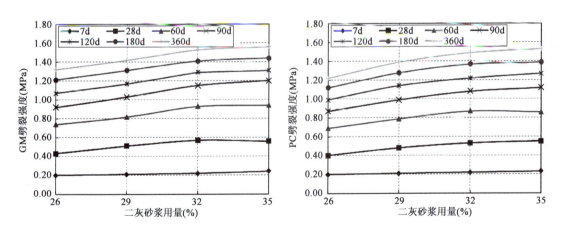

图 6-19

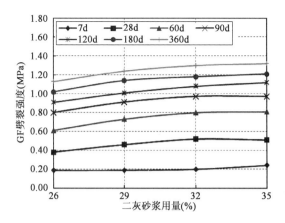

图6-19 二灰砂浆用量对二灰稳定碎石劈裂强度的影响

6.2.3 回弹模量

6.2.3.1 抗压回弹模量室内试验结果

二灰稳定碎石抗压回弹模量室内试验结果见表6-26。

二灰稳定碎石抗压回弹模量代表值　　　　　　　　　　　　表6-26

级配类型	砂浆用量(%)	不同龄期(d)二灰稳定碎石抗压回弹模量代表值 $E_{c0.95}$ (MPa)					
		7	28	60	90	120	180
GM	26	421	1009	1535	2013	2315	2547
	29	471	1071	1733	2206	2540	2795
	32	513	1177	1904	2466	2831	3074
	35	497	1116	1795	2291	2672	2935
PC	26	412	986	1529	1903	2193	2428
	29	452	1016	1621	2083	2293	2556
	32	490	1127	1789	2284	2576	2812
	35	468	1057	1691	2190	2437	2685
GF	29	422	958	1482	1898	2170	2324
	32	449	1033	1538	2025	2271	2493
	35	412	973	1445	1848	2092	2342

6.2.3.2 抗压回弹模量增长曲线

二灰稳定碎石抗压回弹模量随龄期增长曲线见图6-20。

由图6-20可知,不同级配、不同二灰砂浆用量的二灰稳定碎石的抗压回弹模量随龄期的增长规律与抗压强度增长规律基本相似,随着火山灰反应的不断进行,结合料对集料的黏结作用不断增强,材料的整体性越来越强,因此材料模量随龄期不断增长,且随龄期增长而呈非线性增长。

6.2.3.3 抗压回弹模量增长方程

二灰稳定碎石抗压回弹模量和抗压强度增长规律相似,抗压回弹模量增长模型为:

$$E_{cT} = E_{c\infty} - \frac{E_{c\infty} - E_{c0}}{\xi_E \cdot T + 1} \tag{6-4}$$

式中：E_{c0}、$E_{c\infty}$、λ——回归系数；E_{c0}、$E_{c\infty}$ 物理意义同上。

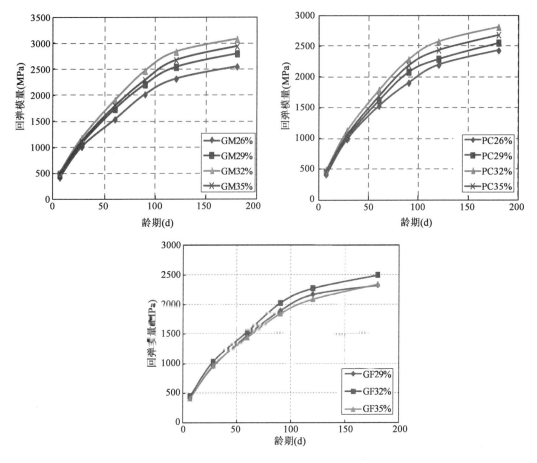

图 6-40　二灰稳定碎石 E_c—T 关系

通过回归分析确定模型参数，结果如表 6-27。

二灰稳定碎石抗压回弹模量增长模型　　　　表 6-27

砂浆用量 (%)	GM				PC				GF			
	E_{c0}	$E_{c\infty}$	ξ_E	r^2	E_{c0}	$E_{c\infty}$	ξ_E	r^2	E_{c0}	$E_{c\infty}$	ξ_E	r^2
26	144	3830	0.012	0.996	141	3529	0.012	0.998	—	—	—	—
29	157	4212	0.012	0.997	156	3732	0.012	0.997	158	3428	0.012	0.994
32	165	4671	0.012	0.995	165	4135	0.012	0.996	166	3635	0.012	0.995
35	157	4412	0.012	0.996	149	3941	0.012	0.996	154	3377	0.012	0.998

表 6-27 表明，模型对不同级配类型、不同二灰砂浆用量的二灰稳定碎石具有较好的拟合效果，揭示了二灰稳定碎石抗压回弹模量增长规律，采用该模型预测二灰稳定碎石模量增长规律具有可行性。

6.2.3.4 $E_{cT}/E_{c\infty}$ 增长规律及模量模型

将表 6-26 中 E_{cT} 除以表 6-27 中对应 $E_{c\infty}$,结果见表 6-28。并将表中数据绘制成图,见图 6-21 和图 6-22。

二灰稳定碎石 $E_{cT}/E_{c\infty}$—T 关系　　　表 6-28

级配类型	砂浆用量(%)	不同龄期 T(d) 二灰稳定碎石 $E_{cT}/E_{c\infty}$					
		7	28	60	90	120	180
GM	26	0.11	0.26	0.40	0.53	0.60	0.67
	29	0.11	0.25	0.41	0.52	0.60	0.66
	32	0.11	0.25	0.41	0.53	0.61	0.66
	35	0.11	0.25	0.41	0.52	0.61	0.67
PC	26	0.12	0.28	0.43	0.54	0.62	0.69
	29	0.12	0.27	0.43	0.56	0.61	0.68
	32	0.12	0.27	0.43	0.55	0.62	0.68
	35	0.12	0.27	0.43	0.56	0.62	0.68
GF	29	0.12	0.28	0.43	0.55	0.63	0.68
	32	0.12	0.28	0.42	0.56	0.62	0.69
	35	0.12	0.29	0.43	0.55	0.62	0.69

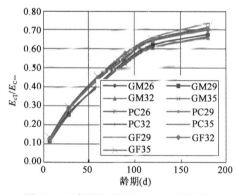

图 6-21　二灰稳定碎石 $E_{cT}/E_{c\infty}$—T 的关系 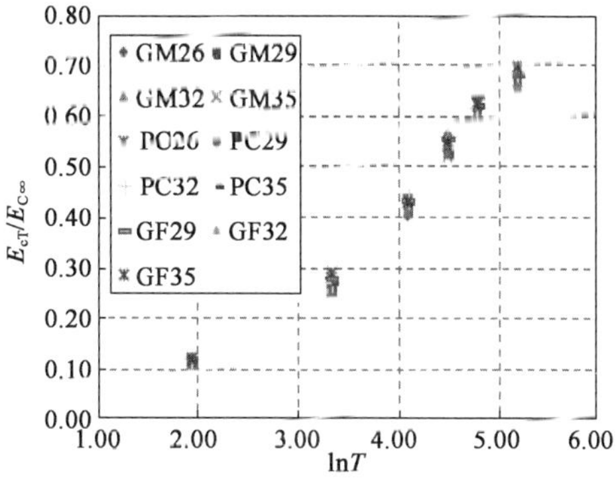　　　图 6-22　二灰稳定碎石 $E_{cT}/E_{c\infty}$—ln T 关系

由图 6-21 可知,不同级配、不同二灰砂浆用量下试验所得的二灰稳定碎石模量—龄期曲线几乎为一条曲线;二灰稳定碎石 60d 抗压回弹模量是极限抗压回弹模量的 0.42 倍。

图 6-22 二灰稳定碎石的 $E_{cT}/E_{c\infty}$—ln T 曲线。经分析,$E_{cT}/E_{c\infty}$—ln T 曲线符合乘幂函数,并建立二灰稳定碎石弹性模量预测模型:

$$\begin{cases} \dfrac{E_{cT}}{E_{c\infty}} = A_E \cdot (\ln T)^{B_E} & T \leqslant 180\mathrm{d} \\ E_{c\infty} = \dfrac{E_{c60}}{0.42} \end{cases} \tag{6-5}$$

式中:A_E、B_E——回归系数,$A_E = 0.033$、$B_E = 1.875$。

采用乘幂函数拟合二灰稳定碎石 $E_{cT}/E_{c\infty}$—ln T 的相关系数 r^2 高达 0.98 以上,足以描述二灰稳定碎石弹性模量增长规律。

综上所述,建立二灰稳定碎石弹性模量预测模型:

$$\frac{E_{cT}}{E_{ca}} = \left(\frac{\ln T}{\ln a}\right)^{B_E} \quad T \leqslant 180d \tag{6-6}$$

式中:E_{cT}——龄期为$T(d)$的二灰稳定碎石抗压回弹模量,MPa;

E_{ca}——龄期为$a(d)$的二灰稳定碎石抗压回弹模量,MPa;

B_E——二灰稳定碎石抗压回弹模量模型系数。

6.2.3.5 级配对抗压回弹模量影响

不同二灰砂浆用量 GM 级配与 GF 级配抗压回弹模量之比 $E_{c(GM/GF)}$ 见表 6-29。

级配类型对抗压回弹模量的影响　　　　表 6-29

砂浆用量（%）	不同龄期 $T(d)$ 二灰稳定碎石 $E_{c(GM/GF)}$						$\overline{E}_{c(GM/GF)}$
	7	28	60	90	120	180	
29	1.09	1.12	1.15	1.15	1.14	1.15	1.13
32	1.11	1.12	1.17	1.18	1.21	1.21	1.17
35	1.11	1.14	1.17	1.22	1.23	1.22	1.18

由表 6-29 可知,GM 级配二灰稳定碎石早期(7d)抗压回弹模量是 GF 级配的 1.09~1.11 倍,90d 抗压回弹模量是 GF 级配的 1.15~1.22 倍,平均为 1.17 倍。

6.2.3.6 二灰砂浆用量对抗压回弹模量影响

不同龄期、不同二灰砂浆用量的二灰稳定碎石抗压回弹模量见图 6-23。

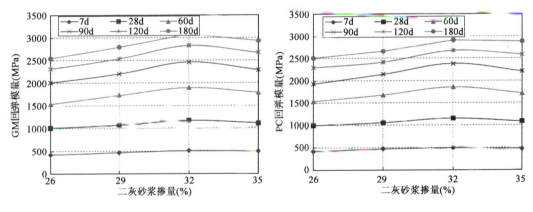

图 6-23　二灰砂浆用量对二灰稳定碎石抗压回弹模量的影响

由图 6-23 可知,二灰砂浆用量对 7d 抗压回弹模量影响较小,180d 后模量影响略微显著;随二灰砂浆用量增加,回弹模量先增加后减少,当二灰砂浆用量为 32%,二灰砂浆完全填充粗集料空隙形成骨架密实结构,抗压回弹模量达到最大。

6.2.4 力学性能之间的规律

6.2.4.1 抗压强度与劈裂强度之间关系

二灰稳定碎石无侧限抗压强度与劈裂强度的比值 R_c/R_i 见表 6-30。

二灰稳定碎石 R_c/R_i 表6-30

级配类型	二灰砂浆用量(%)	不同龄期(d)二灰稳定碎石 R_c/R_i							
		7	14	28	60	90	120	180	360
GM	23	11.1	10.0	11.0	10.5	10.9	10.3	10.2	9.9
	26	11.0	11.0	10.5	10.3	10.0	10.1	10.0	9.7
	29	11.4	9.7	10.0	9.8	9.7	10.1	9.7	9.8
	32	11.8	11.2	9.8	9.5	9.6	10.0	9.8	9.7
	35	9.5	10.2	9.6	8.8	9.0	9.1	9.2	9.2
PC	26	10.0	9.5	10.1	10.3	9.7	9.8	9.7	9.6
	29	10.0	9.4	10.2	9.7	9.9	9.3	9.6	9.4
	32	10.9	10.5	10.2	9.7	9.8	9.8	9.7	9.8
	35	10.0	10.0	9.5	9.7	9.3	9.3	9.1	9.1
GF	26	9.5	9.6	10.0	10.8	10.1	9.8	9.7	9.7
	29	11.5	9.7	10.1	10.0	9.7	9.9	9.6	9.6
	32	11.5	10.8	9.1	9.4	9.8	9.8	9.7	9.7
	35	8.8	10.0	8.8	8.5	9.1	9.0	9.3	9.2
平均值		10.5	10.1	9.9	9.8	9.7	9.7	9.6	9.6

表6-30数据表明:二灰稳定碎石 $R_c/R_i = 9.6 \sim 10.5$,且随龄期增长而略有减小,后期基本趋于稳定。

无侧限抗压强度与劈裂强度之间关系式:

$$R_c = 9.8R_i \tag{6-7}$$

6.2.4.2 抗压强度与抗压回弹模量之间关系

二灰稳定碎石抗压回弹模与无侧限抗压强度的比值 E_c/R_c 见表6-31。

二灰稳定碎石 E_c/R_c 表6-31

级配类型	二灰砂浆用量(%)	不同龄期(d)二灰稳定碎石 E_c/R_c					
		7	28	60	90	120	180
GM	26	191.4	206.8	202.0	208.8	212.8	210.5
	29	196.3	210.0	215.3	206.2	213.4	211.7
	32	197.3	210.6	214.7	216.9	218.1	216.5
	35	216.1	206.7	216.3	212.1	215.5	215.8
PC	26	206.0	218.1	216.0	214.5	220.2	218.7
	29	215.2	207.3	210.5	213.0	204.7	206.1
	32	204.2	216.7	213.0	219.5	214.7	200.9
	35	202.6	215.7	203.7	210.6	204.8	205.0
GF	29	191.8	208.3	208.7	206.3	207.7	207.5
	32	195.2	219.3	205.6	214.5	213.2	209.5
	35	196.2	216.2	212.5	207.6	205.1	207.3
平均值		201.1	212.3	210.7	211.8	211.8	210.0

表 6-31 数据表明：各龄期二灰稳定碎石 $E_c/R_c = 201.1 \sim 212.3$，且随龄期增长而略有增大，后期基本趋于稳定。

无侧限抗压强度与抗压回弹模量之间关系式：

$$E_c = 210R_c \tag{6-8}$$

6.2.5 疲劳特性及影响因素

6.2.5.1 试验方案

疲劳试验方法同"5.2.5.1 疲劳试验方法"。

试验采用矿料级配见表6-13，二灰砂浆用量分别为29%、32%、35%。

采用垂直振动试验方法成型二灰稳定碎石圆柱体试件，养护至180d备用。

6.2.5.2 疲劳试验结果

1) 劈裂强度

二灰稳定碎石极限劈裂强度见表6-32。

二灰稳定碎石劈裂强度　　　　表6-32

二灰砂浆用量 (%)	GM			GF		
	R_i(MPa)	C_v(%)	$R_{i0.95}$(MPa)	R_i(MPa)	C_v(%)	$R_{i0.95}$(MPa)
29	1.52	7.8	1.32	1.33	7.3	1.17
32	1.61	6.5	1.44	1.36	5.6	1.23
35	1.48	4.2	1.38	1.17	3.1	1.11

2) 劈裂疲劳试验数据

二灰稳定碎石疲劳试验数据见表6-33。试件疲劳破裂面见图6-24。

二灰稳定碎石劈裂疲劳试验数据　　　　表6-33

级配类型	二灰砂浆用量 (%)	下列应力水平 S 对应的疲劳寿命 N(次)				
		0.85	0.8	0.75	0.7	0.65
GM	29	486	905	3182	10145	44858
		843	2601	6925	26388	64300
		2453	4412	13814	29445	122768
		—	6883	22814	72245	259807
	32	428	1371	4979	18936	76935
		669	3056	8108	33879	163633
		2008	3922	16719	49253	243120
		—	7941	24710	92686	316153
	35	274	850	2682	9860	39687
		702	2049	8467	27215	70315
		1078	4434	12854	38819	188724
		—	6758	22197	83539	256970

续上表

级配类型	二灰砂浆用量(%)	下列应力水平 S 对应的疲劳寿命 N(次)				
		0.85	0.8	0.75	0.7	0.65
GF	29	312	850	2682	9860	39687
		880	2449	8967	29215	77315
		1896	4434	12854	38819	188724
		—	6758	22197	83539	256970
	32	261	696	2108	9208	48131
		769	1653	5788	19931	71518
		1314	3140	7973	28332	178785
		—	4981	14705	59904	218382
	35	331	623	1824	6675	20987
		1372	2708	4349	15406	46390
		1898	4176	11776	30091	124280
		—	5961	16936	71068	189612

图 6-24 试件破裂面

从试件破裂面(图 6-24)可看出,试件疲劳破坏后,不论是 GF 件还是 GM 试件都存在大粒径碎石(19~31.5mm)断裂的情况。粗集料越多,破裂面上大粒径碎石被拉断的比例越大。而破裂面上有较多大粒径碎石被拉断的试件,其疲劳寿命远大于破裂面上碎石被拉断较少的试件。

6.2.5.3 疲劳方程的建立

经过分析,建立如式(6-9)形式的疲劳方程。

$$\lg S = \lg a - b' \lg \overline{N} = \lg a - b \lg N \tag{6-9}$$

式中:a、b'——方程待定回归系数,$b = b' \times (1-R)$,R 为循环特征值。

采用式(6-9),根据表 6-33 数据回归分析二灰稳定碎石疲劳方程见表 6-34。

由表 6-34 可以看出,级配类型对疲劳性能有一定的影响。二灰砂浆用量相同条件下,GM二灰稳定碎石 a 值大于 GF 级配,而 b 值小于 GF 级配,表明骨架密实级配二灰稳定碎石抗疲劳性能优于悬浮密实级配。

疲劳方程回归系数　　　　　　　　　　　　　　表 6-34

级配类型	二灰砂浆用量（％）	回归系数和相关系数 r	下列失效概率 $p(\%)$ 疲劳方程回归系数和相关系数					
			50	40	30	20	10	5
GM	29	a	1.278	1.249	1.217	1.177	1.118	1.067
		b	0.058	0.058	0.057	0.056	0.055	0.054
		r	0.989	0.981	0.984	0.972	0.987	0.994
	32	a	1.206	1.186	1.163	1.135	1.092	1.054
		b	0.051	0.050	0.050	0.049	0.048	0.047
		r	0.981	0.988	0.981	0.982	0.985	0.992
	35	a	1.201	1.179	1.154	1.122	1.073	1.029
		b	0.052	0.052	0.052	0.052	0.051	0.051
		r	0.989	0.989	0.971	0.978	0.957	0.979
GF	29	a	1.236	1.205	1.170	1.128	1.066	0.987
		b	0.057	0.056	0.055	0.054	0.053	0.051
		r	0.991	0.983	0.993	0.986	0.988	0.992
	32	a	1.198	1.174	1.147	1.114	1.065	1.021
		b	0.053	0.052	0.052	0.051	0.050	0.049
		r	0.989	0.979	0.989	0.988	0.972	0.983
	35	a	1.199	1.171	1.140	1.101	1.042	0.999
		b	0.059	0.059	0.059	0.059	0.058	0.058
		r	0.987	0.991	0.986	0.985	0.982	0.986

失效概率为 50%，二灰稳定碎石疲劳方程分别为：

$$\text{GM29}: \lg S = \lg 1.278 - 0.058 \lg N \tag{6-10}$$

$$\text{GM32}: \lg S = \lg 1.206 - 0.051 \lg N \tag{6-11}$$

$$\text{GM35}: \lg S = \lg 1.201 - 0.052 \lg N \tag{6-12}$$

$$\text{GF29}: \lg S = \lg 1.236 - 0.057 \lg N \tag{6-13}$$

$$\text{GF32}: \lg S = \lg 1.198 - 0.053 \lg N \tag{6-14}$$

$$\text{GF35}: \lg S = \lg 1.199 - 0.059 \lg N \tag{6-15}$$

对式(6-10)~式(6-15)进行回归分析，可得 VVTM 二灰稳定碎石疲劳方程为：

$$\lg S = \lg 1.22 - 0.054 \cdot \lg N \tag{6-16}$$

6.2.5.4　疲劳寿命分析

半刚性基层在车辆荷载作用下所受拉应力比水平一般不会超过 0.65[38]。因此，采用 $S = 0.65$ 进行两种二灰稳定碎石疲劳寿命分析（二灰砂浆用量为 32%），应力水平 S 是沥青路面荷载应力与材料极限强度比值，采用相同 S 比较，无法反映两种材料极限强度对疲劳寿命的影响。假设应力水平 $S = 0.65$，则 GF 二灰稳定碎石荷载应力 $\sigma = 0.65 \times 1.23 \text{MPa} = 0.7995 \text{MPa}$，因此，采用相同路面荷载 $\sigma = 0.7995 \text{MPa}$ 对 GF 级配和 GM 级配二灰稳定碎石进行疲劳寿命评价更为合理。基于应力相同时两种材料疲劳寿命分析结果见表 6-35。GM 级配和 GF 级配二灰稳定碎石疲劳寿命比值 N_V/N_M 见表 6-36。

GF 级配和 GM 级配二灰稳定碎石疲劳寿命对比　　　　表 6-35

级配类型	$S=0.65$ 时下列 $\rho(\%)$ 对应疲劳寿命		$\sigma=0.7995\mathrm{MPa}$ 时下列 $\rho(\%)$ 对应疲劳寿命	
	5	50	5	50
GM	29278	183404	837678	4033782
GF	10053	102389	10053	102389

GF 级配和 GM 级配二灰稳定碎石疲劳寿命比值　　　　表 6-36

评价条件	$S=0.45$		$\sigma=0.7995\mathrm{MPa}$	
$\rho(\%)$	5	50	5	50
$N_\mathrm{V}/N_\mathrm{M}$	2.91	1.79	83.33	39.40

从表 6-35、表 6-36 可以看出,应力水平为 0.65 时,与 GF 级配相比,GM 级配二灰稳定碎石疲劳寿命至少可提高 79%;承受相同荷载应力 $\sigma=0.7995\mathrm{MPa}$ 时,与 GF 级配二灰稳定碎石($S=0.65$)相比,GM 级配二灰稳定碎石($S=0.55521$)疲劳寿命可提高 39 倍。疲劳的出现,是由于材料微结构的局部不均匀,诱发应力集中而出现微损伤,在重复应力作用下微损伤逐步累积扩大而导致结构破坏。与 GF 级配二灰稳定碎石相比,首先,GM 级配二灰稳定碎石最大密度提高了 2.3%,也就是说降低了材料微结构的局部不均匀,有利于提高抗疲劳性能;其次,GM 级配二灰稳定碎石抗弯拉强度提高了 17.1%,相同重复应力作用下,GM 级配二灰稳定碎石应力水平降低了 16%,明显提高材料抗疲劳性能。

6.3　控制疲劳开裂二灰稳定碎石 VVTM 强度设计标准

6.3.1　控制施工期极限破坏的强度标准

二灰稳定碎石底基层碾压成型并养护一定龄期、强度达到要求后,基层施工时混合料运输车辆必须在其上通行。如果底基层养护龄期不足,未能形成足够的强度,那么在施工车辆作用下底基层可能造成极限开裂破坏。

6.3.1.1　力学计算模型及参数

1)力学计算模型

为了分析施工车辆作用下底基层拉应力,其力学计算简化模型见图 6-25。

2)材料力学参数

根据前述研究成果,假设二灰稳定碎石力学参数变化规律如下。

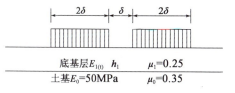

图 6-25　力学计算简化模型

(1)假设二灰稳定碎石 $E_\infty=E_{360}=3600\mathrm{MPa}$。各龄期二灰稳定碎石模量按式(6-17)计算。

$$E_{\mathrm{c}T}=0.033\cdot(\ln T)^{1.875}\cdot E_{\mathrm{c}\infty} \tag{6-17}$$

(2)各龄期二灰稳定碎石劈裂强度符合式(6-18):

$$\begin{cases} \dfrac{R_{iT}}{R_{i\infty}} = 0.051 \cdot (\ln T)^{1.608} \\ R_{i\infty} = \dfrac{R_{i180}}{0.77} \end{cases} \quad (6\text{-}18)$$

(3)二灰稳定碎石劈裂强度与抗压强度符合式(6-19):

$$R_c = 9.8 R_i \quad (6\text{-}19)$$

(4)二灰稳定碎石弯拉强度 R_w 与劈裂强度 R_i 符合式(6-20):

$$R_w = 1.6 R_i \quad (6\text{-}20)$$

6.3.1.2 施工车辆作用下底基层层底拉应力

施工车辆作用下二灰稳定碎石底基层层底拉应力计算结果见表6-37及图6-26。计算荷载取 BZZ-100,层间完全连续。

各龄期底基层模量、强度以及底基层层底拉应力(MPa)　　表6-37

项目		下列龄期二灰稳定碎石模量、强度和应力(d)							
		7	10	13	16	19	22	25	28
回弹模量(MPa)		414	568	695	804	900	986	1064	1135
劈裂强度(MPa)		0.21	0.27	0.32	0.37	0.41	0.44	0.47	0.49
弯拉强度(MPa)		0.33	0.44	0.52	0.59	0.65	0.70	0.75	0.79
不同下基层厚度(cm)应力(MPa)	16	0.42	0.52	0.61	0.67	0.72	0.76	0.79	0.81
	18	0.38	0.48	0.55	0.6	0.65	0.68	0.7	0.72
	20	0.35	0.42	0.49	0.54	0.58	0.61	0.63	0.65
	22	0.32	0.38	0.45	0.49	0.53	0.55	0.56	0.58
	24	0.29	0.34	0.4	0.44	0.47	0.49	0.5	0.52

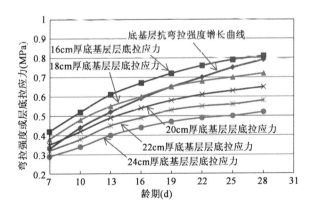

图6-26　二灰稳定碎石底基层层底拉应力随龄期变化规律

荷载作用下二灰稳定碎石底基层层底拉应力超过材料抗弯拉强度时,二灰稳定碎石底基层便出现断裂破坏。由表6-37和图6-26可知:

(1) 随着龄期增长,二灰稳定碎石底基层抗弯拉强度和模量都随之增大。荷载作用下二灰稳定碎石底基层层底拉应力也随之增大。

(2) 二灰稳定碎石底基层厚度为16cm时,28d 二灰稳定碎石抗弯拉强度始终小于底基层层底拉应力。

(3) 当二灰稳定碎石底基层厚度18cm时,19d 龄期后二灰稳定碎石抗弯拉强度大于底基层层底拉应力。

(4) 当二灰稳定碎石底基层厚度20cm时,10d 龄期后二灰稳定碎石抗弯拉强度大于底基层层底拉应力。

(5) 当二灰稳定碎石底基层厚度超过22cm时,7d 后二灰稳定碎石抗弯拉强度大于底基层层底拉应力。

综上所述,结合施工进度,建议二灰稳定碎石底基层厚度20cm,养护期不少于10d。

6.3.1.3 基于极限破坏的强度标准

结合表6-37中弯拉强度和基层层底拉应力,为防止20cm厚二灰稳定碎石下基层在施工荷载作用下发生极限破坏,必须保证10d二灰稳定碎石弯拉强度≥养护10d的底基层层底拉应力。

考虑振动试验方法成型圆柱体试件简单,且无侧限抗压强度测试简单。将10d弯拉强度标准按式(6-26)转换为7d弯拉强度标准,按式(6-28)换算为7d劈裂强度标准,按式(6-27)换算为7d抗压强度标准,结果见表6-38。

基于极限破坏的强度标准　　　　表6-38

19d 强度标准(MPa)			7d 强度标准(MPa)	
弯拉强度	劈裂强度	抗压强度	劈裂强度	抗压强度
≥0.65	≥0.41	≥4.1	≥0.20	≥2.0

6.3.2 控制运营期疲劳破坏的强度标准

6.3.2.1 二灰稳定碎石累计损伤分析的基本假设

(1) 假设各龄期二灰稳定碎石疲劳方程均符合式(6-21):

$$\lg S = \lg 1.22 - 0.054 \lg N_e \tag{6-21}$$

(2) 假设二灰稳定碎石疲劳累积损伤符合Miner疲劳累积损伤理论。

(3) 二灰稳定碎石混合料密度为2.25t/m³,沥青混合料密度为2.51t/m³。假设卡车平均单轴重10t。则各结构层上施工车辆轴载累计作用次数符合表6-39。

(4) 由假设(3)可知,通常10km为施工作业单元,正常施工每天为600~700m,因此,可假设两结构层施工间隔为15d。

6.3.2.2 力学计算模型及参数

1) 力学计算模型

典型路面结构各阶段二灰稳定碎石(底)基层力学计算简化模型见图6-27。

单幅5km基层所受混合料数量以及运输车辆数　　　　　表6-39

公路等级	结构层	层厚(cm)	混合料数量(t)	车载总重车辆数(辆)	BZZ-100轴载累计作用次数(次)
高速公路、一级公路	下基层	18	22780	1139	3417
	上基层	18	22780	1139	3417
	下面层	10	13805	690	2070
	中面层	6	8283	414	1242
	上面层	4	5522	276	828
二级公路	基层	18	13656	633	1899
	下面层	5	3922	196	588
	上面层	4	3138	157	471

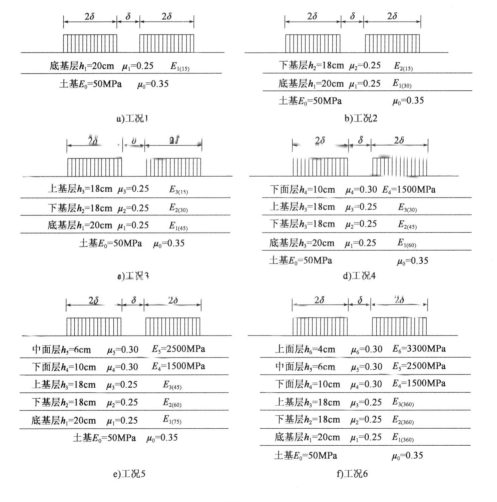

图 6-27

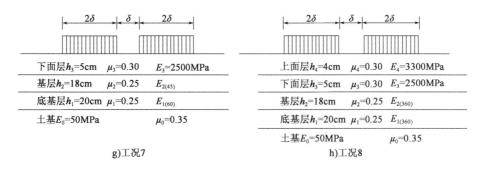

图 6-27 典型路面结构各阶段力学计算模型

图 6-27 中,工况 1～工况 6 是高速公路、一级公路典型路面结构二灰稳定碎石基层在不同施工阶段的力学计算模型。图中工况 1、工况 2、工况 7 和工况 8 是二级公路典型路面结构二灰稳定碎石基层在不同施工阶段的力学计算模型。

工况 1:基层施工车辆作用于底基层力学计算模型。

工况 2:上基层施工车辆作用于底基层力学计算模型。

工况 3:下面层施工车辆作用于底基层力学计算模型。

工况 4:中面层施工车辆作用于底基层力学计算模型。

工况 5 和工况 7:上面层施工车辆作用于底基层力学计算模型。

工况 6 和工况 8:路面运营阶段运输车辆作用于底基层力学计算模型。

2)计算参数

沥青各结构层模量取值见图 6-27,各施工阶段的二灰稳定碎石基层模量按式(6-17)计算;工况 6 和工况 8 为路面运营阶段,二灰稳定碎石模量取为 360d 模量,结果见表 6-40。

二灰稳定稳定碎石的模量　　　　表 6-40

各龄期模量	$E_{x(15)}$	$E_{x(30)}$	$E_{x(45)}$	$E_{x(60)}$	$E_{x(75)}$	$E_{x(360)}$
模量值	769	1179	1457	1670	1844	3600

6.3.2.3 各工况二灰稳定碎石基层荷载应力

计算荷载选取 BZZ-100,层间完全连续,应用 Bisar3.0 软件计算各模型的二灰稳定碎石基层层底拉应力,结果见表 6-41。

二灰稳定碎石基层层底拉应力　　　　表 6-41

工况	工况 1	工况 2	工况 3	工况 4	工况 5	工况 6	工况 7	工况 8
拉应力(MPa)	0.538	0.310	0.182	0.129	0.108	0.121	0.231	0.272

6.3.2.4 基于疲劳破坏的强度标准

二灰稳定碎石疲劳损伤计算结果见表 6-42。

当二灰稳定碎石累积疲劳损伤 $0.95 < \sum n_i/N_i \leqslant 1.0$ 时,可防止二灰稳定碎石基层在设计年限内发生疲劳破坏。将表 6-42 中的弯拉强度转换为 7d 弯拉强度标准、7d 劈裂强度标准和 7d 抗压强度标准,结果如表 6-43 所示。

二灰稳定碎石累积疲劳损伤计算　　　　　　　　表6-42

公路等级	工况	龄期(d)	拉应力(MPa)	劈裂强度(MPa)	弯拉强度(MPa)	应力水平	疲劳次数	轴载作用次数	疲劳损伤	$\sum \frac{n_i}{N_i}$
高速公路	1	15	0.538	0.349	0.558	0.784	3.568×10^3	3417	0.957672	0.958
	2	30	0.310	0.498	0.796	0.389	1.528×10^9	3417	2.24×10^{-6}	
	3	45	0.182	0.597	0.954	0.191	8.451×10^{14}	2070	2.45×10^{-12}	
	4	60	0.129	0.671	1.074	0.120	4.401×10^{18}	1242	2.82×10^{-16}	
	5	75	0.108	0.730	1.169	0.092	5.661×10^{20}	828	1.46×10^{-18}	
	6	360	0.121	1.203	1.925	0.063	7.079×10^{23}	2.50×10^7	3.53×10^{-17}	
二级公路	1	15	0.538	0.338	0.541	0.810	1.972×10^3	1899	0.963087	0.963
	2	30	0.310	0.482	0.771	0.402	8.442×10^8	588	6.97×10^{-7}	
	7	45	0.231	0.578	0.924	0.250	5.648×10^{12}	471	8.34×10^{-11}	
	8	360	0.272	1.165	1.864	0.146	1.197×10^{17}	2.50×10^7	2.09×10^{-10}	

控制疲劳开裂的强度标准　　　　　　　　表6-43

公路等级	7d劈裂强度(MPa)	7d抗压强度(MPa)
高速公路、一级公路	≥0.205	≥2.0
二级公路	≥0.199	≥1.95

6.3.3　VVTM强度设计标准

6.3.3.1　VVTM设计标准

结合施工期及运营期二灰稳定碎石底基层的强度标准,提出 VVTM 二灰稳定碎石设计标准,见表6-44。

二灰稳定碎石强度设计标准　　　　　　　　表6-44

设计指标	压实度(%)	7d劈裂强度(MPa)	7d抗压强度(MPa)
设计标准	≥98	≥0.20	≥2.0

6.3.3.2　VVTM与规范设计标准对比

表6-45为《公路沥青路面设计规范》(JTG D50—2006)中关于二灰稳定类材料7d无侧限抗压强度标准。相比VVTM与规范标准可知,VVTM二灰稳定碎石7d无侧限抗压强度标准明显高于规范法。

二灰稳定类材料压实度及7d抗压强度标准　　　　　　　　表6-45

层位	C、D、E级交通		A、B级交通	
	压实度(%)	抗压强度(MPa)	压实度(%)	抗压强度(MPa)
基层	≥98	0.8~1.1	≥97	0.6~0.8
底基层	≥97	≥0.6	≥96	≥0.5

6.4 控制开裂破坏二灰稳定碎石 VVTM 设计方法

控制开裂破坏的二灰稳定碎石 VVTM 设计方法主要流程包括：原材料技术标准、矿料级配、强度设计标准、二灰胶浆比例设计、二灰砂浆比例设计、二灰砂浆用量确定等。

6.4.1 原材料技术要求

6.4.1.1 石灰

石灰应采用Ⅲ级及以上钙质生石灰，在工程应用前 7d 应充分消解，其技术指标应符合表 6-46 的要求。

石灰的技术要求　　　　表 6-46

技术指标	有效 CaO + MgO 含量（%）	MgO 含量（%）	未消化残渣含量（%）
技术要求	≥70	≤4	≤17

6.4.1.2 粉煤灰

粉煤灰应符合表 6-47 技术要求。

粉煤灰的技术要求　　　　表 6-47

技术指标	$SiO_2 + Al_2O_3 + Fe_2O_3$（%）	烧失量（%）	通过下列筛孔尺寸(mm)质量百分率（%）	
			0.3	0.075
技术要求	>70	<20	>90	>70

6.4.1.3 粗集料

粗集料技术要求及规格应满足表 6-48 的规定。所用碎石最大粒径≤37.5mm，并按表 6-49 中 1 号料、2 号料、3 号料规格进行备料。

粗集料技术要求　　　　表 6-48

技术指标	表观密度（g/cm³）	针片状含量（%）		压碎值（%）
		>9.5mm	4.75～9.5mm	
技术要求	≥2.6	≤15	≤20	≤25

集料规格要求　　　　表 6-49

料号	规格（mm）	通过下列筛孔尺寸(mm)的质量百分率（%）						
		37.5	31.5	19	16	9.5	4.75	2.36
1号料	19.0～37.5	100	70～90	0～15	0～5	—	—	—
2号料	9.5～19.0	—	100	80～100	—	0～15	0～5	—
3号料	4.75～9.5	—	—	—	100	80～100	0～10	0～5

6.4.1.4 细集料

细集料技术要求应满足表 6-50 与表 6-51 的规定。

细集料技术要求　　　　　　　　　　表6-50

技术指标	表观密度(t/m³)	砂当量(%)	>0.3mm部分坚固性(%)
技术要求	≥2.5	≥60	<12

细集料规格要求　　　　　　　　　　表6-51

筛孔尺寸(mm)	9.5	4.75	0.6	0.075
质量通过百分率(%)	100	90~100	30~50	10~20

6.4.2 设计标准

VVTM二灰稳定碎石的强度设计标准应符合表6-52的要求。

二灰稳定碎石强度设计标准　　　　　　表6-52

设计指标	压实度	7d劈裂强度(MPa)	7d抗压强度(MPa)
设计标准	≥98	≥0.20	≥2.0

6.4.3 设计步骤

6.4.3.1 确定二灰胶浆的最佳比例

(1)采用VVTM确定不同比例二灰胶浆最大干密度和最佳含水率,石灰粉煤灰质量比拟采用1:1~1:3.5。

(2)采用VVTM制备二灰胶浆 $h15cm \times \phi15cm$ 圆柱体试件,标准养护,测试其7d饱水无侧限抗压强度,根据强度最大值确定二灰胶浆最佳比例。工程实践证明,最佳比例一般为1:2.5。

6.4.3.2 确定二灰砂浆的最佳比例

(1)采用VVTM确定不同比例二灰砂浆最大干密度和最佳含水率,石灰粉煤灰比例采用步骤6.4.3.1确定的比例,二灰与细集料的质量比拟采用3:1~3:3,细集料级配采用Ⅰ法确定。

(2)采用VVTM制备二灰砂浆 $h15cm \times \phi15cm$ 圆柱体试件,标准养护,测其7d饱水无侧限抗压强度,根据强度最大值确定二灰砂浆最佳比例及细集料级配。

6.4.3.3 二灰稳定碎石VVTM设计

(1)采用逐级填充法确定粗集料级配。

(2)计算二灰砂浆的理论掺量 M_j,以 M_j 为基础,递增二灰砂浆用量,采用VVTM确定不同二灰砂浆用量下的最大干密度和最佳含水率。

(3)采用VVTM制备二灰稳定碎石 $h15cm \times \phi15cm$ 圆柱体试件,标准养护,测其7d饱水无侧限抗压强度与劈裂强度。

(4)根据强度最大原则选取二灰稳定碎石最佳配合比,并满足根据表6-52的强度标准;若达不到强度标准,需重新调整配合比或更换原材料进行设计。

6.4.4 简化设计方法

考虑便于工程试验操作,结合本研究结果,将设计步骤简化如下:

(1)根据工地实际使用集料的筛分结果,确定各规格集料组成比例,合成集料级配应符合表6-53规定。

集料级配范围 表6-53

筛孔尺寸(mm)	37.5	31.5	19	9.5	4.75	2.36	0.6	0.075
通过百分率(%)	100	90~100	42~58	24~32	14~18	8~12	3~6	1~2

(2)采用VVTM确定不同比例石灰粉煤灰(二灰胶浆)的最大干密度和最佳含水率,石灰和粉煤灰的质量比采用1:1~1:3.5。

(3)采用VVTM制备石灰粉煤灰混合料 $h15cm \times \phi15cm$ 圆柱体试件,标准养护,测试7d无侧限抗压强度,根据强度最大值确定石灰粉煤灰最佳比例。

(4)采用VVTM确定二灰稳定碎石最大干密度和最佳含水率。二灰胶浆:合成级配集料的质量比 = 17:83、19:81、21:79。

(5)采用VVTM成型二灰稳定碎石 $h15cm \times \phi15cm$ 圆柱体试件,每组试件不小于6个。将成型好的试件标准养护,测试其7d无侧限抗压强度,并按式(6-22)计算无侧限抗压强度代表值。

$$R_{c0.95} = \overline{R}_c - 1.645 \cdot S \tag{6-22}$$

式中:$R_{c0.95}$——保证率95%的强度代表值,MPa;

$\overline{R}_c$——该组试件强度的平均值,MPa;

S——该组试件强度的标准差,MPa。

(6)以强度最大为原则确定二灰稳定碎石最佳配合比,并满足表6-52的强度标准。若达不到强度标准要求,重新调整配合比或更换原材料进行设计。

6.4.5 设计示例

6.4.5.1 原材料

采用山西永城石灰厂生产的生石灰,采用渭河电厂粉煤灰,采用泾阳县四星碎石场的粗集料,采用泾阳县四星碎石场的细集料。各种原材料技术性质见表6-54~表6-57。各种原材料均符合技术要求。

石灰的技术性质 表6-54

技术指标	CaO + MgO(%)	MgO(%)	未消化残渣含量(5mm方孔筛的筛余)(%)
测试值	72.1	2.0	1.9

粉煤灰技术性质 表6-55

技术指标	$SiO_2 + Al_2O_3 + Fe_2O_3$(%)	烧失量(%)	0.3mm通过率(%)	0.075mm通过率(%)
测试值	85.81	4.56	95.1	71.2

粗集料技术性质　　　　　　　　　　　　　　　　　表6-56

集 料 规 格	表观密度(g/cm³)	针片状含量(%)		压碎值(%)
		>9.5mm	4.75~9.5mm	
19~37.5mm	2.716	11.2	—	—
9.6~19mm	2.718	11.2	—	17.5
4.76~9.5mm	2.718	—	12.4	—

细集料技术性质　　　　　　　　　　　　　　　　　表6-57

技术指标	表观密度(t/m³)	砂当量(%)	>0.3mm部分坚固性(%)
测试值	2.721	50	2.3

6.4.5.2 矿料级配

矿料级配合成结果见表6-58。

二灰稳定碎石矿料级配设计　　　　　　　　　　　　表6-58

材料规格		质量百分比(%)	通过下列筛孔尺寸(mm)的质量百分率(%)							
			37.5	31.5	19.0	9.5	4.75	2.36	0.6	0.075
原材料级配	19~37.5	—	100	96	2	0.5	0.5	0.5	0.5	0.5
	9.5~19.0	—	100	100	85.2	1.3	0.1	0.1	0.1	0.1
	4.75~9.5	—	100	100	100	96.6	5.1	0.2	0.2	0.2
	石屑	—	100	100	100	100	99.6	71.2	36.1	11.1
各矿料在混合料中的级配	19~37.5	45	45.0	43.2	0.9	0.2	0.2	0.2	0.2	0.2
	9.5~19.0	27	27.0	27.0	23.0	0.4	0.0	0.0	0.0	0.0
	4.75~9.5	13	13.0	13.0	13.0	12.6	0.7	0.0	0.0	0.0
	石屑	15	15.0	15.0	15.0	15.0	14.9	10.7	5.3	1.7
合成级配		100.0	98.2	51.9	28.1	15.9	11.0	5.6	2.0
级配中值			100	95	50	28	16	10	4.5	1.5
级配范围			100	90~100	42~58	24~32	14~18	8~12	3~6	1~2

6.4.5.3 二灰最佳比例确定

1) 二灰胶浆最大干密度与最佳含水率的确定

VVTM确定不同比例石灰粉煤灰最大干密度与最佳含水率结果见表6-59。

石灰粉煤灰振动击实结果　　　　　　　　　　　　表6-59

二灰比(石灰:粉煤灰)	1:1	1:1.5	1:2	1:2.5	1:3	1:3.5
w_0(%)	24.5	24.0	23.5	23.0	22.0	21.5
ρ_{dmax}(g/cm³)	1.323	1.319	1.311	1.305	1.298	1.295

2) 二灰比例确定

根据表6-59中振动击实试验结果,采用振动成型试件方法按最大干密度的98%压实度成

型 $\phi15cm \times h15cm$ 石灰粉煤灰圆柱体试件,标准养护,测 7d 饱水无侧限抗压强度见表 6-60。由结果可知,当石灰:粉煤灰 = 1:2.5 时,其 7d 无侧限抗压强度最大。因此,确定石灰:粉煤灰 = 1:2.5。

石灰粉煤灰 7d 无侧限抗压强度　　　　　　　　　表 6-60

二灰比(石灰:粉煤灰)	1:1	1:1.5	1:2	1:2.5	1:3	1:3.5
$7dR_c$(MPa)	1.5	1.6	1.7	1.9	1.8	1.6

6.4.5.4 二灰稳定碎石配合比确定

1) 最大干密度和最佳含水率的确定

VVTM 确定的二灰稳定碎石最大干密度和最佳含水率见表 6-61,其中石灰粉煤灰:合成级配集料的质量比 = 17:83、19:81、21:79,石灰:粉煤灰 = 1:2.5。

二灰稳定碎石振动击实特性　　　　　　　　　表 6-61

二灰:集料	17:83	19:81	21:79
w_0(%)	6.4	6.7	7.0
ρ_{dmax}(g/cm³)	2.207	2.185	2.160

2) 二灰与集料比例的确定

根据表 6-61 中数据,采用 VVTM 按 98% 压实度成型 $\phi15cm \times h15cm$ 二灰稳定碎石圆柱体试件,标准养护后 7d 饱水无侧限抗压强度见表 6-62。

二灰稳定碎石 7d 无侧限抗压强度　　　　　　　　　表 6-62

二灰:集料	17:83	19:81	21:79
$\bar{R}_c$(MPa)	2.01	2.4	2.3
C_v(%)	8.5	7.9	7.3
$R_{c0.95}$(MPa)	1.9	2.2	2.1

由表 6-62 可知,以强度最大为原则选取最佳二灰与集料比例,当二灰:集料 = 19:81 时抗压强度最大,且满足表 7-52 强度设计要求,故选取二灰:集料 = 19:81。

6.4.6 与传统设计方法相比

采用击实方法确定最佳含水率和最大密度见表 6-63。根据表 6-63 中的击实试验结果,采用 VVTM 按最大干密度的 98% 压实度成型 $\phi15cm \times h15cm$ 二灰稳定碎石圆柱体试件,标准养护后 7d 饱水无侧限抗压强度见表 6-64。选用石灰:粉煤灰 = 1:2.5,石灰粉煤灰:合成级配集料的质量比 = 17:83、19:81、21:79。

二灰稳定碎石振动击实特性　　　　　　　　　表 6-63

成型方法	测试项目	下列二灰:集料比例二灰稳定碎石振动击实特性		
		17:83	19:81	21:79
VVTM方法	w_0(%)	6.4	6.7	7.0
	ρ_{dmax}(g/cm³)	2.207	2.185	2.160

续上表

成型方法	测试项目	下列二灰:集料比例二灰稳定碎石振动击实特性		
		17:83	19:81	21:79
传统方法	w_0(%)	7.9	8.2	8.5
	ρ_{dmax}(g/cm³)	2.166	2.140	2.122

二灰稳定碎石 7d 无侧限抗压强度   表6-64

设计方法	测试项目	下列二灰:集料比例二灰稳定碎石强度测试结果			要求值(MPa)
		17:83	19:81	21:79	
VVTM方法	$\overline{R}_c$(MPa)	2.01	2.4	2.3	—
	C_v(%)	8.5	7.9	7.3	—
	$R_{c0.95}$(MPa)	1.9	2.2	2.1	≥2.0
传统方法	$\overline{R}_c$(MPa)	1.57	1.74	1.66	—
	C_v(%)	9.1	7.2	8.6	—
	$R_{c0.95}$(MPa)	1.4	1.6	1.5	≥0.6~0.8

由表 6-63 可知,VVTM 二灰稳定碎石最佳含水率为传统方法的 0.81~0.83 倍,最大干密度为传统方法 1.018~1.021 倍。

由表 6-64 可知,与传统方法相比,二灰:集料为 17:83、19:81、21:79 时 VVTM 设计的二灰稳定碎石 7d 无侧限抗压强度分别可提高 33.8%、35.7% 和 38.3%,平均为 35.9%。传统方法设计的二灰稳定碎石混合料不满足抑制疲劳开裂的强度标准要求。

6.5 示范工程及长期性能

6.5.1 工程概况

铜川市耀州至旬邑二级公路是陕甘边照金革命根据地红色旅游环线的重要组成部分,也是通往咸阳、甘肃方向的一条重要县际公路,同时还承担着照金、旬邑地区煤矿的煤炭外运任务。该项目 2011 年 3 月全面开工建设。

耀州至旬邑二级公路全长 63.6km,其中 K0+000~K32+300 段路基宽 10m、路面宽 9.4m,K32+300~K63+600 段路基宽 8.5m、路面宽 7.9m,总投资约 4.18 亿元。路面基层结构为 32cm 二灰土底基层 + 20cm 二灰稳定碎石基层。

耀州至旬邑二级公路沿线年平均气温为 8.9~12.3℃,极端最高温度为 39.7℃,极端最低温度为 -21℃。

6.5.2 配合比

6.5.2.1 矿料级配

矿料级配要求见表 6-13。根据集料筛分结果及表 6-13 的要求设计矿料级配。

6.5.2.2 室内试验结果

分别采用 VVTM 方法和传统方法进行设计,并制备 98% 压实度的圆柱体试件,试验结果见表 6-65。

二灰稳定碎石击实及强度试验结果　　　　　　表 6-65

设计方法	VVTM		7d 无侧限抗压强度测试结果		
	ρ_{dmax}(g/cm³)	w_0(%)	$\overline{R}_c$(MPa)	C_v(%)	$R_{c0.95}$(MPa)
击实结果方法	2.181	6.5	2.4	7.55	2.2
传统方法	2.140	8.02	1.7	8.31	1.6

6.5.3 应用效果

6.5.3.1 施工情况及压实度

现场摊铺、碾压过程中未出现明显的离析现象,表面平整密实良好,无松散碎石和弹簧现象产生且线形平顺,无明显轮迹。

碾压完毕,实测压实度值分别为 98.9%、99.6%、99.2%、99.3%,平均值为 99.3%,满足规范要求。

6.5.3.2 芯样情况

二灰稳定碎石基层分别在养护 7d、14d、28d 进行钻芯取样。养护 7d 不易取出完整芯样,取芯成功率约 20%。养护 14d 后,非常容易取出完整芯样,如图 6-28 所示,且芯样密实完整。

图 6-28　二灰稳定碎石芯样

部分芯样强度检测结果见表 6-66。表中 $R_{c(V)}$ 和 $R_{c(X)}$ 分别指 VVTM 方法和传统方法路段芯样抗压强度。

不同龄期现场芯样抗压强度　　　　　　表 6-66

龄期(d)	7	14	28
$R_{c(V)}$(MPa)	2.1	3.2	5.5
$R_{c(X)}$(MPa)	1.4	2.4	4.3
$R_{c(V)}/R_{c(X)}$	1.50	1.33	1.28

由表 6-66 可知,芯样强度均能达到强度设计要求,28d 龄期的 VVTM 二灰稳定碎石强度

约为传统方法二灰稳定碎石的 1.28 倍。

6.5.3.3 长期性能

实体工程于 2012 年 10 月铺筑沥青下面层。下面层施工前,对二灰稳定碎石基层裂缝进行了详细的调查,尚无发现裂缝。

2014 年 10 月,全线通车后 1 年半后进行裂缝调查,也未发现裂缝。

2018 年 12 月,通车后 4 年后进行裂缝调查,仍未发现裂缝。

由此判定,成果基本可解决二灰稳定碎石基层裂缝问题,达到了抗裂耐久目的。

参 考 文 献

[1] 中华人民共和国行业标准.JTJ 014—86.公路柔性路面设计规范[S].北京:人民交通出版社,1986.
[2] 中华人民共和国行业标准.JTJ 014—1997.公路沥青路面设计规范[S].北京:人民交通出版社,1997.
[3] 中华人民共和国行业标准.JTG D50—2006.公路沥青路面设计规范[S].北京:人民交通出版社,2006.
[4] 中华人民共和国行业标准.JTJ 057—85.公路路面基层材料试验规程[S].北京:人民交通出版社,1986.
[5] 中华人民共和国行业标准.JTJ 057—1994.公路工程无机结合料稳定材料试验规程[S].北京:人民交通出版社,1994.
[6] 中华人民共和国行业标准.JTG E51—2009.公路工程无机结合料稳定材料试验规程[S].北京:人民交通出版社,2009.
[7] 中华人民共和国行业标准.JTJ 052—1993.公路工程沥青及沥青混合料试验规程[S].北京:人民交通出版社,1993.
[8] 中华人民共和国行业标准.JTJ 052—2000.公路工程沥青及沥青混合料试验规程[S].北京:人民交通出版社,2000.
[9] 中华人民共和国行业标准.JTG E20—2011.公路工程沥青及沥青混合料试验规程[S].北京:人民交通出版社,2011.
[10] 中华人民共和国行业标准.JTG F032—1994.公路沥青路面施工技术规范[S].北京:人民交通出版社,1994.
[11] 中华人民共和国行业标准.JTG F40—2004.公路沥青路面施工技术规范[S].北京:人民交通出版社,2004.
[12] 交通运输部公路科学研究院,等.西部地区合理路面厚度及路面结构形式研究[R].西部交通科技项目(2001 318 223 35),2004.
[13] 康敬东.沥青路面裂缝和坑槽养护维修技术的研究[D].西安:长安大学,2002.
[14] 周志刚.交通荷载下沥青类路面疲劳损伤开裂研究[D].长沙:中南大学,2003.
[15] 李静.沥青混合料路用性能预测模型的研究[D].西安:长安大学,2004.
[16] 蒋应军,戴经梁,陈忠达.半刚性基层裂缝产生机理分析及防治措施[J].重庆交通学院学报,2002,21(2):54-57.
[17] 苏凯.沥青路面车辙产生机理及预估方法研究[D].上海:同济大学,2007.
[18] Epps,J. A.,C. L. Monismith, S. B. Seeds. M. Westrack Full-seal test Track:Interim findings. Proceeding of the Eight International conference on Asphalt Pavement,V01.3,Aug,1997.
[19] Examination of Rutting and Weather of characteristics of various Danish Road Classes, Danish Road Institute Report Ⅲ, 2001.
[20] Sousa. J, Monimith,C. L. Summary Report on Permanent Deformation on Asphalt Concrete[R]. SHRP-AIR-91-104, Strategic Highway Program National Research Council Washington, D. C.1991.
[21] Monisimith,C. L.,R. G. Hicks,Em. Finn,J. Sousa,J. Harvey. Permanent Deformation response of Asphalt Aggregate Mixes, SHRP-A-415,Strategic Highway Research Program,Transportation Research Board, National Search Council,Washington. D. C.1994.
[22] 孙立军,张宏超,刘黎萍,等.沥青路面初期损坏特点和机理分析[J].同济大学学报(自然科学版),2002,30(4):416-421.
[23] 孙立军.沥青路面结构行为理论[M].上海:同济大学出版社,2003.

[24] 沙爱民.路基路面工程[M].北京:高等教育出版社,2011.

[25] F. L. 罗伯茨,P. S. 坎霍,E. R. 布朗,等.热拌沥青混合料材料、混合料设计与施工[M].余叔藩,译.北京:人民交通出版社,2009.

[26] 张志毅.沥青混合料设计关键参数研究[D].天津:河北工业大学,2005.

[27] 杜群乐.沥青路面损坏分析及GTM混合料设计方法的研究[D].上海:同济大学,2006.

[28] 梅廷义.高速公路车辙病害成因分析[C].全国公路沥青路面技术研讨会论文集.交通部公路司,2005,7.

[29] 潘艳珠,孙杰.重交通沥青路面车辙调查与试验分析[J].中外公路,2010,3(30):84-87.

[30] K. P. Chong and M. D. Kuruppu. New specimen for fracture toughness determination for rock and other materials. International Journal of Fracture, 1984,26:59-62.

[31] M. R. Ayatollahi, M. R. M. Aliha. Fracture Parameters for Cracked Semi-circular Specimen. J. Rock Mech. Min. Sci., 2004, 41(3):1-5.

[32] 曹轲铭.沥青混合料半圆弯拉试验方法研究[D].长沙:湖南大学.2007.

[33] 谭巍,周刚.沥青混合料高温稳定性的单轴贯入试验研究[J].石油沥青,2009,23(2).

[34] 邵显智.沥青混合料抗剪性能影响因素及剪切疲劳试验研究[D].上海:同济大学,2005.

[35] 毕玉峰,孙立军.沥青混合料抗剪试验方法研究[J].同济大学学报(自然科学版)2005,33(8):1036-1040.

[36] 蒋应军,乔怀玉.垂直振动法水泥稳定碎石设计与施工技术[M].北京:人民交通出版社,2012.

[37] 谭忆秋,姚李,王海朋,等.沥青路面结构早期损坏层位分析及对策研究[J].公路交通科技,2012,29(5):13-18.

[38] 彭勇等.沥青混合料抗剪强度的影响因素[J].东南大学学报,2007(2):330-333.

[39] 马庆伟.基于层位功能考虑的耐久型沥青路面结构研究[D].西安:长安大学,2010.

[40] 石小平,姚祖康,李华,等.水泥混凝土的弯曲疲劳特性[J].土木工程学报,1990(03)

[41] 高维成.水泥混凝土路面疲劳特性研究[D].西安:长安大学,2000.

[42] 闫其来.沥青混合料抗车辙性能试验研究[D].南京:东南大学,2006.

[43] 中华人民共和国行业标准.JTG F80/1—2017.公路工程质量检验评定标准 第一册 土建工程[S].北京:人民交通出版社股份有限公司,2017.

[44] 周卫峰.基于GTM的沥青混合料配合比设计方法研究[D].西安:长安大学,2006.

[45] 李芙江.道路材料振动压实特性研究[D].西安:长安大学,2002.

[46] 章建龙.水泥稳定碎石振动成型试验研究[D].西安:长安大学,2008.

[47] 陈磊.水泥稳定碎石振动试验方法研究[D].西安:长安大学,2009.

[48] 中华人民共和国地方标准.DB61/T 429—2011.垂直振动法水泥稳定碎石设计施工技术规范[S].陕西省质量技术监督局,2012.

[49] 中华人民共和国地方标准.DB41/T 864—2013.公路水泥稳定碎石抗裂设计与施工技术规范[S].河南省质量技术监督局,2014.

[50] 中华人民共和国地方标准.DB61/T 951—2015.垂直振动法二灰稳定碎石设计施工技术规范[S].陕西省质量技术监督局,2015.

[51] 中华人民共和国地方标准.DB61/T 1034—2016.振动压实试验法沥青混合料设计与施工技术规范[S].陕西省质量技术监督局,2016.

[52] 中华人民共和国地方标准.DB41/T 1538—2018.垂直振动压实成型试验法沥青混合料设计与施工技术规范[S].河南省质量技术监督局,2018.

[53] 中华人民共和国地方标准.DB41/T 1527—2018.沥青混合料垂直振动压实成型试验规程[S].河南省质

量技术监督局,2018.
- [54] 中华人民共和国地方标准.DB33/T 2034—2018,振动压实试验法密级配沥青混合料施工技术规范[S].浙江省质量技术监督局,2018.
- [55] 李冰,焦生杰.振动压路机与振动压实技术[M].北京:人民交通出版社,2001.
- [56] 刘华章.振动器振动原理及缺陷改进[J].建筑砌块与砌块建筑,2005(06):55-57.
- [57] 冯忠绪,朱伟敏,姚运仕,等.振动压路机名义振幅的探讨[J].压实机械与施工技术,2005(10):49-51.
- [58] 尹继瑶.振动压路机的振动参数及其取值[J].建设机械技术与管理,2007(2):55-58.
- [59] 谭忆秋,徐慧宁,等.沥青混合料体积参数分布规律[J].吉林大学学报(工学版),2011,41(2):360-365.
- [60] 李闯民.沥青混合料体积参数研究[D].南京:东南大学,2005.
- [61] Abdullan W S, Mohammed T O. Influence of aggregate type and gradation on voids of asphalt concrete pavements [J]. Journal of Materials in Civil Engineering, 1998,10(2):76-85.
- [62] Vavrik W R, Pine W J, Carpenter S H, et al. The bailey method of gradation evaluation: the influence of aggregate gradation and packing characteristics on voids in the mineral aggregate[J]. Journal of the Association of Asphalt Paving Technologists, 2001,70:132-175.
- [63] Hislop Walter P, Coree Brian J. VMA as a design parameter in hot-mixture asphalt[DB/OL]. [2008-12-19]. Http://ntl.bts.gov/lib/9000/9500/9522/hislop.pdf.
- [64] Memon NA. Comparison Between Superpave Gyratory and Marshall Laboratory Compaction Methods[D]. Universiti Teknologi Malaysia,2006.
- [65] 袁迎捷.Superpave 沥青混合料设计方法与压实原理研究[D].西安:长安大学,2001.
- [66] 袁迎捷,胡长顺.旋转压实原理与参数设置研究[J].广西交通科技,2003(2):20-23.
- [67] 李宇峙,陈群,刘朝晖.不同成型方法的对比及压实特性研究[J].中外公路,2003,23(1):82-85.
- [68] 毕海鹏.旋转压实方法与Marshall 击实方法在沥青路面配合比设计中的对比研究[D].长春:吉林大学,2007.
- [69] 张岳峰,李小利,刘晓星,等.GTM 沥青混合料设计方法[J].中外公路,2006,26(5).
- [70] 王昌衡,龚平.Superpave 与 Marshall 法沥青混合料设计方法对比研究[J].中外公路,2005,25(2).
- [71] 陈骁,朱春阳.不同沥青混合料设计方法对比评价分析[J].中外公路,2007,27(4).
- [72] 霍晓东,雷静芸.国外沥青混合料设计方法评述[J].交通标准化,2007(12).
- [73] F. L. Roberts. Hot mix asphalt materials, mixture design, and construction [M]. NAPA Education Foundation, Maryland, USA, 1996.
- [74] N. Paul Ksosla and S. Sadasivam. Evaluation of the effects of Mixture Properties and Compaction Methods on the Predicted Performance of Superpave Mixtures,2001.
- [75] Vallerga BA, Lovering WR. Evolution of the Hveem Stabilometer Method of Designing Asphalt Paving Mixtures [C]. Association of Asphalt Paving Technologists Proc,1985.
- [76] 苗春泽.沥青混合料体积参数及体积设计方法研究[D].成都:西南交通大学,2006.
- [77] Mcleod, N. W., Relationship between Density, Bitumen Content, and Voids Properties of Compacted Paving Mixtures, Proceeding, Highway Research Board,Vol. 35,1956.
- [78] McLeod N W. Design of Dense Graded Asphalt Concrete Pavements [M/CD]. Proceedings of the Canadian Technical Asphalt Association, 32, 1987.
- [79] McLeod N W. Comparison of Density of Marshall Specimens and Pavement Cores[J]. Proceedings of the Association of Asphalt Paving Technologists, 1955,24:60-71.
- [80] Cominsky R J, Leahy R B, Harrigan E T. Level 1 Mix Design: Materials Selection, Compaction, and Condi-

[80] tioning. Report SHRP A-408. Strategic Highway Research Program, National Research Council, Washington, DC, 1994,87-102.

[81] Campen W H, Smith J R, Erickson L G, Mertz L R. The Relationship between Voids, Surface Area, Film ThickNess, and Stability in Bituminous Paving Mixtures[M/CD]. Proceedings of the Association of Asphalt Paving Technologists, 28, 1959.

[82] Field F. Voids in the Mineral Aggregate:Test Methods and Specification Criterial[M/CD]. Proceedings of the Canadian Technical Asphalt Association, 23, 1978.

[83] Kandhal P S, Chakraborty S. Evaluation of Voids in the Mineral Aggregate for HMA Paving Mixtures. NCAT Report 96-4. National Center for Asphalt Technology, March 1996[DB/OL].

[84] Hinrichsen J A,Heggen J. Minimum Voids in Mineral Aggregate in Hot-Mix Asphalt Based on Gradation and Volumetric Properties[M/CD]. Transportation Research Record,1996,1545:75-79.

[85] Anderson R M, Bahia H U. Evaluation and Selection of Aggregate Gradations for Asphalt Mixtures Using Superpave[M/CD]. Transportation Research Record, No. 1583, 1997,91-97.

[86] Kandhal P S, Foo K Y, Mallick R B. A Critical Review of VMA Requirements in Superpave[C]. In:National Center for Asphalt Technology. NCAT Report 98-1. National Center for Asphalt Technology, January 1998. 34-47.

[87] 李闯. 不同影响因素下沥青混合料疲劳性能试验研究[D]. 大连:大连理工大学,2009.

[88] 葛折圣. 沥青混合料疲劳性能的影响因素分析[J]. 公路交通科技,2002(6).

[89] 陈定. TLA改性沥青混合料疲劳性能研究[D]. 长沙:长沙理工大学,2008.

[90] 贾晓阳. 沥青路面沥青稳定透水层材料疲劳特性分析研究[D]. 上海:同济大学,2008.

[91] 李明杰. 水泥稳定碎石振动试验方法研究及应用[D]. 西安:长安大学,2010.

[92] 许笑慧. 低剂量水泥稳定碎石路面基层[J]. 华东公路,2005(6):25-26.

[93] 胡立群. 半刚性基层材料结构类型与组成设计研究[D]. 西安:长安大学,2004.

[94] 李明杰,蒋应军,戴经梁. 水泥稳定碎石缩裂机理及在级配设计中应用[J]. 武汉理工大学学报,2010(3).

[95] 蒋应军,李明杰,张俊杰,等. 水泥稳定碎石强度影响因素[J]. 长安大学学报(自然科学版),2010,30(4).

[96] 蒋应军,王富玉,刘斌. 水泥稳定碎石强度特性的试验研究[J]. 武汉理工大学学报,2009,31(15).

[97] 王艳,倪富健,李再新. 水泥稳定碎石混合料疲劳性能[J]. 交通运输工程学报, 2009, 9(4).

[98] 李小刚. 无机结合料稳定类基层疲劳损坏预估模型研究[D]. 西安:长安大学,2006.

[99] 沙爱民,贾侃,李小刚. 半刚性基层材料的疲劳特性[J]. 交通运输工程学报, 2009, 9(3):29-33.

[100] 田波,牛开民,刘英. 多孔贫混凝土排水基层材料疲劳试验研究[J]. 公路交通科技,2007(4):75-78.

[101] 石小平,等. 水泥混凝土的弯曲疲劳特征[J]. 土木工程学报,1990,23(4).

[102] 王瑞敏. 混凝土结构疲劳性能研究[D]. 大连:大连理工大学,1989.

[103] 林燕清,欧进萍. 混凝土多级等幅疲劳变形发展规律的实验研究[J]. 哈尔滨建筑大学学报,1999(2).

[104] 赵光仪,等. 高强混凝土的抗拉疲劳性能[J]. 土木工程学报,1993(12).

[105] JIANG Ying-jun, ZHANG Bing-yan, LI Li-wei,et al. Indoor Test Research on Fatigue Performance of Cement-stabilized Macadam[A]. Proceedings of International Workshop on Energy and Environment in the Development of Sustainable Asphalt Pavements[C]. Xi'an Jiaotong University Press, 2010:549-554.

[106] 贾侃. 半刚性基层材料的疲劳特性研究[D]. 西安:长安大学,2008.

[107] 尹玺. 基于振动法二灰稳定石工程特性的研究[D]. 西安:长安大学,2013.

[108] 李宁方. 垂直振动法二灰稳定碎石设计施工技术研究[D]. 西安:长安大学,2014.

[109] 蒋应军,富志鹏,李宁方.基于胶浆原理的二灰碎石设计方法[J].交通运输工程学报,2015(5).

[110] 蒋应军,杨秀荣,李宁方,等.二灰碎石垂直振动试验方法及评价[J].建筑材料学报,2015(2).

[111] E. J Barenbery. Lime-fly Aggregate Mixture in Pavement Construction ,Process and Technical Date Publication National Ash Association ,1924.

[112] 徐桂花.二灰稳定碎石基层最佳配比试验研究[J].黑龙江交通科技,1996(4).

[113] 蒋振雄.二灰稳定碎石配合比设计的初步探讨[J].公路,1996(3).

[114] 姜爱峰.二灰碎石组成配合比设计[J].同济大学学报(自然科学版),1999(3).

[115] 滕旭秋.二灰碎石混合料配合比设计及路用性能研究[D].西安:长安大学,2003.

[116] 蒋应军.多级嵌挤骨架密实二灰碎石组成设计方法研究[J].重庆交通大学学报:自然科学版,2010(29).

[117] 滕旭秋,陈忠达.二灰砂浆配合比设计方法[J].长安大学学报(自然科学版),2005(03).

[118] 刘红瑛,戴经梁.骨架密实二灰稳定碎石混合料配合比设计方法[J].长安大学学报(自然科学版),2003(2).

[119] 刘红瑛,牛长友,王强,等.骨架密实型二灰稳定碎石基层路用性能[J].长安大学学报(自然科学版),2003(03).

[120] 董战霞.二灰砂浆路用性能研究[D].西安:长安大学,2006.